Reprint Publishing

Für Menschen, Die Auf Originale Stehen.

www.reprintpublishing.com

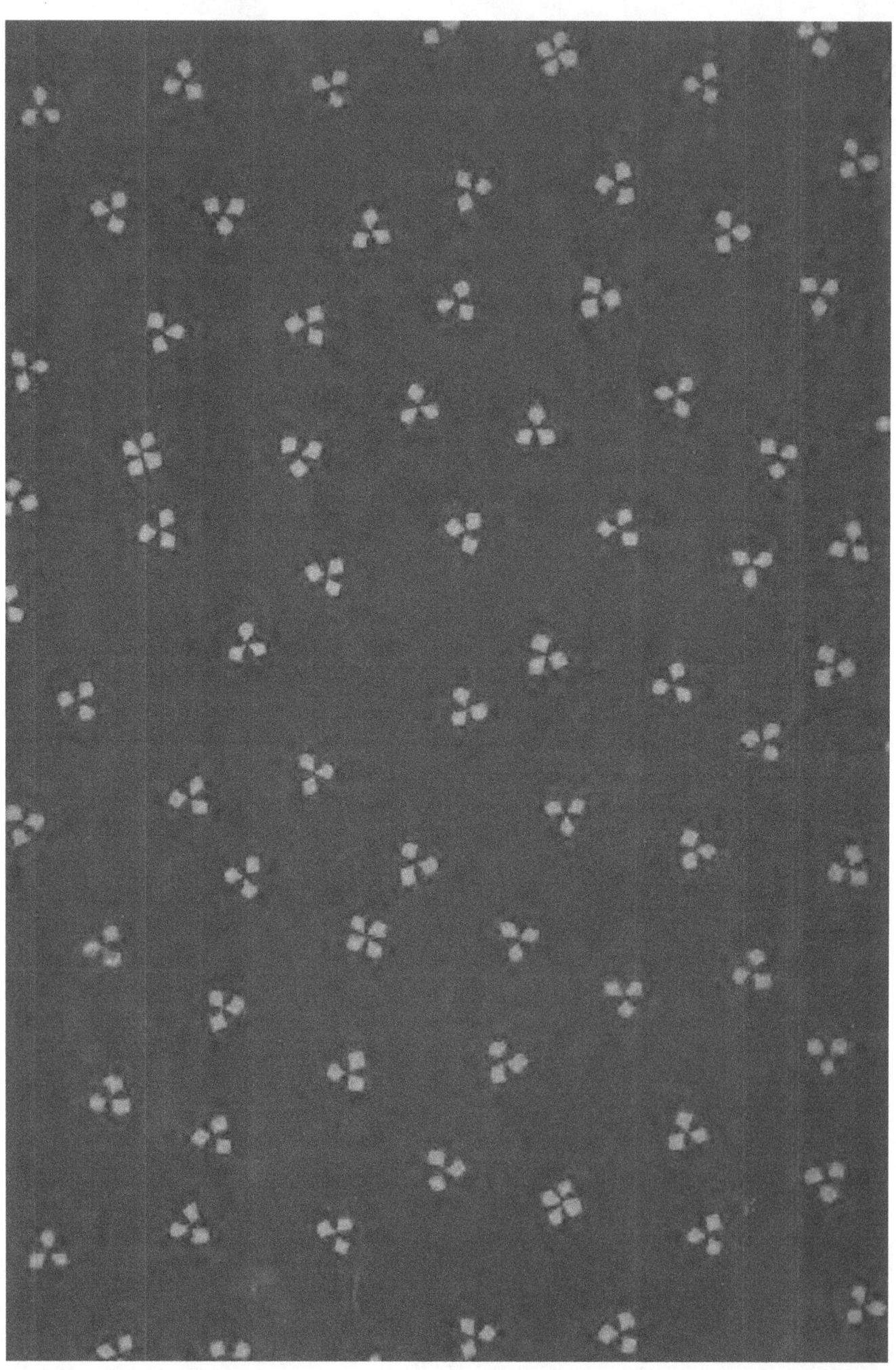

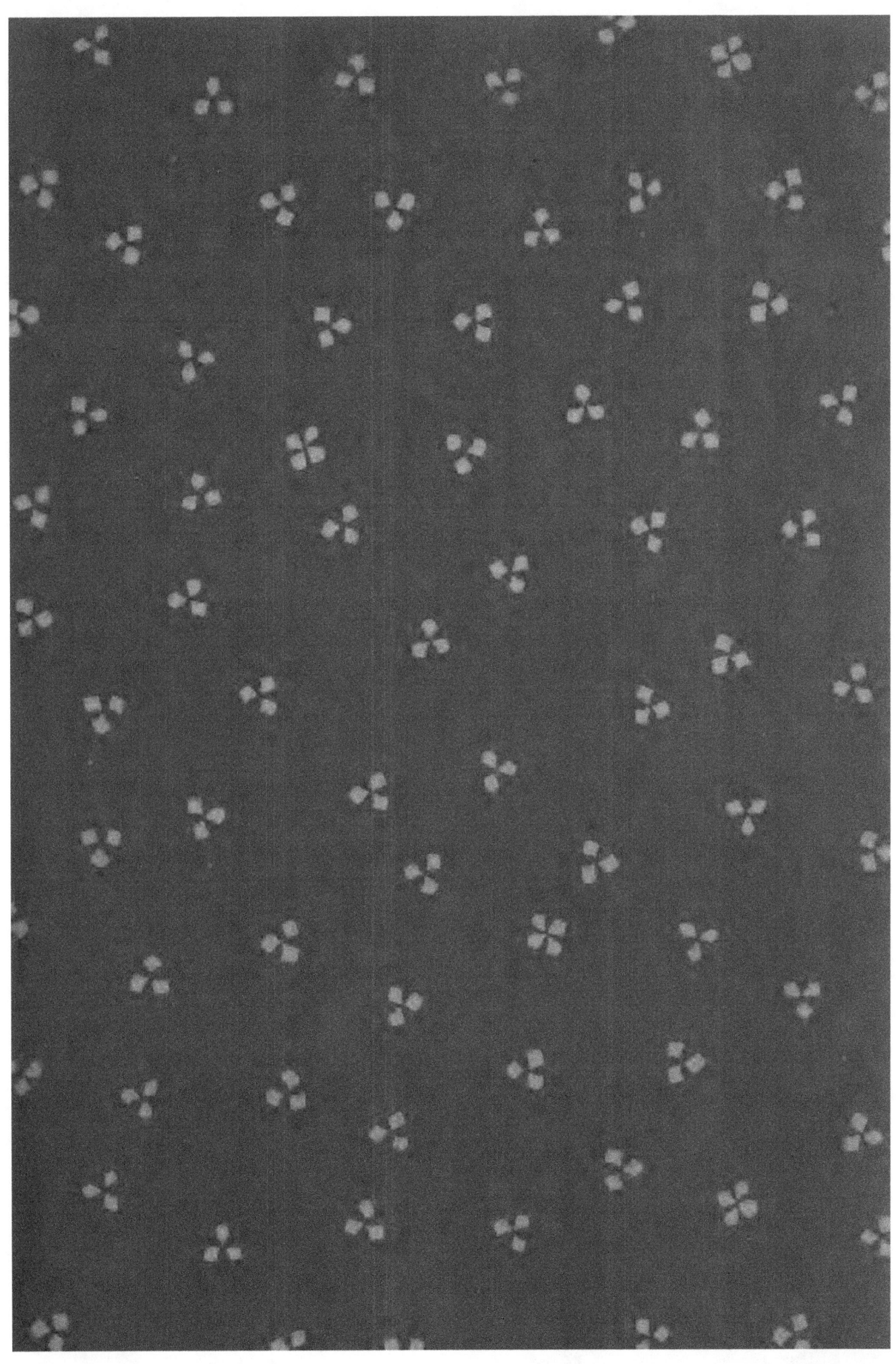

Herrmann, Island III, S. 71.

Borg.

Collingwood.

ISLAND
IN VERGANGENHEIT UND GEGENWART

REISE-ERINNERUNGEN

VON

PAUL HERRMANN

III. TEIL — ZWEITE REISE QUER DURCH ISLAND

MIT 29 ABBILDUNGEN IM TEXT, EINEM FARBIGEN TITELBILD UND
EINER ÜBERSICHTSKARTE DER REISEROUTEN DES VERFASSERS

LEIPZIG

VERLAG VON WILHELM ENGELMANN

1910

Alle Rechte vorbehalten

Druck der Kgl. Universitätsdruckerei H. Stürtz A. G., Würzburg.

MEINEN LIEBEN ELTERN

Vorwort.

Dieser Band, der zwar auch an sich als selbständiges Werk betrachtet werden kann, bildet doch auf der anderen Seite die notwendige Ergänzung und den eigentlichen Abschluss des im Juli 1907 erschienenen Hauptwerkes. Anlage und Art der Darstellung sind die gleichen geblieben: aus vielen Einzelheiten soll sich ein Gesamtbild Islands von seiner ältesten Geschichte an bis in die jüngste Zeit hinein ergeben, und zwar so, dass immer die Beschreibung der eigenen Reise den Ruhepunkt in der Flucht der Erscheinungen bildet.

Auf allzu eingehende Erörterung von Stellen aus den verschiedenen Sagas, die nur für den nordischen Philologen von Wert sind, habe ich mich nicht eingelassen, dafür aber die Sagas der Gegenden, in denen einst das Leben Islands am kräftigsten pulsierte, nach Möglichkeit in den Vordergrund gerückt. Dabei ist es mir nicht immer darauf angekommen, wörtlich zu übersetzen, sondern ich habe versucht, den Übertragungen den Zug von Einfalt und frischer Luft zu lassen, den die Originale haben, auf die eigenartige Schönheit und herbe Lebenswahrheit der behandelten Sagas hinzuweisen, auch Vorstellungen von dem Altertum zu zerstören, die der Wirklichkeit nicht entsprechen, aber leicht bei ferner Stehenden durch romantische Darstellungen sich bilden können.

Die geologischen Partien sind etwas umfangreicher ausgefallen als das erste Mal. Ich hoffe auf diesem Gebiete etwas zugelernt zu haben, wenngleich der geologisch geschulte Leser niemals aus den Augen lassen möge, dass hier ein Laie zu ihm spricht. An mehreren Stellen habe ich jüngere Geologen nachdrücklich darauf aufmerksam gemacht, wo noch nähere Einzelforschung notwendig ist, und habe den Weg zu dieser gezeigt, indem ich nicht nur die bisherigen Versuche zur Lösung der in Frage kommenden Probleme mitgeteilt, sondern auch praktische Ratschläge gegeben habe. Je mehr ich mich dabei in ein mir ursprünglich fern liegendes Gebiet vertieft habe, um so mehr, und noch klarer als früher, ist mir dabei die überragende Grösse Prof. Th. Thoroddsens zu Bewusstsein gekommen. Noch weit mehr aber, als es die vielen Anmerkungen bezeugen, die in steter Wiederkehr bei zahllosen Einzelheiten seinen Namen geben, verdanke ich ihm in meiner Gesamtauffassung, und ich halte es für meine Pflicht, das öffentlich auszusprechen.

Da ich weiss, dass nicht wenige Besucher der „Ultima Thule" meine Bücher als Ratgeber und Führer benutzt haben, habe ich auch auf diese Rücksicht genommen. Namentlich das erste Kapitel „Rund um Islands Küsten" ist für sie bestimmt; denn wenn nicht alles täuscht, wird diese Seereise immer mehr in Aufnahme kommen, zumal wenn erst bequeme Dampfer hier verkehren.

Wie ich schon für die ersten Bände ausgesprochen habe, erscheint es mir auch bei diesem Bande der schönste Lohn, wenn es mir gelingt, etwas von der Begeisterung, die ich selbst für das vulkanische Eis- und Sagenland empfinde, auch bei dem Leser zu erwecken.

Auch zu dieser Reise hat, wie zu der ersten, die Anregung der zu früh verewigte Ministerialdirektor Exzellenz Dr. Althoff gegeben; dass mein Dank ihn nicht mehr unter den Lebenden antrifft, ist mir ein tiefer Schmerz. Ehrerbietigsten Dank schulde ich dem Hohen Ministerium der geistlichen, Unterrichts- und Medizinal-Angelegenheiten, besonders dem tatkräftigen Eingreifen des Wirklichen Geheimen Oberregierungsrates Herrn Dr. Köpke, dafür, dass mir in freigiebigster Weise die Mittel zur Reise gewährt worden sind, so dass ich länger auf Island weilen und mehr dort sehen und lernen konnte als die meisten Deutschen vor mir. Nicht minder warmen Dank statte ich den Behörden der Stadt Torgau ab: mit grösster Liebenswürdigkeit haben sie sich abermals mit dem langen Urlaub einverstanden erklärt, haben wiederum die Kosten für meine Vertretung übernommen und haben endlich in hochherzigster Weise mir alle Sorge während meiner durch einen Unfall auf der Reise hervorgerufenen Erkrankung im Winter 1908/09 abgenommen: es wird wenige Städte geben, die in gleicher Bereitwilligkeit und Vornehmheit so den Lehrern entgegen kommen.

Torgau (Elbe), 11. März 1910.

Inhalts-Verzeichnis.

Seite

Erstes Kapitel. Rund um Islands Küsten . . . . . 1—36

Der erste Anblick von Islands Südostküste begeistert den Verfasser zu einem Begrüssungsgedichte. Die Entfernungen zwischen den isl. Häfen, Länge der Seereise. Verbindung zwischen Dänemark und Island. Leiden und Freuden an Bord der „Vesta". *Fáskrúdsfjördur, Eskifjördur.* Islands Ostküste. *Seydisfjördur.* Die Nordostküste *Langanes. Melrakkasljetta.* Der Polarkreis wird passiert. Im *Axarfjördur. Grimsey.* Mitternachtssonne bei *Húsavík. Akureyri.* Die Nordküste. Islands Nordkap. Der Kurs wird nach Süden genommen, die Fischstadt *Ísafjördur.* Die Nordwestküste: *Suganda-, Önundar-, Arnar-, Patreksfjördur.* Tristan auf Island. Ein Labyrinth. Der Vogelberg *Látrabjarg.* Ankunft in *Reykjavík.*

Zweites Kapitel. Surtshellir, die grösste Lavahöhle Islands . . . . 37—64

Wiedersehen mit meinem alten Führer *Ögmundur Sigurdsson.* Fräulein von Grumbkow, die Braut des im Askjasee verunglückten Geologen Dr. Walther von Knebel, beginnt ihre Reise. Vorbereitungen zu meiner Landreise, die Pferde. *Björn M. Ólsen* begleitet mich bis *Pingvellir* und belehrt mich über die Lage des „Gesetzesfelsen". *Hofmannaflötur, Tröllaháls, Kaldidalur,* ein böser Spottvers. *Skúlaskeid.* Islands Vogelwelt. *Kalmanstunga.* Der *Surtshellir,* geschichtliche Nachrichten, Beschreibung. Die *Hvitá. Gilsbakki.* Wie man mich auf Island aufgenommen hat. Musikalische Abendunterhaltungen, das „Lied vom Tale". Der Vogel mit den musikalischen Federn. *Örnólfsdalur;* ein Knecht aus der Zeit Albrechts des Bären. Geschichte vom Hühnerthorir. Überanstrengungen auf der Reise. Eine politische Versammlung in *Galtarholt.*

  Seite

Drittes Kapitel. Borg, der Wohnsitz des Skalden Egill   65—75

> Festtage in Borg. Charakteristik der *Egilssaga*. *Skallagrimrs* Grab. *Brákarsund*. *Kjartans* Grab, ein Runenstein.

Viertes Kapitel. Im Hitardalur. Islands Apollinaris .   76—94

> Bei Pastor *Stefán* in *Stadarhraun*. Kinderreichtum. Geschichte von *Björn Hitdælakappi*. Der Name *Hitardalur*. *Grettirs* Abenteuer hier. Das Gehöft *Hitardalur*. Der Vulkan *Eldborg*. Die Bäurin von *Þverá*. *Ögmundurs* Bericht über Dr. v. Knebels † Islandsexpedition im Sommer 1907. Die Mineralquelle *Raudamelur*. *Löngufjörur* und die Sturmflut von 1798.

Fünftes Kapitel. Snæfellsnes, Süd- und Westküste.
Islands Rübezahl . . . .   95—120

> Thoroddsens Verdienste um die Erforschung dieser Halbinsel. Allgemeiner Inhalt der *Eyrbyggja-* und *Laxdæla saga*. Der Schwan kehrt in *Stadarstadur* ein. Der Handelsplatz *Budir*. Der Raubmörder *Axlar-Björn*. Das *Budarhraun*. Breidavik. *Stapi*, wunderbare Grotten, *Gatklettur*. Die *Bárdar saga Snæfellsáss*. Allerhand Bettlergeschichten. *Snæfellsjökull*, Gedicht von *Steingrimur Thorsteinsson*. *Lóndrangar, Svörtu loft*. Rübezahl.

Sechstes Kapitel. Snæfellsnes, Nordküste. Der Schauplatz der Eyrbyggja saga . . . . . .   121—145

> *Ingjaldshöll*, Ritter *Björn* und die Engländer. Das *Ennisfjall*. *Ólafsvík*. Das Wunder von *Fróda*, *Mafahlid*. *Bulandshöfdi*. *Grundarfjördur* und *Kolgrafafjördur*. Das *Berserkjahraun*. *Bjarnarhöfn*. *Dritsker*. *Stykkishólmur*, üble Erfahrungen im „Hotel". Die Inseln bei *Stykkishólmur Helgafell. Leiti*. Der *Hvammsfjördur*.

Siebentes Kapitel. Am Hvammsfjördur. Der Schauplatz der Laxdœla saga . . . .   146—160

> Quartier in *Harrastadir*. *Höskuldsstadir*. *Hjardarholt*. *Asgardur*, Ausflug nach *Hvammur*, die weise *Audr*, die Geschichte von *Audr* und *Gullbrá*. Der *Svínadalur*, wo *Kjartan* erschlagen wurde.

Achtes Kapitel. Die landwirtschaftliche Schule in Ólafsdalur. Von Reykhólar über die Kollabúdaheidi nach dem Steingrímsfjördur . . . .   161—172

> Bei *Torfi Bjarnason* in *Olafsdalur*. Schwanengesang. *Söl*, essbarer Tang. *Berufjördur*; *Barmahlid*, Gedicht von *Jón Th. Thóroddsen*. Die warmen Quellen bei *Reykhólar*. Schwieriger Übergang über die *Kollabúdaheidi*.

Inhalts-Verzeichnis. IX

Seite

Neuntes Kapitel. Am Gestade des nördlichen Eismeeres . . . . 173—193

Hrófberg, Hólmavík. Kollafjardarnes. Der *Mókollsdalur.* Der *Bitrufjördur, Gudlaugsvík. Bordeyri*; wie ein Norweger Isländisch lernte; Kohle auf Island. *Reykir í Hrútafirdi.* Begegnung mit einem deutsch sprechenden Isländer. *Lækjamót*, ein isländisches Schnaderhüpferl. Die Festung *Borgarvirki. Breidabólstadur, Stóra Borg.*

Zehntes Kapitel. Im Vatnsdalur. Blönduós und Saudárkrókur . . . . 194—210

Die Hügel im *Vatnsdalur.* Geschichte der Bewohner des *Vatnsdalur. Haukagil*: Zwist mit dem Führer, Berliner Touristen. *Grímstungur.* Von *Haukagil* nach *Blönduós* und *Saudárkrókur. Drangey.*

Elftes Kapitel. Der alte Bischofssitz Hólar . . . . 211—224

Hegranes. Die Landwirtschaftsschule in *Hólar.* Geschichte des alten Bischofssitzes. Beschreibung der Kirche. *Flugumyri, Haugsnes* und *Miklibær.*

Zwölftes Kapitel. Über den Kjölur zum Geysir . . 225—258

Geschichte des *Kjalvegur* von ca. 900—1908. Die Brüder von *Reynistadr.* Zeltleben. Von *Miklibær* über *Reykir (Tungusveit)* in den *Mælifellsdalur.* Der Name „*Kjölur*". *Hveravellir. Gránanes.* Missglückter Ausflug in die *Kerlingarfjöll.* Der glaziale Stausee *Hvítárvatn.* Der *Fródárdalur.* Sturm, Orkan, Sturz vom Pferde. Die rettende Hirtenhütte an der *Hvítá.* Im Geysirgebiete. Ein deutscher Kollege König Frederik und der *Geysir.*

Dreizehntes Kapitel. Der alte Bischofssitz Skálholt . 259—270

Warme Quellen bei *Reykir, Torfastadir* und *Skálholt. Iragerdi, Södulhóll, Þorláksseti.* Die heutige Kirche. *Skálholts* Aufgang und Niedergang, ein geschichtlicher Rückblick — unerfreuliche Gegenwart.

Vierzehntes Kapitel. Von Skálholt rund um Reykjanes zurück nach Reykjavík . . . . 271—298

Die Landschaft *Skeid.* Der intelligente Bauer von *Þjórsártún*, ein Königsbett. Eine Tierschau, König Frederik von Dänemark, die heutige politische Lage. In *Eyrarbakki* bei Faktor Nielsen. Der Bezirk *Ölfus*, Islands Brocken. *Reykir í Ölfusi.* Viel Regen, *Hjalli.* Die Halbinsel *Reykjanes.* Eine merkwürdige Kirche. Die Solfataren von *Krísuvík.* Algierische Piraten. Der Bezirk *Grindavík.* Beim Leuchtturmwärter von Kap *Reykjanes.* Solfataren, *Gunna.* Über *Kálfatjörn*

	Seite

und *Hafnarfjördur* zurück nach *Reykjavik*. Die Heimreise. Nordlicht. Noch einmal auf isländischem Boden, *Heimaey*. Letzter Blick auf die Eis- und Schneemassen der Südküste. Eine Nebensonne. „Erinnerung an Island", Gedicht von *Jónas Hallgrímsson*.

Verzeichnis der Abbildungen 299
Verzeichnis der Proben aus der isländischen Literatur . 300, 301
Zum Nachschlagen . . . . 302—312
Übersichtskarte: Herrmanns Reiserouten in Island, am Schlusse des Buches.

Erstes Kapitel.

Rund um Islands Küsten.

Ja, herrlich ist dies Land zu schaun,
Wenn es mit einem Mal
Aus wilder Wogen Schwall auftaucht
Im Morgensonnenstrahl.
Wir fahren durch des Nordmeers Gischt
Am steilen Strande hin;
Ich zeige selbst die Gegend dir,
Weil ich bekannt dort bin.

Das Land ist weder reich, noch gross,
Doch wer es kennt, es liebt;
Ein immergrüner Sagenkranz
Sein schneeig Haupt umgiebt.
Vom Gletscher bis hinab zur See
Kenn' Ströme ich und Land,
Vier Jahr sind's her, seit forschend ich
Entlang dort ritt am Strand.

Unmöglich schien mir's, abermals
Zu sehen Islands Höh'n.
Im Traume nur umschwebte mich
Ihr Bild, so stolz und schön.
Doch schaut' ich auf dem Meer ein Schiff,
Dann wünscht ich bang und heiss:
Ach, säh' ich, Island, einmal noch
Dein Feuer und dein Eis!

Der Wunsch ward Wahrheit. Durch die Flut
Das Schiff mich nordwärts bringt;
Im hellen Sonnenschein vor mir
Der *Vatnajökull* blinkt.
Wohin den Blick ich staunend wend',
Schau Schnee und Gletscher ich.
Von West bis Ost ein Firnenband —
Island, ich grüsse dich!

15.—30. Juni 1908.

Ja wirklich, die unendlich lange, hohe Schnee- und Eiswand, die sich mit einem Male vor uns aufbaut und etwa an die mächtige Alpenkette Oberitaliens erinnert, das ist Island. Die ununterbrochene Reihe weisser Zinnen, Gipfel neben Gipfel, scharf, trotzig und kühn, die blauen Gletscher, die im Sonnenscheine glänzen — das ist der *Vatnajökull*, das grösste Gletschermeer Europas, eine kleine Ausgabe des grönländischen Inlandeises; die Gletscher, die von ihm herabgehen, erinnern in der Form sehr an den „Isblink" von Frederikshaab in Grönland; das schmale Land, das sich zu seinen Füssen bis hart an das Meer drängt, das ist die *Austur Skaptafells sýsla*, berüchtigt durch ihre unzähligen, stets ihr Bett wechselnden Ströme und die niedrige, flache, so vielen Schiffen verhängnisvolle Sand- und Grus-Küste. Je weiter der Dampfer nach Osten wendet, desto deutlicher werden an dem Küstensaume Lagunen sichtbar, wahrscheinlich frühere Buchten, die durch allmählich über Wasser emporgewachsene, grosse Sandbarren vom Meer abgesperrt worden sind. Zwischen *Vestrahorn* und *Eystrahorn*, den beiden aus Gabbro aufgebauten Vorgebirgen, die den *Papa*- und *Lónfjördur* einschliessen, ist es unserem Dampfer „Vesta" gelungen, Island anzusteuern, und mit einem Schlage ändert die Küste ihren Charakter: schmale (2—5 km), von hohen und steilen Klippen und Bergen umgebene Fjorde schneiden tief in das Land ein, sind ausschliesslich an den Basalt geknüpft und bestehen aus höchstens 200 m tiefen in das Basaltplateau eingeschnittenen Rinnen, während die Fjorde Norwegens, mit denen sie die charakteristischen Formen gemeinsam haben, im allgemeinen eine Tiefe von 400—500 m im Innern haben. Die isländischen Buchten und Fjorde verdanken sowohl tektonischen Bewegungen als auch Erosion ihre Entstehung. Die Buchten entstanden meistens am Schlusse des Miozän infolge von Senkungen, die Täler und Fjorde wurden durch die Erosion der Flüsse im Pliozän gebildet, aber später von den Gletschern der Eiszeit vertieft[1]).

Der südöstliche Teil von Island — der östliche wird mit einem Namen *Austfirdir* genannt — ist der am schwierigsten anzusteuernde und wegen des Mangels an Handelsplätzen der von Schiffen am wenigsten besuchte. Das grösste Hindernis bei der Ansteuerung von *Djúpivogur*, dem einzig nennenswerten Handelsplatze hier, ist der sehr häufige Nebel. Wir hatten jedoch Wind aus S.W. über W. bis N. und damit klares Wetter. Nachdem wir die 18 m hohe *Papey* in Sicht bekommen hatten, die Insel der *Papar*, der Pfaffen, wie die nach Island auswandernden Norweger die irischen Einsiedler nannten, die sie dort antrafen, drehten wir auf die Reede von *Djúpi*-

---

[1]) Thoroddsen, Islandske Fjorde og Bugter. Geogr. Tidskrift XVI, S. 58—82.

vogur zu und gingen angesichts des schönen, 1063 m hohen *Búlandstindur* vor Anker.

Was über *Djúpivogur* und den *Berufjördur* zu sagen ist, habe ich bereits in meinem ersten Buche erzählt (II, S. 164—169); nur ein kleiner Nachtrag sei mir in betreff des Wurmes gestattet, der auf *Papey* einen Goldschatz bewacht haben und später in den *Hamarsfjördur* vertrieben worden sein soll, der darum lange von den Fischern gemieden worden sei; wie Prof. G. Braun, der ebenfalls im Jahre 1904 die Ostküste Islands besuchte, erfahren hat, spukt diese Sage noch heute in den Kreisen der Walfänger an der Ostküste; sie wagen sich nicht gern in diese Gewässer, weil hier die „Seeschlange" leben soll[1]).

Bei den meist wenigen Stunden, die den Reisenden in den isländischen Hafenplätzen zur Verfügung stehen, kann der Eindruck natürlich nur sehr oberflächlich sein; gewöhnlich wird der Steuermann an Land gerudert, um die Postsachen zu überbringen und auch neue abzuholen, oft habe ich ihn auf seinen wenig angenehmen Fahrten durch den hohen Wogendrang begleitet. Längerer Aufenthalt, meistens von 1—1½ Tagen, wird nur in *Seydisfjördur*, *Akureyri* und *Ísafjördur* gemacht. Ich gehe daher nur auf diese Plätze näher ein und fasse mich im übrigen so kurz wie möglich, zumal da ich verschiedene Orte an der Nordküste später auf der Landreise näher kennen gelernt habe und sie eingehender beschreiben kann. Da es aber von Interesse ist, die Entfernungen zwischen den einzelnen Stationen zu wissen, will ich sie hier angeben:

Klaksvig (Färöer)	bis	*Djúpivogur*	= 265	engl. Sm.
Djúpivogur	„	*Eskifjördur*	= 48	„ „
Eskifjördur	„	*Seydisfjördur*	= 45	„ „
Seydisfjördur	„	*Vopnafjördur*	= 60	„ „
Vopnafjördur	„	*Húsavík*	= 150	„ „
Húsavík	„	*Akureyri*	= 60	„ „
Akureyri	„	*Siglufjördur*	= 47	„ „
Siglufjördur	„	*Saudárkrókur*	= 40	„ „
Saudárkrókur	„	*Skagaströnd*	= 67	„ „
Skagaströnd	„	*Reykjarfjördur*	= 30	„ „
Reykjarfjördur	„	*Ísafjördur*	= 100	„ „
Ísafjördur	„	*Önundarfjördur*	= 30	„ „
Önundarfjördur	„	*Dýrafjördur*	= 25	„ „
Dýrafjördur	„	*Arnarfjördur*	= 27	„ „
Arnarfjördur	„	*Patreksfjördur*	= 31	„ „
Patreksfjördur	„	*Stykkishólmur*	= 76	„ „
Stykkishólmur	„	*Reykjavík*	= 140	„ „

---

[1]) Zeitschrift der Gesellschaft für Erdkunde zu Berlin, 1908, S. 50.

Die Entfernung von den *Faröern* bis *Reykjavík* rund um die Ost-, Nord- und Westküste beträgt also 1241 Sm. Rechnet man noch die Reise von Kopenhagen bis Leith (625 Sm.), von Leith bis Trangisvaag (425 Sm.), von Trangisvaag bis Thorshavn (35 Sm.) und von Thorshavn bis Klaksvig (18 Sm.) hinzu, so ergeben sich im ganzen 2344 englische Seemeilen, und um sie zurückzulegen, bin ich vom 7. Juni 9 Uhr vormittags, wo ich Kopenhagen mit der „Vesta" verliess, bis zum 30. Juni mittags 1 Uhr unterwegs gewesen, also volle 23 Tage. Die Frage ist berechtigt: verlohnt sich diese lange, lange Seereise für den Forscher oder auch nur für den gewöhnlichen Touristen? Darauf mit einem runden „Ja" oder „Nein" zu antworten, fällt mir nicht leicht, da für mich verschiedene Umstände mitsprachen, die die Fahrt auf der einen Seite zu einer ungewöhnlich genussreichen gestalteten; auf der anderen Seite aber kamen Dinge vor, die wohl imstande waren mir alle Freude und Erholung gründlich zu verderben.

Wenn man von Kopenhagen nach Island fährt, so weiss man, dass man nicht einen der Prachtdampfer unserer Hamburg-Amerika-Linie oder des Lloyd benutzen kann, sondern auf die Schiffe von „Det Forenede Dampskibs-Selskab" in Kopenhagen oder der Reederei Thor E. Tulinius angewiesen ist. Von letzterer kommt nur „Sterling" in Betracht, alle anderen Dampfer, „Ingolf" (946 T., 18 Passagiere) „Kong Helge" (883 T., 15 P.), „Mjölnir" (543, T., 20 P.), „Perwie" (396 T., 10 P.), sind in der Hauptsache Frachtdampfer mit Unterkunft und Verpflegung, die die denkbar grösste Entsagung vom Passagier voraussetzen; Sterling (1034 Reg. Tons, 86 Passagiere) ist in jeder Hinsicht gut, nach meiner Erfahrung überhaupt das beste und schnellste Schiff, das nach Island geht, und hat vor allem luftige Kajüten für 2 Personen, aber er verkehrt im Sommer nur direkt zwischen Dänemark (über Schottland) und *Reykjavík*, besucht nicht die Küsten. Die Schiffe der „Vereinigten Dampfer-Gesellschaft" haben folgende Grösse: Botnia 1206 Reg. Tons, Ceres 1166, Vesta 1122; Laura 1166; die isl. Küstendampfer: *Hólar* 548, *Skálholt* 524, *Esbjerg* 453 (als einen Hundestall, auf dem zuweilen 300 Menschen und mehr eingepfercht würden, bezeichnete ihn mir gegenüber ein Isländer); *Tjaldur* 790 RT. verkehrt nur zwischen Kopenhagen und den *Faröern*. Der Preis für die Seereise ist sehr mässig, 65 Kronen, gleichgültig, ob man nur bis *Reykjavík* oder *Djúpivogur* fährt oder rund um die Insel herum; die Verpflegung kostet für den Tag 4 Kronen, auf dem Sterling sogar nur 3 Kronen und ist überall bis auf den fürchterlichen, aus Löwenzahnwurzel hergestellten „Kaffee" durchaus zufriedenstellend. In dieser Beziehung kann ich nach den Erfahrungen, die ich 1904 auf der „Laura" und 1908 auf der „Vesta" gemacht habe, M. von Komorowicz nicht beistimmen, der von dem Essen sagt, es sei schlecht, und von der Bedienung, sie zeichne sich durch eine ungeheure Abneigung gegen Sauberkeit aus. Aber vollkommen muss ich ihm sonst beipflichten: „Würde jemand in Deutschland auf die Idee kommen, unter derartigen Umständen Tiere zu versenden, so würde er sicher wegen Tierquälerei bestraft, das „Forenede" aber leistet sich in bezug auf Menschentransport schier Unglaubliches. In enge 4—6 qm messende Kabinen werden 4 Menschen hineingestopft (wohlverstanden in erster Klasse!) und müssen oft bei Sturm und Seekrankheit die ganze mehrtägige Reise in diesen Löchern verbringen. Die Atmosphäre in den Kajüten und „Salons" gleicht derjenigen einer hermetisch verschlossenen Kloake. Erwägt man noch, dass die Seereise manchmal infolge des ungünstigen Wetters und der schwachen Schiffsmaschinen sehr lange dauert, so wird man wohl begreifen, dass der Aufenthalt auf einem derartigen vorsintflutlichen Kasten sich zu einer wahren Hölle gestaltet"[1]).

Ich muss diese Schilderung nicht nur Wort für Wort unterschreiben, sondern ich halte es sogar für meine Pflicht, die Öffentlichkeit auf diese grauenerregenden Zustände aufmerksam zu machen; auch haben mich Isländer wiederholt und dringend gebeten, nicht mit der Wahrheit hinterm Berge zu halten: keinem anderen Lande würde man solche veralteten und fürchterlich eingerichteten Dampfer zuzumuten wagen, wenn es nicht eben Island wäre, das „Nebenland von Dänemark." Obwohl ich meinen Platz bereits 4 Monate vorher bestellt hatte, wurde ich doch mit 3 anderen Passagieren zusammen in eine Koje gepfercht. Sie war angeblich die grösste auf dem Dampfer, aber so eng, dass nur immer einer sich waschen konnte, ein einziges Waschbecken war für alle 4 Insassen bestimmt, alle Toilettengegenstände musste man zum jeweiligen Gebrauch erst aus dem Handkoffer herausholen. In mein „Bett" musste ich erst über den anderen Schläfer hinaufturnen, und bei bewegter See habe ich mir dabei mehr als einmal die Knie zerschlagen. Ausserdem war das Bett so dicht unter der Decke angebracht, dass ich mich beim Hinlegen und Aufstehen vorsehen musste, um nicht mit dem Kopfe gegen das harte Holz anzuschlagen. Zum Zudecken diente eine rote, wollene Decke in einem leinenen Bezuge; um nicht zu erfrieren, musste ich also 23 Tage lang in meinem Unterzeuge schlafen. Aber das alles wäre noch bei gutem Willen und etwas Begeisterung für das Land meiner Träume zu ertragen gewesen. Das Fürchterlichste, woran ich noch jetzt nur noch mit Schaudern zurückdenke, war jedoch, dass volle zwei Wochen zwei meiner Mitreisenden Stunde für Stunde dem Meeresgotte opferten: es war eine so giftige

---

[1]) v. Komorowicz, Quer durch Island, Charlottenburg 1908, S. 17, 18 Anm. — E. Sonnemann, der 1908 auf der Hinreise den „Sterling", auf der Heimfahrt die „Vesta" benutzt hat, hat dieselben Erfahrungen gemacht wie ich. „Eine Reise nach Island und den Westmännerinseln", Berlin 1909, S. 7, 107 [Korrekturnote].

Luft, dass es mich immer Überwindung kostete, den Raum zu betreten, wenn es nicht unbedingt nötig war; dass ich mich in ihm kaum zu atmen getraute, so spät wie möglich, meist kurz vor Mitternacht, in mein Prokrustesbett kletterte und so früh wie möglich, zwischen 6 und 7 Uhr des Morgens wieder aufstand; das kleine „Kuhauge" konnte zuweilen tagelang nicht geöffnet werden; man kann sich vorstellen, dass in dieser Beziehung die Reise die allergrössten Anforderungen an meine Gesundheit und Laune stellte, und dass ich mich von der vielgepriesenen, stärkenden Seefahrt erst am Lande wieder erholen musste. Aber das war noch nicht das Schlimmste; das Allerschlimmste war, dass der vierte Passagier, ein dänischer Commis voyageur, der die ganzen 23 Tage unter mir hauste, Nacht für Nacht betrunken war, mich durch sein Lärmen, wenn ich gerade am Einschlafen war, aufweckte und mich wiederholt mit unpassenden Zärtlichkeiten belästigte. Eine Beschwerde war fruchtlos, und als er es gar zu toll trieb, so dass alle Mitreisenden über den Flegel empört waren, war es zu spät, da lenkten wir bereits auf *Reykjavik* zu.

Wenn ich gleichwohl die Reise nicht bereue und sie jederzeit wiederholen würde, natürlich ohne die Gesellschaft des dänischen Kaufmanns, so ist das das Verdienst verschiedener ungewöhnlicher Glücksumstände. Die See war im allgemeinen nicht allzu stürmisch, und bis auf den Tag, wo wir uns den *Færöern* näherten, war mir Ägir, der Herr der Fluten, gewogen; da habe ich ihm allerdings kräftig und reichlich geopfert, aber er war mit diesem einmaligen Tribute zufrieden. Das Wetter war zwar meist kalt, so dass von *Fáskrúdsfjördur* an bis *Ísafjördur* im „Rauchsalon" geheizt werden musste, und dass mich, da ich mich fast stets auf Deck aufhielt, in meinem dünnen Lodenmantel ziemlich fror, aber die Luft war hell, der gefürchtete Nebel blieb fast ganz aus, und ich konnte die reichen Naturschönheiten in vollen Zügen geniessen. In geologischer und auch in sagengeschichtlicher Beziehung war die Reise um Islands Küsten sogar sehr lohnend, und viel Belehrung und Anregung dabei verdanke ich meinen liebenswürdigen Mitreisenden, einigen bekannten Islandforschern. Vor allem muss ich des Mannes gedenken, der mir erst die lange Seefahrt zu einer wahrhaft schönen und nutzbringenden gestaltete, meines lieben Freundes Prof. Dr. *Björn Magnússon Ólsen* aus *Reykjavik*. Ich traute meinen Augen kaum, als ich in *Thorshavn*, gerade da ich mich wieder an Bord rudern lassen wollte, seine reckenhafte Gestalt ganz unerwartet am Strande bemerkte; das war ohne Zweifel die schönste Stunde auf der ganzen Fahrt. Er war mir bis zu den *Færöern* entgegen gekommen, eigens zu dem Zwecke, mich auf der Fahrt um die Küste seiner Heimat zu begleiten, mir die einsamen, trüben Stunden zu erleichtern und mir aus dem unerschöpflichen Reichtum seines vielumspannenden Wissens alles zu erklären[1]). Es war ein Freundschaftsdienst, wie er selbstloser und aufopfernder nicht gedacht werden kann.

Von *Djúpivogur* bis zum *Fáskrúdsfjördur* gebrauchten wir drei Stunden. Zuerst passierten wir die Walfangstation „Island", eine im Jahre 1903 gegründete Zweigniederlassung der „Walfang- und Fischindustrie-Aktiengesellschaft Germania" zu Hamburg, die aber dieses Jahr geschlossen war; und ob sie je wieder eröffnet wird, ist sehr fraglich; denn die Wale sind von Islands Küsten, wenigstens von der Ostküste, durch die allzueifrige Jagd, die auf sie gemacht wird, verscheucht. Darum schicken betriebsame Norweger Dampfer nach den Süd-Shetlandinseln und dem Grahamlande, um die kolossalen Tiere in den umliegenden Meeren zu fangen, wo sie bis jetzt noch ungestört von den Menschen geblieben sind; der Erfolg scheint geschäftlich sehr gut ausgefallen zu sein. — Bald darauf taucht ein französisches Kriegsschiff auf, in dessen Takelage der Wind die bunte Wäsche der Besatzung trocknet, und wir halten auf offener See eine knappe Stunde. Im *Fáskrúdsfjördur* — der Name soll nicht „unansehnliche", sondern „glänzende, schimmernde Bucht" bedeuten — versammelt sich die Fischerflotte Nordfrankreichs, früher jährlich etwa 300 Schoner mit einer Besatzung von 5000 Mann[2]). „Seltsam geformte Gebirgszacken, die Hahnenkämmen gleichen, breite Bergkuppen über steil abfallende Felsenwände, charakterisieren den stillen Fjord. Lautlos, fast gespensterhaft gleitet das Schiff in den Kanal, in dessen Hintergrund ein grau-weisser, ziemlich hoher Bau wahrgenommen wird. Wie die Türme des Schweigens in der Lehre Zoroasters kommt mir jenes Gebäude vor; es ist das (alte, seit 1904 gibt es noch ein Seemannsheim) Spital für französische

---

[1] Er ist auch, wie ich bestimmt annehme, der Verfasser der beiden ausgezeichneten, anonym erschienenen, für den dänischen König und die Reichstagsmitglieder geschriebenen „Führer": „Förer, udgivet i Anledning af Hans Majestæt Kongens og de danske Rigsdagsmænds Besög i Aaret 1907" und „Kystrejsen udgivet i Anledning usw." Dem letzteren Schriftchen verdanke ich für die Ausarbeitung dieses Kapitels viel, und ich habe es um so leichteren Herzens zu Rate gezogen, weil es nicht im Buchhandel zu haben ist. — Von Werken über die Islandsreise König Frederik VIII. nenne ich: Svenn Poulsen und Holger Rosenberg, Islandsfærden 1907, Kopenhagen 1907; Dr. jur. Hans v Burgsdorff-Markendorf, Nach Island. Eine Reiseskizze. Markendorf 1908. — Wertvolle Aufschlüsse über die Häfen, Ankerplätze, Meerestiefe und dergleichen verdanke ich nicht nur verschiedenen Kapitänen und Lotsen, die ich auf der Reise kennen lernte, sondern auch einigen Büchern, die ich jedem Reisenden warm empfehlen kann, der die ganze Rundfahrt unternimmt: Den islandske Lods, förste Hefte, Kopenhagen 1891; Forandringer og Tilföjelser, Kopenhagen 1903; Segelhandbuch für die Insel Island, Berlin 1908.

[2] Vgl. mein Island I. S. 148, 152, 153. In den letzten Jahren ist ein bedeutender Rückgang eingetreten. Nach amtlichen französischen Quellen waren im Jahre 1907 für die Islandfischerei 142 Fischerfahrzeuge mit 3094 Mann Besatzung, 11 Jagerschiffe mit 150 Mann Besatzung und 43 Fischdampfer mit 1187 Mann ausgerüstet worden. Die Fänge ergaben 1900: 11 115 141 kg Kabeljau, 1901: 10 275 895, 1902: 9 095 705, 1903: 7 943 503, 1904: 10 303 449, 1905: 8 362 254.

Seeleute, deren Geistlicher, ein katholischer Missionar aus dem Orient, ein Mann in langem Wamse, mit breiter Schärpe, grossem, tiefdunklem Barte und einer runden Pelzmütze, wie ein altrussischer Muschik aussieht" (Jaeger, die nordische Atlantis, Wien 1905, S. 164). Auf der Südseite des Fjordes, in dem kegelförmigen *Sandfell*, leuchtet heller Liparit auf; zahlreiche grosse Schneehaufen liegen in den höheren Karen und reichen fast bis 300 m herab; die Föhrde ist im Innern 34 m tief; mehrere Basaltgänge, die vom *Reydarfjördur* aus quer durch das Gebirge sich bis hierher erstrecken, gehen wie Brücken in den Fjord hinaus.

Die Weiterfahrt führt westlich an der schönen Felseninsel *Skrúdur* vorüber, die durch ihre Vogelberge und Höhlen einen gewissen Ruf geniesst; den Vogelfang daselbst haben die *Færinger* gepachtet, die ja in diesen Fjorden eifrig fischen. Darauf biegen wir in der Nacht in den *Reydarfjördur* (Walbucht) ein, den grössten Fjord des Ostlandes; er ist etwa 30 km lang und 4–5 km breit. Er besteht im Innern aus zwei Teilen: der südliche, weit grössere, trägt denselben Namen (*Innri Reydarfjördur*), der nördliche heisst *Eskifjördur* (Schachtelfjord, nach dem in der Nähe liegenden schachtelförmigen Berge *Eskja* „Schachtel" genannt). Zwischen die beiden Fjorde schiebt sich das *Hólmafjall* mit seinen mächtigen Basaltwänden ein. Von der gewaltigen Zerstörungskraft des Meeres zeugen auf der Südseite mehrere in die See hinausführende Basaltgänge mit 6—10 m langen und 1 m dicken, liegenden Säulen, die in kleinere Stücke zersprengt sind; auf der Nordseite finden sich Küstenterrassen. Liparit tritt auch hier in kleineren Einlagen und Gängen auf, namentlich an der Südseite; doch hat man auch auf der Nordseite ein rotes und grünes liparitisches Gestein gefunden, das sich in dünne, klingende Platten spaltet[1].

Der Handelsplatz *Eskifjördur*, wo der Bezirksvorsteher der *Sudur Múla sýsla* und der Distriktsarzt wohnen, und wo sich auch eine Telegraphenstation befindet, liegt ganz innen im Fjord, sein Hafen wird durch eine vorspringende Landzunge *Mjóeyri* gebildet, die an ihrem Aussenende steil in tiefes Wasser abfällt. Früher lag der Handelsplatz weiter östlich, aber seit der Mitte des 17. Jahrhunderts ist er verlegt worden. Etwa 1½—2 Stunden entfernt an der Küste, 800 m ü. M. in einem Bergabhang aus Basalt, wird seit 1669 der berühmte, wegen seiner doppelten Strahlenbrechung hochgeschätzte Doppelspat gefunden, der bekanntlich nur auf Island vorkommt. In dem stark verwitterten Basalt ist eine Menge verschlungener Kalkspatadern von ungleicher Mächtigkeit vorhanden; die grössten Doppelspatkristalle, mit Reihen von Desminen bewachsen,

---

[1] Sartorius von Waltershausen, Physisch-geogr. Skizze. Göttingen 1874, S. 95.

haben sich in rötlichem Ton entwickelt¹). Das Bergwerk gehört seit 1872 dem Staate, der es für 16000 Kr. ankaufte, aber noch nicht in Betrieb gesetzt hat. —

Hell und warm scheint die Sonne, so dass ich auf dem Verdeck sitzen und in Ruhe und Behaglichkeit die Landschaft langsam an mir vorüber ziehen lassen kann. Das ursprüngliche Plateau an der Ostküste ist beträchtlich höher gewesen und an vielen Stellen von der Erosion sehr mitgenommen, so dass die Bergarme zwischen den Fjorden zu Reihen von Gipfeln und Spitzen umgestaltet sind, die oft im Halbkreis um alte Kare stehen; doch kann man in den höchsten Spitzen horizontale Basaltdecken sehen, die sich in den nächsten Gipfeln fortsetzen; oft bestehen die höchsten Spitzen aus Gängen, die wegen ihrer Säulenstellung viel besser der Erosion widerstehen können; Wasser und Spaltenfrost können viel schwerer die horizontalen, dichten Basaltsäulen in den Gängen niederbrechen, als die vertikalen Säulen und Zerklüftungen in den Basaltdecken. Zuweilen finden sich zwischen den verschiedenen Tälern und Fjorden nur schmale Kämme und Grate, und wenn man die höchste Spitze des Berges erstiegen hat, kann man mitunter buchstäblich mit jedem Fusse in einem anderen Fjord stehen²). Vereinzelte Liparitflecken haben schon vorher unsere Aufmerksamkeit erregt, aber nachdem wir um die Landzunge *Krossanes*, hinter der der 788 m hohe *Snæfugl* aufragt, *Sukkertoppen* (Zuckerhut) von den Dänen genannt, und um den spitzen Gipfel des *Gerpir* gefahren sind, das östliche Kap Islands, treten die hellen Lipariteinlagerungen noch mehr hervor und heben sich mit ihren schreienden Farben von dem dunkeln Hintergrund auffallend ab. Besonders bunt ist das Aussehen dieser Lipariteinlagerungen bei *Bardsnes*, wo wir in den *Nordfjördur* einbiegen, bei *Dalatangi* (Tälerlandspitze, zwischen *Mjöfi-* und *Seydisfjördur*) und vor allem von der *Álptavik* an (Schwanenbucht, oberhalb des *Lodmundarfjördur*) bis zum *Hjeradsflói*: in den weissen, gelben und rosaroten Liparit sind grüner Pechstein, schwarzer Basalt, Streifen von Bimsstein, Obsidian usw. eingelagert. Nirgendwo sind in Island so zahlreiche und grosse Liparitdurchbrüche vorgekommen, wie in der Basaltformation des Ostlandes³).

Zwischen *Bardsnes* und *Dalatangi* schneidet ein breiter Fjord in das Land ein, der sich in vier kleinere teilt, in den *Mjöfifjördur*, *Nordfjördur*, *Hellisfjördur* (Höhlenfjord) und *Vidfjördur* (Holzfjord). Alle diese Fjorde sind sehr schmal — der nördlichste heisst darum

---

¹) Thoroddsen, Nogle Bemærkninger om de islandske Findesteder for Doppelspath. (Geol. Fören. i Stockholm. Förhandl. XII, 1890, S. 247—254). Deutsch in: Himmel und Erde, III, 1891, Berlin, S. 182—187.

²) Thoroddsen, Island, Gotha, 1906, S. 7; Lýsing Íslands, Kopenhagen 1908, I, S. 105—113.

³) Thoroddsen, Island, 1906, Gotha, S. 274—279.

geradezu *Mjófifjördur*, d. i. der schmale Fjord —, die Berge zwischen
ihnen sind sehr hoch und steil und ragen meist fast senkrecht aus
dem Meere empor. Der schmale Streifen Landes, der sich zuweilen
an den Abhängen findet, ist Bergstürzen sehr ausgesetzt, die die
Hauswiesen der Bauern vernichten und nicht selten Menschen und
Vieh begraben oder ins Meer geschleudert haben. Der einzige Fjord,
in dem sich etwas Tiefland befindet, ist der Nordfjord, der ziemlich
ausgedehnte, grasreiche Wiesen hat. Da er leicht zu befahren ist
und nicht weit von der offenen See entfernt liegt, wird er viel von
Fischerfahrzeugen aufgesucht; neun französische Kutter aus Paimpol
lagen hier, hier verliessen uns auch die letzten *Færinger*, die wir
mit ihren Booten in Klaksvig aufgenommen hatten; leider hatte das
Unwetter sogleich in der ersten Nacht drei von ihren Booten völlig
zertrümmert, was allein einen Materialschaden von 450 Kr. für sie
bedeutete. Der Fjord ist, wie so viele andere an der Ostküste,
durch seine Böen berüchtigt. Der Handelsplatz liegt an der Nordseite beim Gehöfte Nes und hat Fernsprechverbindung; die neuen
Häuser machen einen freundlichen Eindruck, und gern sehen wir
den auf den frischen Matten grasenden Kühen zu. Oberhalb des
Fjordes liegt etwa 900 m ü. M. die Firnkuppel *Fönn* mit einem
Areal von ca. 15 qkm.

In *Seydisfjördur* lagen wir vom 16. Juni abends bis zum 18. Juni
früh 10 Uhr; ich hatte also Zeit, mir den Ort anzusehen und kleinere
Ausflüge zu unternehmen; den Ritt nach dem *Lagarfljót* gab ich
auf, da ich den „Seefluss" von meiner ersten Reise her kannte, und
überliess alle Arrangements meinem Freunde, cand. jur. *Bjarni
Jónsson*. Er war vier Jahre zuvor in Kopenhagen mein Lehrer im
Neuisländischen gewesen; wir hatten uns seitdem nicht wiedergesehen,
aber unseren Freundschaftsbund durch regen Briefwechsel aufrecht
erhalten; nun war er hier Vertreter des *Sýslumadur* (Bezirksvorsteher), Gatte einer reizenden Frau und glücklicher Vater. Die
Freude des Wiedersehens war aufrichtig gross, und nur das eine
bedrückte mich, dass er sich für mich in zu grosse Kosten und
Umstände gestürzt hatte. Sogar einige Flaschen guten Rheinwein
hatte er eigens aus Kopenhagen bestellt, und das Mittagessen, an
dem auch Freund *Olsen* teilnahm, setzte selbst diesen verwöhnten
Feinschmecker in Erstaunen.

Seydisfjördur ist in jeder Hinsicht der beste und wichtigste
Fjord der Ostküste; der Name gehört wohl nicht zu „*seydi*" (eine
kleine Fischart, wonach der Fluss *Seydisá* nördlich vom *Kjölur*
benannt ist), sondern zu *saudr* „Schaf". Zur Zeit des dänischen
Monopolhandels lag der Handelsplatz dieses Fjordes weiter draussen
am südlichen Ufer der Bucht auf der sogenannten *Hánefsstadaeyri*.
Die heutige Stadt (Abbildung 1) besteht aus drei Teilen: dem eigentlichen *Seydisfjördur* auf der *Fjardaralda* (*alda* = wogenförmige Sand-

bank) am Ende des Meerbusens, wo die Häuser Bergstürzen und Lawinen ausgesetzt sind; der *Vestdalseyri* am nördlichen Ufer, etwa ¼ Meile von *Fjardaralda* entfernt; und der *Budareyri* am südlichen Ufer, kaum 10 Minuten von *Fjardaralda* entfernt. *Fjardaralda* wurde zuerst als Handelsplatz autorisiert im Jahre 1842, dann *Vestdalseyri* 1876; *Budareyri* verdankt ihren Aufschwung und ihre jetzige Blüte dem energischen norwegischen Kaufmann und Herings-Grosshändler Otto Wathne (geb. 1843, † 1898), der 1869 nach *Seydisfjördur* kam, das isländische Bürgerrecht erwarb und sich in *Budareyri* festsetzte. Ein granitenes Monument, ein Obelisk, an dem sein Reliefbildnis in

Fig. 1. Seydisfjördur.

Bronze angebracht ist, steht nahe der kleinen Brücke über die *Fjardará*, die zwischen *Fjardaralda* und *Budareyri* mündet. Eine eigene Jurisdiktion bekam die Stadt erst 1894.

Der Fjord ist von ca. 1000 m hohen Bergen umgrenzt: Die Südostseite wird von drei steilen, bräunlichen Bergen eingenommen, die *Húsgaflar* genannt werden, da sie, von See gesehen, Ähnlichkeit mit den Endgiebeln eines Hauses haben; sie sind meistens frei von Schnee. Oberhalb von *Budareyri* und *Fjardarströnd*, dem Küstenstrich weiter östlich, erhebt sich der *Strandatindur* (ca. 600 m), der keine Lawinen, aber nicht selten Bergstürze entsendet.

An dem inneren Ende des Fjordes ragt zwischen der *Fjardarheidi* und *Vestdalsheidi* ein hoher Bergrücken auf, *Bjhólsfjall*, seine höchste

Erhebung, *Bjólfur* (580 m), gibt uns die Richtung an, sobald wir in den Fjord einfahren; wegen der drohenden Bergrutsche stehen hier keine Wohnhäuser. Die Nordostseite wird von drei Bergspitzen *Dalafjöll* beherrscht, deren nach dem Fjord gerichtete Seite eine dunkelbraune, dunkelrote und grünliche Färbung zeigt; ein anderer Berg erinnert durch sein gezacktes Aussehen an eine Burgruine.

Landwirtschaft kann darum am Fjord so gut wie gar nicht betrieben werden; auch kommt die Sonne erst spät im Jahre über die hohen Berge und verschwindet frühzeitig wieder; es sind nicht einmal soviel Kühe da, dass die kleinen Kinder täglich Milch erhalten können. Seine Bedeutung verdankt *Seydisfjördur* lediglich seinem ausgezeichneten Hafen. Sein Beginn ist 20—40 Faden tief (1 Fd. = 1,883 m), in der Mitte findet sich ein längliches Bassin von 40 bis 47 Fd. Tiefe, die Durchschnittstiefe beträgt 32 m. Der Fjord ist, mit Ausnahme einiger Klippen östlich von *Dalatangi*, vollständig rein; verderblich können nur die heftigen Böen werden, die von den hohen und steilen Bergabhängen herunterkommen, die den Fjord fast überall umgeben; nur in sehr harten Eisjahren dringt das Treibeis in den innersten Teil ein. Bei *Búdareyri* sind mehrere Anlegebrücken mit 3—5 m Wassertiefe bei Niedrigwasser, wo die Schiffe löschen und laden können; auch bei *Vestdalseyri* sind Vorkehrungen für das Vertauen der Schiffe an Land getroffen, da der Grund so steil abfällt, dass man sonst nicht sicher liegt. Der beste Ankerplatz befindet sich indessen im Hintergrunde des Fjords, vor dem Handelsplatz *Seydisfjördur* oder *Aldan*; hier kann man überall ankern, sobald man unter 38 m Tiefe lotet.

Seydisfjördur war früher die wichtigste Station für den Heringsfang auf Island. Dieser hat aber in den letzten 12—15 Jahren bedeutend nachgelassen; 1905 wurden von hier nur 1014 Tonnen Heringe exportiert, 1880 aber 45000 Tonnen. Die Dorschfischerei aber ist recht ansehnlich; 1905 wurde für etwa 230482 Kronen Klippfisch ausgeführt. Die Norweger bilden einen nicht unbedeutenden Teil der Bevölkerung, und man kann immer darauf rechnen, von hier Fahrgelegenheit nach Stavanger, Haugesund, Bergen, Mandal, Fosna oder Christiania zu bekommen. Auch viele *Färinger* in Nationaltracht mit ihren schmalen Booten trifft man hier, oft sind es gegen 100 Boote; sie sind ebenso tüchtig wie die Isländer, aber gewöhnlich viel sparsamer und genügsamer. In den letzten Jahren haben sich die Fischer zahlreiche Motorboote angeschafft. Eine Maschinenwerkstatt für Reparaturen an Motorbooten und kleineren Dampfmaschinen ist im Bau begriffen. Auch mit dem reichen Hochland besteht lebhafter Handel (der Wollexport betrug 1905 88115 Kronen), obwohl der Weg über die steilen Berge sehr beschwerlich ist.

Das Island mit den *Färöern* verbindende Telegraphenkabel landet hier in einem kleinen, dreifenstrigen Hause oberhalb von *Búdareyri*;

neben *Reykjavík* ist *Seydisfjördur* die wichtigste Telegraphenstation auf Island. Hier wohnen der *Sýslumadur* für die *Nordur Múla sýsla*, die etwa bis Kap Langanes reicht, der Distriktsarzt und der Superintendent; sein Haus liegt ausserhalb der Stadt, 10 Minuten davon entfernt steht die Kirche, der Friedhof aber ist, was für Island sehr auffallend ist, etwa ½ Stunde entfernt. Die Stadt hat ein Krankenhaus, eine Apotheke, eine öffentliche Bibliothek, eine Zeitung *(Austri)*, eine Filiale der Islandsbank, Wasserleitung und eine Gerberei; eine neue Volksschule befindet sich in *Fjardaralda*, eine kleinere in *Vestdalseyri*. Elektrische Beleuchtung, wofür die Kraft aus den Wasserfällen in der Nähe beschafft wird, ist in Vorbereitung.

Die Bevölkerung zählte 1882 500 Personen, 1905 696, jetzt etwa 1000. Mit den weiss angestrichenen Holzhäusern und den verschiedenen Handelshäusern gleicht der Ort einem norwegischen Küstenstädtchen.

Nach der langen Seefahrt war es ein grosser Genuss, einmal wieder an Land die Beine in Bewegung zu setzen; hoch erfreut aber war ich, als mein Freund am Nachmittage mit ein paar Pferden erschien und mich zu einem Spazierritt nach einem hübschen Wasserfall an der Nordseite aufforderte. Obwohl ich seit vier Jahren kein Pferd mehr bestiegen hatte, fühlte ich mich doch im Sattel sofort wieder sicher, und die zwei Stunden Ritt hatten mir so gefallen, dass ich mich nach dem Abendessen noch einmal aufs Ross setzte und die schönen Wasserfälle der *Fjardará* besuchte.

Der Abschied von meinem Freunde wurde mir schwer, wir beide wussten, es war eine Trennung für immer. Der Dampfer fuhr so dicht an der Küste entlang, dass man einige Strandlinien erkennen konnte. Dann wird *Skælingur*, die höchste Bergspitze an der Nordseite der Mündung des *Lodmundarfjördur*, sichtbar; sie wird wegen ihrer eigentümlichen Form von den Seefahrern das chinesische Lusthaus genannt. Die Lipariteinlagerungen nehmen an Formen- und Farbenpracht immer mehr zu und verdrängen an einigen Stellen völlig den dunkelgrauen Basalt. In weitem Bogen fahren wir auf die offene See hinaus, den *Borgarfjördur* und die *Njardvík*, den Schauplatz der Sage von *Gunnarr Pidrandabani*, können wir kaum wahrnehmen, und erst bei Kap *Kollumúli*, nördlich von dem *Hjeradsflói* (Bezirksmeerbusen) kommen wir wieder an die Küste heran und halten im *Vopnafjördur* (Waffenbucht), wo die *Vápnfirdingasaga*, die *Porsteinssaga hvíta* und der *Porsteins páttr stangarhöggs* spielen[1]). Der Kompass ist in dieser Bucht sehr unzuverlässig, an der Südküste hat man Ausschläge der Kompassnadel bis zu 20° beobachtet. Der

---

[1]) „Sechs Erzählungen von den Anwohnern der Ost-Fjorde Islands" hat E. Wilken übersetzt und erläutert (Altnordische Erzählungen 1, Leipzig 1909).

Handelsplatz *Vopnafjördur* treibt recht bedeutenden Handel und wird von den an der Westküste fischenden Fahrzeugen sehr viel angelaufen; er ist Wohnsitz des Distriktsarztes und hat Fernsprechverbindung; vor der Mündung des Fjords liegen einige grüne Inseln, die von unzähligen Eiderenten bewohnt sind; weisse Stangen stehen überall im Grase, um die Raubvögel abzuschrecken.

Oberhalb von Kap *Digranes* (das grosse Vorgebirge) hören die *Austfirdir*, die Ostbuchten, auf und die Küste ändert ihren Charakter: an Stelle der hohen Basaltberge, die bis an die Küste heran reichen und nur von schmalen langen Fjorden unterbrochen werden, treten breite Fjorde, von deren innerem Ende sich lange Täler in das Land hinein erstrecken. Bis Kap *Langanes*, Islands nordöstlichstem Punkt, besteht die Küste abwechselnd aus Tälern, allmählich abfallenden Abhängen und steil zum Meere niedergehenden Gebirgen; der höchste Berg, das *Gunnólfsvikurfjall* ist nur 720 m hoch, endet aber nicht in einer Spitze, sondern in einer breiten, wagerechten Fläche. Schon auf dieser Strecke verschwinden die schmalen, tiefen Fjorde, mehrere breite offene Buchten liegen an der Küste. Es war zwar sehr kalt — einen merkwürdig hell leuchtenden Streifen in der Ferne glaubte der Kapitain als Eisblinken ansehen zu müssen, das von Polareis herrühre —, aber das Wetter war klar und sichtig, so dass die Umsteuerung von *Langanes* keine Schwierigkeiten bot. *Langanes* (langes Vorgebirge) ist sonst ein von den Seefahrern sehr gefürchtetes Vorgebirge; der häufige und dichte Nebel, sowie die starken Stromversetzungen in Verbindung mit der Unzuverlässigkeit des Kompasses haben hier schon viele Schiffsverluste verursacht; selbst bei stillem Wetter können, abgesehen von den durch Treibeis hervorgerufenen Schwierigkeiten, vor *Langanes* und weit nach See zu schwere Stromwirbel stehen. Da aber das Fahrwasser vor dem Vorgebirge selbst rein ist, fuhr die „Vesta" bis auf 5 Kabellängen heran und verschaffte uns so einen ganz leidlichen Überblick über die Halbinsel *Langanes*. Auf der Karte erinnert ihre Gestalt, wie *Olsen* bemerkte, an einen Vogel mit einem langen Schnabel, der Schnabel sieht von Meere aus wie eine hohe Felsenwand aus; die äusserste Spitze ist von steilen, 30—40 m hohen Doleritklippen, oft mit schönen Säulen umgeben. *Langanes* eignet sich gut zur Schafzucht und ist reich an Eiderenten-Kolonien. Die Südseite ist schöner und abwechslungsreicher als die Nordseite, eine steile Spitze tritt hinter der anderen hervor; „der Reitpfad liegt oft zu äusserst auf den steilen Felsrändern, so dass man von da eine Aussicht hat über Land und Meer, als sässe man in einem Luftballon" sagt Thoroddsen, der als Erster und bis jetzt Einziger diese Landschaft im Sommer 1895 untersucht hat. Der nordöstliche Teil besteht aus Tuff- und Brecciefelsen mit scharfen Spitzen und Kämmen (ca. 700 m), aber nördlicher sind die Berge niedriger, plateauförmig und aus wagerechten Doleritblöcken aufgebaut. Überall wird die Küste von steilen Klippen abgeschnitten, und an mehreren Stellen finden sich Vogelberge. Obwohl die Küste ganz weiss von Treibholz ist, soll die Menge doch gegen früher bedeutend nachgelassen haben. Die Bewohner sind fast alle miteinander verwandt, da nur selten Leute aus anderen Bezirken hierher kommen[1]).

Weit draussen auf dem Meere um den *Pistilfjördur* herum (Distelfjord) fuhren wir auf Islands nördlichste Halbinsel zu, *Melrakkasljetta* (*melrakki* = ein Fuchs, *sljetta* = eine Ebene), die sich zwischen *Axarfjördur* und *Pistilfjördur* bis hinauf zum Polarkreis erstreckt. Sie wird auf beiden Seiten von Tufffelsen begrenzt; die östlichen Berge bilden ein breites Hochland, das steil zum Meere abfällt, die westlichen aber sind verhältnismässig klein und setzen sich in niedrigeren Ausläufern bis *Raudagnúpur* fort (Abbildung 2), der nordwestlichen Spitze, die

Fig. 2. Raudagnúpur.

nach Thoroddsen ein präglazialer Krater ist (76 m hoch). Die ganze Küste entlang finden sich eine Menge kleinerer Seen und Lagunen, von der Brandung hervorgebracht, die verschiedene grössere und kleinere Buchten vom Meere abgeschnitten hat, indem sie vor ihnen Wälle von Rollsteinen aufwarf. Trotz der hohen nördlichen Lage kommen hier Schafe gut fort, auf den Inseln und Landspitzen in den Seen brüten zahlreiche Eiderenten, auch etwas Vogelfang wird betrieben, aber nur wenig Fischerei, obgleich das Meer draussen sehr fischreich ist; bei dem Mangel an Häfen und wegen der starken Brandung an der flachen offenen Küste können sich die Einwohner nicht mit ihren kleinen Booten aufs Meer wagen. Die Einnahmen aus dem Seehundsfang und dem Treibholz haben bedeutend abgenommen. Die Vegetation hat ein arktisches Gepräge. Das grönländische Treibeis liegt oft monatelang dicht an der Küste und führt Schnee und Kälte mit sich; die Winde vom Meere her sind meist

---

[1]) Mein Island, II, S. 275; Thoroddsen, Andvari, XXII, S. 24.

sehr feucht, der kalte Eismeernebel mit Regen und nassem Schnee wütet oft über dem Lande, die Pflanzen können darum nicht recht gedeihen[1]).

Der äusserste Punkt der Halbinsel, *Rifstangi* (Rifflandspitze), von wo ein Steinriff ausschiesst, ist zugleich der nördlichste Punkt der *Nordur Pingeyjar sýsla* und des ganzen isländischen Festlandes überhaupt, da es hier den Polarkreis überschreitet; dieser wird ein wenig südlich von *Raudagnúpur* passiert, und man befindet sich in der kalten Zone. Die kleine Bucht *Hraunhöfn*, die etwas östlich von diesem Kap nördlich in die Halbinsel einschneidet, ist der Schauplatz für den letzten Kampf und die Ermordung des Skalden *Porgeirr Hávarsson* († 1024), der mit *Pormódr Kolbrúnarskald* unter dem Rasen Blutbrüderschaft geschlossen hatte (*Fóstbrædrasaga*). Auf einer Erhöhung oberhalb von der Landzunge *Hraunhafnartangi*, die die kleine Bucht im Osten begrenzt, kann man von dem vorbeifahrenden Schiff aus deutlich einen Steinhaufen sehen (isl. *dys*), der *Porgeirs* Grab sein soll.

Von *Raudagnúpur* ab nimmt der Dampfer über den *Axarfjördur* seinen Kurs südwestlich auf die *Mánareyjar*. Leider war von der Küste nicht viel zu sehen. Während das ganze Nordland aus leicht abfallenden oder wagerechten Basaltdecken besteht, treten vom *Eyjafjördur* an in einem breiten Gürtel, der bis *Langanes* im Osten geht, neuere vulkanische Bergarten zutage. Die *Mánareyjar* sind ein paar unbewohnte Inseln, die etwa 5 Sm. vom Lande entfernt liegen; *Háey*, die südlichere, ist kleiner, aber höher als *Lágey*, und eine grosse Höhle führt quer durch sie hindurch. Zwischen den Inseln und dem Festlande ist auf den Kompass kein Verlass. Gerade als wir die von der Brandung hervorgerufene Höhle zu sehen bekamen, rief mich der Kapitän zu sich und machte mich darauf aufmerksam, wie die Kompassnadel vor- und rückwärts sprang und zuletzt Abweichungen bis zu 3 Strichen zeigte. Die Inseln wirkten also wie gewaltige Magnetnadeln. Erst als wir die Inseln passiert hatten, kam der Kompass wieder zur Ruhe. Darauf bogen wir in die 12 Sm. lange und 14 Sm. breite Bucht *Skjálfandi* ein und steuerten auf den einzigen Handelsplatz in ihr los, *Húsavík*, der in ihrer südöstlichen Ecke liegt, an der Ostseite einer kleinen, durch einen hohen vorspringenden Hügel gebildeten Einbuchtung.

Ich hatte *Húsavík* bereits auf meiner ersten Reise kennen gelernt und habe den hübschen Platz schon früher eingehend beschrieben (II, S. 214/5); aufrichtig erfreut war ich, als ich feststellen konnte, dass mein Besuch bei den Bewohnern nicht in Vergessenheit geraten war: nicht nur der Wirt des „Hotels", wo ich vor vier Jahren abgestiegen war, kannte mich wieder, sondern auch ein junger

---

[1]) Thoroddsen, *Ferd um Nordur Pingeyjarsýslu*, Andvari XXII, S. 17—71.

Kaufmann und *Sira Benedikt Kristjánsson*, der damals Superintendent in *Grenjaðarstaður*, jetzt in *Húsavík* selbst war, besuchten mich sogleich an Bord. Im Ort hatte sich nichts verändert, nur eine neue schmucke Kirche war inzwischen entstanden, die *Rögnvaldur Ólafsson*, abweichend von dem sonst auf Island üblichen Stil, gebaut hatte. Da der Dampfer zwölf Stunden liegen blieb, unternahm ich einen kleinen Spaziergang auf eine Höhe, von wo ich eine schöne Aussicht bis *Grímsey* hatte, die etwa 40 km (= 25 Sm.) vom Lande entfernt einsam im Meere unter dem Polarkreise liegt. Gern hätte ich die Insel mit dem Küstendampfer „*Esbjerg*" besucht, zumal da einige Passagiere, an die ich mich näher angeschlossen hatte, den Dampfer verliessen und den Weg bis *Akureyri*, der nächsten Haltestation, zu Pferde zurücklegten, aber der Kapitän wollte und konnte mir keine Garantie geben, dass er mich pünktlich wieder in *Akureyri* ans Land zurück brächte. So musste ich darauf verzichten, den nördlichsten Vorposten Islands aus eigener Anschauung kennen zu lernen[1]).

Die wenigen Bewohner (ca. 90) leben von Fischerei und Vogelfang; sie sind von alters her als geschickte Schachspieler berühmt. An den einsamen Winterabenden, wenn die Brandung gegen die Küste braust oder Eis die Insel umlagert, vertreiben sie sich die Zeit mit dem Lesen der alten Sagas und mit Schachspielen. Der amerikanische Professor Willard Fiske, ein begeisterter Freund der Isländer, (geb. 11. Nov. 1831, † 17. Sept. 1904) vermachte *Grímsey* testamentarisch 12 000 Dollar. Von diesen ist bereits eine Schule auf der entlegenen Insel erbaut worden, und der Rest soll für andere gemeinnützige Zwecke verwendet werden. Eine wertvolle Bibliothek hatte er der kleinen Insel bereits vor seinem Tode geschenkt[2]). Auf der Insel wohnt ein Pfarrer, aber kein Arzt und kein Apotheker; aber trotz der dürftigen Verhältnisse und des harten Kampfes ums Dasein sind die Einwohner mit ihrem Lose zufrieden und glücklich. König Olaf der Heilige von Norwegen richtete im Jahre 1024 an die Isländer die Bitte, ihm diese Insel zu überlassen, und mehrere von seinen Anhängern unter den Häuptlingen wollten ihm seinen Wunsch gewähren, aber auf den Rat des klugen *Einarr* von *Þverá* hin lehnte man das ab: *Grímsey* sei ein so ausgezeichneter Fangplatz und so reich an Lebensmitteln, dass man damit ein ganzes Heer unterhalten könne, das auf diese Weise von dort aus mit Kriegsschiffen die isl. Küste zu verheeren imstande sei (F. M. S., IV. K. 122)[3]).

---

[1]) Das Beste über die Insel hat Thoroddsen geschrieben: Zur isl. Geographie und Geologie, deutsch von Palleske, Landeshut 1908, S. 5—19.

[2]) *Bogi Th. Melsted*, Willard Fiske. Kopenhagen 1907.

[3]) Diese Stelle ist Hans Reynolds entgangen, der in seinem Buche „Island, Hos gammelt norsk Folk" (Kristiania 1907) nachdrücklich für Wiederaufnahme und

Zu meinem Schrecken gewahre ich, dass ich immer noch so unmodern bin wie vor vier Jahren, dass mich auch jetzt wieder die Vergangenheit nicht loslässt, wo doch die Gegenwart so hold lächelt. Denn die Wiesen prangen in frischem Grün, der Frühling hat auch im Nordlande seinen Einzug gehalten. Zur Entschädigung will ich also versuchen, ein Frühlingslied von *Jón Th. Thóroddsen* wiederzugeben:

> Lenz ist gekommen, es schimmert die Halde,
> Bäche stürzen vom Berg mit Gebraus,
> Goldregenpfeifer locket im Walde,
> Schwan auf dem See und Drossel am Haus.
> Schären und Holme im Blumenschmuck blühen,
> Eidergans baut sich ihr Nest, um zu brüten;
> Heide, sie lächelt, das Tal, es wird grün,
> Laut ruft der Hirt, der die Herde will hüten.
> Lämmer grasen am Bergesrand,
> Kinder spielen mit Muscheln am Strand.

Den ganzen Abend verbrachte ich im warmen Sonnenschein auf dem Verdeck; keine Wolke war am Himmel, da war zu erwarten, dass wir die Mitternachtssonne sehen würden. Einige Bauern kamen an Bord und boten Felle von Blaufüchsen feil, aber da sie um diese Zeit wenig Wert haben, verzichtete ich auf den Kauf; ein Matrose erstand drei für 1 Krone. Es war das einzige Mal, dass ein Isländer sich auf das Schiff bemühte, um ein Geschäft zu machen. Obwohl die Passagiere überall gern Ansichtskarten gekauft hätten, waren die Isländer viel zu bequem und umständlich, um ihnen entgegenzukommen — der Sinn für das Praktische geht ihnen noch immer ab!

Kurz vor 12 Uhr nachts stechen wir wieder in See. Langsam senkt sich der feurige Ball der Sonne ins Meer, aber immer leuchtender werden die Farben; das Wasser ringsum schimmert in rotem Schein, und die Berge an der Küste erglänzen in violettfarbigem Alpenglühen. Eine zarte duftige Wolke umsäumt ihren unteren Rand, so dass ich mit blossen Augen in die Lichtfülle hineinschauen kann. Für mehrere Minuten vermischt sich die Glut des Sonnenuntergangs mit der des Sonnenaufgangs, dann leuchtet das Licht goldgelber, ein glänzender Schein verkündet den Anbruch des neuen Tages, und nach kaum einer Stunde muss ich den Blick wieder abwenden, so sehr blenden ihre Strahlen. Ich hatte die Mitternachtssonne vom Berge Dundret in der Lappmark und von der Fuglö auf der Westküste Norwegens bewundern können, aber so rein, so ungetrübt war mir ihr Anblick noch nicht beschieden ge-

---

Befestigung der Beziehungen zwischen Island und Norwegen eintritt und zu beweisen sucht, dass man noch heute auf Island mehr Sympathie für das alte Mutterland als für Dänemark habe.

wesen. Selbst der Kapitän, der viele, viele Jahre schon diese Strecke gefahren war, dem die Mitternachtssonne durchaus nichts Neues war, erklärte, sie noch niemals in dieser Pracht erblickt zu haben. Ein begeisterter Student zitierte, während wir mit perlendem Sekt auf Islands Zukunft ein neunmaliges Hurra anstimmten, aus Tegnérs Frithjofssage:

> Mitternachtssonn' auf den Bergen lag,
> Blutrot anzuschauen:
> Es war nicht Nacht, es war nicht Tag,
> Es war ein eigen Grauen.

Als ich am nächsten Morgen aufwachte, lag der Dampfer still auf der Reede von *Akureyri*. Da ich im Jahre 1904 hier volle acht Tage geweilt hatte, bot mir die Stadt wenig Neues, und die mehr als 48 Stunden, die wir hier blieben, verliefen ziemlich langweilig. Die Bekanntschaften, die ich damals gemacht hatte, erneuerte ich natürlich, traf aber nur wenige an, da ich versäumt hatte, meine Ankunft anzuzeigen. Besonders leid tat es mir, dass ich *Síra Jónas Jónasson* in *Hrafnagil*, wohin ich zu Fuss die neu aufgeschüttete Strasse pilgerte, nicht daheim fand; ich wusste, dass er an der Herausgabe einer Sammlung isländischer Volkssagen arbeitete, und hätte gern mit ihm darüber gesprochen[1].

Die Stadt ist in der Entwickelung nicht stehen geblieben, hat sogar an Einwohnerzahl noch zugenommen (ca. 2000, 1904 nur 1600). Trotzdem vor zwei Jahren ein grosser Brand gewütet hatte, der 7 Häuser einäscherte und einen Schaden von ca. 160000 Kr. verursachte, waren viele neue Häuser entstanden: die Realschule war fertig, ein grosses Temperenzler-Hotel erhob sich in *Akureyri* und in *Oddeyri* ein ansehnliches, neues Gasthaus, das leider im Oktober 1908 ein Raub der Flammen wurde; mehrere schmucke Villen waren am Strandweg aufgeführt, vor allem ist auch *Oddeyri* gewachsen. Die Baumschule und die Versuchsgärtnerei (isländisch: *tilraunastöd* landwirtschaftliche „Versuchsstation"), deren Anfänge ich früher gesehen hatte, hatten sich gut entwickelt. Fast 6000 Stämme von verschiedenen Sorten waren angepflanzt, vor allem Birken, Ebereschen, Erlen, Ulmen und Tannen; die meisten stammten aus Norwegen, die Johannisbeersträucher aus *Sandnæs* bei *Stavanger*. Im Herbste sollte ein Teil an die Bauern der Umgegend verteilt werden. Wenn ich den fröhlichen Stand der Bäume mit dem Aussehen verglich, das sie vor vier Jahren hatten, dann konnte ich wohl mit Goethe hoffen:

---

[1] Der erste Band ist soeben erschienen, *Þjóðtrú og Þjóðsagnir*, Akureyri 1908; er zeichnet sich durch eine Fülle neuen Materials aus und ist durchaus zuverlässig. Hoffentlich wird die Sammlung in das Deutsche übertragen!

> Lass, o lass mich nicht ermatten!
> Nein, es sind nicht leere Träume:
> Jetzt nur Stangen, diese Bäume
> Geben einst noch Frucht und Schatten.

Die Kartoffeln waren aus *Bodö*, die Gerste aus *Tromsö* und die Erbsen aus *Ringerike* bezogen; von den Kartoffeln hatte man auf einem Beete 24 verschiedene Sorten gesteckt und wollte nun erproben, welche unter dem Himmel Islands am besten gedeihen würden. Hafer wird nur gesät, um als Grünfutter benutzt zu werden; Gerste wird zwar an einzelnen Orten reif, wird aber gewöhnlich wie der Hafer benutzt. Die Versuchsstation steht unter der Leitung von *Sigurdur Sigurdsson*, der alljährlich vom Mai bis zum September in *Akureyri* wohnt, im Winter aber der landwirtschaftlichen Schule zu *Hólar* vorsteht.

Wie *Siglufjördur* die Hauptstation für den Heringfang der Norweger auf Island ist, so ist es *Akureyri* für die Isländer des Nordlandes[1]). Der im *Eyjafjördur* gefangene Hering soll der fetteste und beste sein, den es überhaupt gibt. Im Jahre 1901 wurden 100000 Tonnen Heringe exportiert, 1905 nur 22519 Tonnen; Klippfisch aber im Werte von 213353 Kronen; zuweilen stehen die Schwärme so dicht, dass die Kinder mit blossen Fäusten in unmittelbarer Nähe der Landungsbrücke ganze Hände voll Fische aus dem Wasser ziehen. In der „Saison", Mitte Juni bis September, sind oft 2000 fremde Schiffe hier; aber obwohl die Stadt nur zwei Polizisten hat, kommen doch selten Streitigkeiten vor; im Falle der Not kann der neue dänische Kreuzer „Islands Falk" von *Siglufjördur* aus telegraphisch herbeigeholt werden. Die deutsche Hochseefischereigesellschaft hat zuweilen 50 Schiffe hier oben. Neuerdings beteiligen sich auch die Reeder C. Valentin, James Anderson und Hæller & Odenberg aus Gothenburg in Schweden am Heringsfang. Trotz einer Staatsunterstützung von 20000 Kronen war der ökonomische Ertrag im Jahre 1906 nur 2540 Kr.; im Jahre 1907 schloss die Kompagne sogar mit einem Verlust von 32753 Kr. ab; 1908 haben die genannten Reeder wieder 75000 Kr. Unterstützung erhalten; „wenn die Islandfischerei von Schweden aufgegeben würde, würden Dänen und Norweger den Markt für Islandhering einnehmen und ein nationales Unternehmen unterdrücken, das zum Vorteile für Schwedens Fischer hätte gereichen können" (Gothenburger Hdlsztg. 17. II. 1908).

Sehr skeptisch nahm ich die Nachricht auf, dass man Moschusochsen aus Grönland nach dem Nordland einführen wolle; ich habe auch bis heute noch nichts wieder darüber erfahren.

Montag, den 22. Juni, morgens 4 Uhr, setzten wir endlich die

---

[1]) Im Jahre 1907 hatte Island 234 (Segel-)Fischerfahrzeuge, wovon das kleinste 1,40, das grösste 150,74 RT hatte; die Zahl der Motorboote soll weit über 300 sein.

Reise fort. An Schlafen war freilich nicht zu denken gewesen; bis Mitternacht arbeitete rasselnd die Maschine, immer neue Fracht wurde verladen, und die schweren Stiefel der Matrosen trampelten unmittelbar über meiner Koje. Auch das ist ein Übelstand und dient nicht zur Erholung, dass fast Abend für Abend mindestens bis 10 Uhr, und morgens bereits von 4 Uhr ab Ladung gelöscht und verfrachtet wird; auch die besseren und grösseren Dampfer sind eben in erster Linie für die Fracht da. Wie viel gemütlicher war es vor vier Jahren auf dem Haugesunder Heringsdampfer „Glyg" gewesen, mit dem ich von *Siglufjördur* aus die Heimreise antrat, wohin mich jetzt die „Vesta" brachte! Freilich war heute das Wetter wärmer und heller als damals, und die Fahrt durch den *Eyjafjördur*, den viele für den schönsten Fjord Islands halten, war wirklich ein Genuss. Da ich sie aber bereits früher beschrieben habe, eile ich darüber hinweg und erwähne nur noch, dass man vom Dampfer aus an der Mündung der *Hörgá* die Stelle sehen kann, wo die im Altertum berühmte Kaufstadt *Gásir* lag, die während 5 Jahrhunderte Islands, oder wenigstens des Nordlandes, wichtigster Handelsplatz war; die gleichzeitige Anwesenheit von 5, ja 16 Schiffen hier war keine Seltenheit. Da kein anderer Ort so deutliche Erinnerungen an den alten Handel aufzuweisen hat, haben Finnur Jónsson und Daniel Bruun hier 1907 Ausgrabungen vorgenommen und die Ruinen der alten Kaufhäuser und einer 40 Fuss langen, aus Holz und Steinen errichteten Kirche blossgelegt [1]).

Die Schilderung der nächsten Tage von *Siglufjördur* an bis *Reykjarfjördur* kann ich mir ersparen; den „Mastfjord" kannte ich ja bereits, und alle anderen Punkte musste ich auf meiner Landreise noch einmal berühren (ausgenommen *Hvammstangi* am *Midfjördur*; aber der noch ganz junge Ort, der noch auf keiner Karte verzeichnet ist, besteht nur aus 8 Häusern und gewährt das übliche Bild der isländischen Küstenplätze). Ausserdem wurde fast jeder Fjord zweimal genommen, erst fuhren wir bis an sein innerstes Ende, und dann repetierten wir dieselbe Strecke noch einmal, um wieder herauszukommen. Wir besuchten folgende Handelsplätze: *Siglufjördur*, *Saudárkrókur*, *Blönduós*, *Skagaströnd* (in dieser Reihenfolge, nicht umgekehrt!), *Bordeyri*, *Hvammstangi*, *Hólmavík* im *Steingrímsfjördur* und *Reykjarfjördur*. Ich beschränke mich aber auf die Beschreibung der Reise um die *Vestfirdir* vom *Steingrímsfjördur* an; unter *Vestfirdir* „Westbuchten" versteht man die Halbinsel zwischen dem *Breidifjördur* und dem *Húnaflói*; der *Bitru-* und der *Gilsfjördur* schneiden so tief ins Land ein, dass diese fächerförmige

---

[1]) Det gamle Handelssted Gásar, Det kgl. danske Videnskabernes Selskabs Forhandlinger, 1908, Nr. 3, S. 95—111, mit 8 Tafeln. Im Jahre 1908 wollten beide Gelehrte in *Hofstadir* am *Mývatn* Ausgrabungen vornehmen.

Halbinsel, deren Kartenbild einer Hand gleicht, nur durch eine kaum 1 Meile breite Landenge mit der Halbinsel verbunden ist.

Die Reise auf dem Dampfer zeigt deutlicher als der Ritt zu Lande, wie die Nordküste sich durch grosse und breite Buchten auszeichnet, die zum Teil tief in das Land einschneiden und der Küste einen sehr unregelmässigen Verlauf geben. Im Osten ist sie meist flach, wie die Halbinseln *Skagaströnd* und *Melrakkasljetta*, die sich nur wenig über die Meeresoberfläche erheben; im Westen aber treten hohe Berge bis an das Meer heran. Die Landreise ergänzt dieses Bild: mächtige Gebirgsmassen gehen vom Hochlande auf die Halbinseln zwischen den Fjorden hinaus; von den inneren Fjorden erstrecken sich lange Täler in das Nordland hinein, die sich unendlich verzweigen, bald grösser, bald kleiner; so sehen die Berge wie zahllose Rücken und Gipfel, Grate und Kämme aus, sind jedoch in Wirklichkeit aus einem ursprünglich zusammenhängenden Plateau ausgeschnitten. Die Täler südlich vom *Skagafjördur* und *Húnaflói* sind sehr fruchtbar und gelten dem Isländer als eine Naturschönheit ersten Ranges; aber das Polareis blockiert zuweilen während des ganzen Sommers die Küste, legt Schiffahrt und Handel lahm und führt nicht selten den wirtschaftlichen Ruin herbei. Die Fischerei vor der Küste ist nicht so ausgedehnt wie im Westlande, nicht einmal wie im Ostlande, und der früher vom Nordlande aus betriebene einträgliche Eishaifang hat durch das stete Sinken der Tranpreise seine Bedeutung verloren.

Auf der ganzen langen Strecke von Langanes bis Kap Nord (Horn) wechseln ausschiessende Bänke und grosse, sich in die Fjorde hinein erstreckende Tiefs ab. Eine Eigentümlichkeit dieses Fahrwassers ist, dass man ausserhalb von ihm überall grosse Steine findet, während der Grund auf den Bänken mit Sand, Muscheln und Steinen, sowie Schlick in den Tiefs häufig wechselt[1].

Die Fahrt auf dem *Húnaflói*, namentlich an der Ostseite der Halbinsel *Vestfirdir*, die „Strandir" genannt wird, ist äusserst schwierig; zu dem häufigen Nebel, der zeitweisen Anwesenheit von Eis bis spät im Sommer, kommen auf dem nordwestlichen Teile noch viele Untiefen und Klippen hinzu: das Lot gibt wegen der Unebenheit des Bodens nicht den geringsten Aufschluss, und der Kompass ist ganz unzuverlässig. Strandir, die Küste vom Kap Nord bis zum (südlichen) *Reykjarfjördur*, zeigt bereits den Charakter der *Vestfirdir*, indem Fjorde und hohe Vorberge miteinander abwechseln, hat keine Hafenplätze und wird von Fischfahrzeugen nie besucht. Nur der 75 m tiefe und über 15 m breite *Reykjarfjördur* (Rauchbucht) wird von dem Postdampfer besucht; 35 m innerhalb

---

[1] Zum folgenden vgl. Thoroddsen, Fra Vestfjordene i Island. Geogr. Tidskrift, IX, S. 149—168; *Ferdasaga frá Vestfjördum*, Andvari XIII, S. 99—203; XIV, S. 46—93.

seiner Mündung liegt der Handelsplatz gleichen Namens. Wir hatten Glück, Sonnenschein und sichtiges Wetter begleitete uns, und kein östlicher Wind verursachte schweren Seegang. Der Ort zählt nur 4 Häuser, liegt aber wunderschön zwischen den hohen Bergen *Örkin* (622 m) auf der Nordseite und *Reykjarfjardarkambr* auf der Südseite, der wie ein grosser Kegel aussieht. Zu spät erfuhr ich, dass ich etwa 2 Stunden vorher ahnungslos an dem Schauplatz zweier hübscher Geschichten vorübergefahren war.

Oberhalb des *Steingrimsfjördur* wohnte ein Mann, der ein Liebesverhältnis mit einem weiblichen Gespenst, namens Selkola hatte; er wurde ganz toll und verrückt vor Liebe und magerte schrecklich ab. Bischof *Gudmundur* der Gute aber sang über den Unhold fromme Lieder, da versank „die Braut von Korinth" in die Erde, und der Mann genas. Etwa eine Stunde nördlich liegt der *Svansfjördur*, in dessen Nähe der Zauberer *Svanr* wohnte. Einst ruderte er im Frühjahr auf den Fischfang hinaus, da kam von Osten her ein schweres Unwetter über ihn und sie gingen zugrunde Aber Fischersleute, die zu *Kaldbakr* waren, meinten den *Svanr* in den Berg *Kaldbakrhorn* eingehen zu sehen, und er wurde da wohl begrüsst. Einige aber widersprachen und sagten, es sei nichts damit; das aber wussten alle, dass er weder lebendig noch tot gefunden wurde (Njáls s. K. 14). Nun erinnerte ich mich auch, etwas südlich vom Fjord *Veidileysa* (d. h. Bucht, wo Mangel an Fischfang ist), der ½ Stunde unterhalb des *Reykjarfjördur* liegt, vom Schiffe aus eine Schlucht bemerkt zu haben; das war die Spalte, in der *Svanr* verschwand, und sie heisst seitdem *Svansgjá*.

Ganz in der Frühe des 27. Juni wurde ich von Freund *Ólsen* geweckt, der mich aufforderte, schnell in die Kleider zu fahren und an Bord zu kommen, Kap Nord sei in Sicht! Das Anziehen war nicht leicht, das Schiff schaukelte weit schlimmer als vor den *Faröern*, und meine Kabinengenossen seufzten und stöhnten und würgten herzzerreissend; aber mich selbst griff die See nicht mehr an. Als ich auf das Verdeck kam, wo von den ca. 100 Passagieren nur sieben zu sehen waren, drohte mich der Sturm umzuwerfen, aber die Sonne schien hell und kalt, und der Anblick war wirklich grossartig. Zunächst fallen eine Menge hoher, schmaler Felsspitzen auf, die aus dem Meere emporragen und auf einem breiten Sockel ruhen, der zur Ebbezeit trocken liegen soll; derartige Klippen setzen sich auch auf der anderen Seite von Kap Nord fort[1]). Dann werden die steilen, nach See zu gerichteten Felsbänke des Kaps immer deutlicher (Abbildung 3), hinter ihm erhebt sich die hohe schlanke Spitze *Kálfatindur*, westlich ragt ein einzelner Felsen, *Súlustapi*, senkrecht aus dem Wasser, und über sie alle hinweg schimmert breit und mächtig die Firnkappe des *Drangajökull*. Das isländische Nordkap ist höher als das norwegische, die vordere Wand ist etwa 400 m hoch, der südöstlich zurückliegende Gipfel fast 500 m, während das norwegische nur 295 m hoch ist. „Es wölbt sich nicht, sagt Heusler, mit der ruhigen Majestät des norwegischen

---

[1]) Vgl. Thoroddsen, Fra Islands nordvestlige Halvö, Geogr. Tidskrift IX, S. 31—50.

dem Ozean entgegen, sondern schiesst in fast senkrechter, glatter Wand zu einem effektvollen Zackenprofil auf. Durch die Schwärme von Alken, die an der steilen Mauer nisten, hat der Berg eine weisse Färbung und selbst grüne Flecke bekommen. Alle die westlich folgenden Vorgebirge weisen uns die Naturfarbe des Basalts, ein leichtes Grau, verbunden mit dem leuchtenden Ziegelrot, das von

Fig. 3. Kap Horn.

den reichlichen Eisenbestandteilen herrührt und nirgends so schön wie hier die Trappwände überhaucht"[1]).

Der Hornfelsen ist ein sehr bedeutender Vogelberg, und da er Gemeingut ist, kommen die Leute weit aus dem Süden hierher. Mit der Ausbeutung wird in der achten oder neunten Woche des Sommers angefangen und in der fünfzehnten aufgehört; während auf den meisten Vogelbergen die Arbeit des Abends beginnt und

---

[1]) Heusler, Bilder aus Island. Deutsche Rundschau XXII, S. 202—223, 385—410; auch das Zitat auf S. 25 ist Heuslers prächtiger Schilderung von S. 223 entnommen.

bis Sonnenaufgang zu Ende ist, da die Vögel scheu sind, wenn die Sonne sie bescheint, ist das *Hornbjarg* von der Sonne abgewandt und kann daher vom Morgen bis zum Abend abgesucht werden. Gewöhnlich lässt man sich vom Rande etwa 140 m hinab; will man noch tiefer gehen, so lässt man sich von den Absätzen des Felsens hinunter und sammelt die Vögel und Eier. Schwindelfrei muss man natürlich sein! Auch müssen die Seile überaus stark sein; vor etwa 25 Jahren benutzte man vier- bis fünffache lederne Taue aus Ochsenhaut. Durch das Herabstürzen von Steinen wird viel Unglück angerichtet, und die besonders gefährlichen Stellen, wo Steine am leichtesten und meisten niedergehen, heissen *Heidnaberg* „Heidenberg" (d. i. nicht geweiht oder von heidnischen Geistern, Elfen und Trollen bewohnt).

Von Kap Horn bis *Ritur*, von wo der Dampfer seinen Kurs nach Süden nimmt, zeichnet sich die Küste durch fünf hohe, steile Vorgebirge aus: *Horn*, *Helarvikrbjarg*, *Kögr*, *Straumnes* (Strömungsvorgebirge) und *Ritur*, zwischen denen sich von hohen und steilen Küsten umgebene Buchten befinden, die nur durch vereinzelte Talmündungen unterbrochen werden und nach See zu vollständig offen sind: *Rekavik* (Treibholzbucht), *Heljarvik* (Todesbucht), *Sandvik*, *Fljót* (Fluss), noch eine *Rekavik* und *Adalvik* (Hauptbucht). Vor den genannten Landspitzen können bei stürmischem Winde und entgegenlaufendem Strome schwere Stromwirbel entstehen, die sich mehrere Seemeilen nach See zu erstrecken. Im Herbst 1879 wurde während einer Sturmflut eine Menge Sand und Kies in eine kleine Bucht westlich von Kap Horn gefegt, so dass grosse Haufen Felsenstücke an der Küste bedeckt wurden, und man auf einem sandigen Strande gehen konnte, wo früher das Wasser 2—4 m tief gestanden hatte; Kies und Treibholz wurde von der Brandung auf 40—50 m hohe Küstenfelsen geschleudert.

Jeder der Bergkolosse, die die Buchten voneinander trennen, „scheint seinen Vorgänger immer noch an Höhe und Wucht zu überbieten; das *Straumnes* und der *Ritur* sind die gewaltigsten, wohl über 600 m hoch. Die Schichtung ist regelmässig und von wunderbarer Plastik; die Bänke über 10 m stark, scharf abgesetzt, wenig überschüttet. Prachtvolle Vertikalrisse schneiden sich mit den wagerechten Absätzen. Die obere Kante der Mauer ist bei dem einen der Riesen zu einer grotesken Reiterfigur zernagt. Der Lauf unseres Schiffes verschiebt und verkürzt die ungeheuren Kulissen in schnellem Wechsel; staunend sehen wir beim Umbiegen um den *Ritur* erst das Profil und allmählich, grösser und grösser, die ganze Fassade des zyklopischen Walles erstehen, die sich über 10 km lang schnurgerade und mit horizontalem Gesimse hinpflanzt. Es wirkt um so stärker, als es beständig an menschliches Bauwerk anklingt und dieses so ins Vielfache steigert. Man muss diese Küste in vollem Sonnenlichte sehen; dann gewahrt man erst, wie der Basalt, bei bewölktem Himmel eine mürrische Gesteinsart, Körper und Ausdruck erlangt; wie der Schattenschlag seiner Klüfte sich entfaltet; wie das metallische Rot aufleuchtet, und diese ganze Bergwelt ein leidenschaftliches Leben gewinnt. Und ihr zu Füssen funkelt das stahlblaue Meer; ein gemilderter Goldbronce-Schimmer legt sich von den hohen Ufern auf die bewegte Wellenfläche."

Nirgends in ganz Island geht die Schneegrenze soweit hernieder wie hier: ganz ähnlich soll das Aussehen der grönländischen Küste sein, eine Fahrt von 6—8 Stunden in nordwestlicher Richtung würde uns Grönlands Berge gezeigt haben, und wir wären dicht an dem breiten Eisgürtel gewesen, der Grönlands Ostküste umgibt, wo sich, wie auf Island, alte vulkanische Bildungen finden; denn in der Mitte des Miozän war Island durch eine breite Landbrücke, ein aus unzähligen, von Kraterreihen und Spalten hervorgebrachten Lavaströmen gebildetes vulkanisches Hochland, mit den *Feröern*, Schottland und Grönland verbunden. In drei Tagen hätten wir sogar in Julianehaab und Frederikshaab, in vier Tagen sogar in Upernivik an der Baffinsbai sein können — aber keiner von unserer Reisegesellschaft durfte hoffen, jemals dahin seinen Schritt zu lenken[1]).

Das *Straumnes* und der *Ritur* liegen bereits vor dem breiten Tore des *Ísafjördur* (Eisbucht) oder des *Ísafjardardjúp* (Eisbuchttiefe), das mit dem *Arnarfjördur* die Halbinsel *Vestfirdir* wieder in drei gezackte kleinere Halbinseln teilt. Zwischen den steilen Vorgebirgen *Grænahlid* (im N.) und *Stigahlid* (im S.) — in beiden hat man isl. Braunkohle, *Surtarbrandur*, gefunden — hat das *Ísafjardardjúp* eine Breite von 10 Sm. und erstreckt sich dann in südöstlicher Richtung über 30 Sm. weit in das Land. Früher hiess wohl der ganze Fjord *Ísafjördur*, wie ihn *Flóki Vilgerdarson* im Jahre 865 wegen seines arktischen Gepräges genannt hatte, heute wird dieser Name nur für den östlichsten Seitenfjord gebraucht. Etwa 10 Sm. innerhalb der Mündung des Tiefs zweigen sich die *Jöknlfirdir* (Gletscherbuchten) ab, von denen wieder fünf kleinere Buchten abgehen.

Diese östlich lassend, steuerten wir direkt auf den *Skutilsfjördur* zu, um in dem ansehnlichen Handelsplatz *Ísafjördur* fast einen ganzen Tag liegen zu bleiben. Als der Ansiedler *Helgi Hrólfsson* diesen Fjord entdeckte, fand er auf dem zur Ebbezeit trockenen Strande eine Harpune *(skutill)* und benannte danach die Bucht (*Landnámabók* II, K. 29). Sie ist auf allen Seiten von hohen, steilen Bergen umgeben, die wie mit einem Lineal gezogen zu sein scheinen; in der Bergkette an der Ostseite befindet sich ein prachtvoller „Riesentopf", der durch Erosion entstanden ist. (Abbildung 4.) Von der West-

---

[1]) Die Verwandtschaft der Natur Islands und Grönlands hebt gut Otto Nordenskjöld hervor: Die Polarwelt. S. 1—48 (Leipzig 1909).

seite erstreckt sich eine lange nach S. gebogene, durch Moränenbildung entstandene Landzunge *Skutilsfjardareyri*; sie kommt so nah an die gegenüberliegende Küste heran, dass das Fahrwasser nach dem westlich von *Tangi* liegenden Teil des Fjordes, *Pollur*, nur ca. 100 m breit ist, und dass man fast versucht ist, von dem sehr langsam einfahrenden Dampfer mit einem kühnen Satz an Land zu springen. Da man nur bei ansteigendem Wasser in den *Pollur* einlaufen kann, blieben wir etwa eine Stunde draussen liegen und vertrieben uns die Zeit mit Angeln, wobei die Matrosen gern halfen; in kaum 10 Minuten waren mehr als zwei Dutzend Dorsche und Steinbutten gefangen, so fischreich ist das Meer; und gerade wegen

Fig. 4. Isafjördur. (In halber Höhe der ca. 800 m hohen Bergwand eine Karnische.)

seiner Steinbutten ist der Fjord hochberühmt. Ohne Lotsen ist die Einfahrt in den *Pollur* nicht zu raten; man muss die Einsteuerungsmarken — rote, spitze Tonnen mit Stange und einem nach oben gerichteten Besen — sehr schnell finden, ausserdem ist der südliche Teil des Fahrwassers sehr schmal, und endlich ist eine grosse Sandbank, die sich von der Südspitze von *Skutilsfjardareyri* aus in südlicher und östlicher Richtung erstreckt, immerwährenden Änderungen unterworfen. Südlich vom Einlauf in den *Pollur* brennen zwei weisse Festfeuer von 13 und 12 Sm. Sichtweite auf kleinen, weissen, hölzernen Gebäuden. Die Einfahrt ist also ziemlich mühsam und nicht ungefährlich, aber sehr interessant, und der 79 jährige Lotse brachte uns in einer knappen Stunde glücklich in den inneren Teil des Fjordes, der wegen seiner Abgeschlossenheit *Pollur* (d. i. Teich) heisst.

Wo sich jetzt *Isafjördur* befindet, war ehemals ein Pfarrhof, *Eyri*; aber bereits früh wird hier ein Handelsplatz erwähnt, er wurde nicht nach dem Seitenfjord, *Skutilsfjördur* genannt, in dem er lag, sondern nach dem Hauptfjord, *Isafjardardjúp*, dessen alter Name *Isafjördur* ist[1]. Auf der äussersten Spitze der Landzunge *Eyri* sind noch Überreste aus der Zeit des dänischen Monopolhandels, der 1786 aufgehoben wurde, vier Häuser, von denen eins als Wohnhaus dient, die drei anderen, darunter das alte Warenhaus, als Packhäuser. Eins von ihnen ist mit einem Glockenturm versehen. Alle diese Häuser gehören jetzt dem Etablissement *Asgeirsson*, das von dem Kaufmann *Asgeir Asgeirsson* gegründet ist, einem ungewöhnlich tüchtigen Mann, der zuerst nachdrücklich für Benutzung von Deckfahrzeugen beim Fischfang eintrat; das Geschäft gehört jetzt seinem ältesten Sohne, der in seiner Flagge eine Krone und den Namenzug des dänischen Königs (C) führen darf, weil sein Vater das Geschäft dem damaligen König abgekauft hatte. Er hat noch Handelsbücher aus der Monopolzeit, das älteste aber doch erst vom Jahre 1783.

Der Grund und Boden der Stadt gehörte früher dem Pfarrhofe *Eyri*, wurde aber 1871 angekauft, als der Ort seine eigene Jurisdiktion bekam. Die Einwohnerzahl betrug 1870 175, 1880 518, 1906 etwa 1500, Oktober 1907 1650 und hat ohne Frage noch zugenommen. *Isafjördur* ist die Fischstadt par excellence, besonders die Stadt des Dorsches und des Klippfisches. In ganzen Bergen liegt der Klippfisch aufgetürmt da, man watet förmlich beim Gehen durch die Strassen in Klippfischen, und ihr Geruch erfüllt die ganze Stadt. Aber dieser Geruch bringt auch schönes Geld ein. Im Jahre 1905 wurden für 1 274 504 Kronen Fische von hier exportiert (meist nach Spanien und Genua), darunter für 1 113 288 Kr. Klippfische. Es ist nicht selten, dass an einem Tage für 200 000 Kr. Fische gefangen werden, und die 20 Motorboote, die in die Stadt gehören, machen gute Geschäfte: Pfingsten 1908 betrug der Anteil am Gewinn für jedes Boot pro Kopf der aus 5 Mann bestehenden Besatzung 90—110 Kr.; die jährliche Reineinnahme eines Motorbootes beträgt durchschnittlich 14—15 000 Kr. Als der dänische König am 11. August 1907 hier war, begrüssten ihn 80 Motorboote, frisch angestrichen und geputzt[2].

[1] Am *Isafjördur* spielt am Ausgange des 10. Jahrhunderts die *Hávardarsaga Isfirdings* (deutsch von Leo, Heilbronn 1878) und die *Fóstbrædasaga* in der ersten Hälfte des 11. Jahrh.

[2] Im Jahre 1904 wurde die Fischerei bei Island von 2000 Booten und 159 Segelschiffen betrieben, der Ertrag war 10 000 000 Stück Dorsch, 15 000 Pfund Hering und 7000 Robben; für 5 000 000 Kronen wurde Klippfisch ausgeführt. — Bei der Ankunft des Königs in *Reykjavík* sind mehrere Gesetze unterschrieben worden, die sich auf die Fischerei an den Küsten von Island beziehen, und diese sind sogleich in Kraft getreten. Durch ein neues Gesetz wird das Gesetz Nr. 10 vom 13. April 1894 be-

In *Ísafjördur* wohnen der Bezirksvorsteher, der zugleich Bürgermeister des Städtchens ist, der Distriktsarzt und ein Pfarrer; auch der tüchtige Komponist Faktor *Jón Laxdal* wohnt hier. 2 Zeitungen erscheinen; 3 grössere Handelsetablissements sind hier, abgesehen von 12 kleineren, je eine Filiale der Landesbank und der Islandsbank; ein Krankenhaus, ein „Hotel zum Nordpol", und sogar Wasserleitung gibt es.

Freund *Olsen* forderte mich auf, mit ihm bei Etatsrat *Asgeir Ásgeirsson* einen Besuch zu machen und uns seine Etablissements anzusehen. Vor dem niedrigen, aber mit behaglichem Luxus eingerichteten Wohnhause stand ein seltsamer Tisch: der vordere Wirbel eines mächtigen Wals, ein kleinerer Wirbel diente als Stuhl. Der liebenswürdige Wirt entliess uns nicht eher, als bis wir zwei Flaschen Champagner auf den glücklichen Verlauf unserer Reise geleert hatten, dann machte er selbst den Führer durch seine ausgedehnten, sauberen Geschäftsräume. Wie eine gut funktionierende Maschine geht die Zubereitung der Fische vor sich, von dem Augenblick an, wo sie, frisch gefangen, von den Schiffen ausgeladen werden, bis zu dem, wo sie wieder, nachdem sie gereinigt, gewaschen, gesalzen, getrocknet, sortiert und verpackt sind, in die Dampfer verstaut werden und nach Cadix, Barcelona und Genua abgehen. An der Landungsbrücke stehen Männer, die die riesigen Bewohner des Meeres aus den Booten an den Strand schütten, die Köpfe mit einem Hieb abtrennen und grosse Schnitte in die Leiber machen. Weiber mit Bastschürzen oder in Ölröcken werfen sie dann in mächtige Tröge und drehen und wälzen sie in grobkörnigem Salz umher — in einiger Zeit hofft der Besitzer Maschinen aufstellen zu können, die diese harte, die Hände unglaublich angreifende Arbeit übernehmen sollen. Die

---

treffend den Ausfuhrzoll verändert. Diese Änderung besteht darin, dass künftig von jeder Tonne Hering, die von hier ausgeführt wird, 50 Öre Zoll erhoben werden soll, statt bisher 30 Öre. Von diesem Zoll fallen 10 Prozent dem Fischereifond Islands zu, und der übrige Betrag soll zur Hebung der inländischen Heringsfischerei verwendet werden. Das andere dieser Gesetze enthält eine Änderung des Gesetzes vom 27. September 1901 betreffend die Fischereien der Aktiengesellschaften auf dem Seeterritorium Islands und der Verordnung vom 12. Februar 1872 betreffend die Fischerei der Fremden bei Island. Nach den Bestimmungen des genannten Gesetzes und § 1 der Verordnung können künftig diejenigen, welche diese Vorschriften übertreten, zu einer Geldstrafe von 200—2000 Kronen verurteilt werden, die der Landeskasse zufallen. Ausserdem können alle Fischereigerätschaften sowie der Fang konfisziert werden. Dieses Gesetz ist bereits in der Praxis nennenswert angewendet worden, hauptsächlich bei dem *Eyjafjördur*, wo die fremden Heringsfischer sich sehr wenig um die Gesetze des Landes zu kümmern scheinen. — Nach einem Gesetz vom 9. Juli 1908 ist Klippfisch, der von Island unmittelbar oder über andere Länder nach Spanien oder Italien ausgeführt wird, zuvor von amtlich ernannten und beeidigten Brackern abzuschätzen und nach der Güte zu klassifizieren. Die Bracker haben auch das Verladen, Verstauen und die Behandlung in Frachtschiffen zu beaufsichtigen und über jede Fischladung eine Bescheinigung auf den Konnossementen auszustellen.

mit Steinen belegten Trockenplätze sind überall mit den gelblichweissen Fischen bedeckt, etwa 60000 Fische können an einem Tage
ausgebreitet werden, um in der Sonne zu dorren — viel Sonnenschein ist natürlich notwendig. Die bereits versandfähigen Exemplare
— als Bildals Klippfische, nach dem Handelsplatze *Bildudalur* im
Arnarfjördur, hoch berühmt — liegen in 1—2 m hohen, fast 5 m
langen Haufen aufgeschüttet und aufgestapelt da und sind mit
wasserdichtem Zeug umhüllt, oben darauf sind mächtige Steine gepackt. Von den etwa 20 Dampfern, die im Hafen waren, sind zwei
Eigentum unseres Wirtes: *Asgeir Asgeirsson* heisst der erste, und
Asgeir litli der kleinere. Wir mussten den grösseren besichtigen
und waren überrascht von der Behaglichkeit, mit der er ausgestattet
war, das waren doch Kabinen, in denen man sich wohl fühlen
konnte, und mit Grauen dachte ich an mein Hundeloch auf der
„Vesta". Im Salon war für den Besitzer eine Art Hochsitz errichtet; hier thront er, wenn er seine duftende Ware selbst nach
Frankreich begleitet, und dass diese Reisen immer glücklich und
reichen Gewinn bringend verlaufen möchten, dass das Meer unerschöpflich wie bisher bleiben und nie Sonnenschein fehlen möge,
der die Fische am Strande gehörig dörren lässt, war unser Wunsch,
als wir die dritte Flasche Champagner an Bord leerten.

Als wir *Ísafjördur* verliessen, fuhr der Dampfer erst ein wenig
östlich aus dem Fjord heraus, bevor er den Kurs nach Westen
nahm; der Kapitän wollte uns wenigstens von weitem zwei berühmte
Inseln zeigen, die mehr in der Tiefe der Hauptbucht liegen. Die
südlichere, *Vigur*, die sich wie eine Speerspitze lang und schmal
erstreckt *(vigr)*, erhebt sich nach Norden in zwei kühnen, schön
geformten Terrassen, nach Süden aber wird sie immer niedriger,
bis sie zuletzt wie in einer Spitze endigt. Die Insel bietet ein
hübsches Bild eines grossen, westisländischen Gehöftes, das mit allen
Segnungen (Fischerei, Vogelzucht, Graswuchs) ausgestattet ist, die
die Natur in diesen Gegenden zu schenken vermag (Kalund, Bidrag
til en historisk-topografisk Beskrivelse af Island, Kopenhagen 1877,
I, S. 587, 588). Die vordere Insel *Ædey* ist die grösste in dem
Ísafjardardjúp (etwa 15 m lang); sie ist zwar nicht so schön wie
Vigur, aber noch wertvoller, denn sie liefert jährlich etwa 500 Pfund
Eiderdunen. Alle Fjorde am Tief tragen Spuren der Gletscher; in
dem Fjord, *Vigur* gegenüber, kommen grössere Moränen vor; die
Felsen sind, wo sie aus dem Schutt hervorragen und von der Ver-
witterung nicht allzusehr gelitten haben, gescheuert.

Dann passierten wir zwei grosse Fischerdörfer, *Hnifsdalur* mit
etwa 30 Häuschen, und *Oshlid*; bald darauf öffnet sich, dicht östlich von *Stigahlid*, die *Bolungarvík*, wo wohl das grösste Fischerdorf Islands liegt (ca. 1000 Einwohner). Von altersher ist hier eine
gesuchte Fischereistation gewesen; merkwürdigerweise ist es eine

Frau gewesen, die hier zuerst Land genommen hat, *Puridr*, mit dem Beinamen „die Meerbusenfüllerin"; bei einem Missjahre erlangte sie durch Zauber, dass jeder Meerbusen sich mit Heringen füllte; sie errichtete auch am *Ísafjardardjúp* eine Fischerstation und erhielt dafür von den Bauern ein ungehörntes Schaf (Lnd. II, K. 29; vgl. *Fóstbrædra saga*, K. 111; vgl. Lehmann Filhés, Isl. Volkssagen, N. F. Berlin 1891, S. 70, 71).

An dem steilen, langgestreckten Bergrücken *Stigahlid* vorüber wenden wir nach Süden und halten uns dicht an die Küste der *Glámujökull*-Halbinsel und dann der *Bardaströnd*-Halbinsel. Dieser Teil der Westküste zeichnet sich durch seine hohen, steilen Küsten aus, in die breite Fjorde mit grosser Wassertiefe tief einschneiden; sie sind eigentlich nur ausgefüllte Täler, die sich in dem ursprünglich zusammenhängenden Hochland durch Erosion gebildet haben. Die wichtigsten Fjorde von *Stigahlid* an bis zum *Látrabjarg* sind: *Súganda-*, *Önundar-*, *Dýra-*, *Arnar-*, *Tálkna-* und *Patreksfjördur*. Sie haben alle gute Häfen und Ankerplätze hinter Landzungen, die aus Kies und Sand bestehen und sich von einer der Seiten des Fjords quer zu seiner Richtung erstrecken — Überreste der Endmoränen der Eiszeit. Da sich blinde Klippen nur an einzelnen Stellen und alsdann dicht unter Land vorfinden, sind sie von Dampfern leicht zu befahren; Seglern jedoch machen die heftigen Böen viel zu schaffen. Da die Küste ausserdem sehr fischreich ist, wird hier viel Fischfang betrieben von Isländern, Deutschen, Engländern, Franzosen und neuerdings auch von Dänen; im *Patreksfjördur* z. B. waren kurz vor unserer Ankunft 50 französische Kutter gewesen, und die Isländer sollen in den Nordwestfjorden gegen 200 Motorboote haben.

Die Berge fallen fast ohne Ausnahme steil ins Meer; sie sind oben meist flach und gleichen ungeheuren Riesenpalästen, deren Fassaden nach den Fjorden zugekehrt sind. Aber während die Berge der Ostküste sich etwa 1000 m hoch erheben, sind die der Nordwesthalbinsel nur rund 600 m hoch. Aus Basalt mit fast horizontalen Schichten bestehen auch sie, und weil dadurch die dunklen Farbentöne vorherrschen, würde die Fahrt an der Küste leicht einen düsteren Eindruck hervorrufen, wenn nicht die verstreuten grossen Schneeflecke, die vielen prächtigen Wasserfälle und die leuchtend weisse Firndecke des *Glámujökull* die Landschaft aufheiterten. Wie Thoroddsen auf seinen Reisen um die ganze Küste dieser Halbinsel in den Jahren 1886 und 1887 festgestellt hat, ist die Surtarbrandformation nirgends so gut entwickelt wie hier[1]).

Den *Súgandafjördur* (benannt nach dem Ansiedler *Hallvardr*

---

[1]) Nogle Iagttagelser over Surtarbrandens geologiske Forhold in det nordvestlige Island. (Geol. Fören. Förhandl. XVIII, Stockholm 1896, S. 114—154.)

sígandi (Lnd. II, K. 29) besuchten wir nicht; 2 Sm. innerhalb seiner Mündung befindet sich eine Barre, die nur von Booten zu passieren ist. *Saudanes*, die den *Önundarfjördur* von dieser Bucht trennende Landspitze, vermieden wir ängstlich, da sich von hier ein Riff seewärts erstreckt, und fuhren dann in den 10 Sm. langen, aber verhältnismässig schmalen *Önundarfjördur* ein; vor dem Handelsplatze *Flateyri*, der etwa 6 Sm. innerhalb des Fjords auf der von seiner Nordseite vorspringenden gleichnamigen Landzunge liegt, hielten wir etwa 2 Stunden. Durch die Walstation hat sich der früher hier sehr geringe Verkehr auf dieser Bucht sehr gehoben; sie ist nach dem Ansiedler *Önundr Vikingsson* benannt (Lnd. II, K. 29). Leid tat es mir, dass wir auch am *Dýrafjördur* vorüberfuhren (nach dem Ansiedler *Dýri* genannt, a. a. O.). Er zieht sich fast bis zum Fusse des *Glámujökull* in das Land hinein und ist von majestätischen Schneebergen umsäumt. An seinem inneren Ende konnten wir zwei pyramidenförmige Berge erkennen; rechts von dem rechten, ungefähr mitten am Fjord, liegt die Handelsniederlassung *Pingeyri*, wo früher eine Thingstätte war, jetzt wohnt hier der Distriktsarzt; auch eine norwegische Walstation, *Frammäs*, befindet sich hier. Auf der Südseite wird die Bucht *Haukadalur* von den vor den Nordwestfjorden fischenden Fahrzeugen viel besucht, da sie leicht anzusteuern ist und gute Wasserplätze besitzt. Grössere und kleinere Moränen sind in der Mündung eines jeden Tales vorhanden. Im *Dýrafjördur* und zum Teil in den innersten Verzweigungen des *Arnarfjördur* ist um die Mitte des 10. Jahrhunderts der Schauplatz der Geschichte des friedlosen Skalden, *Gísli*, einer der schönsten Isländer-Sagas[1]).

Der *Arnarfjördur*, südlich vom *Dýrafjördur*, ist — bei der Einfahrt konnten wir an seiner nördlichen Küste bedeutende Moränen wahrnehmen — nach dem Ansiedler *Örn* genannt; ein wenig später als er kam *An* mit seiner Frau hierher und wohnte während des ersten Winters im *Dufansdalr*; da es aber seiner Frau so vorkam, als käme ein übler Geruch aus dem Erdboden, verkaufte er sein Land und zog nach einem anderen Orte; da war es der Frau, als käme Honigduft aus dem Grase (a. a. O., K. 26). Eine Halbinsel teilt den inneren Fjord in einen nördlichen und einen südlichen Arm. Der Fjord, der, mit Ausnahme einiger Klippen, tief und rein ist, wird wenig besucht; in seinen vielen kleinen Buchten und Häfen befindet sich auf der Südseite nur eine Handelsniederlassung von etwa 30 Häusern, *Bíldudalur*; auf der Dampferbrücke brennt ein weisses, rotes und grünes Festfeuer von 4—6 Sm. Lichtweite. Da Sonntag war, konnten wir leider kein Motorboot auftreiben, das uns nach dem berühmten Wasserfall *Dynjandi* gebracht hätte; von dem

---

[1]) Die *Gísla saga Súrssonar* ist verdeutscht von Khull (Der Kyffhäuser 1893 Juliheft; auch Wien o. J. [Karl Lesk]); von Arthur Bonus in: Isländerbuch, München 1907, I, S. 79—150, und von Friedrich Ranke, München 1907.

Platze *Rafnseyri* aus, auf der Nordseite, wäre der Besuch viel bequemer gewesen. So vergnügten wir uns, indem wir auf dem guten, neuen Reitwege spazieren gingen und den „Cirkus" besuchten, wo 36 Polarfüchse frei umherliefen. Ein intelligenter Bauer ist auf den Gedanken gekommen, junge Tiere einzufangen oder von älteren Nachkommenschaft zu erzielen, sie mit Fischen aufzufüttern, bis sie eine ansehnliche Grösse gewonnen haben, und ihnen dann das wertvolle Fell im Winter über die Ohren zu ziehen. Andere Passagiere erkletterten in etwa einer Stunde den oberhalb des Handelsplatzes gelegenen Berg *Torfgrafahryggur* und hatte eine gute Aussicht über die sechs Arme, in die sich der *Arnarfjördur* in der Mitte teilt, und die mit einem Namen *Sudurfirdir* (Südfjorde) genannt werden; die Zahl der Basaltdecken oberhalb der Schutthalden, die den Fuss verhüllen, soll sehr gross sein, weit über zwanzig.

In den abgelegenen Tälern des *Arnarfjördur* soll sich der Glaube an Zauberei merkwürdig lange erhalten haben. *Olsen* erzählte mir, dass er vor 25 Jahren drei Bauern aus dieser Gegend gesprochen habe, deren Vater ein grosser Zauberer war; er hatte, wie seine Söhne beteuerten, die Gabe, Tote aufzuwecken und vor allem, sich gegen Gespenster zu wehren — er beschränkte aber seine übernatürlichen Kräfte auf letzteres. Der Pfarrer in *Borg* zeigte mir später eine Münze, die er für teures Geld einem Manne aus demselben Fjord abgekauft hatte, der sie zum Zaubern zu benutzen pflegte; er glaubte, sie stamme aus den Jahren 971—1009, wo Bruno der Heilige gelebt hatte, während ich sie für eine Spielmarke hielt.

Der *Patreksfjördur*, der südlichste der Nordwestfjorde, schneidet zwischen den steilen Vorgebirgen *Talkni (talkn* = Fischkiemen) und *Satrumnes* in südöstlicher Richtung in die Küste ein. Einer der ersten christlichen Ansiedler auf Island hat ihn im Ausgang des 9. Jahrh. zu Ehren des heiligen Bischofs *Patrekr* auf den Hebriden so genannt, bei dem er erzogen war (Lnd. II, K. 12). Aber nicht nur dieser Fjord, sondern auch der *Trostansfjördur*, einer der *Sudurfirdir*, trägt einen irischen Namen, „das ferne Eiland wahrt also noch den piktisch-irischen Eigennamen, der als Tristan so hochberühmt ward[1]. Wie *Isafjördur* liegt der Handelsplatz *Vatneyri* auf einer vorspringenden Landzunge, einer alten Moränenbildung. Im Orte wohnt der Bezirksvorsteher der *Bardarstranda sysla*, auch befindet sich hier ein Krankenhaus, eine grosse Faktorei, *Geirseyri*, eine Walstation und ein *Völundarhús*, „Haus des kunstreichen Schmiedes Wieland", eine gelehrte Übersetzung aus dem 14. Jahrhundert für „Labyrinth". Merkwürdigerweise finden sich diese Labyrinthe nur im Nordwesten Islands: in *Pingeyri (Dala s.)*, am *Steingrimsfjördur* und in *Bildudalur;* aber

---

[1] Golther, Tristan und Isolde in den Dichtungen des Mittelalters und der Neuzeit, 1907, S. 188.

obwohl ich an den beiden letzten Orten war, hat mich niemand auf sie aufmerksam gemacht[1]). Sie sollen von deutschen Kaufleuten im 15. und 16. Jahrhundert angelegt sein und sind nach meiner Ansicht eine Art Vexierspiel; auf dem Boden sind kleine Steine in allerlei Figuren, konzentrischen und sich schneidenden Kreisen, Windungen und Schnörkeln ausgebreitet, und es kommt darauf an, einen gewissen Punkt herauszufinden, von wo aus man das ganze „Labyrinth" entlang gehen oder ein Steinchen weiter bewegen kann, ohne vorwärts oder rückwärts oder seitwärts abzubiegen[2]).

Von *Straumnes*, dem Vorgebirge auf der Südseite des *Patreksfjördur*, bis zum *Stålfjall* (Stahlberg, von den Seefahrern Staalbjärg-Huk genannt) an der Nordseite des *Breidifjördur* besteht die Küste abwechselnd aus Niederungen, die sich bis nach dem Meere erstrecken, und aus steilen, aber nicht hohen Bergen. Namentlich in drei kleinen Buchten oberhalb des *Látrabjarg*, aber auch in anderen Stellen findet sich ein gelblichweisser Sand, nicht der sonst für Island so eigentümliche dunkelgraue, vulkanische Sand oder der bräunliche Palagonitsand, ein Produkt aus der Verwitterung der Tuftberge, sondern ein gelber Flugsand, der aus pulverisierten Muschelschalen besteht und grell gegen den schwarzen Basalt absticht; in unsichtigem Wetter trägt er sehr zum Erkennen der Küste bei. Thoroddsen vermutet, dass er vom *Breidifjördur* stammt, wo auf dem seichten Wasser zwischen den vielen Inseln und Schären ein kräftiger Tangwuchs und ein reiches Tierleben bestehen. Die Strömung geht von dort nach W. an *Bardaströnd* entlang nach *Skor* und *Látrabjarg* und setzt die von der Brandung zu Sand zer-

---

[1]) Ol. Olavius, Ökonomische Reise durch Island, Leipzig 1787, S. 125: „Man findet in der *Hólmarifsvig* (in der Nähe des *Steingrimsfjördur*) Überbleibsel eines Labyrinths, zween runde Feuerherde und fünf Ruinen von Häusern, deren sich vormals vermutlich die Isländer oder Hamburger bedient haben" (Original, S. 187). — Kålund I, S. 495, Anm.; II, S. 415—416; Aarböger f. n. Oldk. og Hist. 1882, S. 86 bis 88.

[2]) Vielleicht hängen, was ich aber nur sehr vorsichtig zu äussern wage, die Labyrinthe mit dem in Deutschland, England und Schweden unter dem Namen „Himmel und Hölle" oder „Trojaspiel" bekannten Kinderspiel zusammen, das auf einen uralten Kultgebrauch zurückgeht, in dem man versuchte, die Sonnenlaufbahn in dem Labyrinth nachzubilden und mit diesen Gebilden über die Sonne selbst Macht zu gewinnen glaubte. Noch heute hüpfen die Kinder, wenn der Frühling wiederkehrt, auf einer mit Kreide auf das Strassenpflaster gezeichneten und mit den Zahlen von 1—12 versehenen Spirale auf einem Fusse hin und her und suchen sämtliche Felder möglichst schnell zu durcheilen. Die Felder „Himmel" und „Hölle" bezeichnen den Mittelpunkt, den Anfang und das Ende des Spiels, sie dürfen nur unter Beobachtung besonderer Spielregeln betreten werden, wie auch die Fortsetzung des Hüpfens vom Treffen des folgenden Feldes mit einem geworfenen Gegenstande — Stein, Scherbe usw. — abhängig gemacht ist. In Wisby auf der Insel Gotland benutzen die Kinder beim „Trojaspiel" ein eigenartiges Gebilde von Findlingsblöcken mit labyrinthisch verschlungenen Gängen, die von den Spielenden durchlaufen werden müssen, mit dem Zwecke, als erstes den Ausgang wieder zu erreichen.

malmten Muscheln in den kleinen Buchten auf der anderen Seite von *Látrabjarg* ab. Der *Raudisandur*, die Niederung zwischen *Látrabjarg* und *Skor*, hat eine mehr rotgelbe Farbe und besteht gleichfalls aus Muschelsand, gemischt mit Kies und Lehm, Alluvien aus verschiedenen Flüsschen.

Westlich von *Bjargtangar* (Felsenlandspitzen), dem westlichsten Vorgebirge Islands, befindet sich ein starker Malstrom *Látraröst* (*röst* = Stromwirbel). Nachdem sich das Schiff durch ihn hindurchgearbeitet hat, wird der berühmte Vogelberg *Látrabjarg* passiert; auf seiner äussersten Spitze, *Bard*, deren vorderstes Stück gänzlich fortgespült ist, sind mehrere 4—5 m tiefe Riesenkessel; sie sind dadurch entstanden, dass die Brandung mit grosser Kraft unter donnerartigem Getöse über den stehen gebliebenen Fuss des Felsens braust und die Blöcke in wirbelnde Bewegung setzt. Das grönländische Treibeis kommt niemals weiter als bis hierher. Ein mächtiger Basaltgang im *Látrabjarg* heisst *Tröllkonuvadur* (Seil der Riesin).

Das *Látrabjarg*, in Basaltfelsen mit vereinzelten rötlichen Tufflagen, ist einer der berühmtesten Vogelberge Islands, und als wir drei Kanonenschüsse abfeuerten, die ein donnerndes Echo hervorbrachten, schwärmten ungezählte Scharen von Seevögeln um das Schiff und wirbelten wie riesengrosse Schneeflocken durch die Luft. Allerliebst war es zu beobachten, wie die Vögel, die sich auf das Meer niedergelassen hatten, dem vorwärts fahrenden Dampfer aus dem Wege gingen, indem sie mit den Flügeln über das Wasser strichen oder pfeilgeschwind untertauchten. Die Hauptmasse der Vögel besteht aus dickschnäbligen und Ringellummen (Uria troile), Tordalken (Alca torda), Seepapageien (Mormon fratercula), Mantelmöven (Larus marinus) und Dreizehenmöven (Larus tridactylus). Die Lummen sitzen, die weisse Brust dem Meere zugekehrt, so dicht auf den vorstehenden Basalträndern, dass sie einander förmlich stossen und puffen, scheuen aber die Stellen, wo sich etwas Vegetation findet, z. B. Cochlearia und Archangelica. Aber das eigentlich belebende Element sind die Dreizehenmöven, die beständig umherfliegen, und ihr ohrenbetäubendes Geschrei kann man noch in weiter Entfernung vernehmen. Jährlich werden durchschnittlich 40000 Vögel gefangen und Tausende von Eiern erbeutet.

<small>Auch hier, wie am Hornbjarg, gibt es eine Stelle, die der Heidenberg heisst. Als Bischof *Þorlákur* den Látraberg weihte, um Unholde von ihm zu vertreiben, liess sich eine Stimme an dem Berge hören, die sprach: „Irgendwo müssen doch auch die Bösen sein." Da liess der Bischof eine kleine Stelle am Berge ungeweiht, und niemand wagt seitdem sich dort herabzulassen. Als es einmal ein verwegener Mensch versuchte, kam eine graue Hand aus dem Felsen heraus und schnitt ihm die Seile ab, an denen er hing, so dass er alsbald seinen jähen Tod fand [1]).</small>

---

[1]) Maurer, Isländische Volkssagen der Gegenwart. Leipzig 1860, S. 41.

Obwohl der *Raudisandur* abseits liegt, spielt er doch in der Geschichte Islands eine gewisse Rolle. *Rólfr* vom *Raudisandur* war einer von den Männern, die um die Mitte des 10. Jahrh. nach den halbmythischen Inseln zwischen Island und Grönland fuhren, die Gunnbjörn gegen das Ende des 9. Jahrh. entdeckt und nach seinem Namen Gunnbjörnsschären benannt hatte (Lnd. II, K. 30); aber die Fahrt blieb ohne weitere Ergebnisse, da der Führer von seinen eigenen Genossen dort erschlagen wurde. Auf einem Gehöfte im *Raudisandur* wohnte lange ein isländisches Adelsgeschlecht, Nachkommen des *Eggert Eggertsson*, der 1488 geadelt worden war. Ein Häuptling dieses Geschlechtes, *Eggert Hannesson*, wurde im Jahre 1579 von englischen Seeräubern gefangen genommen und musste gegen eine grosse Summe Geldes ausgelöst werden. Eine traurige Berühmtheit hat das Vorgebirge *Skör*, der äusserste Teil des in den *Breidifjördur* hinausragenden *Stálfjall*, erlangt: dort ertrank im Mai 1769 *Eggert Olafsson*, der isländische Patriot, Dichter und Schriftsteller.

Wundervoll war die Weiterfahrt über die blanke Fäche des *Breidifjördur*, wobei wir die weisse Spitze des *Snæfellsjökull* fortwährend vor Augen hatten. In *Stykkishólmur* wurde zum letzten Male kurz Halt gemacht, in der Nacht fuhren wir um das westliche *Snæfellsnes* herum, und als wir an Bord kamen, konnten wir gerade noch einen Blick auf den *Borgarfjördur* und die südlich von ihm liegenden Berge werfen, auf das *Hafnarfjall* und die *Skardsheidi*. Immer bekannter wird die Landschaft. Ein Gefühl überkam mich, wie wenn ich nach langer Trennung eine liebe, liebe Stätte wieder sähe, die mir besonders ans Herz gewachsen ist: hier hatte ich mir vor vier Jahren meine Sporen auf Island verdient, hier hatte mich zuerst der wunderbare geheimnisvolle Zauber der Saga-Insel unwiderstehlich ergriffen. Zwischen dem *Akrafjall* und der *Esja*, zwei Bergen, die einander sehr ähnlich sehen, nur dass der nördlichere bedeutend flacher ist, blitzte der *Hvalfjördur* auf; von weither grüssten die blauen Kegel und Zacken und Rücken der Vulkanmasse vom *Þingvallavatn*. Dann steuerten wir zwischen einigen flachen Inseln hindurch und legten uns im Hafen von *Reykjavík* vor Anker.

Zweites Kapitel.
Surtshellir, die grösste Lavahöhle Islands.

Nur zwei Tage standen mir in *Reykjavik* zur Verfügung, um die Vorbereitungen für die grosse Landreise zu treffen, die ununterbrochen mindestens sechs Wochen währen sollte. Mein alter, treubewährter Führer, *Ögmundur Sigurdsson*, den ich mich bereits im Herbste des vergangenen Jahres gesichert hatte, erschien am 1. Juli morgens in meiner Pension, um den Reiseplan mit mir noch einmal zu besprechen und die Einkäufe an Konserven, Ölzeug usw. zu verabreden. Am Tage vorher, als ich mit der „Vesta" eingelaufen war, hatte er nicht, wie ich erwartet hatte, an Bord kommen können; er hatte Fräulein *Ina von Grumbkow* und Herrn stud. geol. *Reck* einige Stunden auf dem Wege nach Kap *Reykjanes* begleitet und der Braut des im *Askjasee* ertrunkenen Geologen *Walther von Knebel* Aufschlüsse darüber gegeben, wie nach seiner Ansicht das entsetzliche Unglück geschehen sein konnte. Aber es war ihm nicht gelungen, die unglückliche Braut von der Vorstellung abzubringen, dass ihr Verlobter noch am Leben wäre; sie klammerte sich daran, dass sie einige photographische Aufnahmen zugeschickt erhalten hätte, die vom August datiert waren, während der jähe Tod *von Knebel* und den Maler *Rudloff* bereits am 10. Juli weggerafft hatte. Vergebens betonte *Ögmundur* ihr gegenüber, dass er die Photographien selbst gesehen hätte, und dass *Knebel* in der Aufgeregtheit oder Zerstreutheit die beiden Monate verwechselt habe; Fräulein *von Grumbkow* hatte sich in den Wahn verrannt, dass ihr Bräutigam auf irgend einem abgelegenen Bauernhofe überwintert habe, und da er des Isländischen nicht mächtig oder vielleicht schwer krank sei, nur auf den Beginn des Sommers warte, um wieder die Küste zu erreichen. Als ob man nicht auch im Winter auf Island reisen könnte! Und würde nicht das plötzliche Auftauchen eines Fremden, selbst auf einem gänzlich unzugänglichen Orte, sich überall herumgesprochen haben und mit Windeseile zu Menschen gedrungen sein, die von dem Unglück Kenntnis hatten, zumal es alle Gemüter auf Island heftig erschüttert hatte! Gleichwohl wollte die Braut mit 18 Pferden und 2 Führern ausziehen, um den Geliebten zu suchen oder sich Gewissheit über die Art seines Todes zu verschaffen, und die Akademie der Wissenschaften zu Berlin hatte ihr einen namhaften Beitrag zur Deckung der erheblichen Unkosten beigesteuert[1]).

Die Erinnerung an dieses entsetzliche Ereignis trübte die Freude unseres Wiedersehens in hohem Grade, und da ich merkte, wie heftig *Ögmundur* das Heraufbeschwören des Unglücks packte, drang ich nicht in ihn, mir mehr davon zu erzählen und mir seine Vermutungen mitzuteilen, sondern verschob es auf gelegenere Zeiten. Zuerst hielt er es für unmöglich, in zwei Tagen mit den Reisevorbereitungen fertig zu werden; aber als ich darauf hinwies, dass ich mit Prof. Dr. *Björn Magnússon Ólsen* bereits den 3. Juli für den Ritt nach der alten Thingstätte *Pingvellir* fest verabredet hätte, und dass ja auch vorher brieflich abgemacht war, dass die sieben Pferde pünktlich zur Stelle sein sollten, gab er nach. Er kehrte sofort nach seinem Wohnorte *Hafnarfjördur* zurück, um von seiner Familie Abschied zu nehmen, und war am nächsten Morgen zeitig wieder da, um gemeinsam mit mir die Einkäufe zu besorgen. Dadurch waren die beiden Tage so ausgefüllt, dass ich kaum Zeit zu einem Spaziergange durch die Stadt fand; Besuche zu machen musste ich auf die paar Tage nach der Beendigung der neuen Durchquerung der Insel verschieben; nur das liess ich mir nicht nehmen, jeden Abend nach dem Essen einige Stunden bei Prof. *Ólsen* zu verbringen. Trotzdem, dass alles in grösster Eile und Hast abgewickelt wurde, war nichts Wesentliches vergessen worden. Wir hatten im Gegenteil zu viel Konserven, kalifornische Früchte und Schiffsbrot eingekauft, so dass wir in *Stykkishólmur* eine Kiste voll zurücksenden mussten. Auch das Zelt hätten wir nicht von Anfang an mitzuschleppen brauchen, sondern hätten es nach dem Handelsplatz *Saudárkrókur* vorausschicken können. Aber *Ögmundur* kannte die Halbinsel *Snæfellsnes*, der der erste wichtige Teil der Reise galt, nicht aus eigener Erfahrung, und selbst *Björn M. Ólsen* glaubte, dass dort die Quartiere so schlecht sein würden, dass ich den Aufenthalt im Zelte vorziehen würde; ausserdem sei man freier und unabhängiger, wenn man ein Zelt mitführte, und könnte bleiben, wo es einem gefiele. Nur die Vorräte an Kognak und Whisky mussten wir in *Bordeyri* und *Blönduós* ergänzen.

---

[1]) Wie vorauszusehen war, ist es Fräulein von Grumbkow nicht geglückt, den traurigen Vorgang aufzuklären. — Aber insofern ist die Reise der energischen Dame nicht ergebnislos verlaufen, als sie einen reichen Schatz an Eindrücken mitgebracht hat, den sie in ansprechender Darstellung und mit guten Bildern weiteren Kreisen zugänglich gemacht hat: *Ísafold*, Reisebilder aus Island. Berlin 1909 (Dietrich Reimer).

3. Juli 1908. Mit hellem Sonnenschein und einer leichten Brise, die den Reitern und besonders den Pferden am ungewohnten ersten Tage guttut, brachen wir um 12 Uhr auf. Mein erstes Reitpferd war ein hoher, starkknochiger Passgänger, den ich auch während der ganzen Reise am liebsten geritten habe; mein zweites musste ich erst ausprobieren, und ich entschied mich schliesslich für einen Schimmel, der vorzüglich in Lava war und in den Bergen wie eine Gemse kletterte, aber auffallend unsicher bei Flussübergängen war und über jeden Stein im Wasser stolperte. *Ögmundur* hatte wieder sein eigenes Pferd, das er vor fast 20 Jahren für 50 Kronen gekauft hatte, und das er jedes Jahr ständig benutzte; es war noch ebenso verwöhnt wie vor vier Jahren, aber ungemein ausdauernd, flink und sicher. Dazu kam ein Reservepferd für ihn, zwei Packpferde und ein loses Pferd für den Fall der Not und zum Auswechseln, alle aber konnten auch geritten werden. Meine Klagen über das mangelhafte isländische Sattelzeug waren nicht vergebens erhoben worden: ich hatte einen ganz neuen, bequemen Sattel und neues Zaumzeug. Sechs Pferde haben die lange Reise vorzüglich überstanden, sie langten in guter Verfassung und wohlgenährt in *Reykjavik* wieder an; allerdings hat sich der Führer ihrer immer in aufopfernder Weise angenommen. Wenn wir ins Quartier kamen, hat er sich zuerst um sie bekümmert, ob sie auch gute Weide hätten; wiederholt ist es dann zwischen ihm und mir zu Misshelligkeiten gekommen, weil ich mich zurückgesetzt fühlte und verlangte, dass er mich wenigstens vorher mit dem Wirt bekannt machen und für meine Bequemlichkeit sorgen sollte; hinterher sehe ich freilich ein, dass er doch wohl recht gehandelt hat. Bei dem siebenten Pferde stellte sich schon nach kurzer Zeit heraus, dass es eine alte, vereiterte Druckstelle hatte; wir mussten es in *Hjardarholt* bei einem Tierarzte zurücklassen, der es uns ausgeheilt nach *Bordeyri* schicken wollte; aber da es auch jetzt noch nicht voll zu gebrauchen war, kauften wir dort ein neues Ersatzpferd für 65 Kronen.

Ich war erstaunt, wie mir alle Einzelheiten des Weges nach *Pingvellir* im Gedächtnis geblieben waren. Mit einem Schlage war die gehobene Stimmung da, die sich auf der ganzen Seereise nicht so recht hatte einstellen wollen, mit Entzücken genoss ich die köstliche Luft, den warmen Sonnenschein und die herrliche Aussicht. Prof. *Olsen* ist gewiss viele hundert Male diese Strecke geritten, er kennt *Pingvellir* besser als irgend ein anderer Isländer — aber ein so wundervolles Wetter, ein so weiter Fernblick wie heute war selbst ihm noch nicht beschieden gewesen. Am Eingang der Schlucht kletterten wir rechts in die Höhe und hatten einen überwältigenden Überblick über die heilige Stätte, den silberblauen See und die lotrechte Mauer der „Allmännerkluft"; in gelblichem Dufte tauchte, ein ganz seltener Blick von hier, das von grauen Aschenflecken und

Lavazügen zerrissene Schneefeld der Halbkugel der *Hekla* weit, weit im Osten auf.

Dann ging es zu der Stätte, die *Ólsen* als den wahren „Gesetzesfelsen" ansieht, drei Minuten hinter der Bude des *Goden Snorri*, südlich vor dem untersten Wasserfall in der Nähe des Passes, der hier die Felswand durchbricht. Vor dem dänischen König hatte *Ólsen* am 2. August 1907 einen lichtvollen Vortrag über die Bedeutung der alten Thingstätte gehalten; über 6000 Menschen waren damals in feierlichem Zuge nach dem *Lögberg* gegangen, eine stattliche, festliche Versammlung, wie sie seit der alten Sagazeit gewiss noch nicht wieder hier zusammengeströmt war. In kurzen, eindringlichen Worten wiederholte *Ólsen* seine Gründe vor uns, warum hier, westlich vom Flusse, der alte Gesetzesfelsen gesucht werden muss, und nicht östlich von der *Öxará* jene lange, schmale Lavazunge, die von zwei tiefen, mit kristallklarem Wasser angefüllten Schluchten umgeben ist. Hier findet man deutliche Anzeichen dafür, dass aus Grasstreifen, zusammengehäufter Erde und Steinen eine Plattform aufgeführt war, um den nach der Thingebene sich senkenden Felsen zu ebnen; noch im Anfang des 17. Jahrhunderts stand hier ein Halbkreis von viereckigen, grasbewachsenen Lavasteinen, zum Sitzen eingerichtet. Leider wurden sie im Jahre 1724 in den Fluss herabgestürzt, aber ein paar hat man später wieder gefunden. Beim Ausgraben der Plattform ergab sich, dass sie fast ausschliesslich aus Grasstreifen bestand, dass aber der Rand unterhalb durch Steine gestützt war, um ein Abgleiten zu verhindern; in der Mitte fand man einen altarähnlichen Steinhaufen und unter ihm Asche, doch wohl Überreste der Opfer, die hier in heidnischer Zeit bei der Einweihung des Things vom *Allsherjargodi* (Gode im Althingsdistrikt) gebracht worden. Diese Funde scheinen unbedingt dafür zu sprechen, dass hier der alte Gesetzesberg zu suchen ist. Dazu kommt, dass der Platz leicht von wenigen Bewaffneten gesperrt werden kann, da der Zugang zu ihm ziemlich schwierig ist, und dass er für Bekanntmachungen äusserst günstig gewählt ist: dicht in der Nähe liegen die meisten Ruinen von „Buden", d. h. Hütten mit Wänden von Torf und Stein, und die hinter ihm aufragende hohe westliche Wand der *Almannagjá* wirft die Stimme des Redenden zurück über die Ebene und verstärkt sie, so dass sie weit im Umkreise vernehmbar ist.

Im Hotel *Valhöll*, wo sich nichts verändert hatte, kehrten wir ein. Nur wenn allzu grosser Andrang von Fremden ist, darf der für die dänischen Reichstagsmitglieder erbaute *Gildiskáli* benutzt werden, ein stattlicher Holzbau mit rotem Dach, über dem Eingang sind mächtige Drachenhäupter angebracht; 200 Menschen können hier essen; für den dänischen König war nach altem Brauch ein geschnitzter Holzsitz aufgestellt, und die Wände waren mit prächtigen, gewebten Teppichen, Schilden und Waffen geschmückt. In *Pingvellir* muss man natürlich Forellen essen und Wasser trinken, das als das beste und köstlichste auf der ganzen Welt gilt. Dann sassen wir noch lange, lange in der lichten, warmen Sommernacht draussen, konnten uns nicht satt sehen an der wundervollen Natur und nicht genug in der Herrlichkeit vergangener Zeiten schwelgen. Die Mitternachtsstunde war längst vorüber, als ich meine „Schiffskoje" aufsuchte; nur mit Gewalt raffte ich mich auf, aber der morgende Tag sollte grosse Anforderungen an Ross und Reiter stellen, 12 Stunden Ritt lagen vor mir, da hiess es vernünftig sein.

Der junge Tag erhob sich mit Entzücken.
Und alles war erquickt, mich zu erquicken.

4. Juli. Wieder lag lachender Sonnenschein auf dem See, der Ebene und den Gletschern ringsum. Schon zeitig wurde Kaffee getrunken; denn vor dem Aufbruch wollte ich mich noch an der eigentümlich wilden Schönheit des „traditionellen" Gesetzesfelsens laben und einen Blick in das smaragdgrüne Wasser werfen, das den gigantischen Keil umgibt. Dann kam die schwere Stunde des Abschieds: fast drei Wochen hatten wir auf den schwankenden Brettern der „Vesta" gelebt, und kaum eine Stunde des Tages waren wir getrennt voneinander gewesen. Nicht der leiseste Misston hatte unser Beisammensein getrübt, mit unerschöpflicher Güte und stets gleichbleibender Herzlichkeit war ich belehrt und auf alles aufmerksam gemacht worden, was mich interessieren konnte. Nun musste ich mich losreissen und allein ins Ungewisse reiten, in das Land, wo ich keinen Menschen kannte, dessen Bewohnern ich ein vollständig gleichgültiger Tourist sein musste. Wieviel einsame Stunden, Strapazen und Gefahren lagen vor mir! Aber *Ögmundur* war ja da, auf ihn konnte ich mich verlassen, er musste mir Führer und Freund sein!

Um 10 Uhr schwang ich mich in den Sattel, ein letzter Händedruck, ein letztes Schwenken mit der Mütze, dann bog ich um einen Vorsprung, hinter mir lag im wesenlosen Scheine, was mir lieb und teuer war, vor mir das geheimnisvolle Unbekannte. Die ersten Stunden freilich waren noch vertrauter Boden. Auf demselben Wege war ich vor vier Jahren am Ende meines Probeausfluges über die *Uxahryggir* in *Pingvellir* eingezogen; aber damals war ich müde und abgespannt, ein schwerer Tag lag hinter mir, und Dämmerung deckte schon wie Todesahnung rings die Lande. Wie anders heute! Frisch und fröhlich war mein Mut, in meinen Adern welches Feuer, in meinem Herzen welche Glut! Ich freute mich bei einem jeden Schritte der neuen Blume, die voll Tropfen hing, und die Birken streuten mit Neigen mir den süssesten Weihrauch auf. Nur langsam ging es freilich auf dem holperigen Lavaboden vorwärts, und mühsam kletterten wir über ein ödes Steinfeld. Nach zwei Stunden erreichten wir ein herrliches grünes, weites Tal, das nach vorn und auf beiden Seiten von hohen Bergen eingeschlossen ist; am Fusse des isolierten Bergkegels *Meyjasæti* (Mädchensitz) machten wir halt, sattelten ab und wechselten die Pferde[1]). Von weitem sieht die Spitze des Kegels wie ein Holzblock aus, wie ein Sitz, und die Tradition erzählt, dass hier die Mädchen ihren Putz anlegten, bevor sie zum Thing kamen, oder dass sie von hier den Spielen der in der Ebene kämpfenden Männer zusahen. Diese Ebene selbst heisst *Hofmannaflötur*, hier war der Mannen letzter Rast- und Weideplatz vor *Pingvellir*. Sehr schwierig war der Aufstieg zum Pass des *Tröllaháls*; die Steine rollten unter den Füssen der Pferde mit lautem Poltern zu Tal, und die Sonne brannte erbarmungslos. Berge herauf und Berge herunter ging es in halsbrecherischer Kletterei, bis wir das östliche Gestade des *Sandkléttavatn* erreichten, an dessen westlichem Ufer wir vor vier Jahren entlang galoppiert waren. Diesmal war der See bei weitem nicht so wild und tief, aber an den Talwänden konnten wir sehen, dass das Wasser sonst 2—3 m höher gestanden haben muss. Der postglaziale Vulkan *Skjaldbreid* (1050 m), dessen kuglig-breiter Schreckens-Schild bisher im Osten unsere Augen gefesselt hatte, verschwand hinter uns, und nur zuweilen, wenn wir uns umwandten, tauchte die schönste aller Höhen wieder auf, die ein Schneehelm schmückt, hoch und hehr[2]). Über seine erstarrte Lava trug uns sicher unser Ross, und der alte doleritische Vulkan *Ok* (das Joch; 1188 m) wies uns nunmehr die Richtung; seine regelmässige Firnkuppel erscheint in der Ferne gewölbt wie eine Eierschale. Obwohl *Ok* weit grössere Dimensionen hat als *Skjaldbreid*, sind beide Vulkane doch wegen ihrer Kuppelform einander sehr ähnlich; beide zeigen keine eigentliche Gletscherbildung, aber der Krater des *Skjaldbreid* ist mit Firnschnee ausgefüllt, der vermutlich niemals schmilzt, während der oberste Teil des Berges *Ok* mit Eis bedeckt ist. Die Tuffberge, die in der Urzeit hier waren, sind jetzt zum grössten Teile von der riesenhaften Doleritkuppel des *Ok* bedeckt, die sich nach und nach hoch über ihnen aufgetürmt hat; aber einige stehen noch als Spitzen aus den Seiten des *Ok* heraus, wie das südliche *Fantófell*[3]). Sechs Stunden nach dem Aufbruche von *Pingvellir*, die zuletzt durch grenzenlose Öde und wüste Geröllfelder geführt hatten, war der *Kaldidalur* erreicht, eine Art Wetterscheide zwischen Nord- und Südland; eine Steinwarte, *Kerling* (alte Frau), bezeichnet den Eingang zu dem „kalten Tal", zu der schmalen zwischen lauter Gletschern gelegenen Einsenkung.

---

[1]) In dieser Gegend ist der Schauplatz des Märchendramas „Die Neujahrsnacht" von *Indridi Einarsson* zu suchen; eine Übersetzung ist soeben von mir erschienen.

[2]) Vgl das Gedicht von *Jónas Hallgrimsson*, Der Berg *Skjaldbreidur* bei Poestion, Eislandblüten, S. 38—40.

[3]) Thoroddsen, Z. d. Ges. f. Erdk. Berlin, Bd. 33, S. 301.

In der Steinpyramide lagen viele alte hohle Pferde- und Schafknochen. Früher pflegte man in diese ein Blatt Papier mit einigen improvisierten Versen meist persönlichen, boshaften oder schlüpfrigen Inhaltes zu stecken, die für die Person bestimmt waren, die vermutlich denselben Weg zog, man nennt eine solche Warte dann *beinakerling*: heute ist diese Sitte nur noch ganz selten im Gebrauch. Nur vor einigen Jahren hatte man noch einem jungen Pastor, wie mir *Ögmundur* erzählt, böse mitgespielt. Er hatte eine Pfarre im Norden übernommen und wollte natürlich sofort heiraten; seine Bauern wussten das und legten ihm einen Vers in die „Alte Frau" am Eingange des *Kaldidalur* folgenden Inhaltes:

> Wenn du zu dieser Kerling kommst,
> Nimm sie nicht in den Arm.
> Schwitz'st du voll Angst und Müh auch Blut
> So wird sie doch nicht warm.
> Bedenke, dass in kurzer Frist
> Du Kräfte brauchst genug —
> Zwölf Vaterunser bete flink,
> Dann weicht der böse Spuk.

Kurz vor dem Anfang des Passes liegen rechts die *Hrúdurkarlar*, kleine, eigentümlich geformte, braunschwarze Berge aus weichem Tuff und Breccie, die wie an Steine oder Felsen im Wasser sich ansaugende Muscheln oder Schnecken (isl. *hrúdur*) auf dem Boden vor dem Gletschermassiv kleben. Der *Kaldidalur* führt zwischen *Ok* und *Langjökull* in einer Höhe von 739 m ü. M. hindurch und ist ein zwar viel benutzter, aber auch sehr berüchtigter Gebirgsweg, der einen Teil der am meisten benutzten Verbindungslinie zwischen dem Nord- und Südlande bildet. Das ungeheure Schneefeld *Langjökull* ist 74 km lang, etwa 1400 m hoch und hat ein Areal von etwa 1300 qkm. Seine verschiedenen Teile haben besondere Namen: der nordwestlichste Teil heisst *Balljökull*, der südwestlichste *Geitlandsjökull* und der südlichste und südöstlichste *Skjaldbreidarjökull* und *Bláfellsjökull*. Seine Hauptmasse wird von ausgedehnten, schwach gewölbten und wellenförmigen Firnmassen gebildet. Im *Geitlandsjökull* liegt der von Felsen und Gletschern umgebene *Pórisdalur*, nach seinem sagenhaften Besitzer, einem Halbriesen *Pórir* genannt, wo sich auch *Grettir* der Starke aufgehalten hat [1]. Die Schneedecke des *Langjökull* erstreckt sich bis zur südöstlichsten Ecke des *Kaldidalur*, und grosse Stücke Firn brechen ab und fallen nieder; die Schutthalden unterhalb sind daher aus Schutt, Felsstücken, Schnee und Eisstücken zusammengesetzt. Weiter nördlich gehen von den Firnflächen des *Langjökull* sieben kleinere Gletscher in den Pass hinab, vier kleinere und drei grössere; unterhalb der

---

[1] Island I, S. 67, 68.

Gletscher liegen flache Sandstrecken, von kleinen Gletscherbächen durchrieselt, die alle nordwärts nach *Geitlönd* strömen. In den Moränen am Rande befinden sich aufgestapelte, zum Teil riesengrosse Doleritblöcke[1]). Im Boden des *Kaldidalur* liegen eine Menge Schneehaufen in der Höhe von 630 m ü. M., über mehr als zwanzig mussten wir hinüberreiten. Am meisten Schnee war in einer Spalte zwischen dem *Langihryggur*, einem Doleritlavarücken vom *Ok* her, und den Felswänden des *Ok* selbst.

Der Übergang wird von den meisten Reisenden mit den schwärzesten Farben geschildert; ja einer, den ein Bisschen Bergkrankheit auf der Höhe gepackt hatte, fürchtete schon, dass ihm hier sein Grab gegraben würde. Nun mag ja wirklich ein Schneesturm hier oben nicht gerade angenehm sein; aber wer nach Island reist, sollte doch wissen, dass er dann nicht mehr im Grunewald bei Berlin ist! Wer aber Sinn hat für eine in ihrer absoluten Öde grossartige Einsamkeit, wird gerade diesen Übergang zu den erhabensten Teilen der Insel rechnen. Wie überwältigend ist der Anblick ringsum auf die grünen glänzenden Gletscher, den zackigen Fels- und Eiskamm des *Geitlandsjökull*, die schwarzverbrannten Spitzen, die hoch über das Eis ragen, die keuschen Schneemassen und die dazwischen liegenden steinigen Täler! Sinnig meldet die Sage, dass der schneeumhüllte Hügel zu unserer Rechten der sanft schwellende Busen einer Riesin sei, die von der Sonne überrascht und in Stein verwandelt wurde. Die rauhen Winde, die fast immer hier wehen, lassen kein Blümchen aufkommen, kein Vogel durchschwirrt zwitschernd die Luft, kein Schaf verirrt sich hierher. Man hört nichts als das murmelnde Sausen der Wasserfälle, das rieselnde Rauschen der Gletscherbäche und den donnernden Wind. Sonst ist es still wie das Grab und unheimlich schaurig hier. Obwohl die Sonne hell am Himmel lachte, drang von den unendlichen Schnee- und Eismassen doch empfindliche Kühle zu uns hernieder, kalt wehte des Abends Hauch. Da ballt sich über dem *Jökull* eine Nebelwolke zusammen, sie wird dichter und dichter und senkt sich auf seine Kuppe hernieder; scharf fallen die Sonnenstrahlen auf sie, und sieh, da wölbt sich ein Regenbogen im wallenden Nebelmeer, und der Wind treibt ihn hin und her, dass zwei bunte zitternde Brücken zugleich zwischen Himmel und Erde zu schweben scheinen. Wer doch jetzt gerade da stünde, wo der Bogen den Boden berührt! Dann könnte er sich nach isländischem Glauben wünschen, was er wollte, und es wird auch ganz gewiss in Erfüllung gehen; nur hat leider naturgemäss noch niemand unter seinem Ende stehen können.

Der *Geitlandsjökull* zu unserer Rechten trat allmählich zurück, und im Nordosten schob sich hinter fast senkrechten Brecciefelsen

---

[1]) Vgl. Thoroddsen, Geogr. Tid. XV, S. 11; Island, S. 176, 177, 180; 309.

die blendendweisse Firnkuppe des *Eiríksjökull* vor (1798 m). Jetzt beginnt die schwierigste Strecke, eine endlose Steinwüste, das *Skúlaskeid* (Abbildung 5). Wohl hat man durch das wüste Steingetrümmer, durch das verwirrende Gewühl von mächtigen Blöcken, rutschendem Schutt und harter Lava zur Bezeichnung des Weges zwei Reihen von Platten gelegt oder Wälle von unbehauenen Steinen aufgetürmt, aber, als wollte man den Reisenden verspotten, hat man gerade die schändlichsten Stellen ausgesucht, und man tut gut, sich seine Strasse ausserhalb des Verschönerungsweges zu suchen. Gebleichte Gerippe von Schafen und Pferden liegen umher, ein düsteres Memento. Und frevelhaft und furchtbar muss es sein, wenn man hier Galopp reiten muss. Nur ein Mann hat einst in der äussersten Not sein Ross durch diese entsetzlichen Steinfelder gehetzt, um seinen Feinden zu entgehen; aber als das brave Tier seinen Herrn gerettet hatte, war seine Lunge zersprengt, seine Beine ein blutiger Klumpen, und am Ufer der *Hvítá* brach es tot zusammen[1]).

Fig. 5. Skúlaskeid.

Am Althing verurteilt, musste *Skúli* fliehen. Ein ganzer Schwarm von Feinden verfolgte ihn; vor allen aber gab ihm sein gutes Pferd einen Vorsprung. Über den *Hofmannaflötur* ritt der Mann weg und über den *Tröllaháls*, an der Oase *Vidiker* vorüber, und in den *Kaldidalur* hinein. Hier hielt er einen Augenblick an, goss aus seiner Feldflasche Wein in die Höhlung eines Steines und rief höhnisch seinen Verfolgern zu, dass er ihnen damit lohnen wolle für das zahlreiche ihm gegebene Geleit; dann sprengte er im raschesten Laufe über eine mit dem gröbsten Steingerölle bedeckte Strecke Landes hin, über die ihm niemand zu folgen wagte. Seitdem heisst dieser Fleck *Skúlaskeid*, des *Skúli* Reitbahn. Als aber der Mann heimkam, und sein Tier vor Müdigkeit und Erschöpfung zusammenbrach, liess er, um es nach Verdienst zu ehren, ihm ein vollständiges Totenmahl halten, und es wurde in einem Grabe bestattet, das er ihm eigens hatte herrichten lassen.

Endlich erblickten wir auf der anderen Seite eines breiten Tales hinter dem Silberband der *Hvítá* einen etwa 3 Stunden entfernten

---

[1]) Maurer, Isl. Volkssagen, S. 235—236; die schöne Ballade *Skúlis* Ritt von *Grímur Thomsen* bei Poestion, Eislandblüten, S. 104—106.

Grasfleck, *Kalmanstunga*. Eine Steinwarte *Karl* (Alter Mann) zeigte das Ende des *Kaldidalur* an, die Gegend wurde wieder übersichtlicher und senkte sich allmählich. Auf einer kleinen Wiese inmitten grosser, schwarzer Höcker machten wir Halt, zäumten die Pferde ab, liessen sie nach Herzenslust grasen, und gönnten uns selbst eine Büchse Roastbeef und Ananas. Nach kurzer, aber erquickender Rast ging es weiter. Sumpf, Sand, Wiese und Geröll wechselten miteinander. Aber obwohl es auf die zwölfte Stunde zuging, war das Leben in der Natur noch nicht erloschen. Neugierige Schafe sahen uns blökend nach. Dort auf dem Steinhaufen sitzt die Schneeammer (Passerina nivalis, *Sölskrikja*, *sól* = Sonne, *skrikja* = schreien) mit pechschwarzem Rücken und blendendweisser Unterseite und singt in weichen flötenden Tönen, die an Stärke und Klangfarbe an die Stimme unseres Hänflings erinnern. Man muss ihren wohllautenden Sang in solcher Stunde, Stimmung und Umgebung gehört haben, um zu verstehen, warum der isländische Dichter *Þorsteinn Erlingsson* sie höher schätzt als alle Nachtigallen Kopenhagens. Mit leisem feinem Sit Sit! verkündet der Wiesenpieper (Anthus pratensis, *Grátitlingur*) die Ankunft des Frühlings. Der ganze Zauber der isländischen Heidestimmung wird wach, als der kleine Brachvogel (Nomenius phaeopus, *Spói*), die langen Füsse zurückgelegt, Kopf und Hals vorgestreckt, um unsere Karawane flattert und seine tiefen, gezogenen und weichen Flötentöne anstimmt. Kommen wir seinem Neste zu nahe, so warnt das Männchen mit tiefem Du, fliegt den Pferden entgegen und gibt einen harten, langsamen Roller von sich; das Weibchen aber hastet geduckt vom Neste fort, zeigt sich erst nach einer Weile und tut, wie wenn nichts geschehen wäre. Der Goldregenpfeifer (Charadrius apricarius, *Lóa*), der andere Beherrscher des Hochlandes, schaut mit schönen Augen unverwandt vom Steinblock auf uns hin, kehrt uns sein schwarzes, weissumsäumtes Bäuchlein zu und lässt ein melancholisches Dü hören; sind mehrere zusammen, so suchen sich die Männchen mit gewandten Flugkünsten und unaufhörlichem, anhaltendem Flöten und Trillern zu überbieten. Die Sonne wird nicht müde; kaum dass sie untergegangen ist, da kommt sie schon wieder in neuem Glanze über die Berge; mit meckerndem Schwirren fliegt ihr die Bekassine entgegen (Gallinago gallinago, *Hrossagaukur*), die soeben noch am sumpfigen Riesel nach Würmern gestochen hat. „Rosskuckuck" nennt sie der Isländer, und sie vertritt bei ihm auch den Kuckuck als wahrsagenden Vogel.

Alle Müdigkeit und Abspannung ist bei uns verflogen, noch Stunden lang könnten wir träumend weiterreiten und dem lieblichen Konzert um uns lauschen. Es war meine volle Überzeugung, als ich meinem Führer sagte: „Der heutige Abend allein war die weite Wasserreise wert". So merken wir es kaum, wie wir den reissenden, eiskalten Gletscherfluss *Geitá* (Ziegenache) passieren, der sich aus den Bächen zusammensetzt, die die Sand- und Schuttstrecken am Gletscherrande durchrieseln. Schwerer ist der Übergang über die *Hvitá*, in die die *Geitá* ihr schlammiges Wasser ergiesst, und der sie ihre milchig weisse Farbe mitteilt. Einen Augenblick schwankten wir, ob wir nicht das Zelt aufschlagen und bis zum Morgen warten sollten, wo sich ihr Wasser etwas verlaufen haben würde. Aber allzunah lockte das Nachtquartier; beim dritten Male fanden wir eine Furt; die Pferde stampften durch das schäumende Wasser, das uns fast bis an den Sattel reichte; noch ein letztes, weites Steinfeld wurde genommen, und um 1 Uhr stiegen wir, frisch und hochbefriedigt, vor *Kalmanstunga* von den Pferden. Mit den Peitschenknöpfen trommelten wir an die Türen, um die Insassen zu wecken; die Hunde erhoben ein mörderliches Geheul, bald erschien die Bäuerin und hiess uns willkommen. Gott sei Dank, wir waren die einzigen Gäste. Nach Abendbrot verlangte uns nicht, dankbar aber nahmen wir das isländische Nationalgericht aus saurer Milch, *Skyr*, an, dann suchten wir das Lager auf und streckten mit köstlichem Behagen die müden Glieder in die weissen, weichen Kissen.

5. Juli. *Kalmanstunga*, 218 m ü. M., liegt auf der Südseite eines Bergrückens, der sich von NO. nach SW. die *Hvitá* entlang erstreckt, und ist auf allen Seiten von Bergen ab- und eingeschlossen. Als ich am Sonntagmorgen zur Tür hinaustrat, fiel mein erster Blick auf die Gletscher und Schneefelder des *Geitlandsjökull*, *Ok* und *Eiríksjökull* und dann erst auf die davor gelagerten dunklen Berge, die bis an das Gehöft herantreten würden, wenn nicht ein mächtiges, schwarzes Lavafeld, *Geitlandshraun*, mit seinen runden Steinen fast bis an die Hauswiese (*tún*) heran reichte. Nach Nordosten ragt der breite, oben spitz zulaufende Berg *Strútur* empor (921 m), ein alter Vulkan von typischer Dachform; sein Fuss besteht aus Basalt, die Höhe aus grau gefärbter Breccie. Nach Süden breitet sich eine grüne Ebene aus, und ein Abhang ist mit dichtem Gehölz bedeckt. Der Bauernhof selbst ist ein ansehnlicher Steinbau; alle Steine haben auf dem Rücken der Pferde herangeschleppt werden müssen, das hat natürlich viel Zeit und sehr viel Geld gekostet. Aber der Bauer *Sigurdur Ólafsson* scheint auf zahlreichen Fremdenbesuch zu rechnen, die Touristen müssen ihm seine Ausgaben verzinsen, und zwar recht hoch. Dadurch ist der Hof etwas in Verruf gekommen, und ich weiss von verschiedenen Leuten, dass sie hier gehörig geschröpft worden sind. Walther von Knebel, der 1905 hier gewesen war, hatte deswegen einen tüchtigen Krach mit dem Bauern gehabt, und mein Führer wäre am liebsten deswegen hier nicht eingekehrt, wenn es sich irgend hätte umgehen lassen. Ich habe für Verpflegung und Nachtlager 10 Kr. bezahlt; das war nicht billig;

aber auch nicht zu teuer, in Anbetracht der grossen Transportkosten, alles war gut, reichlich und sauber; aber Berliner Touristen erzählten mir nachher, dass sie zu zweien in zwei Tagen fast 50 Kr. hätten bezahlen müssen, und das finde ich unverschämt. Geärgert hat mich nur, dass ich für den Besuch des *Surtshellir* noch 4 Kr. ausserdem habe bezahlen müssen. Der Bauer gibt jedem Besucher der Höhle ohne weiteres einen Knecht mit, auch wenn man, wie es doch bei *Ögmundur* der Fall war, genau Bescheid weiss Bei mir kam noch hinzu, dass der Knecht, der erst kürzlich in seinen Dienst eingetreten war, die Höhle überhaupt zum ersten Male besuchte; ich musste ihn also noch dafür bezahlen, dass mein Führer sie ihm zeigte und erklärte.

Der Hof ist nach dem Landnahmemann *Kalman* benannt[1]).

Er war von den Hebriden gebürtig und nahm Land westlich von der *Hvítá* zwischen den *Fljót* und die ganze *Kalmanstunga*, und alles Land ostwärts unter den Gletschern, soweit es mit Gras bewachsen war. Wie zwei seiner Söhne bei der Landung im *Hvalfjördur*, so ertrank er in der *Hvítá*. Sein dritter Sohn *Sturla* wohnte in *Kalmanstunga*, und dessen Sohn *Bjarni Sturluson* gelobte bei Gelegenheit eines Besitzstreites mit einem Nachbarn, das Christentum anzunehmen, wenn der streitige Grund ihm verbliebe, und als dieser ihm durch eine Änderung im Wasserlaufe gesichert wurde — „hierauf brach sich die *Hvítá* das Bett, wo sie jetzt läuft"

liess er sich wirklich taufen und baute sogar eine Kirche (zweite Hälfte des 10. Jahrhunderts). Wo und von wem *Bjarni* die Taufe empfing, wird nicht berichtet; wahrscheinlich stammt die Kunde des Enkels von der Macht des Christengottes von seinem keltischen und damit christlichen Grossvater *Kalman* her.

Einige Ruinen unmittelbar hinter dem Hause sollen, wie mir der Bauer beteuerte, Reste dieser Kirche sein, die bis 1812 bestanden habe, zuweilen kämen noch menschliche Gebeine zutage. Ein Runenstein von ca. 1300, der auf dem Kirchhofe stand, ist leider verschwunden[2]).

Der berühmte *Surtshellir* liegt etwa 1½ Stunde vom Bauernhof entfernt. Der Weg dorthin führt, unmittelbar hinterm Hause ansteigend, zuerst auf den südwestlichen Ausläufer des kahlen *Strútur* und bleibt dann eine Weile auf dem Bergrücken, bis man in das von Lava angefüllte Tal des *Nordlingafljót* gelangt. Der Abstieg ist ziemlich steil. Der Talgrund bietet östlich wiederholt längere Gelegenheit zum Galoppieren; dann muss am Nordabhange des *Strútur* ein ungeheueres Lavafeld durchquert werden, bis man, eine Stunde nach dem Aufbruche, die erste „Warte" sieht. Drei solcher Steinpyramiden geben die Richtung an, ohne sie würde man sich in dem endlosen *Hallmundarhraun* kaum zurecht finden; dieser Lavastrom rührt von einer 10 km langen Kraterreihe her, die

---

[1]) *Landnámabók* (abgekürzt im folgenden: *Lnd.*) II, K. 1.

[2]) Kålund, Arb. f. nord. Oldk. og Hist., 1882. S. 106—107; eine Volkssage aus *Kalmanstunga* bei Lehmann-Filhés II, S. 33; über Funde von „Marmor" und „Gold" vgl. Thoroddsen-Gebhardt II, S. 103, 195.

Thoroddsen 1898 an der nordwestlichen Seite des *Langjökull* entdeckt hat[1]). Der Strom, in dem die Höhle entstanden ist, ist ganz flach, und ahnungslos würde man an ihr vorbeireiten, wenn nicht in der Nähe eines besonders grossen, ganz schwarzen Lavablockes eine Stange die Aufmerksamkeit auf sich zöge. Eine mächtige Torwölbung öffnet sich, ein senkrechter Schlund, der durch das Einstürzen der Höhlendecke entstanden ist (Abbildung 6), grosse Schneehaufen liegen am Eingange, wir steigen ab und lassen die Pferde an einer kleinen mit Gras bewachsenen Strecke, *Hellisfitjar* genannt, weiden.

Fig. 6. Eingang in den Surtshellir.

Der *Surtshellir* ist die grösste isländische Lavahöhle, sie ist 1580 m lang, 11 m hoch und 16 m breit; nach der Volkssage erstreckt sie sich sogar quer durch die ganze Insel[2]). Schon ihr Name ist auffallend. Sie soll nach *Surtr*, dem riesischen, schwarzen Beherrscher der Feuerwelt *Muspellsheim* benannt sein, der am Ende der Tage nach den Vorstellungen der Liederedda mit seiner Lohe Asgard und die ganze Welt in Flammen aufgehen lässt. Schon

---

[1]) *Uppi á heiðum*, Andvari XXIV, S. 10—50.
[2]) Zum folgenden: Maurer, Isl. Volkssagen, S. 37, 188; Kålund I, S. 338 bis 343; meine Nordische Mythologie, S. 169 ff.; Phillpotts, Arkiv f. n. Fil. XXI, S. 14 ff.; Olrik, Aarb. f. nord. Oldk. og Hist. 1892, S. 227 ff.

um das Jahr 900 muss auf Island der Name *Surtshellir* und der Glaube an ein mächtiges, in ihm hausendes Wesen bekannt gewesen sein. *Þorvaldr holbarki* kam einmal im Herbst nach *Þorvardsstadir* zu *Smidkell* und hielt sich da eine Weile auf; da ging er hinauf zu der Höhle des *Surtr* und brachte dahin ein Lied, das er auf den Riesen in der Höhle gedichtet hatte (Lnd. III, K. 10). Das passt schwerlich für den Flammenriesen, der mit lohendem Schwert in der Feuerwelt sitzt, aber wohl für einen Riesen, der in unzugänglicher Tiefe haust. Für einen Bewohner der Tiefe passt auch sein Name „der Schwarze"; damit stimmt auch überein, wenn seit alter Zeit auf Island die Steinkohle *Surtarbrandur* und die Knollen des Equisetum arvense *Surtarepli* (Äpfel) heissen.

Dieser Riese wird auch *Surtr af Hellisfitjum (fit,* pl. *fitjar* „feuchte Wiese", „Flussniederung", am *Nordlingafljót*) oder noch deutlicher *Surtr úr Surts hellir af Hellisfitjum* genannt, und diese *Hellisfitjar* auf der *Arnarvatnsheidi* sind ohne Zweifel mit unserer Surtshöhle identisch. Hierhin flüchtete *Þorgeirr gyrdilskeggi* und verbarg sich in der Höhle „*á Fitjum*", bis die Umwohner des *Borgarfjördr* ihn vertrieben *(Hardar Saga og Hólmverja* K. 33). Darauf wird auch, leider sehr undeutlich, in der *Landnámabók* angespielt: *Torfi Valbrandsson, Illugi* der Schwarze und der früher (S. 48) erwähnte Gode *Sturla* standen an der Spitze der Bewohner des *Borgarfjördr*, als achtzehn „Höhlenmänner" erschlagen wurden, und waren oben auf den *Hellisfitjar* (Lnd. I, K. 20); unter den „Höhlenmännern" befanden sich auch zwei Söhne jenes *Smidkell*, von dem aus *Þorvaldr* den *Surtshellir* besucht hatte, der eine kam bei der Gelegenheit um, der andere wurde auf *Þorvardsstadir* verbrannt (Lnd. I, K. 20; II, K. 1). Um diese dürren, dürftigen Notizen hat sich die Volkssage von den achtzehn *Hellismen* (Höhlenmännern) gerankt, deren Schluss wir bei unserem Besuche der *Hveravellir* kennen lernen werden[1]).

Nach der Volkssage hatten 18 Schüler aus *Hólar* fliehen müssen. Sie waren nach dem *Surtshellir* geflüchtet und lebten dort von den auf der Höhe umherirrenden Schafen; weil es ihnen zuviel Mühe machte, die Tiere zu schlachten, trieben sie sie nach dem Loch hin, das sich nicht weit vom Eingange der Höhle in ihrer Decke befindet, und stürzten sie dort haufenweise hinab. Sie waren sogar so frech, dass sie Sonntags nach *Kalmanstunga* in die Kirche kamen und sich mitten im Schiff in zwei Reihen aufstellten, die Rücken gegeneinander gekehrt, die Waffen an der Seite. Der Sohn des Bauern liess sich verräterischerweise zum Schein in ihrer Schar aufnehmen. In der kleinen Einsenkung *Vopnalág* in den *Hellisfitjar* westlich vom Lavafelde („Waffenniederung", sie pflegten dort ihre Speere rings um sich her in die Erde zu stossen) wurden sie überfallen und zum grössten Teile niedergehauen; nur wenige entrannen nach *Hveravellir*.

[1]) *Jón Árnason, Íslenzkar Þjódsögur* II, S. 300—304; Maurer, Isl. Volkssagen, S. 269—275, vgl. auch S. 215. Dass die Höhle auch noch im 17. Jahrh. Ächtern als Zufluchtsort diente, kann man aus Thoroddsen-Gebhardt II, S. 109 sehen.

Ohne Wert für uns ist, dass wir *Surtr af Hellisfitum* auch in der Gesellschaft der Riesin *Hít* und der bösen Hexe *Jóra* begegnen, obwohl wir ersterer später von *Stadarhraun* aus einen Besuch abstatten wollen (*Bárdar S. Snæf.* K. 13)¹). Auch mit dem Gespenst, das im *Surtshellir* wohnte und auf der Flussniederung *Hellisfitjar* hauste, wollen wir uns nicht weiter beschäftigen, obwohl es so viele Menschen tötete, dass man lange Jahre nicht wagte, von *Kalmanstunga* nordwärts über die Höhe und weiter zu reisen²). Jm Jahre 1236 liess *Sturla Sighvatsson* den *Úrækja* gefangen nehmen, der ihn zu *Reykholt* besuchte, in den *Surtshellir* führen und in einer Seitenhöhle, *Vigi*, blenden und in schmachvollster Weise verstümmeln (Sturl. S. V, 46; Ausg. von Kålund I, S. 485). Darum hat auch *Indridi Einarsson*, der übrigens (1873) auf Grund der erwähnten Ächter-Sage ein Drama „*Hellismenn*" gedichtet hat, den grossartigen zweiten Akt seines historischen Schauspiels „Schwert und Krummstab" in diese Höhle verlegt³).

Obwohl die Höhle also früh bekannt war, erzählt man sich doch viel Fabelhaftes von ihrer Ausdehnung.

Noch heute glaubt man, ihr eines Ende sei auf *Langanes* gelegen, der nordöstlichsten Landspitze Islands, oder gar, die Höhle habe noch zwei andere Arme, der eine reiche hinaus bis auf *Reykjanes*, die südwestliche Halbinsel, der andere bis zum Kap Horn, dem nordwestlichsten Punkte des Landes. Auch will man wissen, einst habe ein schutzloser Verbrecher sein Leben dadurch gerettet, dass er sich vor seinen Feinden, die ihn verfolgten, in die Höhle *Surtshellir* geflüchtet habe. Er sei immerzu, Tag und Nacht gelaufen und zuletzt im Osten auf *Langanes* herausgekommen, da waren seine Schuhe voller Sand, und als man genauer zusah, war es Goldsand. Der Mann sagte, er sei lange bis an die Knöchel in schwerem Sande gewatet, beinahe wie im Meeressande am Seestrande⁴). Ein ungeheurer Wurm soll in der Höhle einen Goldschatz bewachen⁵), und in einen in ihr gelegenen See sollen die 18 Ächter ihre Kinder geworfen haben.

Trotz der reichlich fliessenden Zeugnisse erhalten wir die erste ausführliche Beschreibung erst von *Þorkell Arngrímsson Vídalín* (1629—1677)⁶). Nach ihm ist die Höhle über 240 Schritt lang (vgl. aber S. 49!), 30 Schritt breit und von entsprechender Höhe. Ihr Boden ist eben, die Decke regelmässig gewölbt, und die Wände sind mit Steinschorf bedeckt. In der Mitte des *Surtshellir* ist das Dach in einer Ausdehnung von 40 Schritt eingestürzt, und das Tageslicht fällt hinein. An den Seiten befinden sich zwei Nebenhöhlen, drei Ellen über der Sohle der Haupthöhle. Die eine davon hat

---

¹) Über *Jóra* vgl. *Ísl. Þjóðs.* I, S. 182 ff., übersetzt von Kahle, Ein Sommer auf Island, S. 60—63.
²) *Ísl. Þjóðs.* I, S. 534 f.; Lehmann-Filhés II, S. 233.
³) Deutsch von Carl Küchler, Berlin 1900.
⁴) *Ísl. Þjóðs.* I, S. 665.
⁵) Maurer, S. 174—175.
⁶) Thoroddsen-Gebhardt II, S. 163.

zwei Ausgänge, und zwischen beiden steht eine runde Säule, so prächtig, wie wenn sie mit dem Meissel ausgehauen wäre. In alter Zeit diente sie dem Riesen *Surtr* zum Aufenthalte, später aber achtzehn Räubern, bis die Bauern sich zusammentaten und sie totschlugen.

Eine erschöpfende Beschreibung haben *Eggert Ólafsson* und *Bjarni Pálsson* geliefert[1]). Seitdem ist die Höhle oft genug beschrieben worden, von berufenen und auch unberufenen Federn, so dass ich mir füglich ein genaueres Eingehen ersparen kann, zumal da ich das Wesentlichste bereits früher hervorgehoben habe[2]). Im Anfang hatte ich dasselbe Gefühl wie Winkler (Island, S. 290): „Der Besuch der Höhle lohnt sich kaum; sie ist nur ein Blasenraum in einem alten Lavastrom, der freilich nahe eine halbe Stunde lang und sehr weit ist, er bietet aber nichts Interessantes; der Boden ist mit einem Meer von ungeheuren Lavablöcken überdeckt, die mit grösster Mühe überklettert werden müssen." Der erste Niederstieg ist fürchterlich, ein paar Mal wollte ich verzweifeln und wieder umkehren. An den scharfen Kanten und Blöcken der Steine riss ich mir die Hände blutig, die schönen neuen Reitstiefel bekamen Schrammen, und wiederholt purzelte ich mit einem lauten Aufschrei von den wackelnden Steinen, dass ich dachte, die Kniescheibe wäre gebrochen. Leider hatten wir nur zwei elende Stearinlichter bei uns, nicht, was unbedingt notwendig ist, eine Azetylenlaterne. So tastete ich im Halbdunkel über die zum Teil mit gefrorenem Schnee bedeckten, glatten Klötze vorwärts, und da ich ohnehin schon sehr kurzsichtig bin, musste ich den Lichtstumpf, wenn ich von einem Steine hinuntersteigen wollte, fast bis zum Boden der Höhle halten; natürlich tropfte das heisse Stearin auf die Hände, und die Kerze ging durch das von der Decke niederrieselnde Wasser unzählige Male aus. Die Decke der grossen Röhre, durch die die flüssige Lava einst abgeflossen ist, schmücken wundervolle, mehr als fusslange Lavastalaktiten; sie sind beim zweiten Lichtschacht weit schöner als in den ersten 150 Metern. Westlich liegt hier die Nebenhöhle *Vigi*, ihr gegenüber (also links von uns) der *Beinahellir* (Knochenhöhle): Reste von Gemäuer, eine Feuerstelle und unglaublich viele wohlerhaltene Rinder- und noch mehr Schafknochen liefern den untrüglichen Beweis, dass der Raum einst bewohnt gewesen ist. Aber feenhaft schön ist es in der letzten Grotte hinter einem weiteren Lichtschacht, nachdem man eine hohe Schneewehe hinabgerutscht ist und einen glatten Eisteich glücklich passiert hat; man glaubt sich in einen jener so verführerisch geschilderten unter-

---

[1]) Reise durch Island, S. 238 ff., deutsche Ausgabe I, S. 129 ff., § 349 ff.; eine Karte, ohne Erklärung, a. a. O. S. 388, deutsche Ausgabe, S. 127, Tabula XV, und besonders bei Zugmayer, am Ende.

[2]) Island I. S. 65.

irdischen Säle aus „Tausendundeine Nacht" versetzt, wie in Aladdins Höhle funkelt und flimmert es, glitzert und glänzt es von unzähligen Juwelen. „Mächtige Eisstalaktiten von mehreren Metern Länge und gewaltiger Stärke hängen drohend von der Decke herab; es scheint, als ob sie unendlich lang aus einem schwarzen Nichts niederragten, da die dunkle Decke nur dann zu sehen ist, wenn man den Schein des Lichtes in die Höhe richtet. An vielen Stellen haben sich die Eiszapfen mit den zugehörigen Stalagmiten zu prachtvollen Säulen zusammengeschlossen, und überall ist der Boden mit scharf kegelförmigen Eistürmchen bedeckt, die aussehen wie ein Meer kleiner, weisser Geister; an anderen Stellen sind wieder grosse Gruppen von Stalagmiten, die über mannshoch werden, und die sich in ihrem leuchtenden Bläulichweiss prächtig von dem nachtschwarzen Hintergrund abhoben. Eine grosse Seitennische war fast ganz von einem herrlichen Eisvorhang überdeckt; der Effekt, als wir alle Lichter auslöschten und nur hinter dem Vorhang ein Stück Magnesiumband ansteckten, war traumhaft schön" (Zugmayer, S. 184). —

Es freue sich, wer da atmet im rosigen Licht! Zurück ging es, so schnell es möglich war, fast fünf Stunden waren wir unter der Erde gewesen. Ich warf mich in den Schnee am Eingangsschacht und konnte kein Glied rühren, am liebsten hätte ich sofort einen langen Schlaf getan. Da brachte *Ögmundur*, listig schmunzelnd, zwei Flaschen Bier zum Vorschein; er hatte sie heimlich von *Reykjavik* mitgenommen und sie unbemerkt von mir in den Schnee gesteckt; sie hatten die Wärme und das Rütteln und Schütteln in den beiden Tagen vorzüglich überstanden, waren in den fünf Stunden schön abgekühlt und wirkten Wunder. Nach einer halben Stunde ging es nach *Kalmanstunga* zurück, dort warteten Kaffee und Pfannkuchen auf uns, die Pferde wurden gesattelt, und um halb sieben Uhr sassen wir schon wieder im Sattel und waren auf dem Wege nach *Gilsbakki*, das wir nach zwei guten Stunden erreichten.

Der Weg führt zunächst zu den Wiesen (*eng*) von *Kalmanstunga*, den weiten Flächen, die nicht regelmässig gedüngt werden, sondern von denen man an Futterkräutern erntet, was die eigene Kraft des Bodens hergibt. Dann wird das *Nordlingafljót* passiert; die Strasse bleibt an dem Lavastrom, der den Fluss entlang über die besiedelte Landschaft geflossen ist, und geht dann in grossem Bogen nordwestlich an die *Hvítá* hin. Die *Hvítá í Borgarfirði*, die Grenze zwischen der *Borgarfjardar*- und *Mýra sýsla*, gehört zu Islands wasserreichsten Flüssen, besonders an der Mündung, bei *Kalmanstunga* ist sie noch nicht gross, aber nachdem sie die trüben Gletscherflüsse *Geitlandsár* und das klare *Nordlingafljót* aufgenommen hat, wird sie ein ansehnlicher Strom. *Hvítá* und *Nordlingafljót* sind durch einen hohen Bergrücken getrennt, der nach Norden im langgestreckten *Strútur* endigt, nach Süden in dem hellen Liparitfelsen *Tungufell*. Durch das grosse Lavafeld, dessen nördlicher Arm mit dem *Hallmundarhraun* am *Eiriksjökull* zusammenhängt und bis *Gilsbakki* reicht (Abbildung 7), dessen südlicher Arm von einigen Kratern am *Langjökull* stammt, hat sich die *Hvítá* ihren Weg gebahnt und eine tiefe Rinne gegraben, in der sie schäumend und mit grosser Gewalt dahinbraust. Sie entspringt am *Eiriksjökull* und ist der einzige Gletscherfluss, der in die Bucht *Faxaflói* mündet; ihr Gletscherlehm und Kies füllt nach und nach den *Borgarfjördur*, so dass sein innerer Teil nur von kleineren Booten befahren werden kann. Früher konnten Handelsschiffe bis hinauf nach *Hvítárvellir* fahren 4 km von der

Fig. 7. Eiriksjökull und Hallmundarhraun (vom Surtshellir aus gesehen).

Flussmündung entfernt, wo heute die grösste Meierei Islands ist; heute ist der Fjord, wegen der vielen Sandbänke, nur bei Hochwasser und nur für kleinere Boote fahrbar, doch hatten sich mehrere Bauern zusammengetan und wollten mit besonders konstruierten Motorbooten im Herbste 1908 die Schiffahrt wieder aufnehmen. Lössartige Schichten, eine Art sekundären Tuffs, die der Isländer *möhella* nennt, sind an ihrem Ufer sehr gewöhnlich. Südlich von *Gilsbakki* hat die *Hvítá* am *Barnafoss* (103 m ü. M.) eine Kluft durch den Lavastrom und den darunter liegenden Basalt gegraben, in dem eine kleine Lipariteinlagerung vorhanden ist; von hier werden kleine Liparitbruchstücke durch den milchweissen Fluss auf das Tiefland hinabgeführt, so dass man kleine Teile dieses lichten, gelben Gesteins in den Schutthügeln am *Borgarfjördur* häufig antrifft.

Am *Barnafoss* stürzt die *Hvitá* durch eine schmale Kluft in die 20—30 m tiefe Lavarinne. Der Wasserfall selbst ist nur etwa 15 bis 20 m hoch; aber das Flussbett ist malerisch von waldbewachsenen, senkrechten Lavaklippen umgeben, wo das Wasser schäumend und brausend in unzähligen Stromwirbeln davonstiebt (Abbildung 8). Der Birkenwald auf der Lava des *Hvitá*tales ist von entzückender

Fig. 8. Barnafoss.

Frische; zur Sagazeit waren alle Abhänge hier mit Wald bestanden, und die Bäume waren so hoch, dass ein Reiter mit seinem Pferde sich darin verstecken konnte *(Heidarvíga S. 27)*. Auch heute noch erreichen die Stämme eine Höhe von 5—6 m und sind von unten bis oben dicht mit dunkelgrünen, würzigen Duft ausatmenden Blättern bedeckt; unter ihrem Schutz gedeihen Sträucher und anmutige Blumen. Das fröhliche Gezwitscher einer Rotdrossel erfreut unser Ohr, und allerlei andere Vögel huschen im Gehölz umher. Männer und Frauen und Kinder sind trotz des Sonntages bei der Heuarbeit beschäftigt.

Gilsbakki (Schluchtenhügel) liegt 175 m ü. M., östlich von einem Bergbach, der sich eine tiefe, finstere Schlucht durch den Basalt gegraben hat. Der Wald im Tale und die weite mit Heidekraut bewachsene Hochebene machen den Hof zur Schafzucht geeignet; im Winter sind 20, im Sommer 30 Arbeitsleute hier beschäftigt, die ausser der Verpflegung 3 Kronen für den Tag bekommen; im Stall standen 5 Kühe, 30 Pferde tummelten sich auf den Wiesen, und mehrere hundert Schafe grasten weit draussen. Wundervoll ist die Aussicht von der Höhe über die Berge und Gletscher[1]; von *Skardsheidi* an schweift der Blick über den schnee- und eisbedeckten Vulkan *Ok*, die Schneeberge und Gletscherfelder des *Langjökull*, das wie ein Vorgebirge dem Gletscherberge vorgelagerte *Hafrafell*, bis zu der uralten Vulkanruine des mit einer entzückend schön gewölbten, unter blendendweissem Schnee verhüllten Gletscherkuppel geschmückten *Eiriksjökull*. Die Horizontlinie all dieser riesigen Schneemassen ist so weich und zart geschwungen, dass sich das Auge nur ungern davon losreisst. Über dem ganzen Panorama liegt ein tiefblauer, klarer Himmel, und die durchsichtige, helle Luft lässt uns glauben, dass wir die Riesen in kaum einer Stunde erreichen können; von *Reykholt* sind wir nur durch die *Hvítá* getrennt.

Gilsbakki war in heidnischer Zeit die Heimat des Dichters *Gunnlaugr Schlangenzunge*[2], heute ist es ein stattlicher Pfarrhof. Westlich vom Gehöft mit seinem grossen, schönen *Tún* und dem wohlgepflegten Garten liegt die neugebaute Kirche. Pfarrer ist *Síra Magnús Andrésson*, der 1872 und 1873 Kristian Kålund geführt hatte, den Verfasser des meisterhaften Buches „Bidrag til en historisk-topografisk Beskrivelse af Island"[3]. Obwohl er nicht zu Hause war, wurden wir doch mit der grössten Liebenswürdigkeit aufgenommen. Mit *Gilsbakki* begann für mich eine ununterbrochene Reihe von Festtagen. Die *Reykjaviker* Zeitung *Ingólfur* hatte meinen Besuch diesen Gegenden, namentlich der Westküste, angekündigt und die Bewohner aufgefordert, mich als den wahren Isländerfreund wie einen König aufzunehmen; obwohl das bereits im November 1907 geschehen war, war der Aufruf nicht umsonst verhallt und nicht vergessen. Ich wurde wirklich wie ein kleiner Fürst willkommen geheissen, und alles beeiferte sich, mir den Aufenthalt so behaglich wie möglich zu gestalten; wochenlang habe ich nicht einen Pfennig ausgeben können. Von *Gilsbakki* an habe ich mir auch jeden Abend, so oft sich die Gelegenheit bot, vorsingen und vorspielen lassen.

---

[1] Vgl. das schöne Gedicht von *Steingrímur Thorsteinsson*, „*Gilsbakkaljóð*", *Reykjavík* 1877, das leider viel zu umfangreich ist, als dass ich es hier übersetzen könnte.

[2] Über einen Runenstein aus dem 14. Jahrh. vgl. Kålund, Aarb. 1882, S. 107.

[3] Als Ergänzung zu meinen Ausführungen über die isländischen Geistlichen (I, S. 270—273) seien die Aufsätze genannt, die Olaf Peder Monrad u. d. T. „Religion und Kirche auf Island" in der „Christlichen Welt" veröffentlicht hat (1908, Nr. 2, 3, 4, 5, 7, 8, 10).

Es war nicht immer ein künstlerischer Genuss, aber die Zeit ging schneller hin, und wenn ich müde und zum Plaudern nicht aufgelegt war, liess es sich so angenehm träumen. Grosse Anstellerei und Ziererei gab es selten; mochte auch das Harmonium zuweilen knarren und die Sängerin sich bei besonders schwungvollen Stellen einen hörbaren Ruck mit den Schultern geben, der gute Wille war zu loben, und unsere Stimmung war gehobener. Vor allem freute es mich, feststellen zu können, dass meine Prophezeiung über das Gedicht von *Indridi Einarsson* „Islands Freiheit geht verloren" in der Komposition von *Bjarni Þorsteinsson* wirklich in Erfüllung zu gehen scheint, es scheint tatsächlich ein Volkslied zu werden, bei keinem Hauskonzerte hat es gefehlt, und unzählige Male haben wir den Abend eingeleitet und geschlossen mit dem ergreifenden Liede „*Gissurr tummelt froh den Renner*"[1]). Die zweite Stelle nahmen „*Tvö Sönglög*" (zwei Lieder), von *Jón Laxdal* komponiert, ein; sie enthielten das Gedicht von *Þorsteinn Erlingsson* „*Sólskríkjan*" (Die Schneeammer, vgl. S. 44), und *Fuglar í búri* (Vögel im Bauer), Gedicht von Minister *Hannes Hafstein*; beiden Liedern war sogar neben dem isländischen Text eine deutsche Übersetzung beigegeben, von *Bjarni Jónsson frá Vogi*[2]). Sehr viel wurde auch das „Lied vom Tale" von *Jónas Hallgrímsson* gesungen, komponiert von *Árni Thorsteinsson*, verdeutscht von Poestion[3]). Das „Lied vom Tale" ist textlich und musikalisch ein allerliebstes, reizendes Kunstwerk, ungemein wohllautend, und noch heute tönen mir Wort und Weise vor dem Ohre:

>Blumenhügel, grüne Flur,
>Halde, reich an Moos und Beeren,
>Moorland, Stiefkind der Natur,
>Blumenhügel, Kleefeldflur,
>Bin bei euch am liebsten nur,
>Auch wenn Leiden mich beschweren,
>Blumenhügel, grüne Flur,
>Halde, reich an Moos und Beeren!
>
>Schluchtgeist, alter Wasserfall,
>Enge Kluft mit steilem Hange,
>Spalt mit Kräutern überall,
>Schluchtgeist, weisser Wasserfall,
>Wider Unheil Schutz und Wall
>Warst und bleibst du uns noch lange,
>Schluchtgeist, alter Wasserfall,
>Enge Kluft mit steilem Hange!

---

[1]) Island II. S. 111—114.
[2]) *Reykjavik* 1907 *(Gudm. Gamalíelsson)*.
[3]) *Árni Thorsteinsson, Tólf Sönglög* (12 Gesänge für eine Stimme mit Klavierbegleitung, alle mit isländischem und deutschem Text); *Reykjavik* 1907. *Sigurður Kristjánsson*; Übersetzung auch in „Eislandblüten" S. 57, 58.

> Tal, das keinen Reiz entbehrt,
> Reich gesegnet vom Allwalter,
> Sonnenglanz sei dir beschert,
> Tal, das nichts, was schön, entbehrt
> Und das Beste doch gewährt:
> Lust der Jugend, Ruh dem Alter,
> Tal, das keinen Reiz entbehrt,
> Bleib gesegnet vom Allwalter!

6. Juli. Schon um 8 Uhr wurden mir der Kaffee und mindestens 5 Sorten Kuchen ans Bett gebracht; diese Einrichtung gefiel mir so gut, dass ich *Ögmundur* beauftragte, dafür zu sorgen, dass dies in Zukunft jeden Morgen geschähe. Während das Frühstück zubereitet wurde, studierte ich in der Bibliothek des Superintendenten: neben vielen theologischen Schriften und isländischen schönwissenschaftlichen Büchern fand ich auch Henrik Ibsens sämtliche Werke in der neuen norwegischen Volksausgabe und Shakespeare, Goethe und Schiller in deutscher Sprache.

Der heutige Tag galt dem Besuche der Schauplätze einiger kleinerer isländischer *Sagas* (besonders der *Heidarviga S.*), die für den Nicht-Fachmann ohne grösseres Interesse sind. Ich verschone daher den Leser mit näheren Angaben, um so mehr, da ich doch nur wiederholen müsste, was bereits bei dem trefflichen Kålund zu finden ist. Auch im folgenden werde ich, was dort steht, meist mit Stillschweigen übergehen. Es ist mir Lohn genug, wenn es mir gelingt, Fernerstehende für die eigenartige Sagainsel und ihre literarischen Schätze so zu interessieren, dass in ihnen das Verlangen wach wird, mehr und ausführlicheres kennen zu lernen.

Unser heutiges Pensum zu Pferde beträgt nur fünf Stunden. Hinter *Gilsbakki* beginnt die schöne, fruchtbare Landschaft *Hvítársida* (Seitenstrecke der *Hvítá*), und die erste Zeit geht es fortwährend durch grosse, grüne Birkenwäldchen. Während der Führer sich auf einem Bauernhofe nach dem Wege erkundigte, hatte ich auf einem kleinen Moorflecken Zeit, ein Paar Bekassinen zu beobachten. Das Weibchen fiel bald, in sausendem Fluge, an sumpfiger Stelle ein, das Männchen aber stieg etwa 30 m in die helle Luft empor und brachte im Abwärtsfliegen, wobei es den Körper krampfhaft starr hielt, ein eigentümliches Meckern hervor. Der „Rosskuckuck" ist viel weniger scheu als die „Himmelsziege" bei uns. Das auffällige Meckern, das wohl nur das Männchen hervorbringt, kommt nicht aus dem Schnabel, sondern der Vogel hat musikalische Federn. Nur solange er herabsteigt (2—3 Sekunden), hört man sein Meckern, und man kann sehen, wie er dabei den Schwanz gleich einem Fächer ausbreitet, und wie die beiden äussersten Schwanzfedern von den andern zwölf etwas abstehen. Der Schwanz als Ganzes schwingt nicht, sondern die Schwingungen beschränken sich auf die beiden äusseren, heller gefärbten Schwanzfedern, und durch sie entsteht das Meckern.

Nachdem wir *Þorgautsstaðir* und *Gullteigr* passiert haben, verlassen wir die *Hvítá* und wenden uns auf dem Postwege nach Norden; vor uns taucht der *Borgarfjörður* auf, und zur Rechten lugt über mattgraue oder rötliche Höhen die lichte, fast fleischfarbene Liparitspitze der *Baula* hervor. Eine Telegraphenstange zeigt an, dass Island jetzt auch durch den elektrischen Funken mit dem übrigen Europa in unmittelbarer Verbindung steht; bald führt uns eine schöne weisse Brücke aus dicken Drahtseilen über die im Frühjahr und Herbst so sehr gefürchtete *Örnólfsdalsá* oder *Kjarrá* (Gebüschache). Jenseits des Flusses befindet sich eine schwarz angestrichene Kirche mit weissen Fenstern und rotem Dach und kurz dahinter ein Bauernhaus, *Norðtunga*, unser heutiges Quartier; auf einem blauen, mit dem silbernen Falken geschmückten Schilde steht in hellen Buchstaben *Landsíma-stöð* „Telegraphische Station".

Nachdem wir uns an zwei grossen Töpfen Milch gestärkt hatten, stiegen wir wieder zu Pferde und ritten 1¼ Stunde nach dem alten Gehöft *Örnólfsdalur*, wo um die Mitte des 10. Jahrhunderts der hochsinnige, reiche *Blund-Ketill Geirsson* gewohnt hatte. Die *Blund-Ketilsbrenna* im Jahre 964, d. h. der an ihm von dem ränkesüchtigen heimtückischen Hühner-*Þórir* verübte Mordsbrand, die Rache, *Þórirs* Tod und der Vergleich der sich befehdenden Parteien ist der Inhalt der um 1300 aufgezeichneten *Hænsnaþóris saga*[1]). Über leichtes Geröll trabten wir den Fluss entlang, den wir zweimal durchreiten mussten, nach 45 Minuten ging es auf schlechtem Wege einen langgestreckten Berg hinan, dessen Höhe mit herrlichen Birken bewachsen war, und durch deren über unseren Häuptern zusammenschlagende Zweige wir uns mühsam einen Weg bahnen mussten. Nach diesem Gebüsch (isländisch *kjörr* n.) hat der Fluss seinen einen Namen, *Kjarrá*, den anderen trägt er nach einem Landnahmemann *Örnólfr* (Lnd. II, K. 5), und der *Kjarradalur* heisst auch *Örnólfsdalur*. Der Weg geht hart am Rande des Berges, gerade über dem wundervollen *Cañon*, das sich der rauschende Fluss gebrochen hat; sein Wasser ist hell und klar, man kann bis auf den Grund sehen und die glattgeschliffenen länglich runden Steine von oben deutlich wahrnehmen. Der Bauernhof liegt inmitten schöner, bunter Wiesen. Nur ein 73 Jahre alter Knecht war daheim, der bereitwillig die Führung übernahm. Die Ruinen liegen etwa 12 Minuten hinter der jetzigen Farm, 2 Minuten links von einer Steinpyramide, und gewähren das übliche, enttäuschende Bild. Die Ausgrabungen von

---

[1]) Zu der Island I, S. 278 verzeichneten Literatur ist für diesen Zweck nachzutragen: Maurer, Abhandl. d. Bayer. Ak. d. Wiss., I. Kl., XII. Bd., II. Abt., 1871, S. 157 ff.; Maurer, Island, S. 54 ff.; Finnur Jónsson, Den oldn. og oldisl. Lit Hist. II, S 233 ff., 744 ff.

Sigurður Vigfússon haben nur Asche zutage gefördert. Aber herrlich ist auch hier der Blick auf den in seinem tiefen Bett dahinbrausenden Fluss, die Wiesen, den Wald und den *Eiríksjökull* in der Ferne. Der Knecht war ein Original. Er hatte noch nie einen Ausländer gesehen und konnte sich nicht genug darüber wundern, was ich in dieser Einöde wollte, wohin kaum ein isländischer Bauer käme. Seine Hose war aus einigen Hundert Flicken, die in allen unmöglichen Farben schillerten, und selbst aus ausgedienten Strumpfresten zusammengesetzt; sein schwarzer, tief in die Stirn gedrückter Hut war ebenfalls vorsintflutlich. Aus den beiden Nasenlöchern tropfte ein brauner Saft, alle Augenblicke führte er ein unförmliches Pulverhorn in sie hinein und liess eine Portion Schnupftabak in sie gleiten, mit dem Handrücken wischte er den Rest sorgsam aus dem Bart und sog ihn wieder auf. Seine Stimme war weinerlich piepend, er war gerade noch zum Kinderwarten zu gebrauchen. Mir machte diese wunderliche Vogelscheuche viel Spass, mein Führer aber meinte: nach diesem Exemplar dürfte ich seine Landsleute nicht bemessen, er sei der letzte Rest aus dem Anfang des 18. Jahrhunderts. Von Deutschland hatte er keine Ahnung, ein Dampfschiff hatte er noch nie gesehen und konnte sich darum nicht erklären, auf welchem Wege ich nach Island gekommen wäre. Als ich ihm beim Abschied für Priem- und Schnupftabak etwas Geld in die Hand drückte, wollte er es erst gar nicht annehmen, dann aber wollte er mir absolut einen Kuss geben, so dass ich schleunigst mich aus dem Staube machte. Noch lange stand die seltsame Gestalt da, die zitternde Hand auf einen Birkenknüppel gestützt, mit der anderen beschattete er die Augen und sah uns unverwandt nach. Ich bin überzeugt, diese Nacht hat er kein Auge geschlossen und sich über den Fremdling sein armes Gehirn zermartert.

Auf dem Heimritt blieben wir, solange es möglich war, auf dem Bergrücken, bis er in die Ebene ausläuft. Diese Strecke war weit schöner als der Hinweg, kann aber nur schwindelfreien Leuten empfohlen werden. Das Birkengebüsch reicht fast bis an unser Quartier *Norðtunga*, und auch das Tal hat auf dieser Seite weniger Geröll, so dass man ganz gut Galopp anschlagen kann.

In *Örnólfsdalr* wohnte der reiche, ehrenhafte und beliebte *Blundketill* (Ketill „Schlaf", d. h. der Schläfrige), „etwas weiter oben als heute das Gehöft steht; es gab damals noch manche Höfe oberhalb"; sein Sohn hiess *Hersteinn*. In *Norðtunga* wohnte der Gode *Arngrímr* mit seinem Sohne *Helgi*. *Þórir*, der durch seinen Handel mit Hühnern den Beinamen Hühner-*Þórir* bekommen hatte, kaufte sich nicht weit von *Arngrímr* ein Grundstück und wirtschaftete so, dass er ein reicher Mann wurde und fast bei jedermann grosse Summen stehen hatte. Aber er war doch sehr unbeliebt, und es gab auch kaum einen unangenehmeren Menschen als ihn. Der Emporkömmling suchte äusserlich seine Stellung dadurch zu befestigen, dass er den Sohn des Goden bei sich erzog: „zum Entgelt will ich deine Freundschaft haben und deinen Schutz, damit ich nicht verkürzt werde von den Leuten." Diese Pflegevaterschaft ward für *Arngrímr* und *Helgi* verhängnisvoll. In einem Missjahre, wo die

Heuernte sehr gering ausgefallen und der Winter je länger je härter war, wollte der edle *Blundketill,* um seinen Pächtern weiter zu helfen — er hatte schon 40 Pferde schlachten lassen und das für sie bestimmte Futter andern abgelassen — Heu bei *Þórir* kaufen, der noch reichlich Vorrat hatte, selbst wenn er bis Mitte Juni im Stalle hätte füttern müssen; aber er wollte ihnen nichts verkaufen. Da nahm *Blundketill* das Heu mit Gewalt, aber nicht für sich, sondern für seine Pächter, aber hinterliess soviel Geld, wie das Heu wert war. *Þórir* suchte nun bei *Arngrimr* Hilfe, die daraus entstandenen Streitigkeiten endeten mit *Blundketills* Einbrennung, nachdem *Arngrimr* junger Sohn unter tragischen Umständen sein Leben dabei verloren hatte: *Þóris* ritt in der Nacht die Berghalde hinauf, schleppte einen Holzstoss vor *Örnólfsdalr* und setzte ihn in Brand. Nur eine Vorratskammer, die von den Wohngebäuden getrennt stand, ward vom Feuer verschont, jedes lebende Wesen war in den Flammen erstickt. *Arngrimr* und Hühner-*Þórir* wurden wegen Mord vor das Gericht in *Þingnes* geladen, letzterer verschwand plötzlich aus der Gegend, aber ein übermächtiger Freund von ihm setzte den heranziehenden Klägern offenen Widerstand entgegen, so dass sie die Thingstätte nicht erreichen konnten. Am Althing musste abermals gekämpft werden, bis es zu einer gerichtlichen Entscheidung kam, und auf beiden Seiten fiel eine Reihe von Leuten, ehe das Recht seinen Lauf fand. Hühner-*Þórir* aber war schon von *Blunketills* Sohn *Hersteinn* bei *Örnólfsdalr* getötet worden, da wo sich der Pfad im Zickzack zum Walde hinaufzieht; auf beiden Seiten ist Birkengebüsch (man beachte die genaue Ortsangabe!). Auf dem Althing stellte der Kläger — und damit erlangt der Privatzwist, der sich schon zu der Fehde eines ganzen Bezirkes erweitert hatte, eine grosse politische Bedeutung — der Landesgemeinde in eindringlichen Worten vor, welche Schwierigkeiten die Verfolgung des klarsten Rechtes nach der dermaligen Verfassung böte, und wie notwendig deshalb eine Abhilfe wäre. Man beschloss sofort seinem Antrage entsprechend eine Regelung der Bezirksverfassung, um das drückende Übergewicht zu brechen, das bisher dem Herrn jeder einzelnen Thingstätte allen Angehörigen fremder Tempelgemeinden gegenüber zugekommen war. Island wurde in vier Viertel geteilt, und in jedem Viertel wurden drei Thingstätten bestimmt, nur im Viertel des Nordlandes waren es vier Thinge, in jedem der 13 Thingverbände sollte zweimal im Jahre, im Frühling und im Herbst, eine Thingversammlung abgehalten werden. *Arngrimr* wurde mit voller Acht, d. h. lebenslänglicher Landesverweisung, geächtet. Zwischen den streitenden Familien kam es schliesslich doch zu einer Aussöhnung.

In *Nordtunga* zeigte mir der Sohn des Bauern in der nordwestlichen Ecke der Hauswiese einige runde Ruinen als Reste des Tempels, dem einst *Arngrimr* vorgestanden habe; doch ist das eine ganz unbewiesene Annahme und wohl nur ein aus seinem Namen „der Gode" gezogener Schluss. Wertvoller sind drei Runensteine, aus sogenanntem *Baulit* gehauen, d. h. aus dem Gestein des Berges *Baula*[1]).

Interessant ist die Lebensgeschichte des Bauern. Er war ein ganz armer Buchbinder in *Reykjavík* gewesen, dazu schwindsüchtig; der Arzt hatte ihm geraten, wenn er sein Leben erhalten und verlängern wolle, aufs Land zu gehen. Zufällig erfuhr er, dass ein reicher Engländer einen guten Platz zum Angeln von Lachsen suchte; einige Freunde halfen ihm, er kaufte *Nordtunga* und verpachtete die Fischerei in der Ache an den Sportsmann für jährlich 1800 Kr.,

---

[1]) Kålund, Aarb. 1882, S. 108, 124; *Björn M. Ólsen, Árbók hins isl. Fornleifafjelags* 1899, S. 21, 22.

bedang sich aber aus, dass nur besonders grosse Exemplare gefangen werden dürften, und die kleineren wieder zurück ins Wasser geworfen werden müssten. Der Bauer ist jetzt völlig gesund und hat trotz seines Alters noch kleine Kinder.

7. Juli. Die Sonne meinte es fast zu gut; das Thermometer zeigte 28°. Als wir um 9 Uhr aufsattelten, stellte sich heraus, dass infolge der Hitze einige Pferde bereits Beulen hatten; wir beschlossen daher, wenn wir gute Aufnahme fänden, in *Borg* einen Rasttag einzuschieben. In den mehr als 6 Wochen, die die Landreise dauerte, habe ich nur 3 Rasttage gehalten, und den letzten eigentlich wider Willen infolge eines Sturzes an der *Hvítá*. Den Pferden ist das sehr gut bekommen, da sie immer gute Weide hatten, und die Tagesleistung einige Male nur in 4—6 Stunden bestand. Aber ich glaube, für mich ist es des Guten zu viel gewesen. Zu den körperlichen Anstrengungen kam die Aufnahme der vielen neuen Eindrücke, täglich neue Bilder, neue Menschen, denen man liebenswürdig Frage und Antwort stehen musste, und die man ausquetschen musste, das fortwährende Denken und Reden in einer fremden, sehr schwierigen Sprache und des Abends, wenn alles zur Ruhe ging, das Eintragen des Geschauten und Gelernten in das Tagebuch. Jedenfalls schiebe ich die furchtbare Abspannung nach Beendigung der Reise auf eine gewisse Überanstrengung.

Das Neue, das der heutige Tag bot, war eine politische Versammlung unter freiem Himmel. Die Landschaft *Mýrar* bot keine besonderen Reize, sie bildet mit dem Bezirk *Borgarfjördur* das westliche Tiefland, das sich, ein verkleinertes Abbild des südlichen Stromlandes, zwischen *Skardsheidi* und der Bergkette des *Snæfellsnes* erstreckt. Rund um diese Niederung befinden sich Vulkane und Kraterreihen in einem Halbkreis nebst Hunderten von warmen Quellen. Das Flachland besteht, wie schon der Name besagt (*Mýrar* = die Moore), zum grössten Teil aus feuchten Sümpfen, die schwer zu passieren sind; aus ihnen ragen viele eisgescheuerte Basaltrücken hervor, Überreste von der gesenkten Landplatte; auf ihnen befinden sich die meisten Ansiedelungen, oft von Birkengebüsch umgeben. Die Gegend zwischen *Hvítá* und *Nordurá* ist besonders fruchtbares Wiesenland, hier liegen ungewöhnlich viel Bauernhöfe, und grosse Rinderherden, Männlein und Weiblein fast stets ohne Hornschmuck, weiden auf den weiten Flächen. Viele Karawanen begegneten uns von dem kleinen Hafenorte *Borgarnes* her, zwanzig Pferde und mehr zogen, wobei das Maul des einen immer an den Schwanz des nachfolgenden gebunden war, in langsamem Schritt, mit Brettern, Balken, Kisten, Fässern und grossen Bündeln scharfzackiger, getrockneter Dorschköpfe schwer beladen, an uns vorüber. Nachdem wir die breite, aber flache *Nordurá* (*Nordache*), den grössten Nebenfluss der *Hvítá*, passiert hatten, sahen wir bei dem Hof *Galtarholt* hunderte von Pferden grasen; immer neue Reiter kamen herangesprengt, eine Anhöhe hinter der Farm war ganz schwarz von Menschen. Es war ein wunderschönes, lebhaftes Bild; so muss es auch zur Zeit des Freistaates ausgesehen haben, wenn die Mannen zum Thing geritten kamen. Schnell trieben wir die Pferde von der Strasse weg auf die Wiese, nahmen den Packtieren die Sättel ab, und ritten auf *Galtarholt* zu.

Im Frühjahr 1908 hatte die dänisch-isländische Kommission den von ihr ausgearbeiteten Gesetzentwurf über die staatsrechtliche Stellung Islands im dänischen Königreiche der Öffentlichkeit vorgelegt[1]. Die Dänen hatten sich notgedrungen sehr nachgiebig gezeigt und Island eine weit freiere und selbständigere Stellung eingeräumt als bisher; ja die Kopenhagener Witzblätter spotteten, jetzt wäre man glücklich so weit, dass die Posten vor jedem Isländer präsentieren müssten, und dass jeder isländische Student freie Wohnung und Unterhalt im königlichen Schloss erhielte, und dass jeder isländische Fischer ohne weiteres zum Admiral ernannt würde. Trotzdem machte sich auf Island eine grosse Missstimmung bemerkbar, weil man erwartet hatte, dass der Entwurf die Möglichkeit der Schaffung einer **reinen Personalunion** vorsehen werde. Wohl hatte die Partei des isländischen Ministers *Hannes Hafstein* seit Jahren schon der radikalen Opposition gegenüber einen schweren Stand, aber der Besuch Königs Frederik VIII. und des dänischen Reichstages im Juli 1907 schien den Einfluss der äussersten Linken etwas zurückzudrängen. Im September 1908 sollten die Neuwahlen zum Althing stattfinden, beide Parteien machten die grössten Anstrengungen, eine ungeheure Erregung durchzitterte die ganze Insel. Der Minister war unaufhörlich unterwegs, bald war er in Osten, bald in Westen, in Norden und in Süden, dreimal bin ich ihm auf seinen Agitationsreisen begegnet. Jetzt war er also in *Galtarholt*, Anhänger und Gegner hatten sich in grosser Anzahl eingefunden. Eigentlich hatte ich nicht viel Lust zuzuhören, ich fürchtete, die Versammlung würde in gehässige, persönliche Schimpfereien ausarten; die isländischen Zeitungen, die ich daheim lese, waren fast alle auf einen rein persönlichen, boshaften Ton gestimmt gewesen; die einen hatten offen verkündet, dass sie den Minister stürzen wollten, die anderen hatten an den persönlichen Verhältnissen eines hochbegabten, aber allzu trinkfrohen Radikalen so lange herumgezerrt, bis er sein bescheidenes Amt verloren und seine Frau sich von ihm getrennt hatte. Aber ich war doch angenehm überrascht von der Geschicklichkeit und dem Anstand, mit dem die Debatte geführt wurde, nicht ein

---

[1] Betænkning afgiven af den dansk-islandske Kommission af 1907, Kopenhagen 1908 (auch in isl. Sprache erschienen); vgl. dazu den sehr verständigen Aufsatz von *Finnur Jónsson*, „Island og Danmark" in „Atlanten" Kopenhagen 1908.

beleidigendes Wort ist gefallen. Auf einer umgestürzten Karre stand der *Sýslumaður* (Bezirksamtmann), der die Versammlung leitete, neben ihm der Redner, der beim Sprechen den Hut abnahm. Der Dichter *Þorsteinn Erlingsson*, ein Arzt aus *Akureyri* und der Minister ergriffen das Wort; ruhig und sachlich floss ihre Rede, nur zuweilen von dem Beifallsgemurmel der Zuhörer unterbrochen. Die einen umstanden in dichtem Kreise die „Rednertribüne", die andern lagen im hellen warmen Sonnenschein auf der grünen Erde; Männer und Frauen, Burschen und Mädchen, Bauern und Knechte, Eheleute und Liebespaare waren einträchtig beieinander; hin und her flutete die Menge, im Bauernhause gab es Kaffee und Kuchen, natürlich gegen Entgelt, aber keine alkoholischen Getränke, Liebende verschwanden auf kurze Zeit und kehrten mit geröteten Wangen zurück. Es waren viele schöne Menschen da, intelligente Gesichter, mit blauen, blitzenden Augen, hohe Wikingergestalten, aber auch verhutzelte Bäuerlein und hexenartige Frauen mit ungepflegtem Zoddelhaar. Als ich eine schmucke *Stúlka* in kleidsamer isländischer Nationaltracht fragte, wer der schönste Mann hier wäre, antwortete sie ungesäumt: der Minister! und überall konnte ich finden, dass ihm die Herzen der Frauen und Jungfrauen entgegenschlugen; aber trotzdem nahm ich den Eindruck mit, dass er für eine verlorene Sache stritt.

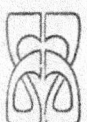

Drittes Kapitel.

Borg, der Wohnsitz des Skalden Egill.

Zu Ross! und reite nach Borg mit mir! Auf einer kleinen hölzernen Brücke wird der rechte Nebenfluss der *Norðurá*, die *Glúfurá* passiert, der Kluftfluss, wie ihn *Skallagrímr* nannte, weil er sah, wie er durch steile Klüfte sich seinen Weg zur *Norðurá* hinab bahnte *(Egilssaga* K. 28). Eine halbe Stunde später auf der Poststrasse kommt die *Gufá*, die Dampfache; ihre breite, tiefe und stromfreie Mündung *Gufárós* war früher ein Landungsplatz für Seeschiffe und eine Überwinterungsstation der zwischen Island und Norwegen verkehrenden Schiffe[1]); auch heute noch können zur Flutzeit Schiffe dort einlaufen. Bald darauf werden die beiden stattlichen Hauptgebäude mit den zwei Nebenbauten des Pfarrhofes *Borg* erreicht; über dem Haupteingang steht in grossen, weithin sichtbaren Buchstaben „*Borg*" und die Zahlen 979—1903. Staunend trete ich in die Vorhalle ein, die mit einem mächtigen Hirschgeweih geschmückt ist, nur zögernd setze ich die schweren Reiterstiefel in die Wohnstube rechts, in der ein mächtiges Büffet und ein richtiger Kachelofen stehen und behutsam nehme ich in dem schweren Plüschstuhl im Salon Platz, wo sogar ein Piano steht, und an der Decke ein Kronleuchter für Azetylenbeleuchtung schwebt. Aber meine Besorgnis, dass der offenbar wohlhabende Pfarrer den schlecht gekleideten Touristen fremd aufnähme oder gar von der Schwelle wiese, ist unbegründet. „Mit beiden Händen", wie der Isländer sagt, wurde ich willkommen geheissen, und *Síra Einar Friðgeirsson* und seine gütige Frau, die allerliebsten Mädchen und die stattlichen Jungen suchten um die Wette mir den Aufenthalt behaglich zu machen. Ich fühlte mich im Nu wie zu Hause; ehe ich noch darum gebeten hatte, war schon ausgemacht, dass ich den nächsten Tag hier ruhen

---

[1]) Z. B. *Gunnlaugs S.* K. 2, 5; *Laxd. S.* 12, 40; *Bjarnar S. Hítd.* K. 2, 3; F.M.S. I, K. 142, II, K. 159; Kålund I, S. 372.

sollte; nach dem Abendbrot wurde bis in den Morgen hinein musiziert, geplaudert, geraucht und Toddy getrunken.

Und ganz wundervoll schlief ich in dem weichen Daunenbett, in dem Se. Exzellenz der *Rádherra Hannes Hafstein* die Nacht vorher geruht hatte. Dass mir noch auf meiner Reise ein Königsbett angeboten werden würde, ahnte ich damals noch nicht.

8. Juli. Der Rasttag wurde ein richtiger Masttag. Alle überboten sich in aufopfernder Liebenswürdigkeit. Den ganzen Tag gab es Gebratenes und Gebrutzeltes, die Milchkanne wurde überhaupt nicht leer und geleitete mich vom Aufstehen bis zum Zubettegehen. Aber auch an Bier fehlte es nicht, und gern nahm ich den guten Gerstensaft an, wusste ich doch, dass er auf Wochen der letzte war. *Sira Einar* ist ein ebenso praktischer Landwirt wie vielseitig gebildeter Geistlicher. Seine Studierstube, mit den Bildnissen von Luther und Melanchthon geschmückt, wies an deutschen Büchern u. a. den kleinen Brockhaus auf, 14 Bände der Bibliothek der Unterhaltung und des Wissens, von Gerok: Episteln, Aus ernster Zeit, Brosamen, Evangelische Predigten. Er ist ein bedeutender Ornithologe und Sammler von Eiern; Vogelbälge und Eier schickt er zum grössten Teil nach Deutschland, doch klagt er sehr über die niedrigen Preise, die ihm dafür gezahlt werden. Aber er ist vor allen Dingen in der Sagawelt und Altertumskunde seiner Heimat bewandert und leistete mir damit wertvolle Dienste.

Denn es ist bedeutsamer geschichtlicher Boden, wo wir uns befinden, merkwürdig schon darum, weil es der einzige Platz ist, den ein Toter (*Kveldúlfrs* Sarg) genommen hat. Hier wohnte das berühmte Geschlecht der *Mýramann* (Moorleute), *Skallagrímr*, *Egill*, *Þorsteinn*, dessen Tochter die schöne *Helga* war, mit der zusammen eine Zeitlang der *Skalde Gunnlaugr* (Schlangenzunge) aufgezogen wurde, u. a. Ein Zug ist dem ganzen Geschlechte gemeinsam: die vollkommene Gleichgültigkeit gegen den Staat als solchen, gegen das politische Gemeinsame und die damit zusammenhängenden Obliegenheiten und Verpflichtungen; die Mitglieder des Geschlechts bekümmern sich um nichts, als um sich selbst und ihre Familie, in der sie ganz aufgehen. Die Vorliebe für ein unabhängiges Leben im Schosse der Familie scheint in diesem Geschlechte so stark entwickelt, dass daneben ein Interesse für die kommunalen und politischen Angelegenheiten nicht aufkommen konnte. Dieser Geschlechtscharakter zeigt sich teils als stürmische Leidenschaftlichkeit, wenn Rechte und Ansprüche der Familie durchgesetzt oder verteidigt werden sollen, teils als ein Hang zur Müssigkeit und zu zurückgezogenem Leben, als Besonnenheit und vornehme Zurückhaltung, mit der jedoch ein zähes Festhalten an dem für recht Erkannten verbunden ist. Die einzelnen Personen sind feste abgeschlossene Charaktere aus einem Guss: es gibt kein Schwanken bei ihnen, nur ein Entweder—Oder, nichts Drittes, keinen Mittelweg[1]).

Die Saga, die uns von diesem Geschlechte erzählt, ist die *Egilssaga Skallagrimssonar*, ein Meisterwerk der isländischen Erzählungs- und Charakterisierungskunst. Feinsinnig hat man darauf hingewiesen, wie die Gedanken der Saga, ihre psychologische Kunst, ihr tragischer Humor, ihre Richtung auf Wahrhaftigkeit, vor allem die Idee der Vererbung, in Björnson und Ibsen, auch wohl in Shakespeare, aufleben[2]): die breitgesponnene Vorgeschichte gibt den Charakter des Helden *Egill* schon in dem seines Vaters und Grossvaters, alles Psychologische entwickelt sich wie mit Naturgewalt. Deutlich geht von der altisländischen Dichtung hier die Verbindungslinie zu der Bauernnovelle Björnsons, zu dem tragischen Hintergrund der „Gespenster", und wohl mag man auch an Shakespeares Königsdramen denken, vor allem an den inneren Zusammenhang von Heinrich dem Sechsten und Richard dem Dritten. Und wie wir in Ibsens Schicksalsdramen die Übereinstimmung mit der Auffassung der Saga von Menschen und Schicksal verspüren, so besteht auch ein ganz deutlicher Zusammenhang zwischen den Frauengestalten der Dramen von Ibsen und Björnson und denen der isländischen Saga[3]). Völlig modern, unsere heutigen Gedanken von der Vererbungstheorie vorwegnehmend, klingt der Schluss der Saga (K. 87):

Von *Þorsteinn Egilsson* stammt ein zahlreiches Geschlecht ab, viele mächtige Männer und Skalden: es ist das Geschlecht der „Moorleute", zu dem alle die gehören, deren Stammvater *Skallagrimr* ist. Lange erhielt es sich in diesem Geschlechte, dass die Männer stark waren, gewaltige Kämpen, einige aber verständig und weise. Auch grosse Verschiedenheiten gab es; denn diesem Geschlechte gehörten einerseits Männer an, die für die allerschönsten auf Island galten, darunter *Egils* Sohn *Þorsteinn*, *Kjartan Ólafsson* (*Þorsteinns* Schwestersohn) und die schöne *Helga*; anderseits gab es auch sehr viele überaus hässliche Männer in diesem Geschlechte.

Überblicken wir die überreiche Fülle und kunstvoll verwobene Macht der Gedanken, den meisterhaften Aufbau und die vollendete Zeichnung der Charaktere in der Saga, den warmen Anteil, mit dem die Glieder des Geschlechtes dargestellt sind, die bis ins einzelnste genaue Schilderung des Schauplatzes, so muss ein einzelner Mann ihr Verfasser sein und einer, der selbst in den „Mooren" gewohnt und gelebt hat; denn er kennt jeden Hof, jeden Pfad, jeden Fluss, die Bucht mit allen ihren Strömungen und Brandungen, ja fast jeden Stein dieser Landschaft. Welcher *Mýramann* mag wohl ihr Verfasser sein? Welcher Geist war gross genug, aus den Gedichten des *Skalden Egill*, in denen er seinen Hass und Kummer, seine

---

[1]) *Finnur Jónsson*, Egils saga Skallagrimssonar (ASB III, § 17, 18, 34).
[2]) Arthur Bonus, Isländerbuch III, S. 26, 27, 53, 118—121.
[3]) Al. Bugge-Hungerland, Die Wikinger, S. 40, 82; mein Island II, S. 55.

Menschenfeindschaft, sein Misstrauen, seinen Trotz gegen Menschen und Götter, seine jubelnde Jugend und sein wankendes Alter ausgedrückt hat, aus der *Saga* von *Skallagrímrs* Geschlecht, die den Kampf des Grossbauern und Wiking gegen das norwegische Königsgeschlecht geschildert haben muss, endlich aus den kleinen zerstreuten Anekdoten und Geschichten und aus der lichtscheuen Volkssage alle die einzelnen Züge zusammenzuschweissen und einen einheitlichen abgerundeten Charakter daraus zu schaffen, der alles in sich vereinigt, den idealisierten Grossbauern, den ritterlichen Helden, den wunderlichen greisen Geizhals der Anekdoten und den riesenhaften, harten und hässlichen Kämpen der Volkssage, den Sohn des Wolfshäuters *Kveldúlfr*?[1] Kennen wir auch hier nicht, wie fast bei allen isländischen Sagas, den genialen Dichter, der uns den kraftvollen, aber wunderlichen und einsamen Gang dieser Heldengestalt durch das Leben in höchster realistischer Darstellungskunst und feinster ahnungsvoller Seelenschilderung vorgeführt hat, so dass, vielleicht von ihm selber nicht gewusst und nicht gewollt, dem Leser alter und neuer Zeiten die ethische Ahnung aufdämmert, dass *Egills* Missgeschick mit dem Harten und Unfreundlichen in seinem eigenen Ich zusammenhängt, dass auch in seiner Brust seines Schicksals Sterne waren? Man denkt unwillkürlich an *Snorri Sturluson*, der ja von *Egill* abstammte, eine Zeitlang, von 1202—1207, in *Borg*, dem Stammsitze seines Geschlechtes, wohnte, und dessen Gebiet im *Borgarfjördr* ungefähr mit dem übereinstimmte, das die Saga dem *Skallagrímr* zuschreibt. Seit seinem Fortgang erlosch auch *Borgs* alte Herrlichkeit. Vergleicht man *Snorris* grosses Geschichtswerk, die *Heimskringla*, mit der *Egilssaga*, so finden sich verschiedene, zum Teil schlagende, Parallelen, besonders die Übereinstimmung in den Hauptzügen der Zeitrechnung, in beiden das Interesse für Skaldenverse als geschichtliche Quelle und für die Verhältnisse der Vorzeit, die Ähnlichkeit der Komposition, der Darstellungsform in den Hauptsachen wie in den Einzelheiten, die genaue Kenntnis der norwegischen Geschichte im 9. und 10. Jahrhundert; auch in der *Heimskringla* verleugnet sich die Vorliebe *Snorris* für das Geschlecht der Moorleute nicht, für ihre praktische Tüchtigkeit und ihren Sinn für Landwirtschaft. Wichtige innere Gründe sprechen also dafür, dass *Snorri*, der *Mýramann*, gerade unter dem frischen Eindruck der Tradition der Gegend während seines Aufenthaltes in *Borg* auch die Geschichte seines Geschlechtes, die *Egilssaga*, verfasst hat; dagegen könnte höchstens sprechen, dass *Snorri* noch zu jung war, etwa 28 Jahre alt, um ein solches Meisterwerk zu schaffen. Aber war nicht Sophokles ebenso alt, als er den Äschylus besiegte? Schrieb nicht Mendelssohn sogar mit 17 Jahren

---

[1] Vgl. Olrik-Ranisch, Nordisches Geistesleben, 1908, S. 118—122, 135—139.

seine beste Musik, die Ouverture zum Sommernachtstraum? Und dass wir eine Jugendarbeit vor uns haben, zeigt der Umstand, dass *Snorri* noch nicht die Meisterschaft in der Benutzung der Skaldenverse als historische Quelle erreicht hat, die er später in seiner *Heimskringla* offenbart; der Inhalt einiger Verse steht sogar in auffallendem Gegensatze zu der prosaischen Darstellung. Nach wiederholter, sorgfältiger Prüfung bin ich wenigstens zu der Überzeugung gekommen, dass die vorgetragene Ansicht *Olsens* richtig ist[1]).

Ohne Übertreibung kann man sagen, dass das Geschlecht der „Moorleute" in *Snorri Sturluson* einen Historiker hervorgebracht hat, der, seiner eigenen Zeit weit voraus, den Geschichtsforschern der Neuzeit zur Seite gestellt werden kann, und der in der dramatischen Auffassung der Geschichtsdarstellung selbst über *Thukydides* steht, dem er am nächsten kommt (Mogk, Geschichte der norwegisch-isländischen Literatur), und dass aus demselben Geschlechte der Dichter stammt, *Egill Skallagrimson*, der nicht nur unter allen Isländern die reichste Begabung besass, sondern der zum ersten Male innerhalb der germanischen Welt das innere Erlebnis höher stellte als die äussere Tat, der Gelegenheitsgedichte, „Bruchstücke einer grossen Konfession", ganz im Sinne Goethes gesungen hat. „Zum ersten Male bricht die Lyrik mit ganzer Kraft hervor; neu ist die Stärke der Empfindung, die ihn zwingt, von seinem Innern zu dichten, neu ist auch die Eigenart seines Innern, die niederdrückende und lähmende todesmatte Stimmung, die mit dem Bewusstsein von der Stärke des eigenen Ichs wechselt" (Olrik, S. 122). Schon sein Ahnherr *Kveldúlfr* hatte in einer Strophe den Tod seines Lieblingssohnes beklagt, von *Skallagrímr* sind mehrere Gelegenheitsgedichte überliefert, darunter das folgende, wohl der erste auf Island gedichtete Vers, ein Zunftliedchen (K. 30):

---

[1]) Aarb. 1904, S. 167—247, bes. S. 197–233; dagegen *Finnur Jónsson* in *Skírnir*, 1905, S. 274—278; dafür Kålund, Palæografisk Atlas, oldn.-isl. Afd. VI; *Björn M. Olsen* ebenfalls in *Skírnir*, 1905, S. 363–368. — Ohne auf die Frage, ob und inwieweit *Snorri* für die Abfassung der Saga in Betracht käme, näher einzugehen, kommt H. W. Vogt in Görlitz auf anderen Wegen zu demselben Ergebnis; „die Auffassung, durch Geschlechter hindurch werden die Geschicke von Menschen durch lange zurückliegende Taten und in alter Weise neu erstehende Charakter notwendig bedingt, kann nur von einem sehr hochstehenden Geiste konzipiert, durch scharfes Denken im einzelnen durchgeführt und von einem Schriftsteller im eigentlichen Sinne dargestellt worden sein" (S. 62). „Ich bin der Ansicht, dass der Verfasser der *Egilssaga* ein ungleichmässig arbeitender Schriftsteller gewesen ist. Ist seine Persönlichkeit oder nur sein Werk nicht völlig ausgereift?" (S. 64). Vogt, Zur Komposition der *Egilssaga*. Programm, Görlitz 1909.

Neue Gesichtspunkte eröffnet der Aufsatz von Gustav Neckel „Die altisländische Saga" in „Mitteilungen der Schlesischen Gesellschaft für Volkskunde" (Breslau 1909, Heft 21). Neckel scheidet zwischen Geschichte, Tradition und literarischer Erfindung.

Vor Tage muss der Schmied aufstehen,
Soll Geld in seinen Beutel gehen.
Die Blasebälge rufen sich
Den Wind, des Feuers Bruder her,
Dann saust sein Hammer fürchterlich
Aufs rote, glüh'nde Eisen schwer.
Nach Luft die Bälge schnappend blasen
Wie Wölfe, die nach Beute rasen.

Aber erst durch *Egill* nahm die skaldische Kunst von *Borg*, dem Stammsitze des Geschlechtes aus, ihren Siegeszug über die ganze Insel und erhielt sich hier unter den freien Isländern länger als im Mutterlande Norwegen. Gerade um den *Borgarfjördur* fand sie ihre Heimstätte, aber alle übertraf *Egill*, der bäuerliche Wiking mit dem dunklen Haar und den schwarzen Augen, dem eckigen, wolfsgrauen Haupt und dem hässlichen Antlitz, diese seltsame Mischung von Gut und Böse, von Hochsinn und engherziger Kargheit, voll breiten, volkstümlichen Humors, aber zugleich tief und ernst über das Leben nachgrübelnd und sich seine eigene Weltanschauung erkämpfend, wie Prometheus die Faust in ohnmächtigem Grolle gegen die Götter erhebend, aber doch auch in dem höchsten Schmerze den Trost findend: Mir gab ein Gott zu sagen, was ich leide. Darum ist er noch heute der Nationalheld der Isländer, mag vielleicht auch *Grettir* der Starke volkstümlicher sein, dieser kühne, aber vom Unglück verfolgte Held, der lebenslang friedlos und flüchtig umherirrte, ein Abbild der Isländer in ihrer traurigsten Zeit. Nur ungern verzichte ich darauf, Proben aus der Saga von *Egill* und von seiner Kunst zu geben, und schmerzlich empfinde ich es, dass seine Geschichte noch nicht ins Deutsche übertragen ist[1]).

An *Egill* selbst erinnert nichts mehr in *Borg*; das kommt zum Teil wohl daher, dass er nicht hier begraben liegt. Oberhalb des Gehöftes liegt die Anhöhe *(borg)*, von der das Gehöft seinen Namen erhielt; hierhin begab sich *Egills* Sohn, wenn er die Gegend überschauen wollte, oder wenn jemand wichtige Dinge mit ihm verhandeln wollte. Steigen wir bei Sonnenuntergang auf die Höhe hinauf, so sehen wir nach Norden über weitem, im Winde wogendem Grasland eine lange Reihe von Gipfeln, vom *Eiriksjökull*, zu dessen Silberscheitel die Hügelwelt andächtig aufblickt, und von der *Baula* an, die ein wenig an das Matterhorn erinnert, bis zum Firnkleid des *Snæfellsjökull*, mehr als 50 Meilen über der Bucht fort. Nach Süden, zum Greifen nahe, ragen das *Hafnarfjall*, der jähe, steile, formenschöne Gebirgsstock zwischen dem Fjord der *Laxá* und dem *Skorradalsvatn*, und *Skardsheidi*, die Hochebene zwischen *Borgar-*

---

[1]) Eine freie verkürzte Nacherzählung gab Khull, Graz 1888; Bruchstücke in Bonus, Isländerbuch I, S. 3—77; zwei Gedichte bei Kahle, Ein Sommer auf Island, S. 144—152.

fjördur und *Hvalfjördur*, deren Nordwand noch im Juli mit Schnee bedeckt ist, über der blauen Bucht und dem felsigen *Borgarnes* empor (Titelbild). Zu unseren Füssen, in seinen weichen, grünen Wiesen am Ende der kleinen Bucht *Borgarvogur*, liegt der Hof selbst, westlich davon der kleine Bach *Borgarlækur*, in den bei Flut Ruderboote einfahren können, und östlich vom Hauptgebäude die neue Kirche mit Turm und Wetterfahne; nur die Telegraphendrähte drohen uns die Stimmung zu zerstören, und zu *Egills* Zeiten war ganz gewiss hier weit mehr Wald.

Kveldúlfr und *Skallagrímr* hatten in persönlicher Fehde mit König Harald Haarschön im Jahre 878 Norwegen verlassen und waren mit zwei Schiffen nach Island gefahren; in jedem waren 30 Mann. *Kveldúlfr* steuerte das eine Schiff, und *Grímr* war Anführer. Als sie weit in der See waren, wurde *Kveldúlfr* krank. Als er sich dem Tode nahe fühlte, berief er seine Schiffsgenossen zu sich und sprach: „Wenn ich sterbe, so macht mir einen Sarg und werft mich über Bord; es müsste ganz anders gehen, als ich mir gedacht habe, wenn ich nicht nach Island kommen und dort Land nehmen sollte. Grüsst meinen Sohn *Skallagrímr*, wenn ihr ihn trefft, und sagt ihm, er solle seinen Wohnsitz möglichst nahe an dem Orte nehmen, wo der Sarg ans Land kommt." *Kveldúlfr* starb und ward über Bord geworfen. Das Schiff, dessen Führung *Grímr* übernommen hatte, landete in der Mündung der *Gufá*. Als die Schiffsgenossen hierauf das Land untersuchten, fanden sie nicht weit von dem Schiffe den Sarg des *Kveldúlfr* in einer Bucht. Sie trugen ihn auf die Landzunge, die sich dort befand, und bedeckten ihn mit Steinen. *Skallagrímr* landete am *Knarrarnes* (Vorgebirge in der *Mýrasýsla*, westlich von der Insel *Hjörtsey*). Er erforschte das Land und fand daselbst grosse Moore und weite Wälder zwischen Gebirge und Strand. Als sie landeinwärts den Fjord entlang gingen, kamen sie zu einer Landzunge, wo sie Schwäne (*álptir*) fanden. Deshalb nannten sie den Ort *Álptanes*. Bevor sie die Landzunge verliessen, traten sie *Grímr*. Dieser sagte dem *Skallagrímr* alles, was ihm *Kveldúlfr* aufgetragen hatte. *Skallagrímr* ging fort, um zu sehen, wo der Sarg ans Land getrieben war: er sagte sich, dass nicht weit davon ein guter Wohnsitz sein würde. Er war während des Winters dort, wo er gelandet war, und erforschte die ganze Gegend. Er nahm Land vom *Selalón* landeinwärts (Bucht der Seehunde) bis zum Lavafelde, das dem Vulkan *Eldborg* seine Entstehung verdankt, und südwärts bis zu den *Hafnarfjöll*: die ganze Landschaft, so weit, wie sie durch die zum Meere fliessenden Wasserläufe begrenzt wird. Er errichtete sein Gehöft bei der Bucht, wo der Sarg des *Kveldúlfr* ans Land gekommen war, und nannte es *Borg*, den Fjord nannte er *Borgarfjörðr*. *Skallagrímr* verteilte den Bezirk unter seine Schiffsgenossen, und es nahmen viele Männer Land mit seiner Erlaubnis (Lnd. I, K. 18, 19). Dem *Grímr* gab er die Heimstätte südlich vom *Borgarfjörðr*, wo nahebei die kleine südöstliche Spitze des Fjordes ins Land schnitt, in der sich viele Enten (*andir*) fanden, sie nannten sie davon *Andakil* (Entenbucht). Im nächsten Frühjahr erforschte er das ganze Gelände. Er ging zuerst längs des *Borgarfjörðr* aufwärts, bis dass der Fjord enge wurde, und dann ging er am westlichen Ufer eines Flusses aufwärts, den er *Hvitá* (Weissache) nannte, denn sie hatten noch niemals einen Fluss gesehen, der aus Gletschern gefallen kommt; seine weisslichgraue Farbe dünkte sie sehr seltsam. Sie zogen die *Hvitá* aufwärts bis zur *Nordrá* und *Gljufrá* und wieder zurück nach *Borg* (*Egilssaga*, K. 28).

Ein Spaziergang von kaum zwei Stunden soll uns mit der näheren Umgebung von *Borg* bekannt machen! Wir bleiben am *Borgarlækur*, der dicht an der Westseite des Gehöftes vorüber fliesst, und kommen östlich von seiner Mündung zu der kleinen Landzunge

Skipalangi, früher *Naustanes* geheissen. Hier hatte die Leiche *Skallagrímrs* eine Nacht über in einem schnell errichteten Zelte gestanden. Unerwartet war er gestorben; da der Tote nicht zu der Tür hinaus durfte, durch die die Lebenden ein- und ausgingen, hatte *Egill* ein Loch in die Wand an der südlichen Seite reissen lassen und die Leiche bis *Naustanes* getragen. In der Frühe aber legten sie ihn zur Flutzeit in ein Schiff und ruderten mit ihm hinaus bis *Digranes* (grosse Landzunge, sie begrenzt den *Borgarvogur* im Osten; heute *Borgarnes*). Hier liess *Egill* einen Grabhügel ganz vorn auf der Landspitze errichten; darin ward *Skallagrímr* bestattet und sein Ross, seine Waffen und seine Schmiedewerkzeuge mit ihm. Dass irgendwelche Schätze zu ihm gelegt wurden, wird nicht erwähnt (K. 58).

Wenn wir *Skallagrímrs* Grab hier besuchen wollen, empfiehlt es sich, unseren Schritt noch einmal zu wenden und lieber die staubige Strasse zu benutzen, denn am Bache wird es etwas sumpfig. Dabei kommen wir an der alten Hauswiese vorüber, die etwa 7 Minuten hinter dem heutigen *Tún* liegt; die alte Einzäunung ist noch deutlich zu sehen, ebenso die alten Buden; in einem Teile des *Túns*, *Bjarnartödur*, hatten *Björn* und *Þóra* den Winter 899 bei *Skallagrímr* verlebt (K. 33). Mitten auf *Borgarnes* liegt ein schmales Tal, *Skallagrímsdalur*, zum Teil bewachsen, zum Teil hat der Wind den schwarzen Sandboden blossgelegt. In ihm liegt ein grosser Steinhaufen *(dys)*, etwa 15 m im Durchschnitt, ein mächtiger Stein oben drauf trägt in Runenschrift den Namen „*Skallagrímr*", das ist das Grab von *Egills* Vater. Aber die Steine, die allerdings schon immer hier gewesen sind, sind erst von *Síra Einar* so kunst- und pietätvoll geordnet, und die Inschrift stammt von ihm selbst her (vom Jahre 1907). Gleichwohl besteht kaum ein Zweifel über die Echtheit dieses Grabhügels[1]. Allerdings hat man beim Ausgraben kein Skelett gefunden, aber das ist nicht entscheidend; denn die ersten Christen waren so pietätvoll, dass sie ihre Ahnen in geweihter Erde auf dem Friedhofe bestatteten[2], und es ist sehr wahrscheinlich, dass der Enkel *Þorsteinn*, der im Jahre 1000 in *Borg* eine Kirche baute, die Gebeine *Skallagrímrs* auf dem Kirchhofe beisetzen liess, wo er 1015 auch selbst beerdigt wurde. Vor allem aber wissen wir, dass die Toten gern ihr Eigentum übersehen wollten, das sie im Leben verwaltet hatten (vgl. *Hænsaþóris* S. K. 17; *Laxd.* K. 17, 24). Das passt ganz vorzüglich für diese Stätte; von seinem Grabe aus konnte der tote *Skallagrímr* nach hinten die „*Karldyrr*" seines Wohnhauses *Borg* erblicken, die Gesindetür, durch die die Burschen und Mägde zur Arbeit geschäftig ein- und ausgingen, und vor sich

---

[1] Kålund verhält sich freilich skeptisch, Aarb. 1882, S. 64, 65; seine Einwendungen suche ich oben zu widerlegen.
[2] Paul, Grundriss d. germ. Phil. III, 2. Aufl., S. 427.

hatte er die Bucht mit seinen Schiffen. Etwa 200 Schritt nach vorn, links, ist noch ein kleiner Hügel, der von aufgehäuften Steinen gebildet ist; fast scheint es so, wie wenn hier ein Langschiff beigesetzt sei.

Vor der äussersten Spitze von *Borgarnes* liegt eine kleine Insel *Brákarey*, von dem Kap durch eine Meerenge, das *Brákarsund*, getrennt. Eine Volkssage, die an ihrem Teile ebenfalls das gewaltige Geschlecht der „Moorleute" verherrlichen wollte und ihre Farben derber auftragen konnte, erzählt, wie der Kanal von einer Sklavin *Skallagrímrs* den Namen erhielt (K. 40).

Beim Ballspiel an der kleinen Einbuchtung *Sandvik* auf der östlichen Seite von *Borgarnes* erhielten einst der zwölfjährige *Egill* und der zwanzigjährige *Pórdr* ihren Platz dem *Skallagrímr* gegenüber. Dabei ermüdete der Vater, und seine beiden Gegner bekamen die Oberhand; aber nach Sonnenuntergang — vgl. auch den Namen *Kveldúlfr* „Abendwolf"! — begann es ihnen schlechter zu gehen. *Skallagrímr* wurde so stark, dass er den *Pórdr* aufhob und so hart niederwarf, dass er völlig gelähmt wurde, und er fand sogleich den Tod. Dann griff er nach *Egill*. *Porgerdr brák* hiess eine Magd, die den *Egill* in seiner Jugend erzogen hatte; sie war eine gewaltige Person, stark wie die Mannsleute, und sehr zauberkundig. Sie sprach: „Wirst Du, *Skallagrímr*, nun über Deinem Sohne wütend?" Da liess der den *Egill* los und griff nach ihr; sie flüchtete sich und rannte davon, aber *Skallagrímr* nach. So liefen sie bis über *Digranes* hinaus, da sprang sie vom Berge hinab in die See. *Skallagrímr* warf ihr einen grossen Stein nach, traf sie zwischen den Schultern und sie kam seitdem nicht mehr herauf; fortan nannte man es da das *Brákarsund*.

Auf dem Rückwege begegneten wir dem ältesten Sohne unseres liebenswürdigen Wirtes; er pflügte mit zwei Pferden und hob aus dem frisch aufgeworfenen Erdboden einige Hände voll empor: es waren deutliche Reste von alten dicken Bäumen, die jetzt natürlich verwest und zu Torf geworden waren. Die Natur muss hier zweimal eine Revolution durchgemacht haben, denn man fand in dieser Gegend zwei verschiedene Schichten von Torf.

Als letzte Sehenswürdigkeit bleibt noch die Kirche und der Kirchhof übrig. Nach geschichtlich glaubhaften Berichten wurde im Jahre 1002 *Kjartan Ólafsson*, der Held der *Laxdæla saga*, in *Borg* beigesetzt, und sein Grab wird hier noch heute auf dem Friedhof quer vor der Giebelwand des Chores gezeigt. Zweierlei ist an ihm auffällig: es hat die Richtung von Norden und Süden, und ist ungewöhnlich gross, 4—5 mal so gross, wie das gewöhnliche Grab. Richtig ist nun, dass die heidnischen Gräber und auch die der ersten christlichen Zeit von Norden nach Süden angelegt waren[1]), und zweitens wird die auffallende Grösse des Grabes erklärlich, wenn darin ein besonders beliebter Toter lag: jedes Geschlecht hielt es für seine Pflicht, das Grab in Ordnung zu halten; je längere Zeit seit seiner Bestattung verstrich, desto grösser wurde es, desto länger wurde es auch, so entstand seine heutige Grösse. Beides passt für

---

[1]) Weinhold, An. Leben, S. 497, Anm. 3.

den „Jung Siegfried" Islands, für *Kjartan* sehr wohl. Es liegt also kaum ein Grund vor, auch dieses letzte und einzige Grab eines Helden der Vorzeit als unecht zu verwerfen.

Noch vor einigen Jahren lag auf dem Grabe ein grosser Runenstein, eine dicke Liparitplatte (Baulit, s. o. S. 61), etwas kürzer als das ganze Grab, oder vielmehr fünf Bruchstücke eines Runensteines; heute schmückt den Hügel nur noch ein kleines 25 cm langes Stück, aber ohne Runen, die übrigen fünf sollten in der Kirche sein. Da *Sira Einar* verhindert ist, betrete ich die Kirche allein und freue mich über zwei alte schwere Messingleuchter und das Altarbild, ein Geschenk des englischen Malers Collingwood. Es stellt dar, wie Christus die Kinder segnet: der Heiland sitzt, links von ihm stehen zwei Mütter, mit Kindern im Arm, rechts vier Apostel; die Kinder halten, sehr sinnig, die unschuldige wilde Kamille, isländisch „*Baldursbrá* (Baldersbraue) in den Händen. Hinter der letzten Bank entdeckt mein suchendes Auge endlich die vier fehlenden Bruchstücke: ihre Breite ist etwa 13 cm, das grösste Stück ist ca. 1,04 m, das zweite, zu ihm gehörende, 24 cm, die drei übrigen zusammen 78 cm lang. Fast drei Stunden gebrauchte ich dazu, die schwer oder gar nicht lesbaren Runen durchzupausen, um sie zu Hause zu photographieren und in Ruhe entziffern zu können. Der leserliche Teil der Inschrift auf den beiden ersten Steinen sieht so aus:

HIER	HVILER	HALUR	HRANASON
Hier	liegt	Hal (Hall)	Sohn des Hrani.

Die drei anderen Bruchstücke scheinen zu einem ganz anderen Stein zu gehören. Ihre Inschrift ist nicht zu lesen noch zu deuten. Es steht also nicht da: „Hier liegt der Mann *(halr) Kjartan Ólafsson*" (etwa gar noch: bekam Streit, starb an der Wunde), sondern der Begrabene hiess *Hallr* und war der Sohn eines *Hrani* oder *Grani*, für *Kjartan* ist überhaupt kein Platz; *halr* kann nicht „ein Mann" sein, sondern muss ein Eigenname sein[1]).

In diesem Falle also hat die Tradition bestimmt unrecht, die Sage aber weiss, warum der Stein in viele Bruchstücke auseinander gebrochen ist:

Einem Bauern in *Borg* fehlten passende Steine für die Esse seiner Schmiede, da nahm er *Kjartans* Grabstein, schlug ihn entzwei und erbaute aus den Stücken seine Esse. In der folgenden Nacht träumte einer seiner Knechte, dass ihm ein hochgewachsener, kraftvoll aussehender Mann erscheine und ihm sagte: „Geh morgen früh

---

[1]) Eggert Olafsen, Reise durch Island, S. 255, 265 (deutsche Ausgabe S. 75, 136, 137); *Isl. Pjóðsögur* I, S. 234—237; Maurer, Isl. Volkssagen, S. 64—66; Lehmann-Filhés I, S. 106 ff.; Storm, Minder fra en Islandsfærd, 1874, S. 77—78.

zu deinem Bauern, er bedarf deiner." Beim Aufstehen beachtete der Knecht seinen Traum nicht weiter; als aber sein Herr, der in einer anderen Stube schlief, gar keine Anstalten machte, sich zu erheben, ging er doch zu ihm hin. „Höre," sagte der Bauer, „mir ist diese Nacht ein grosser, schöner Mann im Traume erschienen; er trug dunkle Kleider, aber sein Gesicht könnte ich nicht erkennen. Mir war, als sagte er zu mir: „Übel tatest du daran, dass du gestern meinen Stein nahmst und zerschlugst ihn. Er war das einzige Denkzeichen, das meinen Namen im Gedächtnisse erhielt; aber dieses Gedächtnis hast du mir nicht gegönnt, und das soll grausam an dir gerächt werden. Lege sogleich morgen früh die Stücke des Steines wieder auf mein Grab in derselben Reihenfolge, wie sie vorher waren. Dafür aber, dass du meinen Stein zerbrochen hast, sollst du zeitlebens lahm bleiben." Bei diesen Worten warf er ein Tuch über mich, da erwachte ich und hatte unerträgliche Schmerzen, und ich glaubte, die Gestalt des Mannes noch undeutlich zu sehen, als er die Treppe hinunterging. Es wird *Kjartan* gewesen sein. Nimm seinen Stein und lege die Stücke wieder auf sein Grab, so wie sie früher zusammengesessen haben!" Da verloren sich die unleidlichen Schmerzen des Bauern, aber seine volle Gesundheit erlangte er nie wieder, er war lahm und blieb lahm bis an sein Lebensende.

Viertes Kapitel.

Im Hítardalur. Islands Apollinaris.

9. Juli. Von *Borg* nach dem *Hítardalur*, meinem nächsten Reiseziele, konnte ich zwei Wege einschlagen, einmal auf der guten, neuen Poststrasse bleiben oder mich mehr östlich halten und am Fusse der *Vestri Skardsheidi* durch den *Hraundalur* in das Tal der *Hita* dringen. Letzterer Weg war ohne Zweifel interessanter und so gut wie gar nicht bekannt; aber er geht beständig über Sümpfe und Moore, man muss oft grosse Umwege einschlagen, um den gefährlichsten Stellen zu entgehen, und sich einen Lokalführer nehmen; zuweilen hat man über das Moor eine einen Meter breite Brücke gebaut, indem man Steine auf den Grund geworfen und darüber Reisig und Rasen gelegt hat; es soll ein eigentümliches, beängstigendes Gefühl sein, wenn man über diese schwankende Brücke reitet, und das Wasser unter den Hufen unheildrohend gluckst; kommt ein Tier vom Wege ab, ist es unrettbar verloren. Ich gab darum den eindringlichen Vorstellungen meines Wirtes nach und beschloss nicht vom Pfade der Vorsicht abzuweichen.

Die isländische Nationalfahne, ein silberner Falk auf blauem Felde, die bisher zu Ehren des fremden Gastes fröhlich geflattert hatte, wurde eingezogen, als ich Abschied nahm; aber *Síra Einar* gab mir noch über eine Stunde das Geleit. Zunächst ritten wir nach dem Gehöft *Langárfoss*, das unterhalb des breiten Wasserfalls der *Langaàe* liegt. Hier landete *Egills* Schwiegervater (K. 30, 4), und hier bewahrte er selbst sein Schiff auf, bis er es im Frühling wieder herrichtete und auftakelte (K. 56, 23); noch heute können Boote mit sechs und mehr Rudern den Fluss bis hierher hinauffahren. Den Bauernhof haben jetzt zwei Schotten, Verwandte des früheren englischen Kriegsministers C. B. gepachtet und liegen hier im Juni, Juli und August dem Lachsfang ob. Es waren liebenswürdige, feine Herren. Mit grösster Freundlichkeit nahmen sie uns auf, bewirteten uns mit englischem Bier, das in Gläsern kredenzt wurde, die mit dem Heidelberger Schloss bemalt waren, und boten mir sogar Lebensmittel und Getränke für die Weiterreise an. Sie hatten das ganze Haus nach ihrem Geschmack eingerichtet und liessen sich in keiner Weise etwas abgehen. Gross war unsere Überraschung, als wir uns auf der Heimfahrt auf dem „Sterling" wiederfanden.

Eine Menge kleinere, isolierte Spitzen, Knoten und Rücken liegen auf beiden Seiten des Weges, alle in gleicher Richtung in die Ebene geschleudert. Es sind Tuff- und Konglomeratbildungen, die entstanden sind, nachdem die Täler ausgehöhlt waren und ihre jetzige Gestalt erhalten hatten; Basalt ist auch hier die Unterlage. Deutlich kann man noch die Eisscheuerungen sehen. Wo die *Langá* aus dem *Langavatn* strömt, füllen mehrere Gebirgsknoten aus Breccie und Tuff das Tal, und zwischen ihnen befinden sich Krater, die einen Lavastrom in die bewohnte Gegend hinabgegossen haben[1]). Von der Adlerklippe *(Arnastapi)*, einem mächtigen Felsenklotz links vom Wege, hat man eine wundervolle Aussicht auf die im Halbkreise sich aneinander reihenden Berge, von *Skardsheidi* an über *Skjaldbreid*, *Geitlandsjökull*, *Ok*, *Baula* bis zum *Snæfellsjökull*, dessen Kraterspitzen in den folgenden Tagen immer klarer aus ihrem unendlichen Schneefeld aufragten, und dessen Fuss sich immer grösser und deutlicher vor uns aufbaute. Nachdem wir die *Álptá* (Schwanenfluss) überschritten hatten, hörte der Weg auf; eine Stunde hinter *Arnastapi* bogen wir von der Landstrasse ab und folgten einem ganz schmalen Fusswege über schwankenden Moorboden. Hier und da blickten kleinere Blöcke aus der grünen Flut hervor, winzige Seen schimmerten, und viele Bäche flossen träge und schwerfällig durch das Moor. Immer undeutlicher wurde die Küste, wo Fischerei und Vogelfang zwischen den zahllosen Schären und Holmen getrieben wird, die Insel *Hjörtsey* verschwand, die weit draussen der Mündung der *Álptá* vorgelagert ist, der Weg wurde grundlos; dann bekamen die Pferde festere Steine unter die Hufe, ein Lavafeld gab ihnen sicheren Halt, und bald war der Pfarrhof *Stadarhraun* erreicht (früher: *Stadr undir [í] Hrauni*).

Ich hätte es Pastor *Stefán Jónsson* nicht übelgenommen, wenn er mich gebeten hätte, anderswo einzukehren. Zimmerleute aus *Reykjavík* waren da und bauten sein Haus um. Er hatte aber schon vor 3 Tagen durch einen Teilnehmer an der Versammlung in *Galtarholt* erfahren, dass ich bei ihm übernachten wollte und schnell die gute Stube und das Fremdenzimmer in Stand gesetzt; die Familie selbst hauste in der Kirche. Es waren prächtige Leute, von rührender Güte. Weil *Síra Stefán* fürchtete, wir würden uns nicht verständigen können, hatte er sich hingesetzt und sich seine längst ver-

---

[1]) Thoroddsen, Andvari XVII, S. 50, 118.

gessenen deutschen Sprachkenntnisse wieder eingepaukt, die er sich vor vielen Jahren in *Reykjavik* erworben hatte; er hatte sich dabei nicht nur auf die notwendigsten Umgangs- und Höflichkeitsformeln beschränkt, sondern sich eine Masse Ausdrücke über Dinge eingebläut, von denen er annehmen musste, dass sie einen Fremden interessierten. Ja er hatte sogar eine Flasche Bier aufgetrieben; aber ich konnte es nicht übers Herz bringen, sie allein zu vertilgen und zog mein Lieblingsgetränk während der ganzen Landreise vor, die überall gleich köstliche Milch. Vorzüglich war auch das Trinkwasser hier, dem von *Pingvellir* nicht nachstehend und durch die Lava gereinigt und filtriert. Der Königsspiegel, zwischen 1230 und 1250 verfasst, erwähnt im *Hitardalur* eine besonders berühmte *Ölkelda* (Bierquelle, Sauerbrunnen): sie soll „ganz wie *Mungát*" (ein schlechteres Bier; Nach- oder Tischbier) geschmeckt und auch berauschend gewirkt haben, wenn man zuviel trank; wenn man über der Quelle ein Haus baute, verschwand sie daraus, kam aber ausserhalb wieder zum Vorscheine; wenn man etwas von dem Wasser in Gefässen mit sich nehmen wollte, verlor es seinen Geschmack sogleich und schmeckte nicht besser als gewöhnliches Wasser, oder vielmehr schlechter[1]). Diesen Sauerbrunnen kennt man jetzt nicht mehr, und er ist wahrscheinlich schon längst verschwunden, doch erwähnt *Eggert Olafsson*, dass sich in der Mitte des 18. Jahrhunderts zwei ganz unbedeutende kohlensäurehaltige Quellen im Tale befanden.

Eigene Kinder hatte der Pfarrer nicht, damit eine ganz auffallende Ausnahme unter seinen Amtsbrüdern bildend; diese haben, wie ich mit besonderem Behagen feststellte, durchschnittlich elf Kinder, und in den gemalten Nekrologen, die in alten Kirchen über die Geistlichen an den Wänden hängen, wird unter ihren Tugenden auch ihre Fruchtbarkeit aufgezählt, und den frommen Gemeindemitgliedern wird anheimgegeben, auch mit 20 und sogar 23 Kindern Island zu bevölkern. Als Lord Dufferin, der bekannte Diplomat und spätere Gouverneur von Kanada, im Jahre 1856 in *Reykjavik* gefeiert wurde, erwiderte er die ihm gebrachten Trinksprüche mit folgendem Toast, der ungeheueren Beifall weckte und noch heute fast geflügeltes Wort auf Island ist: „Amor regit palatium, castra, lucum. Dubito, sub quo capite vestram iucundam civitatem numerare debeam. Palatium? non Regem! Castra? non milites! Lucum? non ullam arborem habetis! Tamen Cupido vos dominat haud aliter quam alios, — et virginum Islandarum pulchritudo per omnes regiones cognita est. Bibamus salutem earum, et confusionem ad omnes bacularios: speramus quod eae carae et benedictae creaturae invenient tot maritos quot velint — quod geminos quotannis habeant, et quod earum filiae, maternum exemplum sequentes, gentem Islandicam

---

[1] Brenner, Speculum regale, München 1881, S. 27—35.

perpetuent in saecula saeculorum!" Da aber *Síra Stefán* und seine Frau sehr kinderlieb sind, haben sie fünf von ihrer Schwester aufgenommen, die mit zehn gesegnet ist, und erziehen sie wie ihre eigenen.

Da für den morgenden Tag zwei Aufgaben vorgesehen sind, nicht nur der Weiterritt bis *Pverá*, sondern auch ein Abstecher in den *Hítardalur*, ziehe ich mich zeitig zurück und lese im Bett zur Vorbereitung die Geschichte von *Björn Hítdœlakappi* in der handlichen *Reykjavíker* Ausgabe[1]. Diese *Bjarnarsaga* steht vielleicht künstlerisch nicht so hoch wie die *Egilssaga* und die Geschichte von *Gunnlaugr* Schlangenzunge, mit der sie die wichtigsten Motive (die Nebenbuhlerschaft zweier Dichter, die Verlobung der Heldin mit ihrem Geliebten kurz vor dessen Ausreise ins Ausland und ihre Verheiratung mit dessen Rivalen) gemeinsam hat, aber sie gibt ein gutes Bild des Schauplatzes und der geschilderten Zeiten, treffende Charakteristik der Personen und liest sich angenehm und interessant.

Der Held der Saga ist *Björn*, *Egills* Schwestersohn, er gehört zu den grossen Skalden des Geschlechtes der Moorleute. Er wurde im Jahre 989 geboren, in *Borg* erzogen (von 1001—1007) und verliebte sich in die schöne *Oddný*, Tochter des Bauern auf der Insel *Hjörtsey*; sie war das lieblichste Mädchen der ganzen Gegend und wurde „Licht der Insel" (*eykyndill*) genannt. Da er sein Glück im Auslande versuchen und eine Fahrt nach Norwegen unternehmen wollte, erhielt er von *Oddnýs* Vater das Versprechen, die Jungfrau solle als seine verlobte Braut drei Jahre auf ihn warten; käme er mit dem vierten nicht zurück, so solle sie heiraten, wen sie wolle. Am Hofe des Jarls *Eirikr* trifft er mit dem Skalden *Þórðr Kolbeinsson* zusammen, schliesst Freundschaft mit ihm und gibt ihm einen goldenen Ring für seine Braut mit. Als aber *Þórðr* nach Island zurückgekehrt ist (1009), liefert er zwar den Ring ab, fügt jedoch hinzu, *Björn* habe sie ihm abgetreten, falls er sterben oder nicht zurückkehren sollte. Am Ende des dritten Jahres bringen einige Kaufleute die Nachricht, *Björn* läge krank in Russland; *Þórðr* besticht sie heimtückisch zu der Lüge, *Björn* sei gestorben. Dann wirbt er um *Oddný*, und weil die Zeit vorüber ist, während der sie auf *Björn* hat warten sollen, vermählen sie ihre Verwandten mit *Þórðr*, der fünfzehn Jahre älter ist als sie.

Als *Björn* das erfährt, verliert er die Lust zur Rückkehr nach Island und schweift bald in Norwegen, bald in England umher. *Þórðr* aber sitzt daheim auf seinem Hofe, lebt glücklich mit *Oddný* und ist Vater von acht Kindern. Um die Erbschaft seines Oheims zu übernehmen, fährt er zu Olaf dem Heiligen nach Norwegen, trifft aber auf der Rückreise auf den *Brenneyjar* mit *Björn* zusammen (1016); dieser führt neun Kriegsschiffe an und nimmt ihm alles, was er hat; nur um König Olafs willen, den er selbst zu besuchen gedenkt, schont er grossmütig sein Leben. Der König aber versöhnt die beiden Gegner, und *Þórðr* begeht den unbegreiflichen Fehler, seinen Nebenbuhler zu sich nach *Hítarnes* einzuladen, um seine Gesinnung zu prüfen, obgleich *Oddný*, die ihm seine Arglist bitter vorwirft, es nicht wünscht.

Anfangs leben beide freundschaftlich miteinander. Eines Tages aber, als *Þórðr* mit *Oddný* in Zank gerät und sie schlägt, singt *Björn* ein Spottlied auf ihn, *Þórðr* wieder eins auf *Björn*, und so dichten sie Spottlieder gegeneinander, bis sie sich als Feinde trennen, gegen *Oddnýs* Willen, die *Björn* ihre Tochter als Entschädigung

---

[1] *Valdimar Ásmundarson* 1898; Kritische Ausgabe von Boer, Halle 1893. Vgl. Gering, *Eyrbyggja saga* 1897, S. XXIII; *Finnur Jónsson, Oldn. og oldisl. L. H.* I, S. 504—506, 573—574, II, S. 425—429.

für sie selbst zugedacht hat. Mehrere Male wird *Björn* von Meuchelmördern angefallen, die *Þórðr* gedungen hat, aber es gelingt seiner Tapferkeit, sie alle zu erlegen. *Þórðrs* feiges und tückisches Wesen bildet zu *Björns* furchtlosem, jähzornigem, aber grossmütigem Charakter einen wirkungsvollen Gegensatz; die tiefe Geringschätzung, mit der *Þórðr*, wie er wohl merkt, von seinem Gegner behandelt wird, ist der Haupthebel der Erzählung, und für all ihre kleinen Reibereien und Stänkereien ist doch nur ihre Liebe zu *Oddný* der tiefere Grund. Diese ist der Typus des treuen Weibes, das, auch nachdem man es zu einer nicht gewünschten Ehe getrieben hat, dem Jugendgeliebten die Liebe bis in den Tod bewahrt, und als er schliesslich durch die Ränke des Gatten gefallen ist, nur noch ein freudloses Dasein führt. Ihr stilles Leiden ist von tieferer Wirkung, als wenn sie persönlich in die Geschicke der Helden eingegriffen hätte.

Dramatisch wird die kleine Novelle mit der Einführung des *Þorsteinn Kuggason*. Diesen hat sich *Þórðr* zum Beistand gegen *Björn* eingeladen. Als er aber selbzwölft zur Weihnachtszeit vor *Björns* Hof *Hólmr* vorbeizieht, überfällt sie ein solches Unwetter, dass sie bei ihm einkehren müssen. Dieser nimmt sie anfangs schlecht auf, lässt ihnen kein Feuer machen, gibt ihnen keine trockene Kleider und trägt nur *Skyr* und Käse auf. Als das Wetter am nächsten Tage noch schlechter wird, stellt er ihnen anheim, entweder sogleich von dem Hofe zu gehen oder bis zum vierten Jultage bei ihm zu bleiben. *Þorsteinn* zieht das letztere vor und wird nun vortrefflich bewirtet, dann erklärt der Wirt, warum er ihn nicht sogleich gut aufgenommen habe; er wollte nicht, dass es hiesse, er habe ihn gelockt, sein Freund zu werden. So wird *Þorsteinn* aus einem Gegner *Björns* treuester Freund. Die Erbitterung steigt am höchsten, als *Björn*, der gern Friedlosen Hilfe leistet, einen Winter Besuch von *Grettir* hat (1021); drei Jahre bringt er in dem später nach ihm genannten *Grettisbæli* zu, bis *Björn* ihn im Sommer 1024 bittet, die Gegend zu verlassen. Bald darauf findet *Þórðr* Gelegenheit, mit 24 Mann *Björn* zu überfallen und zu töten (1024). *Oddný* aber grämt sich so sehr über *Björns* Tod, dass *Þórðr* seine Tat nachher oft bereut hat. *Þorsteinn* sammelt eine grössere Schar von *Björns* Verwandten und zwingt *Þórðr*, Wergeld zu zahlen; zwölf von den Mannen, die bei dem Überfalle beteiligt gewesen sind, müssen das Land verlassen.

10. Juli. *Staðarhraun* liegt südlich von dem den *Hítardalur* ausfüllenden Lavafelde und ist heute ein mässig grosser Pfarrhof. Eine ältere Urkunde legt der Kirche 16 Kühe, 10 Ochsen, 60 Hammel und 3 Pferde bei, eine spätere dagegen 12 Kühe, 60 Melkschafe, 60 Hammel und 2 Pferde, während sich ihr Grundbesitz in der Zwischenzeit sehr beträchtlich vergrössert hatte[1]). Schon um 8 Uhr standen 2 Pferde des Pastors bereit, um uns in den *Hítardalur* zu bringen; mein Führer blieb merkwürdigerweise zu Hause, obwohl er die Gegend nicht kannte, und er sonst keine Gelegenheit versäumte, seine Kenntnisse zu bereichern; er kam mir überhaupt auffallend niedergeschlagen und gedrückt vor, den Grund sollte ich erst am Nachmittage erfahren, als er seinem übervollen Herzen freiwillig Luft machte.

Der *Hítardalur* ist ein schmales Gebirgstal, im Westen begrenzt von dem kühnen dunklen *Fagraskógarfjall* (Schönwaldberg), aus dessen Wand der spitzgezackte Vorsprung *Grettisbæli* hervorragt, nach Osten und Norden von verschiedenen anderen Bergen, *Bæjarfell*,

---

[1]) Diplom. Isl. I, Nr. 26, S. 171; Nr. 67, S. 278.

Hróberg, *Valafell* und *Klifssandur*; mehrere Wasserläufe durchrieseln es, wie *Tálmi* (die Hindernisse bereitende Ache), *Grjótá* (Steinache) und *Híta* oder *Hítará*. Der Name des Hauptflusses selbst und des nach ihm benannten Tales ist nicht leicht zu erklären[1]). Die besten Handschriften haben die Form *Hitá* (heisse Ache), und diese gibt in der Tat zu der ein wenig nördlicher fliessenden *Kaldá* (kalte Ache) den richtigen Gegensatz, wie auch *Hítárdalr* und *Kaldárdalr* als Tal des warmen und des kalten Flusses unterschieden werden. Man hat aber schon früh aus dem *Hítárdalr* einen *Hítardalr* oder gar *Hýtardalr* gemacht und dementsprechend den Fluss *Hítará* oder *Hýtará* genannt. Erst nachdem diese Umwandlung der Lokalnamen erfolgt und damit deren ursprünglicher Sinn verdunkelt war, entlehnte man aus dem Ortsnamen den Namen einer Riesin *Hít* oder *Hýt*, nach der das Tal benannt sein sollte: „nur aus einer im Volksmunde verderbten Namensform ist diese letztere samt ihrem Namen entstanden" (Maurer). Der Name *Hít* bedeutet „Sack", aber es war Maurer nicht möglich, eine den Namen erklärende Sage aufzutreiben.

Jedenfalls bestand die Sage von der Riesin *Hít* bereits im 14. Jahrhundert; auch nach meinen Erkundigungen bedeutet der Name „einen Sack aus Fellen", den man sich über den Magen unter das wollene Wams legte und mit den Speisen anfüllte, die man übrig liess und nicht mehr verzehren konnte. Diese Erklärung passt auch für die bekannte Esslust der Riesen sehr wohl und wird auch durch den Julschmaus bei *Hít* und ein Hochzeitsgelage bestätigt (*Bárdar s. Sn.* K. 13, 15). Endlich wurde mir noch gesagt, dass *Hít* auch einen Menschen bezeichnet, der mehr als andere im Essen leistet (vgl. Zoëga, *Ísl.-ensk Ordabók*, S. 175: *hit* = glutton, vast belly).

Der *Hundahellir* (Hundehöhle) im *Bæjarfell*, in dem *Hít* gehaust haben soll, wird noch heute gezeigt; er soll, wie Henderson gehört hat (Island II, S. 27), mit einer weitläufigen Höhle in Verbindung stehen, die sich unter dem ganzen Wege westlich nach dem *Snæfellsjökull* erstreckt; oberhalb des Hofes *Hítardalur* zeigt man auch ihr Grab, *Hítargröf*. Auf dem alten Kirchhofe dieses Gehöftes, der jetzt als Hauswiese benutzt wird, fand ich zwei roh ausgemeisselte Köpfe; es müssen dieselben sein, die auch Maurer gesehen hat; früher waren sie an der Kirche angebracht und sollen die Talriesin *Hít* und *Bárdr*, den riesigen Schutzgeist der Gegend um den *Snæfellsjökull*, darstellen.

---

[1]) *Ísl. s.* 1843, S. 74 Anm.; Maurer, Isl. Volkssagen, S. 53; Germania, Bd. 26, S. 505—506; Kålund I, S. 387, Anm. 2, S. 392, Anm. 2; Gotzen, Über die *Bárdar s. Snæfellsáss*, Berlin 1903, S. 44. — *Síra Stefán* erzählte mir, dass sein Trinkwasser im Sommer wundervoll kühl wäre, im Winter leicht warm, auch das mag mit dem nie zufrierenden (d. h. heissen) Flusse zusammenhängen.

Wir lassen diesen wundervollen Schneeberg im Rücken, als wir uns in den Sattel schwingen, und reiten durch das Lavafeld in westlicher Richtung auf das 400 m hohe, nördlich vom Hofe *Vellir* gelegene *Fagraskógarfjall* zu, das nach Thoroddsen etwa 80, durchschnittlich 5 m dicke Basaltlagen enthält[1]). Am südwestlichen Ausläufer dieses Gebirgstockes ist eine eigentümlich geformte Spitze, das sogenannte *Grettisbæli*. Sein Fuss ist von der *Hita* bespült und untergraben, unter ihm, rechts vom Flusse, kann mit Mühe ein einziger Mann gehen; Lagen von Sand und gerolltem Schutt befinden sich unter der neuen Lava, die das Tal ausgefüllt hat. Sein oberster Teil ist stark verwittert und hat dadurch eine ganz absonderliche Gestalt erhalten; mehrere aufrechtstehende, einander kreuzende Rücken, wie Zacken und Türme aussehend, sind vermutlich dadurch entstanden, dass einzelne Stücke und Adern im Tuffe der Verwitterung gegenüber grössere Widerstandsfähigkeit gehabt haben. Vom Bergstock selbst ist das *Grettisbæli* durch eine tiefe Einsenkung getrennt und fällt nach Osten steil nach dem Flusse zu ab. Vom Wege aus können wir auf der Spitze der zackigen Pyramide eine kleine Öffnung durch einen Tufffelsen sehen, und in dieser Höhle soll der friedlose *Grettir* sich längere Zeit aufgehalten haben. *Björn* hatte sie ihm mit den Worten empfohlen: „Eine Höhle geht durch den Felsen an der nach Westen gekehrten Flusseite, ein Schlupfwinkel und Versteck, wenn man sich klug anstellt; das kann man von der Landstrasse sehen, die den Berg entlang führt. Zu ihrer Öffnung führt ein Sandhügel, der ist so steil, dass ihn kaum jemand erklimmen kann, wenn ein gewandter Mann von oben her Widerstand leistet (K. 58). Wie *Grettir* hier nicht überfallen werden konnte, so konnte er andererseits alle Reisenden im Auge halten, die die Strasse zogen, konnte seine Feinde angreifen oder plündern, wenn er in Not war, sowohl im Moorbezirke wie an der Küste. Die Höhle heisst darum *Grettisbæli* (*Grettirs* Zufluchtsort). Als er einmal vier Hammel geraubt hatte, wurde er von den Bauern verfolgt; da er merkte, dass er mit den Tieren allzu langsam vorwärts kam, verschränkte er je zwei und zwei mit den Hörnern ineinander, warf sie über die Achsel und lief mit dieser ebenso schweren wie unbequemen Last den steilen Berg hinauf so rasch, wie wenn er nichts trüge[2]).

In dieser Höhle erlebte *Grettir* zwei Abenteuer, die ich mir nicht versagen kann, wieder zu erzählen. Unser Ross hat uns inzwischen in den eigentlichen *Hitardalur* getragen, dessen Boden ganz mit Lava bedeckt ist, die wahrscheinlich von mehreren Kratern herrührt; sie ist an einigen Stellen mit etwas Birkengestrüpp be-

---

[1]) Bihang till K. svenska Vet.-Akad. Handlingar, Bd. 17, Afd. II. Nr. 2, 1891, S. 13; Andvari XVII, 52—53; Ymer X, S. 158.

[2]) K. 59; die mündliche Überlieferung verlegt diese Szene zwischen den *Skorradalur* und *Hvalfjördur*, Maurer, S. 223.

wachsen, sonst kahl und zerrissen. Etwas oberhalb von *Grettirs* Zufluchtsort, in der Nähe des *Kattarfoss*, eines Wasserfalles der *Hitá*, beträgt die Mächtigkeit des Lavastromes 20—30 m, die Lava hat hier eine wundervolle Säulenstruktur; der Fluss stürzt in einem einzigen Fall in den tiefen Kessel, den er ausgehöhlt hat. Kurz hinter *Stadarhraun* haben wir bereits *Grettisoddi* erreicht, wo mehrere Nebenflüsschen in die *Hitá* münden und eine schmale Landzunge bilden. Das erste Abenteuer ist:

Hier fand der Kampf *Grettirs* mit den Bauern des *Hitardalr* statt (K. 59). Diese, erbittert über manchen Verlust, der ihnen von *Grettir* zugefügt war, hatten einen regelrechten Angriff ersonnen. Ihre Schar sollte sich auf beiden Seiten der *Hitá* zusammenziehen und, getrennt, die Ufer aufwärts marschieren bis zum *Fagraskógarfjall*, hier sollten sich beide Haufen zum gemeinsamen Angriffe vereinigen. *Grettir* trieb gerade erbeutetes Schlachtvieh vor sich her und wollte den Fluss überschreiten, als der südliche Trupp auf ihn stiess; da er die Herde nicht preisgeben wollte, jagte er sie auf die Landzunge und verteidigte den engen Zugang zu ihr allein gegen die Übermacht. Zehn Bauern tötete er, fünf verwundete er schwer, unverletzt blieb niemand; da zogen sie sich zurück. Inzwischen langte die andere Abteilung an, die auf dem nördlichen Ufer des Flusses vorgedrungen war; als sie die Walstatt betrat, waren die anderen bereits abgezogen, *Grettir* aber stand kampfbereit am Zugange der Landzunge, „überaus müde, aber nur wenig ermüdet". Da gingen auch sie zurück. Aber der Sieg kam *Grettir* teuer zu stehen, er verlor dadurch die Unterstützung seines besten Freundes, *Björn*, verliess auf dessen Wunsch seine Höhle und begab sich in den öden *Pórisdalr*[1]).

Unterhalb von *Grettisoddi* liegen im Flussbett eine Menge Steine und Felsblöcke zerstreut, sie heissen *Grettisstettir* (*stett* = schwerer Stein) und sollen Reste des steinernen Deiches sein, den *Grettir* und *Björn* zusammen errichtet haben; „trotz Hochwasser, trotz Gefrieren des Flusses, trotz Eisgang, der Deich steht seitdem unverrückt fest" (K. 58, 8). Dass aber die Freunde zusammen die *Hita* hinaufgeschwommen seien, von ihrem Ausfluss aus dem *Hitarvatn* bis zu ihrer Mündung in den *Faxafjördur*, ist unmöglich, wie Kålund bemerkt; denn, abgesehen von ihrer Länge, bildet sie mehrere Wasserfälle (u. a. am Hof *Brúarfoss*, wo sie sich durch zwei grosse Basaltgänge Bahn brechen muss) und ist im Beginn viel zu seicht, auch nachher hat sie noch zu viele Untiefen.

Das zweite Abenteuer, das *Grettir* in seiner Höhle erlebte, ist weit spasshafter (K. 59):

Er hatte von *Björn* erfahren, dass sich *Gísli Porsteinsson* vermessen hatte, sich den auf seinen Kopf ausgesetzten Preis zu verdienen und dass er, wie auf einem Spazierritt, nur von Führern begleitet, am *Grettisbæli* vorbeireiten und ihn dann überfallen wollte. Er war daher auf seiner Hut. Eines Nachts war leichter Schnee gefallen, und als er, aus seiner Höhle heraustretend, die Strasse musterte, sah er drei Reiter von Süden her über die *Hitá* kommen und in nordwestlicher Richtung am südlichen Abhange des Gebirgsstockes entlang reiten, ihre Festkleider und Schilde strahlten in der hellen Wintersonne. Schnell fasste er seine Waffen und lief den Abhang hinab, dabei rollten einige Steine zu Tale. Die Gegner sprangen von den

---

[1]) Mein Island I, S. 67.

Pferden, aber schon stand *Grettir* vor ihnen und griff nach dem Kleidersack, den *Gisli* vorn auf seinem Sattel angebunden hatte. Als sie ihre Schwerter zückten, zog er sich hinter einen Stein zurück, der nahe am Wege war und *Grettishaf* heisst (Hub des *Grettir*; vergl. K. 16, 18; 30, 8); hier deckte er sich. Aber nur die Knechte beteiligten sich am Kampfe; *Gisli* blieb vorsichtig hinter ihrem Rücken. Nachdem er die beiden niedergestreckt hatte, ging er auf *Gisli* selbst zu. Der aber ergriff das Hasenpanier und warf, weil er durch die Kleider gehemmt wurde, auf der Flucht ein Stück nach dem anderen ab. Die Angst beflügelte den eilenden Fuss; er floh durch das Tal *Kalda* bis an das *Borgarhraun*, da hatte er nur noch sein Hemd an. An der hochangeschwollenen *Haffjardará* (Meeresbuchtfluss) machte er Halt — kein anderer würde ihm seinen Lauf nachgemacht haben; nur *Grettir* blieb ihm stets auf den Fersen, am Flusse stellte er ihn. „Töte ihn nicht, aber züchtige ihn," hatte ihn Björn gebeten; darum hatte *Grettir Gisli* Zeit gelassen, sich seiner Sachen zu erledigen und sich unterwegs eine Rute geschnitten. Er zog ihm das Hemd über den Kopf und liess die Rute ihm auf den Rücken und auf beiden Seiten tanzen. *Gisli* wand sich unter den Schlägen und warf sich bald auf den Rücken, bald auf die Seite. Als *Grettir* ihn durchgepeitscht hatte, gab er ihn frei. *Gisli* stürzte sich in den Fluss, sobald er wieder auf die Beine kam, und schwamm hinüber. Eine volle Woche lag er krank im Bett auf einem Bauernhofe, sein ganzer Körper war aufgeschwollen; dann ritt er, dem „Teufel in seiner Höhle" so weit wie möglich aus dem Wege gehend, am Meer entlang, bis er sein Schiff traf.

Unter munterem Plaudern, die Erinnerung an die Vergangenheit auffrischend, sind wir in 1¼ Stunde nach dem Gehöft *Hitardalur* gekommen; wir reiten aber weiter, bis die Berge, die am rechten Ufer nahe an den Fluss heranrücken, wieder auseinandergehen und einer Ebene Platz machen; damit sind wir in *Hólmr*, wohin *Björn* von *Vellir* aus weiter unten am rechten Ufer nördlich vom *Grettis-bœli* übergesiedelt war, am linken Ufer der *Hita* nicht weit von der Stelle, wo sie dem *Hitarvatn* entströmt. *Björns* Gehöft ist nach einem Felsen, *Hólmsfjall*, genannt, ein Rücken des Felsens erstreckt sich, wie die *Bjarnar saga* (K. 11) schildert und die Ruinen am Rande der *Hita* zeigen, bis unmittelbar zu den Gebäuden. In dem *Foxufell* (*Foxa*, Name einer Riesin) liegt die Höhle *Björns* (*Bjarnar-hellir*), die Runeninschriften aufweisen soll (*Eggert Ólafsson*, § 381). Westlich von *Hólmr* gelangt man über den Fluss und die Ebene *Klifssandr* in den engen *Klifsdalur* (K. 27) und in das Hochplateau *Hellisdalsheidr*; doch musste ich aus Mangel an Zeit auf einen Besuch verzichten. Wir ritten nach dem Gehöft *Hitardalur* zurück, ungefähr auf demselben Wege, den auch die *Bjarnar saga* beschreibt (K. 33), und ich habe die Überzeugung gewonnen, dass der Erzähler bis auf Kleinigkeiten den Schauplatz der Saga aus eigener Anschauung kennt[1]).

In *Hitadalur* satteln wir ab; in dem ärmlichen, altertümlichen, ganz aus Rasenstreifen gebauten Bauernhause ist niemand daheim, alles ist bei der Heuernte beschäftigt, die im Nordlande dieses Jahr ausgezeichnet ist.

---

[1]) Vgl. *Helgi Sigurdsson, Örnefni* (= lokale Benennungen) *einkum í sögn Bj. Hitd., Safn til sögn Islands* II, S. 307—317.

Bis 1875 stand hier ein Pfarrhof, früher eine katholische Kirche und ein Kloster. Hier verunglückte im Jahre 1148 Bischof *Magnús Einarsson* von *Skálholt* (1138 bis 1148), der sogar einen Teil der *Vestmannaeyjar* an den Bischofssitz gebracht hatte, am Tage nach der Michaelismesse, d. h. am 30. September mit 72 Geistlichen[1]). Unerwartet war Feuer ausgebrochen; wohl hätte sich der Bischof retten können, er wollte aber lieber in den Flammen umkommen, da er Gott früher oft gebeten hatte, er möge ihm, wie den Blutzeugen, ein Ende voll langer Qual schenken. Das Kloster, das an die Stelle der Kirche trat (1166?), scheint früh wieder eingegangen zu sein[2]). Gegen Ende des 13. Jahrhunderts sass im *Hítardalr* der mächtige Häuptling *Þorleifr Beiskaldi*. Er war so reich an Vieh, dass kein Kessel gross genug war, um die Milch zu fassen, die tagtäglich seine Kühe lieferten. Darum bat ihn seine Frau, nach dem nächsten Handelsplatze zu gehen und einen möglichst grossen Kessel einzukaufen. Als er trotz langen Suchens keinen passenden fand, bot ihm ein unbekannter Mann einen Kessel von ganz ungeheuerem Umfange an, freilich zu seltsamen Bedingungen: er forderte das Kalb, das eine bestimmte Kuh des *Þorleifr* zur Welt bringen würde, und das ausserdem die ersten drei Jahre von ihm noch aufgefüttert werden müsste; es ginge an sein Leben, wenn er nicht Wort hielte. *Þorleifr* war damit einverstanden. Das Kalb, das geboren wurde, war schön und gross, aber bereits im ersten Jahre ganz unbändig; im zweiten wurde es so wild, dass *Þorleifr* es trotz seines Versprechens schlachten liess. Da klopfte es eines Abends spät 3 mal an die Haustür, aber niemand war zu sehen; beim dritten Male ging *Þorleifr* selbst hinaus, obwohl er ahnte, dass er verloren sei. Er ward nie wieder gesehen, man fand nur Blutspuren, die vom Hofe weg nach einem Hügel führten, und zerstreut im Tale Stücke seines Körpers und Fetzen seiner Kleidung[3]).

Am Schluss des 15. Jahrhunderts lebte hier ein Priester *Þórður Einarsson*, der fünf Konkubinenkinder hatte und sich tätlich an einem Amtsbruder vergriff. Nach der Reformation erhielt *Þórður Vídalín* im Jahre 1687 die Pfarre zu *Hítardalur*, der als erster Isländer das Wesen der beweglichen Gletscher zu ergründen suchte (Island I, S. 69), und 1704 wurde hier der bedeutendste aller neueren isländischen Historiker geboren, *Finnur Jónsson (Finnus Johannæus)*[4]).

Auf dem alten, verwilderten Friedhofe liegen achtlos zwei in Stein gehauene Köpfe (s. o. S. 81) und drei Leichensteine aus dem 17. Jahrhundert: einer ist eine schöne, grosse Platte mit lateinischer Inschrift, an den 4 Ecken sind 4 Köpfe in ganz hübscher Arbeit eingemeisselt. Auch die Grundrisse des langen Hauses, in dem der Bischof verbrannte, sind noch zu sehen.

Dann beginnen wir eine stundenlange Kletterei in den umliegenden Bergen und Höhlen und suchen zunächst das *Bœjarfell*[5]) auf. Es besteht aus Tuff und Breccie und ist durch niedrige, stark verwitterte Tuffrücken mit dem östlichen basaltischen Gebirgsabhange des Tales verbunden. Mitten im Tale liegen die isolierten Tuffberge *Hróberg* und *Valafell*, der *Klifssandur* schmiegt sich an den westlichen Abhang des Tales bergan. Im *Bœjarfell* liegen, 73 m über

---

[1]) Kahle, A. S. B. XI, S. 114.

[2]) *Árna bps. s.* K. 6.

[3]) Maurer, Isl. Volkssagen S 41—42; andere Volkssagen von hier S. 38, 51, 84—85, 198.

[4]) Thoroddsen-Gebhardt I, S. 182; II, S. 165.

[5]) Thoroddsen, Bihang till k. sv. Vet.-Akad. Handl. XVII, Afd. II, Nr. 2, S. 31, 85; Andvari XVII, S. 50, 53.

dem Gehöfte, mehrere Höhlen, besonders am Gipfel: der als Schafstall dienende *Fjárhellir*, 183 m ü. M., ist 6 m hoch und hat einen Durchmesser von 10 m, in den Tuffwänden sind mehrere Nischen, Höhlungen und Vertiefungen; der *Sönghellir*, der seinen Namen nach dem starken Widerhall von Fussboden und Wänden hat, ist kaum halb so gross. Vermutlich sind die Höhlen nach und nach durch durchsickerndes Wasser und allmählich fortschreitende Verwitterung des Tuffs entstanden. Der Tuff auf der Oberfläche des *Bæjarfell* ist ganz merkwürdig gestaltet, hier finden sich tiefe Kessel, sägenartig gezackte Rücken, Spitzen und Knoten. Am bekanntesten unter diesen ist der *Nafnaklettur*, in seinen weichen Tuff haben viele Besucher ihren Namen eingeschnitten: ich fand den Namen von Bischof *Ebenezer Henderson* in hebräischen Buchstaben mit der Jahreszahl 1815 und *Th. Thoroddsen* mit der Zahl 1890. Der Hügel sieht wie ein ungeheurer Tisch mit einer dicken Platte aus, am einen Ende sieht man einen kleinen Riesentopf. Andere Riesentöpfe befinden sich in den Felsen südlich von der *Hitá*, 30—40 m gross; die meisten stammen aus der Zeit, wo der Fluss noch ein anderes Bett hatte als heute; sie sind schön poliert und teilweise mit Schraubengängen versehen, der grösste war fast 4 m lang, gut 2 m breit und fast 2 m tief, ein besonders regelmässiger hatte $^3/_4$ m im Durchmesser und war ca. 2 m tief; die meisten aber sind so mit Schutt angefüllt, dass man ihre Tiefe nicht messen kann. Thoroddsen hat ganz recht, wenn er sagt, dass die Riesentöpfe im *Hitadalur* den berühmten von Luzern in keiner Weise nachstehen. Von einem Berge, den man in etwa 20 Minuten erklettert, hat man eine prachtvolle Aussicht auf den Anfang des Tales; das dreieckige *Hólmsfjall*, an dessen Fusse *Hólmr* liegt, schillert in allen möglichen Farben; nach dem Meere zu ist alles flach, nur hier und da blitzen in der dunklen Lava helle, schmale Wasserspiegel auf: es ist das kuchenförmige Lavafeld, das aus dem nur 18 m hohen Krater *Barnaborg* stammt, der zwei Ausbruchstellen hat, die durch einen breiten Lavarücken getrennt sind; man hat hier im Anfange des 18. Jahrhunderts etwas Salpeter gefunden[1]. Von dieser Höhe aus kann man den *Bjarnarhellir* gut sehen, aber auch andere Höhlen und interessante Gebilde werden deutlich sichtbar. Zwischen diesem Tale und dem *Hnappadalur* liegt der Berg *Tröllakirkja* (Unholden-Kirche); beim *Bæjarfell* stehen zwei Felsen, *Karl* und *Kerling* (Mann und Weib), und daneben liegt die Unholdenbank *(Tröllabekkur)*, auf der die beiden Riesen zu sitzen pflegten; auf dem Wege von da zu der Höhe, wo wir stehen, soll das Paar von der Sonne überrascht und in Stein verwandelt worden sein. Eine Höhle im *Bæjarfell* heisst *Paradís*, eine andere *Víti* (Hölle).

---

[1] Thoroddsen-Gebhardt II, S. 269, 270.

Wir hatten uns länger aufgehalten, als in meiner Absicht gelegen hatte, und ritten deshalb so schnell nach *Stadarhraun* zurück, wie es die Lava gestattete; hier wartete unser schon ein gutes Mittagsmahl, Kaffee und Hausmusik. Leider war mein Führer noch immer so gedrückt und niedergeschlagen, wie ich ihn am Morgen verlassen hatte, und der Pastor machte mir den Abschied doppelt schwer, indem er fast beleidigt war, als ich seine Einladung ausschlug, noch einen Tag bei ihm zu weilen. Aber das war unmöglich, da ich erst in *Borg* Rasttag gehalten hatte; wie so oft, war auch hier das Bessere Feind des Guten; er sah es schliesslich auch ein und krönte seine Liebenswürdigkeit damit, dass er mir noch eine Stunde das Geleit gab und mich so wenigstens über den schwierigsten Teil des Geländes führte, wo die Karte von *Björn Gunnlaugsson* völlig versagte.

Die ersten zehn Minuten kannten wir bereits vom Vormittag, dann ging es über den Fluss *Tálmi* hinweg durch schönes Birkengestrüpp, darauf über Lava, und die *Hita* wurde durchritten, die *Mýra sýsla* wurde damit verlassen, und die *Hnappadals sýsla* begann; vorläufig blieben wir unmittelbar am Fusse des *Fagraskógarfjall*, bis wir nach einer Stunde die *Kaldá* erreichten. Nach Westen und Süden öffnete sich der *Faxaffjördur*, und wir konnten deutlich die Halbinsel *Reykjanes* erkennen. Durch flachen Staubsand führte ein ganz schmaler, kaum zu erkennender Reitpfad östlich an dem *Eldborgarhraun* vorüber, einem Lavafelde, das einem Ausbruche des Vulkans *Eldborg* seine Entstehung verdankt und sich bis zur Mündung der *Haffjardará* erstreckt. Dieser Ausbruch fand um 950 statt, wie eine alte Saga erzählt (Lnd. II, K. 5): *Þórir* war alt und blind. Eines Abends, als er spät hinausging, sah er, dass ein Mann von draussen her in einem Eisennachen nach der Mündung der *Kaldá* heranruderte, gross und bösartig, und er ging da hinauf zu dem Hofe, der *Hripr* hiess, und grub da bei dem Stadeltore. In der Nacht schlug das Erdfeuer auf, und da brannte *Borgarhraun*; dort stand der Hof, wo jetzt der Lavahaufen ist [1]).

Aber diese Sage ist wahrscheinlich ohne jeden geschichtlichen Anhalt. *Skallagrímr* nahm, wie wir gesehen haben, etwa 878 Land westlich vom *Selalón* bis zum *Borgarhraun* und südlich bis zu den *Hafnarfjöll* (s. o. S. 71). Damals gab es das *Borgarhraun* also bereits, *Skallagrímr* konnte es aber nicht als Grenze für sein Land gebrauchen. In der *Grettissaga* (K. 59, Jahr 1022) muss es aber sogar mit Busch gewachsen gewesen sein, wenn sich *Grettir* dort eine Rute schneidet; das wäre sehr unwahrscheinlich,

---

[1]) Nach isl. Volksglauben können auch blinde Leute Spukerscheinungen und andere unnatürliche Dinge wahrnehmen, sogar besser als sehende Leute; das ist eine besondere Naturgabe.

wenn der Lavastrom damals erst 70—80 Jahre alt gewesen wäre. Denn während die Lavaströme des Südens, z. B. des Mont Pelé schon einige Jahre nach der furchtbaren Katastrophe von 1902 mit einer reichen Vegetation bedeckt sind, ist in dem polaren Island, wo die Vegetationsperiode nur wenige Monde umfasst, auf den viele Jahrhunderte alten Laven so gut wie kein Gras- oder gar Baumwuchs. Aller Wahrscheinlichkeit nach ist also der Ausbruch des *Eldborg* vorgeschichtlich und die Sage erst später gebildet.

Bei *Kotzudarnes* an der westlichen Seite des 1 Meile langen und ½ Meile breiten Lavafeldes ist eine warme Quelle, die Lava selbst ist *Afuihraun*, d. h. Rauhlava, wild zerrissen mit einer zerschlitzten, blasigen schlackigen Oberfläche[1]. Wie schon der Name „Feuerburg" zeigt, sehen die Wände des Kraters in der Ferne wie ein grosses, weitläufiges Bergschloss aus mit vielen ausgezackten Türmen. Der Krater ist auch darum merkwürdig, weil er ganz isoliert in der Mitte einer ausgedehnten Ebene steht, zuerst mit seltener Regelmässigkeit sanft zu einer Anhöhe ansteigt, die ungefähr 80 Fuss von der Spitze entfernt ist, und sich dann plötzlich in einer, aus dunkler, verglaster Lava bestehenden Wand fast senkrecht erhebt und in einer rauhen unregelmässigen Spitze endigt" (Poestion, Island S. 112, nach Henderson a. a. O.).

Zwei Stunden nach dem Übergang über die *Kaldá* passierten wir die *Haffjardará*, die schon zur Halbinsel *Snæfellsnes* gehört. Der Weg wurde wieder besser, grüne Wiesen umgaben uns, und wir brieten förmlich in der Abendsonne. Als wir aber die *Pverá* (Querache) aufwärts ritten, drohten die Pferde in dem zähen Morast stecken zu bleiben; nach einer halben Stunde sehr vorsichtigen Watens erreichten wir das Gehöft *Pverá*. Der Bauer war nicht daheim, die Bäuerin aber, die augenblicklich beschäftigt war, liess uns sofort die gute Stube anweisen und das Bett im Fremdenzimmer frisch überziehen. Während ein Knecht die Pferde besorgte, lag ich mit *Ögmundur* draussen im weichen Grase und drang in ihn, mir den Grund seiner Niedergeschlagenheit zu sagen. Er wehrte anfänglich ab, druckste und gluckste, und fragte endlich: „Wissen Sie, was heute für ein Tag ist?" „Freitag"; erwiderte ich ahnungslos. „Das meine ich nicht, welches Datum haben wir heute?" „Den zehnten Juli". Da entrang es sich zögernd seinen geschlossenen Lippen: „Heute vor einem Jahre ist mir Dr. von Knebel mit dem Maler Rudloff im *Askjasee* verunglückt." Der Damm war gebrochen, aus dem zuverlässigsten Munde sollte ich den Grund jenes tragischen Unfalles erfahren. So wie es mir mein Führer erzählt hat, will ich es wiedererzählen; er hat es mir selbst erlaubt und sogar darum gebeten,

---

[1] Vgl. *Eggert Olafsen*, I, S. 363 (deutsche Übersetzung I, S. 192); Henderson, Iceland, II, S. 27—29 (deutsche Ausgabe, II, S. 32—33).

weil auch über ihn allerlei törichte Gerüchte im Umlaufe waren. Ich will mit dem folgenden niemandem zu nahe treten, sondern gebe nur *Ögmundurs* eigene Ansicht wieder.

Ögmundur war bereits im Jahre 1905 v. Knebels Führer gewesen; eigentlich hatte sich noch ein anderer Gelehrter anschliessen sollen, aber die beiden Deutschen hatten sich entzweit, so waren *Ögmundur* und Knebel allein. Der Berliner Privatdozent war ein ungewöhnlich tüchtiger Mann, aber zu wagehalsig und tollkühn, von einem fast krankhaften Ehrgeiz durchglüht; er äusserte wiederholt zu *Ögmundur*, er wolle Thoroddsens Leistungen in den Schatten stellen, Island solle die Staffel seines Ruhmes werden. Er hatte z. B. Ende August 1905 den unglaublichen Gedanken, den etwa 1050 m hohen postglazialen Vulkan *Skjaldbreid* von *Brunnar* aus, einem Gehöfte südlich vom *Kaldidalur*, gegen Abend zu Pferde zu besteigen, und als *Ögmundur* sich dem entschieden widersetzte, kletterte er allein 9 Stunden auf ihm umher; während dem zündete *Ögmundur* an der Zeltstange eine Laterne an und pfiff unaufhörlich auf einer schrillen Signalpfeife, das rettete Knebel vor dem Verirren. Trotz dieser wenn auch achtenswerten, so doch sehr kurzen Sportleistung glaubte er zu seiner Freude feststellen zu können, dass die bisherigen Höhenmessungen um $1/4$ zu hoch gegriffen seien. Den grossen Vorzug vor den meisten Geologen hatte er übrigens, dass er vortrefflich zeichnete und malte; „wandern, beobachten, zeichnen" war sein Grundsatz.

Im Sommer 1907 wollte er das hochinteressante *Askja*gebiet morphologisch-geologisch untersuchen, kartographisch genau festlegen und durch eine Reihe von Aquarellzeichnungen erläutern; der Berliner Maler Max Rudloff begleitete ihn, in *Akureyri* schloss sich stud. geol. Hans Spethmann an. Am 1. Juli wurde die *Askja* erreicht. Als Thoroddsen 1884 hier gewesen war, war der Boden des Kraters in einen kochenden Pfuhl von bläulich grünem Ton verwandelt gewesen, jetzt erstreckte sich hier ein tiefer, breiter See, mit einer Eisdecke überspannt und von fauchenden und rauchenden Solfataren umgeben. Die Gründe für das Anwachsen dieses Sees zu erforschen sollte die erste Aufgabe sein. Zu dem Zwecke hatte von Knebel ein Faltboot aus Segeltuch aus Deutschland mitgenommen; bei einer Probefahrt auf dem Fjord von *Akureyri* hatte es sich so undicht erwiesen, dass *Ögmundur* sich weigerte es zu benutzen; auch das eine Ruder hatte eine so bedenkliche Bruchstelle, dass Knebel es notdürftig mit einem Gipsverbande heilte. Da die 27 Pferde, die die Forscher bis an die *Askja* gebracht hatten, hier aus Mangel an Gras nicht bleiben konnten, geleitete sie *Ögmundur* nach *Akureyri* zurück, liess sich aber von Knebel in die Hand versprechen, in seiner Abwesenheit keine Fahrt mit dem Boote zu unternehmen, das zudem durch den Transport auf dem Rücken der

Pferde noch mehr gelitten hatte. Trotzdem fuhren Knebel und Rudloff mit dem „verdammten Boote", wie es *Ögmundur* mir gegenüber stets bezeichnete, am 10. Juli auf den See, während Spethmann einige Kilometer nordöstlich davon entfernt allein arbeitete. Als er am Abend in das gemeinsame Zelt zurückkehrte, waren die Freunde noch nicht da; er ahnte aber kein Unheil, bis ihm einfiel, mit dem Fernrohr den See nach dem Boote abzusuchen — kein Boot war zu sehen, keine Spur von den beiden Männern! Es müssen fürchterliche, entsetzlich aufregende Tage für den jungen Studenten gewesen sein, wo er, mutterseelenallein in der öden Wildnis, sich der Gewissheit ihres Todes nicht verschliessen konnte. Als *Ögmundur* am 15. Juli voll banger Unruhe zurückkehrte, las er aus Spethmanns verstörtem Angesichte schon das Furchtbare. „Das verdammte Boot", war alles, was er sagen konnte; er sagte es englisch, denn so pflegte er mit den drei Deutschen zu verkehren.

„Und was ist an dem tragischen Unglück schuld?" warf ich ein. Da stand *Ögmundur* auf und fuhr mit leiser, geheimnisvoller Stimme fort. „Nachdem ich mit Spethmann den See abgesucht hatte, gingen wir in unser Zelt. Der junge Student hatte in all den Tagen vor Aufregung kein Auge geschlossen, nun fiel er wie ein Klotz um und schlief ununterbrochen 24 Stunden lang. Ich aber wälzte mich im Schlafsack unruhig hin und her, stand auf und trat in die schweigende Nacht hinaus. Kein Laut regte sich, feierliche Stille ringsum wie auf einem Friedhofe. Da erscholl vom See her ein mächtiges Donnern und Dröhnen durch die lautlose Nacht, mit dumpfem Gepolter ging ein Bergsturz von den Seitenabhängen nieder, die Steine rollten und fielen in den See, dass er hoch aufspritzte und mächtige Wellen warf. Mir aber war es klar, dass, wenn ein solcher Steinschlag eingetreten war, während v. Knebel und Rudloff mit ihrem lecken Boote auf dem Wasser waren, sie unrettbar verloren sein mussten; entweder waren sie sofort getötet, oder wenn sie noch lebten, konnten sie in dem eiskalten See nicht schwimmen, sie mussten erstarren. Als wir später ein völlig eingedrücktes Instrument aus den Wellen fischten, war es mir wenigstens zur Gewissheit geworden, dass ein Bergsturz das Boot und seine Insassen zerschmettert hätte. Vom *Mývatn* und später noch einmal von *Akureyri* aus wurde ein grosser isländischer Kahn an die Unglücksstelle geschafft, aber die Tiefe gab nichts wieder heraus. Vielleicht löst sich das furchtbare Rätsel, wenn die aufsteigenden Gase die beiden Leichen an die Oberfläche treiben, wahrscheinlich aber wird der Schleier nie ganz gelüftet werden."

Das grässliche Unglück hatte auf ganz Island schmerzliche Teilnahme geweckt. Die unsinnigsten Gerüchte traten auf, wie das bei so einfachen, zum Aberglauben und Phantastischen geneigten Bauern und Fischern nicht zu verwundern ist: die beiden Überlebenden sollten ihre Kameraden ermordet und beraubt haben, zu reichlicher Alkoholgenuss hätte das Kentern verschuldet, oder v. Knebel wäre gar nicht tot, sondern sei nach dem *Vatnajökull* zu Fuss gewandert und lebe auf irgend einem Gehöfte. Diese trügerische Hoffnung hatte die Braut des Berliner Gelehrten zu ihrer diesjährigen Reise verführt. Des höchsten Lobes aber war *Ögmundur* voll für den jungen, 22jährigen Studenten, der Mut und Energie genug gehabt hätte, um noch 5 Wochen an der Unglücksstätte seiner Pflicht und seiner Arbeit zu leben [1]).

11. Juli. „Islands Landgeister sind Ihnen günstig gestimmt," mit diesen Worten weckte mich *Ögmundur*. Es war wieder heller, warmer Sonnenschein, und auch mein Führer war wieder frohgemut, nachdem er seinem gepressten Herzen Luft gemacht hatte. Auch der heutige Tag sollte zwei Aufgaben gewidmet sein: der Nachmittag war für den Weiterritt nach *Stadarstadur* bestimmt, am Morgen wollte ich die *Raudamels-Ölkelda* oberhalb des Pfarrhofes *Raudamelur* besuchen. Kohlensäurehaltige Quellen sind auf Island fast nur in der Nähe der *Snæfellsnes*kette zu finden, etwa zehn oder elf, entweder auf der Halbinsel selbst, oder wie die Quelle bei *Raudamelur*, die merkwürdigste von allen, unmittelbar dabei, während warme Quellen sich zerstreut über das ganze Land finden. Eigentlich sind die Mineralquellen auch Thermen, nur ist bei letzteren die Temperatur erheblich höher als die mittlere des Jahres. *Ölkeldur* aber haben eine niedrige Temperatur, führen freie Kohlensäure und dienen als kühles Tafelgetränk [2]).

Ein junger Knecht von 16 Jahren, dem mein Name aus den Zeitungen bekannt war, diente uns als Führer, ein aufgeweckter Bursche, der an den langen Winterabenden auf eigene Faust englisch getrieben hatte; seine Aussprache liess zwar manches zu wünschen übrig, aber er schrieb es fehlerlos.

Islands „*Apollinaris*" ist von *Þverá* in einer dreiviertel Stunde bequem zu erreichen. Der Weg geht anfangs 20 Minuten am Fuss

---

[1]) Von anderen Darstellungen sei verwiesen auf die Aufsätze von: Maurice von Komorowicz im Berliner Tageblatt (1. Okt. 1907; wieder abgedruckt mit einigen Richtigstellungen in: Quer durch Island, S. 99—103). Hans Spethmann im Berliner Tageblatt vom 11. Okt. 1908 und Globus, Bd. 93, Nr. 12; Heinrich Erkes, Die Lavawüste *Ódádahraun* und das Tal *Askja* im nö. Zentral-Island, Mitteilungen des Ver. f. Erdkunde, 1909, S. 321—351; Aus dem unbewohnten Innern Islands, Dortmund 1909. — Ina von Grumbkow hat ihrem Bräutigam ein würdiges Denkmal errichtet in „*Ísafold*, Reisebilder aus Island", Berlin 1909. S. 163, 164. — v. Knebels Veröffentlichungen über Island sind: Globus, Bd. 88, Nr. 20, 22, 24 (s. u. *Kjölur, Reykjanes*); Über die Lavavulkane auf Island (Z. d. Deutschen geogr. Ges. 1906); Studien in den Thermengebieten Islands (Naturwiss. Rundschau 1906); Spalten und Kraterrillen auf Island (Gaea 1907).

[2]) Über die isl. Sauerbrunnen vgl. *Eggert Ólafsson*, § 453—463; Olaus Olavius Ökonom. Reise 1787, S. 204—216; Thoroddsen, Geol. Iagttagelser, S. 72; Thoroddsen-Gebhardt I, S. 133, 146.

einer prachtvollen Basaltmauer entlang, deren herrliche Säulen nach dem Pfarrhof *Raudamelur* (älter: *Raudimelur*) zu immer kleiner werden. Dann biegt der Pfad in vulkanisches Gebiet ab, ein roter Kraterkegel ist ganz aus Schlacke aufgebaut, der zerrissene Lavastrom ist von zahllosen Spalten durchfurcht, und Hornitos finden sich in Menge. Auf einem kleinen grasbewachsenen Plateau liegen mächtige Blöcke, durch die sich ein Bach windet, der in zwei Sprüngen vom nächsten Berge eilt, und dicht am Flüsschen liegt die Mineralquelle. Früher soll der Bach durch die Quelle hindurch geflossen sein, aber seitdem man ihn fortgeleitet hat, ist diese weit besser und kräftiger geworden. Auch steht jetzt über der Quelle an Stelle einer steinernen Hütte ein Häuschen aus Wellblech, das stets verschlossen gehalten wird; den Schlüssel besitzen der Pfarrer und mein Wirt. Der Austrittsstelle hat man künstlich etwas nachgeholfen und so ein $2^1/_2$ m langes, $1^1/_2$ m breites Becken geschaffen, in dem das Wasser fortwährend leise sprudelt und ziemliche Blasen wirft. Es ist vollkommen klar und schmeckt ungefähr wie Selterwasser, ohne jeden Beigeschmack. Bei trockenem Wetter ist es besonders gut, bei Regen ist es matter, wie mit gewöhnlichem Wasser vermischt. Im Winter ist es zuweilen mit dünnem Eis bedeckt, so dass man ein Loch hineinhacken muss; doch darf man sich nicht darüberlehnen, die Ausströmung der Kohlensäure ist dann so stark, dass man Kopfweh bekommt; ebenso soll man Kopfweh bekommen, wenn die Quelle längere Zeit ausgetrocknet gewesen ist und dann zum ersten Male wieder sprudelt[1]). Bei den Bauern der Umgegend gilt das Wasser als heilkräftig, namentlich soll es nach einem allzu reichlichen Essen dem Magen ungemein wohl tun. Darum hatte man für die Festtage, die der dänische König auf Island veranstaltete, 3800 Flaschen mit dem köstlichen Nass gefüllt und nach den üppigen Diners kredenzt. Die Flaschen dürfen übrigens nicht ganz gefüllt werden, sonst werden sie durch die Macht der Kohlensäure gesprengt. Leider ist der Transport auf dem Rücken der Pferde bis zum nächsten Handelsplatz, etwa *Búdir*, allzu kostspielig, als dass man den Apollinaris in den ausländischen Handel bringen könnte. Eine andere mineralische Quelle befindet sich nicht weit von hier im Talgrunde zwischen Moos, eine dritte, kleinere, 20 Minuten hinter *Pverá* ebenfalls im Moose.

Ich erzählte meinen Begleitern von Deutschlands Apollinaris und von den kaum 20 Minuten davon entfernt gelegenen Thermen in Neuenahr, die schon vielen Kranken Genesung gebracht hätten — wie hätte ich ahnen sollen, dass ich selbst ein Jahr später den Apollinaris an Ort und Stelle trinken und vom grossen Sprudel in

---

[1]) Vergleicht man meine Schilderung mit der von *Eggert Ólafsson* (S. 300; deutsche Ausgabe I, S. 135, 160, § 461), so scheint eine kleine Veränderung stattgefunden zu haben.

Neuenahr mir Heilung von dem in Island erworbenen Leiden holen sollte! Nach der Art meiner Krankheit bin ich überzeugt, dass mir die *Ölkelda* in *Raudamelur* dieselben Dienste geleistet hätte.

Bei der Rückkehr lernte ich endlich meine Wirtin kennen, die unsichtbar mir alle Wünsche von den Augen abgelesen hatte. Als ich nach der Schuldigkeit fragte, kreuzte sie die Arme unter der Brust, machte einen tiefen Hofknicks und sagte: „Nicht der Professor ist mir etwas schuldig, sondern ich habe ihm zu danken, dass er unter mein dürftiges Dach eingekehrt ist." Auch der einfachste Isländer hat ein ungemein feines Taktgefühl und verfügt über einen solchen Schwall von Entschuldigungen und Komplimenten, dass es mir Mühe machte in der ungewohnten, schwierigen Sprache nicht allzu sehr hinter soviel Liebenswürdigkeit zurückzustehen.

Etwa 7 Stunden trennten uns von unserem nächsten Quartier. Zuerst ging es durch zähen Morast, dann suchten wir uns mitten durch üppige Wiesen festeren Boden am Fuss einer niedrigen Bergkette und erreichten nach 3 Stunden das *Lágafell*, das unten aus Basalt besteht; oben findet sich eine nicht geringe Menge Dolerit.

Wir hätten auch an der Küste bleiben können, aber da ist es so sumpfig, dass selbst die isländischen Pferde versagen; vier nicht unbedeutende, mit Lachsen und Forellen gesegnete Flüsse vereinigen sich hier und ergiessen sich in den *Straumfjardarós*. Bei Ebbe kann man den Weg abkürzen, das Meer ist dann so seicht, dass ein langer Streifen Landes blossgelegt wird, die sogenannten *Löngufjörur*. Die Küste hat hier überhaupt in historischer Zeit grosse Veränderungen erlitten, an einigen Stellen ist sie durch das zugeführte Alluvium angewachsen, an anderen ist das Meer hereingebrochen, und mehrere Sturmfluten haben bedeutenden Schaden angerichtet. Die Insel *Haffjardarey*, westlich von der Mündung des „Meerbuchtflusses", die früher bewohnt war und eine Kirche hatte, war durch eine Landenge mit dem Lande verbunden; diese wurde aber im 16. Jahrhundert durch das Meer auseinandergerissen, man musste 1563 die Kirche und im 18. Jahrhundert die Wohnstätten auf ihr aufgeben[1]). Besonders verhängnisvoll war die Sturmflut zwischen dem 8. und 9. Januar 1798. Das Meer ging westlich vom *Lágafell* ½ km, an anderen Stellen 1—1½ km und meist 3 km über die höchste Flutgrenze; 14 Gehöfte, zur Kirche von *Stadarstadur* gehörig, wurden vernichtet, ausgezeichnetes Wiesenland wurde in Meeresgrund verwandelt, mehrere Inseln und Holme wurden überschwemmt, und die Rasendecke wurde auf einigen Inseln und auch an verschiedenen Stellen der Küste ganz abgerissen. Da keiner von uns den Weg kannte und wir nirgends Auskunft erhalten konnten, verzichtete ich darauf, den kürzeren Weg über die *Löngufjörur* zu benutzen; denn

---

[1]) Diplom. Isl. I, S. 421—423; Thoroddsen, *Lýsing Íslands*, S. 67, 68.

die Bäuerin in *Þverá* hatte mich noch darauf aufmerksam gemacht, dass man, wenn man nicht genau die Zeit abpasst, von der Flut überrascht wird, vom Lande abgeschnitten wird und kläglich in den Wellen umkommt.

Das *Lágafell* liegt am westlichen Ende der *Hnappadals sýsla*, die *Snæfellsnes sýsla* beginnt. Nach Norden zu führt ein Übergang nach dem Handelsplatze *Stykkishólmur*, nach Westen erstreckt sich lang und schmal die Halbinsel mit Islands Kronjuwel, dem *Snæfellsjökull*. Auch vor *Ögmundur* liegt völlig unbekanntes Land, in das er noch nie einen Fuss gesetzt hat, und ihm graut vor der Armut, Unsauberkeit und Unwissenheit, die unserer dort warten sollen. Aber für den schlimmsten Fall haben wir ja das Zelt bei uns, Thoroddsens Aufsatz in isländischer Sprache, den ich Abend für Abend studiert und fast auswendig gelernt habe, soll unser bester Führer sein, auch wenn wir eine andere Route als er einschlagen, und das Glück, das uns bisher begleitet hat, wird uns nicht ganz im Stiche lassen. In wundervoller Pracht strahlt der Gipfel des erloschenen Vulkans auf uns hernieder und gibt uns die Richtung an, die wir einzuschlagen haben. Folgen wir seinem Krater, durch den, wie Jules Verne uns versichert, der Weg zum Mittelpunkt der Erde führt!

Fünftes Kapitel.
Snæfellsnes, Süd- und Westküste. Islands Rübezahl.

Das *Snæfellsnes*, die nach dem *Snæfellsjökull* benannte Halbinsel, ist ein basaltischer Horst zwischen zwei Senkungsgebieten, dem *Faxaflói*, einem Kesselbruch, der durch Dislokationen von der Hauptmasse des Landes getrennt ist, und dem *Breidifjördur*. Einst ist der schmale Rücken mit Eis bedeckt gewesen, von dem sich nach beiden Seiten Gletscher abwärts erstreckten; im Norden finden sich Moränebildungen. Heute besteht das Rückgrat der Landzunge aus Basalt, der auf verschiedene Weise von Dolerit, Konglomeraten und Breccie gedeckt ist, auch sind viele Einlagerungen von Liparit vorhanden. Ihr Bau ist ziemlich verwickelt und bedarf, wie Thoroddsen, bisher der erste und eingehendste Erforscher dieser Gegend, selbst zugibt, noch einer sorgfältigen Untersuchung im einzelnen; namentlich der obere Teil des Gebirgszuges ist noch wenig bekannt[1]). Die Basaltbänke sind unzerstört und wagerecht. An der Nordseite tritt der Basalt in Bergspitzen aus den deckenden Konglomeraten und Breccien an die Oberfläche, aber je weiter man nach Westen kommt, desto mehr nehmen die jüngeren Breccien- und Lavabildungen zu. Die Südseite ist regelmässig gebaut, Einschnitte und Täler fehlen an den steilen Gebirgsabhängen fast gänzlich, die aus wagerechten Basaltdecken mit geringeren Lipariteinlagerungen aufgebaut sind. Das westlichste Stück dieses Basalthorstes, unter dem grossen, eisbedeckten Vulkan *Snæfellsjökull* ist tief gesenkt, die Basaltunterlage, die sonst 500—600 m ü. M. reicht, ist hier bis zum Niveau des Meeres herabgesunken, dafür treten jüngere Bildungen aus Tuff und prä- und postglaziale Lavaströme auf. Auf den Bruchlinien zu beiden Seiten haben sich Krater und Lavaströme gebildet,

---

[1]) Eine genaue Ausforschung der mollusken- und moränenführenden Basaltformation von *Snæfellnes*, sowohl was Aufbau wie auch was Grenzen gegen die ältere Basaltformation und was Morphologie betrifft, bleibt noch auszuführen. *Helgi Pjetursson* in: Z. d. Ges. f. Erdkunde. Berlin 1908,5. 454—455.

anfänglich haben liparitische, dann doleritische und in der postglazialen Zeit basaltische Ausbrüche stattgefunden. Die Anzahl der Vulkane, die einen Bogen aus dem nordöstlichen Teil des *Faxaflói* bilden, beträgt 17. das Lavaareal 432 qkm. Die Bergkette ist zwar schmaler als die auf *Reykjanes*, aber bedeutend höher und weist eine Reihe langer, sägeförmig gezackter Kämme und isolierter Gipfel auf. Dass das *Snæfellsnes* ein typischer Horst ist, zeigen die Vulkane, Mineralquellen und sonstigen geologischen Verhältnisse. Vermutlich hat die Senkung des Gebietes des *Faxaflói* bereits in der Tertiärzeit begonnen, und erst dann sind die präglazialen doleritischen Laven ausgegossen. Aber dass die Bewegungen auf den alten Bruchlinien doch noch nicht aufgehört haben, geht aus den häufigen Erdbeben hervor. Der *Snæfellsjökull* hat schon sehr frühzeitig seine vulkanische Tätigkeit begonnen, grosse doleritische und basaltische geschrammte Lavaströme, die bis an das Meer reichen, rühren von ihm her und sind an dieselben Ausbruchsstellen gebunden wie die postglazialen Laven.

Über die Besiedelung der Halbinsel sind wir gut unterrichtet[1]. Auf der nördlichen Seite und rings um den grossen *Breidifjördur* pulsierte einst das Leben Islands am kräftigsten, hier ist der Schauplatz der wichtigsten und umfangreichsten Sagas. Am südlichen Gestade des Fjordes spielt die *Eyrbyggja saga*, die Ereignisse umspannen die Zeit von der Besitzergreifung bis zum Tode des *Goden Snorri* im Jahre 1031. Sie führt ihren Namen nach einer Episode, einer Fehde des *Goden Snorri* und der Bewohner des *Álptafjörðr* mit den Bewohnern von *(Öndurð) Eyrr* (heute: *Hallbjarnareyri*, an der nordöstlichen Spitze der vom *Grundarfjörður* und *Kolgrafafjörður* gebildeten Halbinsel); aber der Hauptheld ist *Snorri*.

Die Saga beginnt mit der Einwanderung seiner Vorfahren, des *Björn* und *Þorólfr Mostrarskegg* (d. h. Mosterbart, so genannt nach der Insel Mostr in Norwegen, von wo er auswanderte); des letzteren Sohn war *Þorsteinn*, der in jungen Jahren ertrank und zwei Söhne hinterliess, *Þorgrímr* und *Börkr*; *Þorgrímrs* Sohn war der tapfere, durch ungewöhnliche, kalt berechnende Klugheit und durch vorsichtige, aber rücksichtslose Verfolgung seiner Ziele angesehene, aber gefürchtete *Snorri*. Ihr letzter deutscher Herausgeber rühmt von der Saga: „Durch Anschaulichkeit der Schilderung, durch meisterhafte Zeichnung der Charaktere, durch geschickte Behandlung des Dialogs, durch die bunte Mannigfaltigkeit ihres Inhaltes und durch die reichen Aufschlüsse, die sie über Sitte, Glauben und Kultur, über die staatlichen, rechtlichen und häuslichen Verhältnisse im alten Island gewährt, vor allem auch durch die Zuverlässigkeit ihrer Angaben steht sie unter ihren Genossinnen unübertroffen da[2].

Ungefähr dieselbe Zeit umfasst die *Laxdœla saga*, die Geschichte der Bewohner des *Laxárdalur* im südöstlichen Arme des *Breidifjördur*.

[1] *Bogi Th. Melsted*, *Íslendinga saga* I, S. 124—129.
[2] Gering, A.S.B. VI, S. XI. — Grössere Bruchstücke aus der Sage in Bonus, Isländerbuch II, S. 147—270.

Höskuldr, der Enkel der weisen *Landnámsfrau Audr*, die selbst unter den Häuptlingen hervorragt, hat mit einer auf einem norwegischen Markte gekauften irischen Prinzessin *Melkorka* einen Sohn *Óláfr pái* (Pfau), der *Egill Skallagrímrs* Tochter heiratet. Ihr Sohn ist *Kjartan*, der eigentliche Held der Saga. Er liebt die schöne und eitle, aber stolze und leidenschaftliche *Gudrun Osvifrsdóttir*, die in jugendlichem Alter schon zweimal vermählt gewesen ist, und findet bei ihr Gegenliebe. Aber sein Vetter und Pflegebruder *Bolli*, der ihn auf einer Reise nach Norwegen begleitet, weiss ihm seine Geliebte abspenstig zu machen und heiratet sie. Als *Kjartan* dann die *Hrefna* heiratet und *Gudrun* mit erkünstelter Gleichgültigkeit behandelt, reizt diese aus Eifersucht, dass er mit einer anderen glücklich zu sein scheint, und aus gekränktem Stolz ihren Mann und ihre Brüder an, ihren Geliebten und seinen unzertrennlichen Freund zu töten. „Gegen den handelte sie am schlimmsten, den sie am meisten liebte". Ganz gewiss hat, wie man schon oft betont hat, die Brynhild der Heldensage bei dieser Gestalt Patendienste geleistet. Als *Bolli* nach seinem Morde heimkehrt, beglückwünscht ihn *Gudrun* zu seiner Tat: „Wir haben beide", sagt sie, „ein gutes Tagewerk vollbracht; ich habe zwölf Ellen Garn gesponnen, und du hast *Kjartan* getötet [1]).

In der späteren Zeit tritt das *Snæfellsnes* auffallend zurück; wie es scheint, hatte es besonders schwer unter dem dänischen Handelsmonopol zu leiden. So wurde im Jahre 1700 ein Mann zum Verluste seines ganzen Vermögens und zur Zwangsarbeit verurteilt, weil er in *Búdir* einige Fische verkauft hatte, die er in *Stapi* gefangen hatte; *Búdir*, *Stapi* und *Rif* wurden nach dem 17. Jahrhundert nicht mehr von Bremen oder Hamburg aus angelaufen, auch die Engländer hatten in dieser Zeit mit Vorliebe *Snæfellsnes* aufgesucht; erst seit der Mitte des letzten Jahrhunderts kamen französische Schiffe dorthin. Merkwürdig ist auch, dass *Snæfellsnes* so überaus arm an grossen Männern ist, die Island sonst in nicht geringer Menge aufzuweisen hat. *Eggert Ólafsson* und *Henderson* haben die Halbinsel bereist, ihre Topographie auf der Karte von *Björn Gunnlaugsson* ist recht gut, die Küstenlinie und die nächsten Gebirge wurden zu Anfang des 19. Jahrhunderts von dänisch-norwegischen Landoffizieren trianguliert. Aber in geologischer Beziehung war die Halbinsel bis 1890 so gut wie unbekannt. Hier Aufklärung gebracht zu haben, ist ein Hauptverdienst Thoroddsens. In drei Aufsätzen hat er seine grundlegenden Resultate niedergelegt; auf ihnen fussen auch die ersten zwei Seiten dieses Abschnittes [2]). Eine Reisebeschreibung mit Hervorhebung der wichtigsten Ergebnisse gab er in der schwedischen Zeitschrift Ymer 1890. X., S. 144—188. „*Snæfellsnes i Island*"; die rein geologischen Betrachtungen stellte er

---

[1]) Die ersten 27 Kapitel, die Geschichte von *Höskuld Kollsson* und *Olaf Pfau* hat Khull übersetzt, Graz 1895; die Geschichte des *Kjartan* und der *Gudrun* Arthur Bonus, Isländerbuch I, S. 151—246; die Geschichte von den Lachstälern Severin Rüttgers, Düsseldorf 1907; Kjartan und Gudrun, Ein kulturhistorischer Roman von der Wende des zehnten Jahrhunderts auf Island. Dagobert Schönfeld, 2 Bde., Jena, 1898.

[2]) Vgl. auch Thoroddsen, Island S. 80, 215—216, 299—301, 310; *Lýsing Islands* I, S. 213—217.

Stockholm 1891 in „Bihang till K. svenska Vet.-Akad. Handlingar. Band 17, Afd. II, Nr. 2 dar „Geologiske Iagttagelser paa Snæfellsnes og i Omegnen af Faxebugten i Island"; für seine Landsleute endlich schrieb er einen ausführlichen, eigens für sie berechneten Aufsatz in der isländischen Zeitschrift *Andvari*, Bd. XVII, S. 27—118 „*Ferd um Snæfellsnes sumarid 1890*". Gerade die letztere Schrift ist mein Reiseführer gewesen, den ich unablässig zu Rate gezogen habe, da er meinen Wünschen am nächsten kam. Im übrigen konnte ich durch steten genauen Vergleich der drei Abhandlungen feststellen, wie sehr sie, trotz aller Übereinstimmung in der Hauptsache, im einzelnen verschieden sind, und wie überaus geschickt sie jedesmal dem Verständnisse des Publikums angepasst sind, für das sie geschrieben waren. Wenn jüngere Gelehrte gegen Thoroddsen den ganz unberechtigten Vorwurf erhoben haben, er wiederhole in seinen fast zahllosen Aufsätzen nur immer seine sattsam bekannten Anschauungen, meist in gleicher Weise und oft sogar unter Wiederkehr des Ausdruckes, so seien sie nachdrücklich auf ein genaues Studium dieser drei Schriften hingewiesen! Wo es mir möglich gewesen ist, habe ich Thoroddsens Angaben nachgeprüft und überall ihre Richtigkeit bestätigt gefunden. Nur in einem Punkte weichen wir voneinander ab; aber ich bin sicher, dass er sich darüber freuen wird, wenn ich ihm widerspreche. Er meint, die Bewohner von *Snæfellsnes* stünden an Betriebsamkeit und Reinlichkeit bedeutend hinter anderen Teilen des Landes zurück, und dass, während sonst die Landwirtschaft auf Island überall erfreuliche Fortschritte zeige, wunderbarerweise auf *Snæfellsnes* ein starker Rückgang festgestellt werden müsse (Ymer X, S. 163, 176)[1]. Auch in *Reykjavik* selbst scheint diese Anschauung noch heute zu herrschen; meine Freunde in der Hauptstadt glaubten mir nicht dringend genug meine Reise dahin abraten zu müssen und malten in den schwärzesten Farben den Schmutz und die Armut aus, denen ich dort ausgesetzt sei; zu übernachten in einem Bauernhofe sei ganz unmöglich, auf alle Fälle müsste ich ein Zelt mitnehmen. Nun, ich habe jede Nacht in einem ganz behaglichen Fremdenstübchen geschlafen, stets reine Wäsche, reines Tischzeug und anständiges Essen erhalten. Fürchterlich war es nur einmal, und das war, als ich wieder in Berührung mit der Kultur kam, in dem Handelsplatze *Stykkishólmur*; da bin ich in der Tat vor Dreck beinahe umgekommen und war so zerstochen, dass ich wochenlang die sichtbaren Spuren an meinem Leibe hatte, und das Tollste war, dass ich zwei Nächte aushalten musste, weil die Pferde der Ruhe bedurften. Allerdings leben die Bewohner

---

[1] Im Anfange des 18. Jahrh. hielt man die Leute um den *Snæfellsjökull* für besonders grob und schlimm; das änderte sich aber, z. T. durch die Anordnungen der Obrigkeit, z. T., weil Leute von anderen Gegenden einwanderten (*Eggert Olafsson* § 491).

meist vom Fischfang, aber wo es angängig ist, wird auch das Wiesen- und Weideland gepflegt, selbst einige Kühe werden gehalten. Die Bevölkerung lebt nicht mehr von der Hand in den Mund und legt nicht mehr mut- und tatenlos die Hände in den Schoss, wenn einmal der Fischfang keinen Ertrag gebracht hat. Man hat sich Motorboote zugelegt, und der Handelsplatz von *Ólafsvík* gedeiht sichtlich[1]); Schafzucht wird überall getrieben. Mir ist mein Besuch der Halbinsel noch heute in angenehmster Erinnerung, wozu allerdings das ideal schöne Wetter viel beigetragen haben mag, und ich hoffe, dass auch dieser Teil bald mehr von Fremden besucht werden wird. Der Bauer in *Stapi* meinte: wir haben immer zu leiden gehabt, erst als wir unter der Zuchtrute des Klosters *Helgafell* waren, dann, nach der Reformation, hat uns der Königliche Administrator mit Skorpionen gegeisselt; die Bauern, die ihm nicht behagten, wurden vertrieben, neue scheuten sich, zu uns überzusiedeln; so veröd eten die Gehöfte und alles verarmte; frisches Blut haben wir erst seit 1874 bekommen. Daran mag etwas Wahres sein. Denn die Höfe, wo es mir am besten gefallen hat, waren nicht in den Händen auf *Snæfellsnes* geborener Bauern, sondern solcher, die erst eingewandert waren, und zwar meist aus dem Nordlande, dessen Bewohner allgemein als besonders rege und intelligent gelten[2]).

11. Juli. Vor uns erhob sich, als wir vom *Lágafell* aufbrachen, ein hoher Berg mit zwei Spitzen, ein doppelter, mit ewigem Schnee bedeckter Kegel. Der „*Snæfellsjökull*" rief ich mit Prof. Lidenbrock aus, „der *Snæfellsjökull!*" Auch er ist auf seiner Reise nach dem Mittelpunkte der Erde diese Strasse gezogen, hat *Búdir* und *Stapi* besucht und das braune, rote und gelbe vulkanische Vorland mit seinem Rösslein abgeklappert. Klar und unverhüllt erhebt sich vor uns das Wahrzeichen Islands, so dass wir sogar beim Näherkommen drei Spitzen unterscheiden können, eine nach Osten, eine nach Westen und die dritte nach Norden. Wie oft hatte ich diesen wundervollen Gletscher und ausgebrannten Vulkan vor vier Jahren von *Reykjavík* aus gesehen, in einer Entfernung von 66 Seemeilen, wenn sein weisser Kegel beim Sonnenuntergang von Gold und Purpur übergossen war; aber dann schienen es immer nur zwei Spitzen zu sein. Es ist ein sicheres Zeichen von gutem und ruhigem Wetter, wenn er sich in seiner vollen weissen Pracht vom blauen Himmel

---

[1]) Gute Aufschlüsse über die Fischerei hier im 17. und 18. Jahrh. gibt *Eggert Ólafsson*, § 515. Im Jahre 1812 wurden mehr als 1600 Wale an den südlichen *Breidifjördur* getrieben, Henderson II, S. 52, Anm.

[2]) Etwas später als ich war der isl. Geologe *Helgi Pjetursson* (oder wie er sich in ausländischen Zeitschriften nennt: *Helgi Pjeturss*) auf *Snæfellsnes*, aber ein unglücklicher Sturz mit dem Pferde verwehrte ihm weitere Forschungen. Da auch Küchler einen „Todesritt" zu bestehen hatte, haben in einem Sommer drei Forscher, wenn ich mich dazu zählen darf, dasselbe Missgeschick gehabt.

abhebt. Beginnende Wolkenbildung um seinen Gipfel ist stets eine sichere Ankündigung einer Wetteränderung und in der Regel von Wind; der dauert dann meist so lange an, wie die Wolken um den Gipfel festliegen.

Die Strasse führt durch auffallend schönes Wiesenland, zuletzt im Schutze eines niedrigen Bergrückens *Olduhryggur* (*Grettissaga* K. 59,6), der fast bis *Búdir* reicht. Der etwa 4—5 Meilen lange Rücken, der anfangs vom Meere weit abliegt, dann der Küste fast parallel läuft, ist offenbar eine alte Küstenterrasse; dahinter liegen sumpfige Niederungen und mehrere Seen; sie sind früher eine Lagune gewesen, jetzt sind sie zum Teil ausgefüllt, nachdem sie ihren Ausfluss verloren haben; die letzten Reste stehen noch als Seen zurück, und das Brackwasser ist süss. Ohne es zu wissen, passieren wir eine Mineralquelle beim Gehöft *Olkelda*; als wir es im Quartier erfuhren, war es leider zum Umkehren zu spät. In vielen Windungen geht es zuletzt auf *Stadarstadur* los, so dass wir sieben Stunden nach dem Aufbruche von *Prerá* am Ziel sind. Der Pfarrer heisst uns willkommen, obwohl er eine leichte Verlegenheit und Befangenheit nicht verbergen kann. Eine grosse Kanne Milch wird auf den Tisch gesetzt, es wird 11, es wird 12, ich streife draussen umher, besehe mir die Kirche und kehre alle halbe Stunde in die Stube zurück, aber noch immer werden keine Anstalten zum Essen getroffen. Nun war ich es ja gewohnt, dass die Zubereitung des Abendbrotes immer einige Stunden dauerte, dass es vorher Kaffee und nachher wieder Kaffee gab, und dass der Wirt sogleich, wenn man vom Tisch mit gefülltem Magen aufstand, sagte: „das Bett ist fertig", das hiess dann, so schnell wie möglich hinein ins weiche Lager, ehe man noch Zeit gefunden hatte, eine Verdauungszigarre zu rauchen. Aber hier dauerte es doch über Gebühr lange, dazu liess sich niemand sehen, nur Türen wurden geschlagen, und eine merkbare Unruhe erfüllte das ganze Pfarrhaus. Die Mitternacht war längst vorüber, als eine Magd den Tisch deckte und Eier und gebratenes Fleisch auftrug, aber für mich allein, weder der Pastor selbst noch mein Führer nahmen daran teil; denn dass die Hausfrau beim Essen fehlt, ist fast allgemein Sitte auf Island, und ihr Ausbleiben wunderte mich daher nicht. Kopfschüttelnd stand ich wieder auf, nachdem ich den guten Sachen allein die gebührende Ehre erwiesen hatte, und begab mich sogleich in mein Bett.

12. Juli. Aber aus dem Schlafen wurde nicht viel; die beängstigende Unruhe, die durch das Haus zitterte, teilte sich auch mir mit, und als ich doch endlich einschlummerte, war es mir, als hörte ich Pferde auf dem Hofe stampfen und ein kleines Kind schreien. Meinen Fragen am nächsten Morgen wich *Ogmundur* schmunzelnd aus. Zum Frühstück erschien der Pfarrer wieder und entschuldigte sich, wenn mich der Lärm in der Nacht gestört haben sollte, war

aber offensichtlich von einer stillen Freude durchglüht. Erst als wir *Stadarstadur* weit hinter uns hatten, erfuhr ich den Grund des seltsamen Gebahrens auf dem Pfarrhofe. Zwei Kinder waren zum Spielen auf dem nächsten Holm gewesen und waren von der Flut überrascht, so dass sie die Nacht unter freiem Himmel zubringen mussten. Das fand ich zwar bedauernswert, meinte aber, dass sie sich in der schönen Sommernacht höchstens einen Schnupfen geholt haben würden. „Wann schickt man Kinder von Hause fort?" Ich riet auf hundert Gründe, aber keiner fand *Ögmundurs* Beifall. Dann fragte er mich, ob ich wüsste, was isländisch *yfirsetukona* bedeute; ich musste bekennen, dass mir der Ausdruck aus den alten Sagas nicht erinnerlich wäre. „Aber was eine *ljósmódir* ist, wissen sie?" Natürlich, eine mütterliche Frau, die den Kindern zum Licht der Welt verhilft. „Nun, eine solche ist diese Nacht in *Stadarstadur* gewesen, haben Sie nicht das Pferdegetrampel vor Ihrem Fenster gehört?" „Dann war es ja höchste Zeit, dass wir aufgebrochen sind," bemerkte ich; „wenn ich dergleichen geahnt hätte, wäre ich nicht eine Stunde beim Pfarrer geblieben." „Oh, nun ist alles gut, der Schwan hat einen kleinen Jungen gebracht." Da es auf Island keine Störche gibt, muss der Schwan das Geschäft des Kinderbringens besorgen. „Sie sollten eben von all den Vorbereitungen und dem Bevorstehenden nichts merken, weil Sie sonst nicht geblieben wären; aber ganz liess es sich leider nicht verbergen." Jetzt war mir natürlich alles klar; aber mit Beschämung und Rührung ward ich auch gewahr, wie feinen Takt und hochherzige Gastfreundschaft die Pfarrersleute gegen den Gast gezeigt hatten; sie hatten sich lieber dem Vorwurfe der Unliebenswürdigkeit und Steifheit ausgesetzt, als dass sie dem Fremdling die Aufnahme verweigert hätten.

Stadarstadur war früher eine der einträglichsten Pfarrstellen, hat aber in den letzten Jahren viel verloren; der Boden soll nachgelassen haben, namentlich seit der Sturmflut von 1798, verschiedene Gehöfte stehen leer, vor allem hat der Handelsplatz *Budir* dazu beigetragen, die schöne Gegend auszusaugen. In der Sturlungenzeit war hier der Häuptlingssitz des *Þórdr Sturluson*. *Gudmundur Einarsson* († 1648), ein bedeutender Theologe, schrieb hier als der erste auf Island ein Zauberbuch, um das Volk auf die ihm vom Teufel und von den Hexen drohende Gefahr aufmerksam zu machen: „die Teufel fliegen und schwirren in der Luft über uns wie Wolken und um uns wie Mücken in unzähliger Menge, lassen sich von Zeit zu Zeit in verschiedenartigen Gestalten in der Luft und auf dem Erdboden blicken, sehen und schauen auf uns und belauern uns, wie sie uns Abbruch und Schaden an Leib und Seele tun können, und wo dieser böse Geist geht oder steht, da ist er in seiner Hölle"[1]. Die Sysselmänner waren aber mit dem Buche wenig zufrieden, weil ihnen der Vorwurf gemacht wurde, sie nähmen an den Werken der Hexen teil, und veranlassten eine Gegenschrift. Die Hauptsäule des Hexenwesens und Aberglaubens war damals *Jón Gudmundsson*, ein eifriger Sammler von Volkssagen, aber ungeheuer leichtgläubig; er lebte eine Zeitlang am Fusse des *Snæfellsjökull*, hatte aber selten Ruhe, da ihm

---

[1] Thoroddsen-Gebhardt, II, S. 47 ff., 80; ausserdem S. 287.

seine Gegner durch ihre Zaubereien den Boden unter den Füssen wie Meereswellen schwanken liessen; einmal kämpfte er mit dem Gespenst des Gletschers, schlug und stiess es und trieb es in die Flucht. *Sira Gudmundur* aber behauptete, Gespenster seien Geister, die man nicht greifen könne und sprach beim Gottesdienst in *Stadarstadur* den Bann über *Jón* aus, der sich weit weg an einem andern Orte befand; in demselben Augenblicke aber, in dem zu *Stadarstadur* der Bann über *Jón* ausgesprochen wurde, ging ein merkwürdiges Zittern durch seinen Körper, und er sagte: „Jetzt gedenkt heute der Propst mein" und versöhnte sich später mit *Gudmundur*.

Von 1838—1848 war *Pjetur Pjetursson* Pfarrer in *Stadarstadur* und Superintendent der *Snæfells sýsla*, später Bischof von Island und Verfasser einer beliebten Postille sowie einer in lateinischer Sprache verfassten Fortsetzung der berühmten „Historia ecclesiastica Islandiae" des Bischofs *Finnur Jónsson*[1].

Die alte Kirche, bei der die Konstruktion des Innern so urwüchsig war, dass man sie wohl der freistaatlichen Zeit zutrauen möchte, ist leider seit 9 Jahren einem nichtssagenden Neubau gewichen[2].

Der Weg von *Stadarstadur* nach *Stapi* geht anfangs zwischen der Küste und einem frischen See hindurch, in dem viele kleine Inseln liegen, die eine Menge Eiderdunen und Eier geben. Darauf folgen Sand und verschiedene Teiche, wo Schwäne rudern und die auf den Holmen watschelnden Jungen behüten. Die Küste ist mit Binsen bewachsen, viel Treibholz und Walknochen lagern achtlos umher. Es ist drückend schwül, der *Snæfellsjökull* ist verschwunden, gerade jetzt, wo wir ihm mit jeder Stunde näher kommen, und zahllose Fliegen umsummen uns; besonders die Pferde werden geplagt, da sich die Quälgeister mit Vorliebe an ihre Augen setzen; bei einigen eiterten die Augen so stark, dass wir sie mit aufgelöstem Kupfervitriol behandeln mussten. Verschiedene Lavaströme sind bis zur westlichsten Spitze der Halbinsel auf das südliche Flachland niedergegangen: das *Hraunsmúlihraun*, das *Bláfelldarhraun* und das *Búdahraun*. Eigentlich gehört noch das *Midhraun* dazu, südwestlich von *Raudamelur*, aber es ist, soviel ich weiss, überhaupt noch nicht näher untersucht.

So schwer es den Gäulen bei der lästigen Schwüle wird, wir verlassen den Strand und reiten auf die Lavafelder zu, um wenigstens einen oberflächlichen Eindruck von ihnen zu bekommen. Bei *Hraunsmúli* ist ein kleiner Basalt-Lavastrom die steile Felswand heruntergebrochen. Dann folgt das weit grössere *Bláfelldarhraun*. In einem gewaltigen Fall ist die Lava den fast 500 m Basalt-Berg hinabgestürzt, an ihrer Seite haben sich zwei kleinere Lavaarme wie geschmolzenes Pech ergossen und sind mitten auf dem Wege geronnen.

Um zu dem verlassenen Gehöft *Lýsuhóll* zu gelangen, müssen wir einen grossen Umweg wieder nach der Küste zu machen; denn mehrere Quellen entspringen dem Lavarande und haben das Land

---

[1] Sein Schwiegersohn Thoroddsen hat ihm ein schönes Buch gewidmet: *Æfisaga Dr. Pjeturs Pjeturssonar. Reykjavik* 1908.

[2] Die Beschreibung der alten Kirche bei Heusler, Deutsche Rundschau Bd. 22, S. 403.

in Sumpf verwandelt. Bei *Lýsuhóll*, östlich vom *Bláfeldarhraun*, liegt die einzige warme Quelle der ganzen Halbinsel, *Lýsulaug* (erwähnt in der Sturl. S. II, S. 147). Früher hatte man über ihr ein kleines Badehaus errichtet, das ist aber jetzt längst zerfallen. Als *Eggert Ólafsson* die Quelle besuchte, wurde ihm erzählt, dass hier früher eine sehr grosse gewesen sei, die aber jetzt verschwunden sei. (I, S. 157, § 452). In der Tat fanden sich hier alte, sehr bedeutende Kieselablagerungen, etwa 100 m im Durchmesser, und Merkmale von vielen, jetzt ausgetrockneten kochenden Quellen, so dass man sich vorstellen kann, wo sie einst gesprudelt haben. Die grösste ist jetzt *Lýsulaug*, ihre Temperatur ist 34,5° C. Der Engländer Mackenzie gibt ihre Wärme im Jahre 1810 mit 96° Fahrenheit an, Henderson im Jahre 1815 mit 90° F., ihre Wärme scheint also allmählich nachzulassen. Ein paar Thermen ein wenig höher in der Felskluft, die ganz mit Algen angefüllt sind, zeigen sogar nur 20° C.

Weiter führt der Weg, die Küste entlang, über schönen, weichen Sand, an der Mineralquelle *Ósakot* vorbei, bis ein breiter Fluss, der fast wie das Meer aussieht, uns Halt gebietet. Es ist die Mündung der kleinen *Hraunhafnará*, früher *Hraunhafnaróss*, heute nach dem an ihrem westlichen Ufer gelegenen Handelsplatze *Búdir Búdaós* geheissen. Im Altertum wird der Ort als Landeplatz nur selten erwähnt[1]), denn Seeschiffe können nur zur Flutzeit dort einlaufen. Die Bremer Kaufleute aber hatten hier im Anfang des 16. Jahrhunderts ihre Hauptniederlassung. Dann war hier bis Ende des 19. Jahrhunderts ein autorisierter Handelsplatz, er ging kurze Zeit ein, doch hofft man, dass er sich noch einmal wieder entwickeln werde. Die Wassertiefe beträgt etwa in der Richtung zwischen einem Wasserfall und der Schäre *Grunnasker* 13—15 m; der Ankergrund ist gut, besteht aber weiter nach innen aus Steinen. Quer über das Fahrwasser liegt eine Sandbarre. Diese dürfen Schiffe, die mehr als 2,8 bis 3,1 m Tiefgang haben, bei hohem Seegange und auflandigem Winde nicht passieren. Um die Brandung auf dem ansteigenden Grunde zu vermeiden, müssen sie sich dann längs der Küste halten. Wenn das Schiff in den Hafen oder in die Flussmündung einläuft, muss es sofort ausserhalb der Häuser nach allen Seiten festgemacht und ausserdem mit einer Topjolle versehen werden, um das Umfallen zu verhindern. In der schlechten Jahreszeit ist von *Búdir* als Anlegeplatz überhaupt abzuraten; bei einem plötzlich aufkommenden, auflandigen Sturm wird es dann für ein auf Reede liegendes Schiff sehr schwierig, ja äusserst gefährlich, die freie See zu gewinnen. Darum glaube ich auch nicht, dass *Búdir* eine grosse Zukunft haben wird.

Vom westlichen Ufer hatte man unsere Not bemerkt. Sofort wurde ein Boot flott gemacht, und wir wurden mit den Sätteln und

---

[1]) *Þorfinns P. Karlsefnis*, 13, 11; *Vigluudar* s. 56, 10.

Packkisten hinübergerudert; die Pferde mussten noch zwei Stunden auf der östlichen Seite bleiben, bis wieder Ebbe eintrat. Der Ort ist fast ganz von geborstener und rauher Lava umgeben, hier und da schimmert ein kleiner grüner Rasenstreifen auf, der das Düstere und Finstere ein wenig belebt. Männer und Frauen und Kinder strömten zusammen, um uns die Hände zu schütteln: es waren ganze 70 Menschen! Zum Glück fand *Ögmundur* sofort einen Bekannten aus seinem Heimatorte, der vor einigen Jahren hier eingewandert war. Wir wurden ohne weiteres zu Kaffee, Kuchen und einer Zigarre eingeladen. Der Bauer sprach nur isländisch, ebenso der Lotse, den mein Führer herangeschleift hatte, damit ich ihn über den Ankerplatz und die Einsteuerung in den Hafen ausquetschen konnte. Aber es ging besser als ich gefürchtet hatte, und ich konnte *Ögmundur* ruhig zwei Stunden verabschieden, da er auf eigene Faust Entdeckungsfahrten bei den weiblichen Wesen unternehmen wollte. Der Bauer erzählte mir die Geschichte von dem berüchtigten Raubmörder *Axlar-Björn (Börn* in *Öxl*, einem Gehöft und Berg oberhalb von *Búdir)*, und da wir Zeit genug bis zum Aufbruche haben, will ich die *Saga af Axlar-Birni* hier wiedergeben[1]).

In *Öxl* war es von jeher nicht geheuer gewesen. Hier wohnte in seinem Alter der *Landnámsmann Asmundr Atlason*, nach seinem Tode blieb seine Witwe *Póra* hier, berühmt durch ihre Gastfreundschaft; sie baute ihr Haus quer über die Landstrasse und hielt stets einen gedeckten Tisch vorrätig; sie selbst sass draussen auf einem Stuhle und lud sich alle als Gäste ein, die hungrig waren. *Asmundr* ward in einem Schiffe beigesetzt und ein Sklave ward zu ihm in den Hügel gelegt, damit er ihm in das andere Leben nachfolgte. Aber der tote Herr war damit übel zufrieden; man hörte ihn in der Nacht eine Klageweise ob der schlechten Gesellschaft anstimmen, man erhörte ihn und nahm den Knecht fort (Lnd. II, K. 6).

Die Landschaft, so ungefähr leitete der Bauer über, die Sie bis jetzt passiert haben, heisst *Stadarsveit*; ungefähr eine Stunde von hier, kurz hinter dem Sauerbrunnen *Osakot* beginnt die Landschaft *Breidavikurhreppur*. Hier wohnte am Ende des 16. Jahrhunderts zu *Húsanes* ein armer Bauer namens *Pjetur*. Dessen Frau hatte, als sie gesegneten Leibes war, ein unwiderstehliches Verlangen nach Menschenblut, und weil *Pjetur* sie liebte, ritzte er sich an der Fusssohle und gab seinem Weibe von seinem Blute zu trinken. (Ich mache darauf aufmerksam, wie selbst dieser schlichte Erzähler schon das Problem von der Vererbungstheorie streift! vgl. oben S. 67). Fortan litt die Frau an schweren Träumen und meinte oft, sie würde wohl einen blutigen Unhold zur Welt bringen. Aber der Knabe, der geboren wurde, war kräftig und gesund und wurde *Björn* genannt. Ein Sprichwort bei uns lautet „*sá er ugöfgari sem ödrum fóstrar barn*" (der ist der ärmere, der einem anderen das Kind aufzieht; schon FMS VI, K. 1). *Pjetur* gab seinen Sohn seinem ehemaligen Herrn *Ormr* zur Erziehung. Als *Björns* Zeit fast um war, erschien ihm ein starker Mann im Traum, der fragte ihn, ob er Lust habe, in seine Dienste zu treten; dann solle er am nächsten Tage in eine Kluft gehen, dort werde er unter einem Steine eine Axt finden, mit der würde er immer Geld und Gut haben. *Björn* holte sich die Axt und war von Stund an umgewandelt, raublustig, geld- und blutgierig. (Hier setzt ein anderes Motiv ein; *Björn* hat sich einem Troll verpflichtet,

---

[1] *Jón Espólin, Islands Árbækur* IV, K. 68; Bd. V, S. 84—85. *Jón Árnason, Ísl. Pjódsögur* II, S. 113—119.

Sein Dienstherr gab ihm den kleinen Hof *Öxl*, dort hauste nun *Axlar-Björn* mit seiner Frau und einem Knechte. Sein Vermögen nahm überraschend zu, aber merkwürdigerweise verschwanden zugleich viele Leute, besonders fremde Reisende, darunter junge Mädchen und alte Weiber; man konnte nachkommen, dass sie zuletzt in der Gegend von *Öxl* gesehen waren, aber dann hörte jede Spur von ihnen auf. Dem Knecht ward bange und unheimlich; er verliess *Öxl* unbemerkt und bestellte *Björn*, ihm graue vor dem Dienen bei ihm. Als aber *Björn* einmal mit den Kleidern eines von ihm Ermordeten die Kirche besuchte, wurde der Verdacht, der schon lange über ihm geschwebt hatte, Gewissheit; einige handfeste Männer, darunter der Bruder des Getöteten, packten ihn und schleppten ihn vor den Gesetzesbeamten. Alles Leugnen half nichts; in einer Heumiete, im Viehstalle, in einem Sumpf und an anderen Orten entdeckte man die versteckten Gebeine von 18 Personen. Da gab *Björn* offen seine Schandtaten zu: die Mädchen und Frauen hatte er aus blosser Lust am Blute gemordet, ohne jeden anderen Grund, die Männer, um ihnen ihr bisschen Geld zu rauben. (Beide Motive gehen hier ineinander über.) Seine Frau hatte nicht nur um seine Verbrechen gewusst, sondern ihm sogar noch geholfen und die Leichen versteckt. Im Jahre 1596 wurde *Björn* gerädert, enthauptet und verurteilt. Lachend wie die Helden der Vorzeit erlitt er den Tod und sprach beim Rädern: „Übel knacken die Knochen ohne Unterlage, ihr Burschen!" Seine Frau aber, deren Hinrichtung erst später erfolgen konnte, da sie mit einem Kinde ging, sagte: „In Stücke werden jetzt die Glieder meines *Björn* gehackt." Ihr Gehöft *Öxl* verödete, die beiden Mörder und ihre achtzehn Opfer spukten dort, und niemand wagte mehr da zu wohnen. —

Der Bauer führte uns die ersten zehn Minuten selbst durch das Lavalabyrinth, das unmittelbar hinter seinem Hause beginnt, bis wir den richtigen Weg hatten und uns nicht mehr verirren konnten. Das *búdarhraun* besteht ausschliesslich aus kohlschwarzer Plattenlava mit einer Menge kesselförmiger Vertiefungen, Höhlen, Löcher, Trichter und Schluchten; die armen Pferde sind gewiss nicht zu beneiden; aber der Anblick der ungeheuren dunklen Masse, die soeben erst aus dem Hochofen ausgeschüttet zu sein scheint, ist unbeschreiblich grossartig; als die schönste aller Laven, als geradezu göttlich, wird sie von feinen Kennern gepriesen mit ihren scharfen Zacken und luftig getürmten Säulen, den schmalen Firsten und rundlichen Knollen, den steilen Brüchen und tiefgehöhlten Kesseln. „Aber unsere Lava enthüllt sich uns, indem wir sie durchqueren, als ein Treibhaus der lieblichsten Flora, gleich als ob sich von der alten Glut noch eine laue Wärme in ihrer Kruste berge. In den tieferen Höhlen wuchert es von Farrenkräutern bis zum Rande herauf; an den sonnigen Flächen leuchtet der Enzian, der goldgelbe Mauerpfeffer; dazwischen rankt und kriecht die Brombeere, das Lycopodium. Wenn wir eine solche Lava durchirren, glauben wir in eine Welt für sich, in einen abgesteckten und umzäunten Zaubergarten geraten zu sein" (Heusler a. a. O. S. 219). Seit alters her ist das Lavafeld wegen seines Reichtums an seltenen Pflanzen berühmt, und die ersten isländischen botanischen Bücher heben hervor, dass die Kräuter des *Búdarhraun* zu Heilzwecken besonders geeignet seien [1]).

---

[1]) Thorrodsen-Gebhardt II, S. 63, 67.

Formlos und plump herrscht der turmhohe runde Kraterkegel *Búdaklettur*, der das alles einst ausgespieen hat, über seine Schöpfung hin. Bis an das Meer erstreckt sich sein Strom, und sein unterster Rand ist zum Teil mit gelblichem Muschelsande bedeckt, auf kleinen Dünen raschelt der starre Strandhafer. Der aus roter Schlacke aufgebaute Krater liegt genau in der Mitte der Ebene, er ist 66 m hoch und nach SW. offen. Dicht an seinem Fusse liegt eine bedeutende Lavahöhle, eine Rinne, durch die sich die glühende Lava ihren Weg gebahnt hat; sie ist etwa 3 $\frac{1}{2}$ m lang, fast 7 m breit und 2—3 m hoch; von der Decke hängen schöne Stalaktiten herab.

Nachdem wir den Berg umgangen haben, bessert sich der Weg; der erste Brachvogel entzückt uns mit seinem Triller, und zwei Schafe glotzen uns neugierig an. An der Bucht *Breidavik* (Abbildung 9), oberhalb welcher der einzige Gletscher liegt, den der *Jökull* niedersendet, hört die Lava allmählich auf, nur noch vereinzelte Blöcke liegen hier und da zerstreut umher, dann verstummt das Klappern der Hufe, und leise gleiten wir über Gras und Wiesen hin. Um einen See — oder eine Lagune — biegend, traben wir auf ganz weichem, schwarzen Sande und lenken durch niederträchtigen Morast, der *Ögmundurs* Pferd zu verschlingen droht, so dass er schnell absteigen muss, zu den Bergen hinüber. Nun bleiben wir oben auf dem hohen Küstenfelsen *Sölvahamar*, der bis *Stapi* reicht[1]; der unterste Teil besteht aus Basalt, der oberste aus Bimssteintuff und Bimssteinkonglomeraten, die von gescheuerter Lava bedeckt sind. Rechts starren schroffe Lavawände, unter uns braust das Meer und leckt der weisse Gischt. Mehrere Male kommen wir direkt an Wasserfällen vorbei, die keine zwei Schritt von uns entfernt niederstürzen; ein Glück, dass unsere Pferde nicht straucheln, der Weg ist nur für schwindelfreie Leute. Es ereignet sich gar nicht selten, dass die Pferde von dem schmalen Fusswege ausglitschen und an das Ufer des Meeres hinunterfallen. Vor etwa 150 Jahren musste man sogar ein Stück Weg auf Händen und Füssen kriechend zurücklegen; aber dann hat man einen anderen Steig gebrochen und zur Warnung eine Steinpyramide errichtet; gleichwohl soll in Fällen dringender Eile der alte lebensgefährliche Weg noch heute von tollkühnen Leuten benutzt werden. Wir waren wirklich froh, als wir glücklich in *Stapi* ankamen, nachdem wir zu guter Letzt den Berg noch zweimal hatten hinabsteigen und natürlich auch wieder hatten erklimmen müssen.

[1] Der *Sölvahamar* hat seinen Namen von einem *Landnámsmann Sölvi*, der bei dem Felsen wohnte (Lnd. II, K. 7); eine alte Ortssage aber erzählte, dass *Bárdr* seinen Neffen *Sölvi* von einem Felsen herabgestürzt habe, weil er beim Spielen seine Tochter auf einer Eisscholle ins Meer gestossen hätte, so dass sie bis Grönland trieb (*Bárdar s. Sn.* K. 5).

Ein leichter Sprühregen rieselte, aber so wenig, dass ich nicht einmal das Ölzeug anlegte. Da das Wetter für den nächsten Morgen

Fig. 9. Breiðavík.

nichts Gutes verhiess, machte ich mit einem Knecht, obwohl ich eigentlich totmüde war, noch einen Abstecher nach den verschiedenen interessanten Höhlen bei *Stapi*, die zum Teil aus der Zeit stammen, als der Wasserstand gleich nach der Eiszeit bedeutend höher war als jetzt; inzwischen sollten einige Fische gefangen und zum Abendessen gekocht werden[1]).

Die Gegend bei *Stapi* ist weltbekannt wegen ihrer schönen Reihen von Basaltsäulen, in denen das Meer grosse, an die berühmte Fingalshöhle in Schottland erinnernde Grotten und Höhlen ausgebrochen hat; diese Säulen finden sich am Rande eines postglazialen Lavastroms, und obwohl einige Basaltlagen mit Säulenstruktur von Basaltgängen durchsetzt sind, haben sich die Säulen nicht im geringsten verschoben.

Der südliche Abhang des *Snæfellsjökull* ist ganz mit Lava bedeckt, so dass die Grundlage hier nicht zum Vorschein kommt; aber wo das spitzgezackte, ausschliesslich aus Breccie und Tuff aufgebaute Vorgebirge *Stapafell* aus der Gebirgskette hervorspringt, tritt die Breccie zutage, und es gibt hier viele stark verwitterte Rücken, Knoten, Spitzen aus geschichtetem Tuff und bedeutende Höhlen. Die bekannteste von diesen Höhlen, 256 m ü. M., heisst wie die im *Hitardalur*, nach ihrem starken Echo *Sönghellir*; die Öffnung ist so niedrig, dass man hineinkriechen muss, innen aber erweitert sie sich zu einem hohen regelmässigen Gewölbe. *Jens Lauridsen Wolff* (1582—1652) erwähnt in seiner „*Norrigia illustrata*" (S. 203 ff.) diese Höhle zwar nicht mit Namen, meint sie aber ohne Zweifel, wenn er sagt, sie habe ein so starkes Echo, dass die Stimme eines einzigen Menschen so schalle, wie wenn hundert sprächen; viele Dänen hätten sich mit ihrem Namen darin verewigt; man könne noch die Schlafstätte eines Riesen *Brandur* in ihr sehen. Die Höhle aber, in der *Bárdr Snæfellsáss* gewohnt habe, sei so gross gewesen, dass darin tausend Mann Platz gehabt hätten; jetzt sei sie leider durch ein Erdbeben eingestürzt[2]). Die älteste Jahreszahl, die *Eggert Olafsson* im Jahre 1753 im *Sönghellir* fand, war 1483, doch erwähnt er auch Runen und „Hexenbuchstaben" (§ 413); überaus artig sei es, wie es, wenn man nur ausspeie oder in einem leisen Tone spräche, in der Höhle brumme und einen traurigen Widerhall gäbe.

Bei *Stapafell* teilt sich ein mächtiger, moderner Lavastrom in zwei Arme, die beide bis zum Meere niedergehen, der östliche bei *Stapi*, der westliche bei *Hellnar*. Bei dem Fischerplatz *Hellnar* ist das Ende des Lavastromes von der Brandung zerbrochen, so dass die Felsen am Strande alle möglichen abenteuerlichen Gestalten be-

---

[1]) Zum folgenden vgl. Thoroddsen, Andvari XVII, S. 87—90; *Lýsing Islands* I, S. 63, 64, 66.

[2]) Ein Hirt geriet einmal im Nebel in die Höhle hinein, konnte sie aber später nicht mehr wiederfinden (Safn II, S. 300). In dem Berge *Bárdarkista*, südlich von *Ingjaldshóll*, sollen *Bardrs* Schätze verborgen liegen (Andv. 17, S. 65).

kommen haben. Unterhalb von *Hellnar* erstreckt sich eine Lavaspitze ins Meer, *Valasnös*; die basaltische Lava ist in grosse, klingende Platten zerspalten, und die Bewohner benutzen sie, um damit ihre Häuser und Schafställe zu decken. Die Brandung hat die äusserste Spitze abgebrochen und eine sehr hohe, schöne Grotte gebildet *(Badstofa)*. Wenn das Sonnenlicht von der einen Seite durch eine enge Kluft hinab auf das Meer, auf den Boden der Grotte fällt, sagt Thoroddsen, so entstehen die schönsten Lichtreflexe, und die Wellen spielen in tiefblauen und grünen Farbentönen. Die westlichen, hochemporstrebenden Spitzbogen der Grotte sind von unzähligen Möwen umschwärmt, die ihre Nester auf den Absätzen und vorspringenden Spitzen gebaut haben.

Bei *Stapi*, wohin wir müde und hungrig zurückkehren, wird die Küste von einem älteren Lavastrom unter dem erwähnten jüngeren gebildet; der alte besteht aus Plattenlava, der jüngere aus „*apalhraun*". Der alte Lavastrom bildet 30—40 m hohe Klippen an der Küste, diese sind von der Brandung bearbeitet und zerbrochen, so dass dieser Küstenstrich zu den wildesten und malerischsten Gegenden in ganz Island gehört. Es gibt hier eine Menge kleiner, von steilen Klippen umgebener Buchten, mit Ecken und Spitzen in allen möglichen Formen, und draussen aus dem Meere ragt eine Unzahl senkrechter Felsenspitzen, Türme, Höhlen, Klüfte und Wölbungen in den verschiedensten Stellungen empor, alle aus schönen Basaltsäulen aufgebaut. Westlich von der Hauswiese liegt die grossartigste Sehenswürdigkeit: eine langgestreckte Bucht zwischen steilen, senkrechten Klippen, „*Pumpa*" genannt, weil die Wellen wie in einer Pumpe sausend aus- und eingesaugt werden; die Brandung ist fürchterlich, und der Schaum spritzt hoch über die oben mit Gras bewachsenen Felsen. Noch ein wenig westlich davon liegen drei grosse vom Meere ausgehöhlte Grotten, die sogenannten „*gjár*" *(Eystrigjá, Midgjá und Músargjá)*. Die Höhlen, die sich wie gotische Torgewölbe nach dem Meere zu öffnen, werden von senkrechten, herrlichen Basaltsäulen umgeben, die Decke ist von der Brandung durchbrochen, die oft wie eine gerade aufgerichtete Schlange durch die grossen, runden Öffnungen schiesst. Auf den *Gatklettur* („Torfelsen") kann man sogar hinaufklettern (Abbildung 10) und durch diese Decke von oben her in die tiefen Höhlen blicken; unten sieht man das Meer um die abgebrochenen Säulen brausen; auf jedem Säulenknauf gewahrt man nistende Vögel, grosse Schwärme von Möwen tummeln sich schnellen Fluges unter den hohen gotischen Gewölben. Die Gewalt der Brandung ist bei stürmischem Wetter in diesen Grotten ungeheuer gross, so dass das Wasser mit Seegras und Sand in hohen Säulen durch die Löcher der durchbrochenen Decke spritzt. Am nächsten Morgen liess ich mich mit einem Boote in die Höhlen hineinrudern, genoss vom Kahne aus das über alle

Beschreibung herrliche Naturspiel und sah dem Treiben und Jagen der Seevögel zu: die Felsenspitzen, die Absätze der Basaltdecken,

Fig. 10. Gatklettur bei Stapi.

die Grotten, die blauen Wogen, alles war von Vögeln weiss; einige sassen gravitätisch auf den schmalen Steinleisten, andere waren eifrig mit Fischen beschäftigt und wiegten sich auf den schaukelnden Wellen, andere schossen pfeilgeschwind hin und her, und der ganze Schwarm erfüllte die Luft mit misstönendem Geschrei. Die ruhelos umherflatternde Menge besteht hauptsächlich aus Dreizehenmöwen (Larus tridactylus, isländisch: *Rita*), die mit ihren zarten Farbentönen und graziösen Bewegungen unsere Blicke am meisten fesseln; aber ausserdem gibt es zahllose Lummen (Uria troile, isländisch: *Stuttnefja*), deren Stimme in der Ruhe fast lachtaubenartig ertönt, Papageitaucher (Mormon fratercula, isländisch: *Lundi* oder *Prestur*) und andere.

Ich war entsetzlich müde und hungrig, als ich endlich, kurz vor Mitternacht, in die Stube trat, um mich an Enteneiern und Dorsch zu laben. Aber fast wäre ich vor dem Rauche zurückgeprallt, der mir entgegenquoll. Ungefähr zehn Bauern und Fischer, zu denen das Gerücht von meiner Ankunft schon gedrungen war, waren zu Ross und in Motorbooten gekommen, um mich zu begrüssen, und qualmten bei Kaffee und Milch fürchterliche Tabakswolken. Ich liess mich indessen nicht weiter stören und nahm an der lebhaften Unterhaltung teil. Mein Wirt, *Kjartan Þorkelsson*, erinnerte sich, dass er vor 13 Jahren Prof. A. Heusler aus Berlin in *Búdir* kennen gelernt habe, den einzigen Fremden, der isländisch gesprochen habe, und dass er den *Jökull* bestiegen habe. Mir riet er, wenn ich nicht noch einige Tage warten wollte, dringend davon ab, und warnte mich auch, den näheren Weg nach *Ólafsvík* östlich um den Gletscher über das *Kambsskard* einzuschlagen: er führe drei Stunden ununterbrochen über Schnee, und wenn er mir auch einen zuverlässigen Mann mitgeben könnte, so sei der Pass doch bei Nebel und Regen nur unter Lebensgefahr zu passieren, und der Führer müsse eventuell mehrere Tage in *Ólafsvík* warten, bis es sich wieder aufgeklärt habe. Auf die Besteigung des *Snæfellsjökull* verzichtete ich nur schwer; da jedoch auch meine Ausrüstung darauf nicht eingerichtet war, gab ich der besseren Einsicht nach[1]. Aber ärgerlich war ich, dass mich der wegen seiner Launen berüchtigte Rübezahl des *Snæfellsjökull*, *Bárdr Snæfellsáss*, so gefoppt hatte: die ganze Zeit über hatte er mir von der Ferne seine Herrlichkeit gezeigt und das Verlangen, ihn zu besuchen, auf das höchste gesteigert; jetzt, wo ich unmittelbar an seiner Wohnung stand, machte er es so, wie es die Saga von ihm erzählt: er zauberte ein Unwetter herbei, um mir den Zutritt zu seiner Höhle zu verwehren (K. 10). Ganz unnötig hatte ich auch den Abstecher nach *Hellnar* gemacht, denn morgen früh

---

[1] Der Gletscher ist zuerst von *Eggert Ólafsson* und *Bjarni Pálsson* bestiegen, am 1. Juli 1753; dann von Stanley und Wright im Jahre 1789 (John Barrow, Ein Besuch auf der Insel Island, 1836, Stuttgart, S. 152—159); von Bright und Holland 1810 (Mackenzie, Travels in the island of Iceland. 2. Aufl. Edinburgh 1812, S. 175—180) und Henderson am 25. Mai 1815 (Bd. II, S. 44—51).

musste ich nun doch den Gletscher südlich und westlich umgehen; aber da ich ganz gewiss nie wieder in meinem Leben hierher kommen würde, und die Höhle wohl einen zweimaligen Besuch verdiente, liess ich mir meine Stimmung nicht verderben.

Über die *Bárdar saga Snæfellsáss* wussten Wirt und Gäste grossartig Bescheid; fast jede Lokalität, die in der Saga erwähnt wird, ist noch heute bekannt, und ihr Verfasser muss in der Gegend des *Snæfellsjökull* zu Hause gewesen sein[1]. Dieses isländische Rübezahlmärchen handelt von dem Riesen *Bárdr*, der in das *Snæfell* einging und der Schutzgeist *(áss)* dieses Berges für die Bewohner wurde, die an ihn glaubten und ihn in Gefahren anriefen, wenn sie von Hexen und Trollen bedrängt wurden. Er war vermutlich ursprünglich ein *Landnámsmann*, der auf dem *Snæfellsjökull* in die Irre ging und nie wieder gesehen wurde. Seiner Person hat sich dann die Sage bemächtigt, späterhin im Laufe des 13. Jahrhunderts; das germanische Altertum kannte in Berghöhlen entrückte Heroen, denen das Volk Verehrung und Opfer brachte, und die um Hilfe angerufen wurden. Irgendjemand in der ersten Hälfte des 14. Jahrhunderts sammelte dann die verschiedenen Geschichten vom Berggeiste *Bárdr* und seinem Sohne *Gestr*, die sich lange mündlich erhalten hatten, vereinigte sie mit Sagen, die an Ortsnamen anknüpften (z. B. *Bardarlaug, Sönghellir, Tröllakirkja*, wo gewissermassen das Wort fast schon eine Sage ist) und suchte dann seinem so entstandenen Märchen- und Abenteuerroman durch den Gedanken des siegreichen Ringens des Christentums mit dem heidnischen Volksglauben eine einheitliche Komposition zu geben. Er ist kein Dichter gewesen, nur ein eifriger Sammler und geschickter Überarbeiter; aber ihm ist wohl ausser der Erhaltung einer grossen Zahl Volksmärchen zu danken, dass die vielen Lokalsagen noch heute auf *Snæfellsnes* fortleben, und dass fast jeder Bewohner die mit den Ortsnamen verknüpften Episoden kennt; so zäh lebt sein aus historischen und erdichteten Zügen, aus sagen- und märchenhaften Motiven bunt zusammengesetztes Machwerk fort, dass, soweit ich habe in Erfahrung bringen können, keine neue Volkssage hat entstehen können.

Bárdr war der Sohn des Riesenkönigs *Dumbr*, dessen Reich vielleicht die Südküste der Halbinsel Kola im Weissen Meere war, und der *Mjöll*, von deren hellglänzender Farbe der weisseste Schnee seinen Namen hat. Er war also unzweifelhaft riesischer Abkunft und überdies bei dem Bergriesen *Dofri* erzogen, dem Gebieter des *Dovrefjeld* in Norwegen; so wurde er der Pflegebruder Harald Haarschöns. Aber wie so viele Männer aus Norwegen wanderte er vor dem Druck des neuen Einheitskönigs aus, heiratete ein Menschenweib und zeugte mit diesem Kinder, schloss mit Menschen Brüderschaft und wohnte als Bauer mit seiner Familie auf *Snæfellsnes*,

[1] Ausgabe von *Valdimar Asmundarson, Reykjavík* 1902. *Arni Thorlacius, Skýringar yfir örnefni i B. s., Safn til sögu Islands* II, S. 299—303; Gotzen, Über die *Bárdar s. Sn.* Berlin 1903 (Dissertation).

wie so viele andere Ansiedler auf Island; ja, er und die Seinigen hatten selbst ihre eigene *Tröllakirkja* und ihren eigenen Opferkultus. Seine Tochter *Helga* treibt auf einer Eisscholle nach Grönland und trifft hier Erich den Roten an.

Aber der Versuch des *Bárdr*, mit den Menschen Gemeinschaft zu halten, misslingt. Die Herkunft, Natur und Erziehung des Riesensohnes, sowie die übeln Erfahrungen, die ihm sein Verkehr mit den Menschen eingebracht hat, veranlassen ihn, sich in das Gebirge zurückzuziehen. Die Leute meinten, dass er in den Ferner eingegangen sei und dort eine grosse Höhle bezogen habe; denn das war mehr seine Art, in Höhlen zu sein als in Häusern, weil er in den Höhlen des *Dofri* auferzogen war; er war auch von Wuchs und Stärke den Unholden ähnlicher als den Menschen. Aber die Bewohner des Vorgebirges glaubten an ihn wie an einen anzurufenden Gott und nannten ihn darum *Bárdr Snæfellsáss*.

Mit dem Eingehen des *Bárdr* in den Berg tritt seine riesenhafte Natur wieder mehr hervor, von jetzt an zeigt er sich den Menschen als kräftiger Schutzgeist. Dem *Einarr* von *Lungarbrekka* gewährt er Sieg und lässt sein Grab immer grünen, dem *Ingjaldr* steht er bei auf stürmischem Meere, das eine Hexe *Hetta* erregt hat, um ihn beim Fischen zu töten, einem dritten hilft er einem Unholde den Rücken brechen, einen vierten, den aus der Geschichte vom Hühner-Thorir berühmten *Tungu-Oddr*, erzieht er und unterrichtet ihn in der Gesetzeskunde. Gleichwohl besteht zwischen *Bárdr* und der Riesin *Hit* im *Hitardalr* ein freundschaftliches Verhältnis, er nimmt mit seinem Sohn *Gestr* im *Hundahellir* an ihrer Julfeier teil (vgl. S. 81).

Hit schenkt dem *Gestr* einen wertvollen Hund von grauer Farbe, sehr stark und klug, besser zum Kampf als vier Männer. Er befreit ein schönes Mädchen aus der Gewalt der Unholde, als gerade die Hochzeit stattfindet; bei dieser gibt es Menschenfleisch, über das die Riesen wie Adler herfallen, und gewaltige Schenkelknochen, Überreste vom Mahle, werden von den Gästen wie Bälle einander zugeworfen. Während die Riesen trunken schlafen, schlägt ihnen *Gestr* der Reihe nach den Kopf ab; sein Hund läuft auf einen Felsen hinauf und wälzt von dort einen schweren Block hinunter, der der Riesenmutter den Rücken zerbricht.

Darauf geht er mit seinem Hunde nach Norwegen, denn er hat grosses Verlangen, König *Óláfr Tryggvason* zu sehen, der dort herrscht und von dem so viel erzählt wird. In dessen Auftrag geht er nach Grönland und nimmt einen christlichen Priester und zwei heidnische Zauberer mit. Als er aber in einem Kampfe mit zahllosen Gespenstern sich in der äussersten Not sieht und selbst sein eigener Vater ihn im Stiche lässt, da gelobt *Gestr* den Glauben anzunehmen, den König Olaf verkündigt, und an den allmächtigen Gott zu glauben, wenn er ihm aus dieser Not helfe und mehr vermöge als sein Vater. Nach Throndhjem zurückgekehrt, lässt sich *Gestr* taufen. Die erste Nacht darauf träumt ihm aber, dass sein Vater *Bárdr* zu ihm kommt und sagt: „Nun hast du einen andern Glauben angenommen und die Religion aufgegeben, die alle deine Blutsfreunde gehabt haben, und du bist ein böser Schandfleck geworden für dein Geschlecht: jetzt will ich dir diese Aufführung lohnen. Damit setzt er ihm je einen Finger in seine beiden Augen und geht fort. Hierauf erwacht *Gestr* und hat da einen Schmerz in den Augen bekommen; dieser Schmerz wächst mehr und mehr und verursacht endlich seinen Tod. Den König dünkt dies ein grosser Schaden. *Gestr* stirbt noch in den weissen Gewändern, sieben Tage später als oben gesagt ist.

13. Juli. In meinem Holzkämmerchen, zu dem eine schmale, wackelige Hühnertreppe führte, hatte ich ausgezeichnet geschlafen und gar nicht gemerkt, dass die weiblichen Insassen des Hauses es beim Zubettegehen und Aufstehen hatten passieren müssen. Es hatte tüchtig in der Nacht geregnet, und damit verbot sich die Besteigung des Gletschers von selbst, obwohl das Wetter sich aufzuklären schien. Während die Pferde geholt wurden und nach dem

Knecht geschickt wurde, der mich schon am Abend vorher begleitet hatte und jetzt die ersten Stunden durch das Lavagewirr führen sollte, streifte ich mit dem Bauern umher und liess mir von *Stapi* und dem *Jökull* erzählen.

Stapi, oder genauer *Arnarstapi* (Adlerfelsen) nach einer draussen vor der Küste freistehenden, senkrechten, oben flachen und mit Gras bewachsenen Klippe genannt, ist ein Fischerdörfchen von etwa 40 Seelen und 6 Gehöften. Früher ein Häuptlingssitz, war der Ort bis zum Beginn des 18. Jahrhunderts ein Handelsplatz; Reste der alten Handelshäuser sind noch in Menge zu sehen. Seine offene Reede, etwa 6 Seemeilen von *Búdir* entfernt, kann nur im Sommer besucht werden, Löschen und Laden ist nur bei gutem Wetter möglich, obwohl der Ankergrund gut ist. Die Schiffe müssen sich vor der Klippe *Göltur* bei der Landspitze *Hellnnes* (früher: *Kneifarnes*) in acht nehmen; sie wird nur bei dem höchsten Springhochwasser überflutet, die Brandung steht stets auf ihr, und in ihrer Nähe finden grosse magnetische Störungen statt. Der kleine Fluss *Stapagil*, bei *Stapi* selbst, neben dem *Sandalwkur*, der bei *Sölvahamar* ins Meer fliesst, der einzige Fluss, der vom Gletscher nach Süden läuft, ist den Schiffen ungefährlich.

An der westlichen Seite der Halbinsel von der Südspitze *Malarrif* bis zur Nordwestspitze *Öndverdarnes* (d. i. vorderstes Vorgebirge; hier soll übrigens spätestens von 1909 an ein weisses Blinkfeuer auf einem 2 ½ m hohen Punkte brennen) sind keine Häfen oder Hafenplätze, sondern nur einige Fischplätze. Hierhin ziehen die Fischer von *Stapi* und *Hellnar* im Sommer und fischen dort, aber nur bei gutem Wetter und in der Nähe des Landes; sobald sie mit dem Fang einlaufen, müssen sie die Boote aufschleppen. *Stap (Stapi)* und *Ontvertnes (Öndverdarnes)* stehen schon auf einer Karte Islands vom Jahre 1597. Von den erst seit kurzem in Aufnahme gekommenen Motorbooten versprechen sich die Fischer viel. Wenn auch die Fischplätze rings um den Gletscher zu den ertragärmsten von Island gehören, so gibt es doch nicht einen einzigen Bettler hier, ebensowenig wie in der Hauptstadt. Denn ein Land, in dem es kein Geld gibt, ist kein Land für Bettler; und viel Spass hatte es den einfachen Leuten gestern Abend gemacht, als alte Bettlergeschichten aufgetischt wurden, und *Ögmundur* ihnen ein Geschichtchen vom dänischen Königsbesuche des vergangenen Jahres erzählte. Irgend ein dänischer Abgeordneter hatte sich mit genügend Kupfergeld versehen, um es unter die am Hafen umherlungernden Bettler zu verteilen. Er war sehr erstaunt, in ganz *Reykjavik* nicht einen einzigen von dieser Art zu finden und sagte zum isländischen Minister: „Ah, ich verstehe! Nicht wahr, Sie haben alle Bettler, so lange der König hier ist, aufs Land vertrieben und in Arbeitshäuser gesteckt?" — Als Thoroddsen vor 18 Jahren in dieser Gegend war, hatte er das Unglück, so wurde mir erzählt, gerade bei einem ganz armen Fischer abzusteigen, der ihm kaum ein Bett, geschweige einen Stuhl anbieten konnte, und der Raum, in dem er übernachtete, war so niedrig, dass er sich darin nicht aufrichten konnte. Heute, meinte mein Gewährsmann, würde sein gefeierter Landsmann, auf dessen Weltruhm alle stolz sind, überall ein anständiges Unterkommen finden. Und das konnte ich ihm nur bestätigen.

In einem kleinen Gehöft, eine Stunde östlich von *Stapi*, wohnte eine Zeitlang der arme Dichter *Sigurdur Eiriksson Breidfjörd*, dessen Gedicht „Gastfreiheit" jedem Freunde Islands wohl bekannt ist; *Steingrimur Thorsteinsson* hat vor 5 Jahren auf seinen unglücklichen Landsmann ein hübsches Gedicht in *Stapi* verfasst. Denn der greise Dichter *Steingrimur* ist selbst in *Stapi* am 19. Mai 1831 als Sohn des Amtmanns *Bjarni Thorsteinsson* geboren; 30 Jahre lang war *Stapi* Sitz des Amtmanns für das Westland. Fast alljährlich besucht *Steingrimur* seine Heimat, wohnt dann bei meinem Wirte *Kjartan* und freut sich des unvergleichlich schönen Gletschers, den er selbst in herrlichen Worten besungen hat[1]):

Snæfellsjökull.

Über Lawawüsten,
Steinmassen hochgetürmt,
Und steilen Felsenküsten,
Wo der Eiswind stürmt,
Schaut auf kaltem Felsenkap
Snæfellsjökull himmelhoch
Auf das Meer hinab.

Weiss vom Vogelheere
Ist dort die Felsenwand[2]),
Hier lauert *Hel*[3]) im Meere,
Hier rast *Rán*[4]) ans Land;
Spitzig ragt, den Riesen gleich,
Der *Lóndrangar*[5]) finstres Paar
Auf ins Wolkenreich.

Wenn die Sturmflut schäumend
Mit schneeweissem Gischt,
Hoch empor sich bäumend,
Auf die Felsburg zischt —
In einer Mondnacht wolkenschwer —:
Nichts Gewaltigers sah ich je
Als dich, entsetzlich Meer.

---

[1]) Übersetzung von Poestion, Eislandblüten S. 141—144.
[2]) Gemeint sind die *Svörtu loft*, s. u. S. 119.
[3]) Die Todesgöttin.
[4]) Meeresgöttin.
[5]) Über die *Lóndrangar* s. u. S. 117.

Dort singt kein Schwan; laut kreischen
Seevögel und Raben allein,
Die ihre Äsung heischen;
Der Fuchs heult im Gestein.
Doch im Sommer klang so traut
Abends von der Heide her
Des Brachvogels Laut.

Bei dem klaren Bache
Hatt' ich ein Häuschen klein.
Und zum Wohngemache
Richtete ich mir's ein¹).
Liess gern Schifflein schwimmen auch,
Und wir freuten uns daran,
Wie's kleiner Kinder Brauch.

Herrlich war's zu schauen,
Wenn des *Snæfells* Eis
Vom Himmel sich, vom blauen,
Abhob so blendend weiss.
„Am reinsten ist", so dacht' ich dann,
„Alles, was am höchsten hier
Zum Himmel reicht hinan."

Hier hausten vor grauen Tagen
Unholde mannigfalt;
Erstarrt zum Steinbild ragen
Heut manche, hoch und kalt.
Nur wen'ge gibt's noch hierzuland;
Einer aber, weiss ich, wacht
Dort am Meeres Strand.

Bárdur, der auf lichter
Gletscherhöhe haust.
Er bläst in den Bart, dass dichter
Schneewirbel den Gau durchbraust.
Stöbert's recht, dann freut es ihn —
Und er trabt im tiefen Schnee
Frohgemut dahin.

Mög' stets er steh'n und zeigen
Als grimmer Troll sich dort,
Als wiese er die Feigen
Aus seinem Gaue fort:
Des *Snæfells* Herr am blauen Meer,
Der alle Berge überragt,
Als Wächter hoch und hehr.

Am liebsten mag ich träumen
Von deinem Wüstenland,
Das alte Krater säumen
Am gischtgepeitschten Strand.
Wehmut überkam mich da,
Als ich vom hohen Schiffsverdeck
Zum letzten Mal dich sah.

---

¹) Die Kinder auf Island unterhalten sich gerne damit, sich einen kleinen „Hof" aus Steinen und Rasen zu erbauen.

Auf den blauen Fluten
Flog dahin das Boot;
Du standest von den Gluten
Des Alpenglühens rot.
Ich wusst' nicht, als dich mein Blick verlor,
Ob dich das Meer dem Aug' verbarg,
Ob meiner Tränen Flor.

Nur noch wenige abschliessende Worte über den *Snæfellsjökull* selbst, den „Schneeberggletscher". (Abbildung 11.) Er ist 1436 m hoch und erhebt sich wie der Vesuv unmittelbar am Meere; die Gebirgskette hinter ihm ist nur 450 m hoch. Sein Gipfel ist gespalten, und die drei obersten Spitzen sind wahrscheinlich die drei aufrechtstehenden Gipfelteile um den mit Eis gefüllten, nach S. W. offenen Krater. Seine Gletscherdecke hat nach Thoroddsen kaum ein grösseres Areal als 20 qkm. Aus historischer Zeit sind uns keine Ausbrüche von ihm bekannt; jedoch kann er im Altertum tätig gewesen sein, ohne dass man etwas davon weiss. Der dänische Geograph J. L. Wolf (s. o. S 108) hält den *Snæfellsjökull* für den höchsten Schneeberg Islands, man habe Knochen und Schädel von Walfischen auf seinem Gipfel gefunden, denn bei der Sintflut habe das Wasser 15 Ellen über den höchsten Bergen gestanden. (Vgl. auch Thoroddsen-Gebhardt II, S. 202, S. 209, 210.)

Der Knecht, der uns begleitete, ging heute zu Fuss und führte die 5 losen Pferde am Zügel. Nach einer Stunde erreichten wir *Laugarbrekka*, wo einst *Bárdr* wohnte, solange er noch unter Menschen weilte. In einer in der Nähe gelegenen kraterförmigen Vertiefung ist ein kleiner, runder See, von Steinen umgeben, die Menschenhände geordnet haben müssen; dieser See soll zur Zeit der Besiedelung zum Baden und Schwimmen benutzt worden sein und heisst darum „*laug*", *Laugarbrekknvatn*, früher wahrscheinlich *Bárdarlaug*. Die Reste der alten Kirche und der Grundbau sind noch deutlich zu sehen, auf etwa 100 verödeten Gräbern wuchert üppiges Gras, von einem Administrator liegt der Grabstein mit dänischer Inschrift vom Jahre 1660 irgendwo am Boden.

Die diesige Luft klärt sich etwas, und bald tauchen vor uns die *Löndrangar* auf: zuerst ein 100 m hoher steiler Felsen, wie eine riesige Tulpe auf einen groben Klotz gestülpt, dann, dicht ausserhalb von ihm, ein ähnlicher, aber etwas kleinerer. Von unserem Standpunkte und vom Meere aus kann man sie für eine gotische Kirche mit einem hohen Turm halten, die über die schwarze Lava emporragt. Der grösste von diesen Felsentürmen besteht aus Tuff, auf Basalt ruhend. Etwas östlicher, am Meere, liegt das alte *Púfubjarg*, heute *Svalpúfa*; der unterste Teil dieser Felsspitze besteht aus Basalt mit senkrechter Säulenstruktur, der oberste ist aus Bimssteintuff und Bimssteinkonglomerat aufgebaut. Die *Löndrangar* werden schon in der *Landnámabók* erwähnt (II, K. 7): Als *Einarr* zu ihnen kam, sah er einen Troll auf ihnen sitzen, der die Füsse

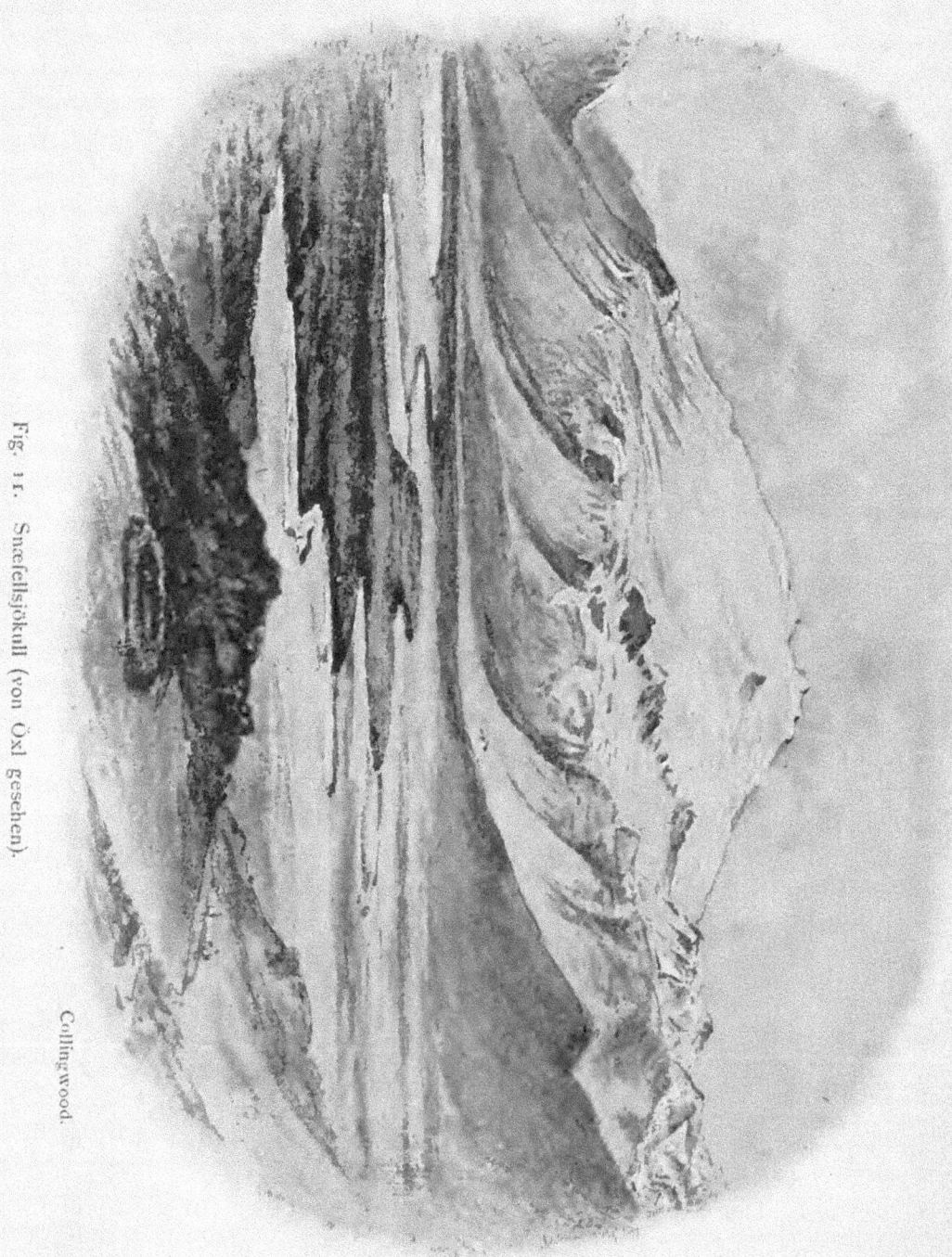

Fig. 11. Snæfellsjökull (von Öxl gesehen). Collingwood.

baumeln liess, so dass sie die Brandung berührten, und er schlug sie zusammen, so dass ein Seegang entstand, und sprach diese Weise:

„Ich war dabei, als das Flutkorn der Riesenmutter (= Fels) vom Berge fiel, aus dem hohen Himmel der Bergriesen, auf der Totenstrasse des Heiden. Wenige Bergriesen machen grössere Stürme auf der Schiffsebene (= dem Meere), auf der befreundeten Erde: das Fusswaschen tut mir wohl".

Nördlich von ihnen gelangen wir in mühsamer Kletterei an zahlreichen roten kegelförmigen Hügeln und zwei verödeten Gehöften vorüber zu einer Grotte, der Unholdenkirche; hier hatten die Unholde nach der *Bárdarsaga* eine Opferstätte „und da heisst es seitdem *Tröllakirkja*" (K. 4); diesen Namen führt die Örtlichkeit noch heute.

Unmittelbar darüber liegt, von zwei Armen des *Bervíkurhraun* eingeschlossen, die *Dritvík* (Kotbucht); sie hat wie *Dritsker* (Kotschäre) bei *Stykkishólmur* ihren Namen daher, dass die Leute dort ihre Bedürfnisse verrichteten. In der Bucht *Lón*, die von der *Dritvík* nach Norden ins Land schneidet, war *Bárdr* gelandet, als er vor König Harald geflohen war; er nannte die Landspitze *Djúpalón*. Die Bucht hat eine gefährliche Einfahrt, ist aber tief und gewährt einen allerseits geschützten Hafen, sie muss das *Djúpalón* der Saga (K. 4) sein, nicht der kleine Süsswassersee, der zwischen der „Kotinsel" und dem „Haff" liegt; denn es ist wenig glaubhaft, dass der kleine See früher mit dem Meere verbunden gewesen ist. Von der Landspitze bei *Dritvík* erstreckt sich ein Riff 4 Kabellängen in südwestlicher Richtung, auf dem bei hohem Seegange Brandung steht.

Etwas nördlich von hier blieben wir am östlichen Rande des letzten Lavafeldes und verliessen die steile Küste; die berüchtigte Klippe *Svörtu loft* (schwarze Böden, dänisch Sorte Lofter) bekam ich also nicht zu sehen; an den düsteren, bodenraumartigen Felsenhöhlungen sind schon viele Schiffe gescheitert. Diese Felsenwand meint *Steingrímur*, wo *Hel* im Meere lauert und *Rán* ans Land rast; hier war *Jón Jónsson*, Lehrer an der Lateinschule zu *Bessastadir*, bei einem Schiffbruche ertrunken, und *Bjarni Thórarensen* hatte über den Freund eine stimmungsvolle Totenklage erhoben (übersetzt von Poestion, Eislandblüten, S. 21—23). Endlich sehen wir in steiniger Öde ein armseliges Gehöft; sieben Stunden lang waren wir wie die Schnecken durch lauter Lava gekrochen, der Wind hatte uns tüchtig durchgeschüttelt, nicht einmal hatten wir Rast gemacht, da wir zuletzt den Pferden nicht ein dürftiges Hälmchen hatten bieten können. Glücklicherweise waren wir, wie wir erfuhren, auf dem richtigen Wege. Dieser wurde etwas besser, und je mehr wir uns vom *Snæfellsjökull* abwandten, desto wärmer und heller wurde es. Als wir gar der Nordküste der Halbinsel nahe kamen und den ersten Blick über den breiten Fjord bis *Látrabjarg* hatten, sank eine Nebelhülle nach der andern vom Gletscher, und zuletzt stand er wieder in ungetrübter Reinheit in seinem weissen Schneemantel da, der, ein seltener Anblick, in allen Regenbogenfarben funkelte. So hatte mich der launenhafte Berggeist wirklich niederträchtig zum Besten gehalten: die ganze Zeit vorher und nachher hat er gelockt und gewinkt, aber als ich endlich vor seiner Tür stand, da machte er sich unsichtbar.

Sechstes Kapitel.

Snæfellsnes, Nordküste. Der Schauplatz der Eyrbyggja saga.

Wir sind jetzt in dem Bezirk *Neshreppur*, der durch das Vorgebirge *(Ólafsvíkur-) Enni* in zwei Teile zerlegt wird (*utan* und *innan Ennis*). Der Handelsplatz *Sandur*, 5 Sm. östlich von *Öndverdarnes*, ist ohne Bedeutung; wenn fremde Schiffe hier einlaufen müssen, so sind sie übel daran: es dauert ein paar Tage, bis Lebensmittel herangeschafft werden können, und selbst das Auffüllen der Wasservorräte macht Schwierigkeiten. Von der *Rif*-Huk, die bis auf einige Kabellängen Abstand rein ist, nimmt die Küste eine südöstliche Richtung an; noch im 18. Jahrhundert war hier ein Handelsplatz, heute sind es ein paar Gehöfte, unterhalb steht noch die Kirche *Ingjaldshóll* (älter: *Ingjaldshváll*), nach *Bárdrs* Schützling *Ingjaldr* benannt.

Der Hafen von *Rif* wurde im 15. Jahrhundert viel von den Engländern benutzt, die den Stockfisch ausführten; auch nach Einführung des Handelsmonopols, durch das den Isländern unter harten Strafen verboten wurde, mit anderen als den autorisierten dänischen Kaufleuten Handel zu treiben, setzten die Engländer ihren Handel auf *Snæfellsnes* bis tief in das 17. Jahrhundert fort. Viele englische Schifferbarken suchten damals die isländischen Fischbänke auf, sie hatten ihre Hauptstation im *Dýrafjördur*, bei *Rif* und *Bervík* auf *Snæfellsnes*; ein englisches Kriegsschiff begleitete die Schiffe nach Island im Frühling und holte sie im Herbst wieder ab. Die Schiffe setzten stets viele englische Händler ans Land, die die Insel mit ihren Waren bereisten, aber im Herbst zu der Hauptstation am Fusse des *Snæfellsjökull* zurückkehrten. Der königliche Handel sah mit scheelen Augen auf diese Krämer und vertrieb sie zuletzt völlig. Fremder Handel durfte fortan nicht mehr getrieben werden; jeder Bauer war verpflichtet, an einer bestimmten Stelle an einen bestimmten Kaufmann zu verkaufen und von ihm einzukaufen, die geringste Übertretung wurde mit Zuchthaus und Stäupung bestraft.

Schon von weitem hatten wir die Kirche *Ingjaldshóll* bemerkt; da sie aber eigentlich etwas ausserhalb unserer Strasse lag, hatten wir sie nicht besuchen wollen. In einem grässlichen Geröllfelde hatten wir uns jedoch so verirrt, dass wir nicht mehr ein- und aus wussten; wir steuerten also auf die stattliche Steinkirche, eine Filiale von *Ólafsvík*, zu und engagierten den Bauern für 2 Kronen als Führer bis zu unserem Nachtquartier. Er war sofort bereit und schickte nach der Weide, um ein Pferd für sich holen zu lassen; seine Frau aber liess es sich nicht nehmen, uns indessen einen starken Kaffee zu brauen und englische Cakes vorzusetzen.

In *Ingjaldshóll* ist *Eggert Ólafsson*, der erste wissenschaftliche Erforscher Islands, ein glühender Patriot und tüchtiger Dichter, bei seinem Oheim vom Jahre 1738 an erzogen worden; als er kaum 42 Jahre alt im *Breidifjördur* ertrank, seufzte der Schutzgeist seines Landes schwer:

> „Wahrhaftig einen grössern Mann
> Beweine ich nimmermehr!"

In der Hauswiese liegt die Klippe, an der Ritter *Björn Þorleifsson* im Jahre 1467 von den Engländern erschlagen wurde, der *Björnssteinn*[1]); er war, wie der Bauer sich ausdrückte, nach *Snorri Sturluson* der erste Millionär wieder auf Island.

Als der schwarze Tod 1402—1414 fast zwei Drittel der ganzen Bevölkerung hinweggerafft hatte, heiratete *Björn* in die reichste Familie der Insel hinein und wurde Statthalter des dänischen Königs. Als solcher hatte er von den Engländern, die damals gerade um *Snæfellsnes* viel Fischfang und Handel trieben, die Zölle einzuziehen, das sogenannte „Sackgeld", etwa 1/5 vom Werte der Ladung. Da sich die Engländer und Schotten dieser Abgabe zu entziehen suchten, legte er auf ihre Waren Beschlag und zog sich dadurch ihren Hass zu. Sie überfielen ihn in *Rif*, teilten seine Leiche in vier Stücke und sandten diese seiner Frau *Ólöf Loptsdóttir*; den Sohn nahmen sie gefangen und warfen ihn ins Gefängnis. *Ólöf*, eine Frauengestalt würdig der alten Zeit, *hin rika* „die Mächtige" nicht ohne Grund genannt, sprach diese Verse: „Weine nicht, mein *Björn*, einen Tropfen, sondern spare deine Tränen auf; sie sollen mehr weinen (?)." Sie löste ihren Sohn mit hohem Lösegeld aus und nahm dann furchtbare Rache an den Engländern; an der Spitze ihrer Mannen überfiel sie drei englische Schiffe und liess den grössten Teil der Besatzung niederhauen; 50 Mann aber liess sie am Leben und gebrauchte sie als Sklaven auf ihrem Gehöfte *Skard* (in der *Dala sýsla*).

Als sie hier im Jahre 1484 auf dem Totenbette lag, betete sie zu Gott, er möge ihr vor ihrem Tode ein Zeichen ihrer Macht und Frömmigkeit gewähren. Da brach ein Sturm aus, der nicht nur auf Island, sondern bis nach England hin wütete und allein an der englischen Küste 50 Schiffen den Untergang brachte. Man nannte den Orkan nach ihrem Namen *Ólafarbylr*. —

---

[1]) *Espólín, Íslands Árbækur* II, K. 54, 76; *Safn til sögu Íslands* II. S. 652 bis 654. Z. T. nach mündlicher Überlieferung; die Verse in meinem Tagebuch sind leider sehr verwischt, so dass ich für ihre ganz genaue Wiedergabe nicht bürgen kann.

Als den Fischern in *Rif* einmal der Tabak ausgegangen war, sandten sie einen Toten in den nächsten Handelsplatz, um ihnen solchen zu verschaffen. Das Gespenst aber erklärte, es könne nicht ohne Reisekorb ziehen, denn es sei lebendig begraben gewesen, und das Gespenst jemandes, der lebendig begraben ist, bedarf der Speise. Mit Nahrung versehen, machte es sich auf den Weg. Bald darauf zog ein Wanderer über das Plateau und sah an einem Abhange einen Mann sitzen, der an einer Hammelbrust nagte; rings um ihn lagen eine Menge Tabakrollen. Er sprach ihn an und bat ihn um Tabak. Wie der andere das hörte, machte er sich schleunigst aus dem Staube, ohne zu antworten. Die Tabaksrollen aber trieb er wie eine Schafherde vor sich her bis *Rif*. Den Leuten zu *Rif* wurde in diesem Winter der Tabak wahrhaftig nicht mehr alle.

Der hohe Hügel, auf dem das Gehöft *Ingjaldshóll* liegt, wird durch eine Reihe wellenförmiger Höhen bis ans Meer bei *Rif* fortgesetzt; sie bestehen alle aus Dolerit und sind eisgescheuert, rings herum sieht man grosse Wanderblöcke. Ein besonders grosser Stein, der *Hettusteinn*, in der Nähe der Kirche, soll von der Riesin *Hetta* vom Gebirge hinabgeschleudert sein; der Wurf galt der Kirche, weil die Unholdin das Glockengeläute der Priester nicht leiden konnte.

Ich war sehr froh, dass ich mir den Bauern für die letzten 1½ Stunden als Führer genommen hatte; denn ich hatte keine Ahnung, dass der Weg so gefährlich wäre. Zunächst ging es über Wiesen und harmlose Gletscherflüsse, dann die Küste entlang und zuletzt über 5 m hohes Geröll um die Felsenspitze *Enni* herum. Sie ist hoch und steil, nach vorn aber rund und heisst deswegen die „Stirn". Die Wellen des Meeres stossen an den Fuss des Berges und haben viele Höhlen und Grotten gegraben, ansehnliche Gebirgsbäche rauschen und rieseln um die Hufe der Pferde, bei Flut ist der Weg überhaupt nicht zu benutzen, und auch bei Ebbe tritt das Meer nur wenig zurück. Dieser schmale Saumpfad ist sehr berüchtigt, und viele Eingeborene ziehen einen langen Umweg um die Südseite der Halbinsel diesem kurzen, aber gefährlichen Bergpasse vor. Mit heimlichem Grausen wagt man sich unter die zu Häupten des Reisenden gleich Ruinen hängenden Felsmassen und blickt schaudernd auf die Blöcke, die während der Flut herabgerollt sind. Denn Felsstücke und Rollsteine stürzen unablässig von dem Vorgebirge herab; da es hauptsächlich aus Konglomeraten besteht, die dem Wasser leicht zugänglich sind, lösen sich die eingeschlossenen Felsstücke ab und stürzen hernieder. Das Wasser, das von allen Seiten zwischen den einzelnen Tuff-, Basalt- und Konglomeratlagen um uns und über uns und unter uns strömt, muss doch wohl von einem Gletscher herrühren: jedenfalls bedarf das *Enni* noch genauerer Untersuchung. Man begreift, dass das *Ennisfjall* der Schauplatz vieler Elbensagen ist[1]). Ein Mann, der, von der Flut auf dem schmalen Strandwege überrascht, im Freien übernachten musste, sah in der

---

[1]) Maurer, Isl. Volkssagen S. 5.

Neujahrsnacht 18 erleuchtete Häuser, in denen sich die Elben mit Musik und Tanz erlustigten.

In *Ólafsvík* waren wir also glücklich — aber wohin sollte ich mein müdes Haupt betten? Die paar Häuser, wo ich hätte anklopfen können, waren sämtlich besetzt, Bekannte und Empfehlungen hatte ich nicht, und als *Ögmundur* aus meinem Namen Kapital schlagen wollte, wehrte ich es ihm. So hielten wir ratlos auf offener Strasse vor dem stattlichsten Gebäude. Da kam ein Herr in grossstädtischer Kleidung auf mich zu: „Sind Sie nicht Ende Mai 1904 mit der „Laura" nach *Reykjavík* gefahren? Sind Sie nicht...?" — Ich hatte schnell die Situation erfasst und erneuerte die Reisebekanntschaft mit dem liebenswürdigen isländischen Kaufmanne. Zwar war er selbst nur zu Besuch hier, und das Haus war mit Gästen schon überfüllt, aber er stellte mich seinem eigenen Wirte vor, dem Kaufmann *Jón Proppé*. Als er hörte, dass ich aus Deutschland wäre, erklärte er lachend: einen Landsmann dürfe er nicht von der Schwelle weisen; sein Vater sei auch ein Deutscher gewesen, und wenn er auch selbst nicht ein Wörtchen deutsch mehr verstünde, so freue es ihn doch, den ersten Deutschen bei sich zu sehen. Ich zierte mich nicht lange, ass in grosser Damen- und Herrengesellschaft ein ausgezeichnetes Abendbrot und schlief auf dem Sofa bis spät in den nächsten Morgen hinein.

14. Juli. *Ólafsvík* ist nach dem *Landnámsmann Óláfr belgr* benannt; der hatte alles Land von der inneren Seite des *Ennì* bis zur *Fróðá* in Besitz genommen und wohnte in *Ólafsvík* (Lnd. II, K. 8, 21). Die *Fróðá*, wohl nach einem Manne namens *Fróði* benannt, mündet östlich in die *Ólafsvík*. Als die *Rif-Huk* versandete, wurde im Jahre 1687 *Ólafsvík* als Handelsplatz autorisiert. Einen eigentlichen Hafen hat *Ólafsvík* nicht, sondern nur eine offene Reede. Der Ankerplatz liegt vor dem Handelsplatze und ist gegen nördliche Winde, die eine gewaltige See und Brandung auf die Küste wälzen, gänzlich ungeschützt. Schiffe, die laden und löschen wollen, können in der guten Jahreszeit näher herangehen, müssen aber den am Orte wohnenden Lotsen benutzen. Das Löschen und Laden wird durch die bei Niedrigwasser in grosser Ausdehnung trockenfallende Küste sehr erschwert. In *Ólafsvík* wohnen der Distriktsarzt, Pfarrer und mehrere Kaufleute, sonst nur Fischer in ärmlichen Rasenhütten. Landwirtschaft wird gar nicht getrieben, das Gras ist so kostbar, dass ich die Weide meiner sieben Pferde mit 3 Kr. 50 bezahlen musste. Der Ort hatte 1900 nur 200 Einwohner, jetzt fast das Doppelte; sieben Motorboote gehören hierher. Die grosse Temperenzlerbewegung, die sich jetzt in geradezu gefährlicher Weise die ganze Insel erobert, hat in *Ólafsvík* eine Frau eingeleitet. *Jóhanna Jóhannsdóttir* sprach hier am 26. Februar 1891 gegen das Überhandnehmen der Trunksucht auf Island und liess ihren Vortrag sogar

drucken. Aber obwohl ich ihre Auslassungen am Morgen gelesen hatte, war ich doch verstockt genug, zum Frühstück einen guten dänischen Korn zu genehmigen.

Ein langer, gefährlicher und beschwerlicher Weg lag heute vor uns; mein Wirt meinte, ich könnte an einem Tage überhaupt nicht mein Ziel *Bjarnarhöfn* erreichen und suchte durch die Freuden einer reich bedeckten Tafel mich zurückzuhalten. Aber sobald Ebbe eintrat, brach ich auf und ritt den Strand entlang, bis ich nach einer Stunde *Fróðá* erreichte. Nur durch den kleinen länglichen See, den die *Fróðá* bei der Mündung in die *Ólafsvík* bildet, war ich von dem Gehöfte getrennt, wo im Jahre 1000 die seltsamste Spukgeschichte Islands spielte.

Nicht weniger als 18 von den 30 Leuten auf dem Hofe starben, weil ein einer Sterbenden gegebenes Versprechen nicht erfüllt war, sieben Männer gingen allabendlich zum Schrecken der Überlebenden um, auch gespenstische Tiergestalten zeigten sich. Erst als der Gode *Snorri* gegen die Wiedergänger ein gerichtliches Verfahren eröffnete wegen unerlaubten Umgehens und wegen der Schädigung von Menschen an Leib und Leben, war der Spuk zu Ende (*Eyrbyggja s.* K. 50—55[1]).

Oberhalb von *Fróðá* liegt eine Höhe von Liparitgeröll, und in der Kluft des Flusses wird feststehender Liparit sichtbar; sonst aber bildet Breccie das überwiegende Gestein, doch auch zahlreiche eingeschlossene Basaltdecken und über diesen Dolerite werden angetroffen[2]).

Eine Stunde hinter *Fróðá* gelangen wir, indem wir uns stets an die Küste halten, nach *Máfahlíð* (Möwenhalde), von wo der Weg über das Vorgebirge *Búlandshöfði* beginnt. Hier kommt ebenfalls ein kleiner Liparitfleck vor, in der Schlucht *Randskriðugil* findet sich im Basalt eine erhebliche Einlagerung von rötlichem, grobkörnigem Granophyr, stellenweise auch grosse Sphärolithen[3]). Auch unbedeutende Moränenbildungen werden hier und im Tale der *Fróðá* angetroffen. An der kleinen kreisförmigen Bucht hat die *Hollsá*, die durch die Brandung vom Meere zu einem kleinen Binnensee aufgedämmt ist, eine ganz hübsche Ebene gebildet, deren Gras sich sehr wohl zur Schafzucht eignen würde; aber leider lassen es die Bewohner hier, die meist von Fischerei leben, ganz unbenutzt. Der Berg oberhalb des Gehöftes hat unten dicke Basaltbänke, auf diesen ruht eine feine Tuffbildung, und diese wird wieder von einer dicken

---

[1]) Vorläufig sei verwiesen auf „Die Geschichte vom Spuk zu Froda" in Bonus, Isländerbuch II, S. 257—273 und auf meine Nordische Mythologie S. 495—497. — v. Amira, Tierstrafen und Tierprozesse. Innsbruck 1891, S. 55—56. Maurer, Zwei Rechtsfälle aus der Eyrbyggja. Sitz. Ber. d. kgl. bayer. Ak. d. W. 1896, S. 43 ff.

[2]) Thoroddsen, Bih. t. K. sv. Vet.-Akad. Handl. S. 27, 28, 35.

[3]) a. a. O.; Ymer X, S. 165—166; Bäckström, Geol. Fören. Förh. VIII, 1891, S. 660—663.

Basaltschicht mit Säulenstruktur bedeckt; oben besteht der Berg aus Breccie und Konglomeraten, an den geschützten Stellen liegen bedeutende Schneemassen.

In *Máfahlið* wohnte in der zweiten Hälfte des 10. Jahrhunderts eine Frau namens *Geirriðr* mit ihrem Sohne *Þorarinn*. Ihr Geschlecht stammte aus *Hálogaland*, der nördlichsten Landschaft von Norwegen, die mit den zauberkundigen Lappen der benachbarten *Finnmörk* in steter Berührung stand; auch *Geirriðr* wie ihr Vater, der nach seinem Tode noch umging, galten als nicht geheuer. Sie selbst war zauberkundig, und *Gunnlaugr* kam oft aus *Fróðá* zu ihr herüber, um etwas von ihren Künsten zu lernen. In *Holt*, wenig westlich von *Máfahlið*, wohnte dagegen eine schöne Zauberin, eine Witwe namens *Katla* mit ihrem bösartigen Sohne *Oddr*. *Oddr* begleitete den *Gunnlaugr* oft auf seinen Wegen nach *Máfahlið*, und *Katla* lud ihn wiederholt ein, bei ihr zu übernachten; er lehnte aber ihre Einladung stets ab und ging immer nach *Fróðá* heim, wenn es auch noch so spät am Abend war; die eifersüchtige *Katla* warf ihm vor, er hätte mit der *Geirriðr* ein Liebesverhältnis. Zu Anfang Winters war *Gunnlaugr* mit *Oddr* wieder bei *Geirriðr* gewesen, bis tief in den Abend hinein; sie warnte ihn, noch in der Nacht heimzukehren: es seien viele Hexen auf der Fahrt, und oft verberge sich eine arge Unholdin unter einer schönen Haut, er selber aber sehe wenig glückverheissend aus. Trotzdem machten sich die beiden Männer auf den Weg; *Katla*, die bereits in ihrem Bette lag, forderte *Gunnlaugr* durch ihren Sohn auf, da zu bleiben; er aber wollte nicht und ging fort. Indessen kam er nicht in seinem Hause an, erst spät in der Nacht fand ihn sein Vater bewusstlos vor der Tür liegen, er war von Blut überströmt, und das Fleisch war ihm von den Knochen gerissen. Er lag den ganzen Winter über an seinen Wunden krank, und sein Siechtum wurde viel besprochen. *Oddr* meinte, *Geirriðr* würde ihn wie eine elbische Nachtmahr oder wie eine Hexe geritten haben. Im nächsten Frühling wurde *Geirriðr* vor Gericht geladen, dass sie eine Nachtreiterin sei und *Gunnlaugrs* Krankheit verschuldet habe. Zwölf Geschworene hatten in der Sache zu entscheiden. Ihr Bruder aber, der hochgesinnte Gode *Arnkell*, *Snorris* Gegner, schwur auf den Tempelring, dass sie unschuldig sei, und der Spruch ergab „Nichtschuldig" (*Eyrb. s. k.* 15, 16, 20[1]). —

„Beinahe 200 Faden (ca. 380 m) auf *Búlandshöfði* hinauf liegt der seiner Gefährlichkeit wegen im ganzen Lande bekannte schlimme Weg, der sehr schmal ist und seiner Felsenbrüche oder losen Gründe wegen ganz unsicher, indem Menschen und Vieh oft heruntergefallen und elend umgekommen sind. Trifft es sich, dass zwei Reisende einander hier begegnen, wo der Weg am schmalsten ist, so können sie nicht vor einander vorbeikommen; darum rufen sie, wenn sie jemand in der Nähe hören (denn sehen können sie ihn nicht, der vielen Anhöhen wegen, die längs der Felsenseite auf- und niedergehen); da denn einer von ihnen, wo es am breitesten ist, stillhalten muss, während der Zeit, dass der andere vorbeigeht" (*Eggert Ólafsson*, I, S. 143, § 402).

Der etwa 20 Minuten dauernde Weg ist in der Tat höchst ungemütlich. Er führt anfangs in einer Höhe von wenigstens 120 m an der steilen Felswand entlang, und man sieht unter seinen Füssen die Wogen aus dem offenen Meere heranbrausen, während der Gischt die Felsen hinaufspritzt; donnernd brechen sich die Wogen an den

---

[1] Maurer, a. a. O. S. 1 ff.; meine nordische Mythologie S. 494, 495.

Wänden und ziehen beim Zurückprallen rasselnd das Geröll nach sich. Die Pferde balancieren auf dem schlüpfrigen Geröll hin und her, und ich fürchtete jeden Augenblick, sie würden sich die Beine brechen. *Ögmundur* und ich wechselten kein Wort miteinander, nur zuweilen ertönte sein antreibendes „Hott, hott" oder „Brr, Brr" (was jedoch bei ihm „weiter, weiter" bedeutete). Aber auch das verstummte, als wir die Mitte erreichten. Hier fällt die Böschung schroff und jäh nach dem Meere zu ab, und der Pfad wird so schmal, dass sich gerade ein Gaul mit äusserster Vorsicht an der Felswand entlang drücken kann. Schon manches Rösslein, vom Schwindel erfasst oder fehl tretend, schoss jäh in die Tiefe hinab. Ein Umwenden ist ganz unmöglich. Die bleichen Lippen zusammengebissen, überlässt man sich seinem Pferde auf Gnade und Ungnade und schliesst wohl gar die Augen, um nicht durch den Blick auf das aufgepeitschte Meer schwindlig zu werden. Der letzte Teil des Weges führt um eine vom Gebirge vorspringende Felsspitze, man sieht nicht die steilen, fast senkrechten Wände, sondern nur die Brandung und hört sie gegen den Fuss des Berges klatschen. Eine kleine Mineralquelle, die auf einer Schäre liegen soll, die bei Flut vom Wasser bedeckt wird, habe ich nicht gesehen, oder vielmehr, ich habe nicht auf sie geachtet. Ob die schalenführenden Ablagerungen, die sich hier finden, ein mit Eisberg-Sedimenten vermischter Meereston oder eine Grundmoräne sind, bedarf noch genauerer Untersuchung[1]). Die fossile Fauna hier ist hocharktisch, etwa so, wie sie an den Küsten von Spitzbergen getroffen wird. *Búlandshöfði* selbst besteht von der Sohle bis zu einer Höhe von 100 m aus Basalt, darauf folgt Breccie, ungefähr ebenso hoch, und zu oberst sind Tufflagen mit diskordanter Parallelstruktur, abwechselnd mit groben Konglomeraten; in diesen sieht man mitunter eingekeilte Basaltdecken mit schöner Säulenstruktur[2]).

Wir befinden uns jetzt in dem Bezirk *Eyrarsveit* (*eyrr* = seichte Stelle), wo in die Küste malerische Fjorde einschneiden, die durch grössere und kleinere Landzungen voneinander getrennt werden, von denen sich charakteristische Berge abheben: diese Gegend darf zu den schönsten Teilen der ganzen Insel gerechnet werden. Die eigentümlichen Berge *Kirkjufell* und *Stöð* lassen wir zu unserer Linken und reiten um den südlichen Zipfel des *Grundarfjördur*. Dieser Fjord (benannt nach Gehöfte *Grund*, dänisch entstellt zu *Grönnefjord*) ist der beste Ankerplatz im ganzen *Breidifjördur* und leicht ohne Lotsen anzusteuern; in seiner Südostecke war früher der bedeutendste Handelsplatz der *Snæfells sýsla*, bis er durch *Stykkishólmur* verdrängt wurde. Der guten Wasserplätze wegen haben früher die Franzosen den Fjord

---

[1]) Helgi Pjetursson in Z. d. Ges. f. Erdkunde zu Berlin, 1908, S. 453 ff.
[2]) Thorrodsen, Vet. Ak. Handl. S. 35.

viel aufgesucht. Die 235 m hohe *Stöd* (früher: *Brimlárhöfdi*, *Eyrb. s.* 12,8) ähnelt einem Sarge (dänisch: *Ligkiste*, isländisch: *Likkista*), mit welchem Namen sie auch von den Seefahrern bezeichnet wird, während das 489 m hohe *Kirkjufell* wegen seiner kegelförmigen Gestalt Zuckerhut *(Sukkertoppen)* genannt wird; beide Berge sind durch eine schmale Bucht voneinander getrennt. Von 140—150 m ab ist das *Kirkjufell* nach *Helgi Pjetursson* aus Basalten, Tilliten und Konglomeraten aufgebaut, die auf einer gut nachweisbaren, eisgeschlossenen Grundfläche ruhen. Auf der östlichen Seite des Fjordes erstreckt sich ein steiler Basaltrücken, *Mön*, wo sich etwas Liparit zwischen Basaltdecken findet. Längs der See sind steile Schutt-Terrassen vorhanden, deren Material wohl von alten Moränen hinterlassen ist.

Die grossartigen Formationen der den Fjord umsäumenden Berge, namentlich auf der Westseite, wo die senkrechten Seiten von einer Menge horizontaler Basaltbänke aufgebaut sind, die sich mit grösster Regelmässigkeit ineinander schieben, geben der Landschaft einen wild romantischen Reiz. Ein schöner breiter Wasserfall stürzt in zwei Absätzen links aus einem Berge herab. Der Fjord besitzt nur eine Tiefe von 20—32 m in der Mitte, in seiner Mündung finden sich bei etwa 10 m Tiefe Schären. Als wir uns ihm näherten, war noch Ebbe, und wir galoppierten, um ein Stück Weg abzuschneiden, über den weichen Meeresboden. Ehe wir es merkten, kam aber die Flut und leckte schon um die Fesseln unserer jagenden Pferde. Ein Bauer am Strande schrie uns etwas zu, wir dachten, wir sollten das feuchte Element verlassen und strebten direkt dem Lande zu; mit einem Male sass ich bis zu den Achseln im Wasser, und es fehlte nicht viel, so wäre ich vom Rücken des Rosses in die kühlen Arme der Meeresgöttin *Rán* geglitten. Der Bauer hatte uns warnen wollen, hier die Küste zu betreten, hatte aber gerade das Gegenteil erreicht. Schnell wurden die Strümpfe und das Unterzeug gewechselt, einige Liter Wasser aus den langen Reiterstiefeln gegossen, und weiter ging es im Trabe, um noch vor dem völligen Eintreten der Flut den östlichen Rand des Fjordes und wo möglich noch den *Kolgrafafjördur* zu passieren.

Beide Fjorde sind durch eine kleine Halbinsel aus Liparit voneinander getrennt, die eine grösste Breite von 4 Sm. hat; an ihrer nördlichen Spitze liegt *Hallbjarnar-Eyri*, nach deren Bewohnern die *Eyrbyggja saga* benannt ist. Der Fjord ist entschieden der beste Hafen im ganzen *Breidifjördur*, besitzt jedoch keine Handelsniederlassung; sein Befahren ist sehr schwierig; das Fahrwasser ist nämlich von unzähligen Inseln und von teils sichtbaren, teils blinden Klippen angefüllt. Der *Kolgrafafjördur* fällt allmählich nach der Mündung zu ab und besitzt durchgängig eine Tiefe von ca. 15 m. Er bildet zwei Arme: der östliche heisst *Hvalafjördur* (Walfjord) oder *Hraunsfjördur* (Lavafeldfjord, wegen des in der Nähe befindlichen *Berserkjahraun*), der andere *Kolgrafafjördur* im engeren Sinne, nach dem Gehöfte *Kolgrafir* (d. i. Kohlengruben)[1]. Auch die Aussicht über diesen Fjord ist wundervoll; die Gebirgsformationen sind eigenartig und abwechselungsreich, und die verschiedenen Gesteine, Basalt, Tuff und Liparit, prangen im Sonnenschein in der schönsten Farbenpracht; die weissen, gelben und blassroten Liparitstücke wirken besonders erfreuend. Liparit ist in so grossen Massen vorhanden, dass die Küste infolge des Liparitgerölls ganz grau aussieht, auf der östlichen Seite finden sich grosse hellrote Bergstürze; auf der westlichen Seite liegen Tuffgebirge, die von Basaltgängen durchschwärmt sind.

Am Fuss des *Olduhryggjarskard* machten wir Halt und stärkten uns an einer Büchse Schweinefleisch mit Kohlrüben; als Nachtisch gab es Erdbeermarmelade und Cakes. Kein Laut war zu hören, kein Vöglein piepte, nur der Wind und der Wasserfall rauschten. Zwei Adler schwebten in wundervollen Kreisen über uns und liessen sich weder durch Klatschen mit den Händen und Peitschen noch durch unser Geschrei bange machen. In der Zeit, wo andere Sterbliche das Bett aufsuchen, schickten wir uns an, den *Tröllaháls* zu ersteigen und von der *Eyrarsveit* in die *Helgafellssveit* überzugehen. Der „Hügelrücken der Unholde" ist zwar nur 210 m hoch, aber es geht sehr steil bergan, so dass wir vorzogen, zu Fuss zu gehen. Als wir hinabgestiegen waren, versperrte sogleich wieder ein neuer Berg unseren Weg, auch er musste überwunden werden; ein neues Tal kam zum Vorschein, aber abermals auch eine neue Bergbarre, dann öffnete sich eine weite Ebene, in der einige Bauernhöfe lagen. Sie wird nach Osten von dem *Hraunsfjördur* geteilt, der fast in seiner ganzen Breite von einem Lavastrome durchkreuzt wird und nur auf der Nordseite eine kleine Enge frei hat, durch die das Meer ebbt und flutet. Der Fjord ist sehr schmal und flach und kann kaum bei Hochwasser befahren werden. Rings um ihn stehen schöne, hohe Berge, in denen die Breccie überwiegt; sie bilden einen stattlichen Zirkus mit mehreren Wasserfällen. Die schwarze Farbe der hochaufgetürmten Lava sticht scharf gegen eine ungeheure Zahl Schwäne ab, die in der Bucht umherschwimmen; rote Aschenkegel ragen in auffallender Menge und wüster Unordnung empor. Als wir die unebene und unwirtliche Lava kaum passiert haben, legt sich uns ein neues, ausgedörrtes Lavafeld entgegen, ausgebrannte braune Krater stehen auf allen Seiten um uns her. Durch diese Lavawildnis führt ein schmaler Steg, der im Altertum angelegt ist; es muss ungeheure Arbeit gekostet haben, diesen Weg durch die schwarze,

---

[1] Der *Hraunsfjördur* östlich von *Bjarnarhöfn* hat seinen Namen ebenfalls vom Lavafelde der Berserker, das sich nördlich bis zu ihm hin ausdehnt.

schwierige Öde zu bahnen, und man begreift, wie die Sage entstehen konnte, ein muskelstarkes Berserkerpaar habe diesen Weg gebaut (*Eyrb. s.* K. 25. 28; *Viga-Styrs saga* K. 3—5):

Vermundr hatte von *Hákon Jarl* zwei Berserker, *Halli* und *Leiknir*, zum Geschenk erhalten und mit nach Island, nach *Bjarnarhöfn* genommen, um ihre Kräfte gegen seinen Bruder *Styrr* (Lärm, Kampf) zu verwenden, der ihn bei der Teilung des väterlichen Vermögens ungerecht behandelt hatte und wegen seiner wilden Gemütsart und der vielen Totschläge, die er verübte, *Viga-Styrr* genannt wurde. Aber bald wäre *Vermundr* gern die unbändigen Geister los geworden, die er gerufen hatte. Vergebens bot er sie seinem Bruder *Styrr* an; erst als er ihm offen die Furcht gestand, in der er vor ihnen lebte, nahm er sie an. Auch diesen selbst behagte die wilde Sinnesart ihres neuen Herrn mehr. Aber als *Halli* sein Auge auf *Asdis* warf, *Styrrs* stolze, starke Tochter, sann er nach, wie er den anmassenden Freier beseitigen könnte, und bat sich drei Tage Bedenkzeit aus. Am nächsten Morgen ritt er nach *Helgafell* zu *Snorri Godi*. „Lass uns auf den heiligen Berg gehen", sagte *Snorri*, „denn die Ratschläge, die an diesem heiligen Orte erteilt werden, schlagen selten fehl." Die Unterredung auf dem Berge des Donnergottes Thor dauerte bis gegen Abend, aber niemand konnte in Erfahrung bringen, worüber sie sprachen. *Styrr* verlangte nun von dem Berserker, er solle nach altem Brauch und Recht irgend eine ungewöhnliche und schwierige Tat verrichten, dann solle er seine Tochter erhalten. „Und worin soll diese Arbeit bestehen?" „Du sollst", erwiderte *Styrr*, „einen Pfad durch die Lava von *Bjarnarhöfn* bahnen und einen Wall zur Abgrenzung der Weideflächen zwischen meinen Ländereien und denen des *Vermundr* errichten; ferner sollst du innerhalb des Lavafeldes einen Schafpferch bauen; sobald diese Werke ausgeführt sind, sollst du meine Tochter *Asdis* bekommen." Mit Hilfe seines Bruders brachte *Halli* den Weg zustande, ein gewaltiges Werk von Menschenhand; sie errichteten auch den Grenzwall, von dem man noch die Spuren sieht, und den Schafpferch. Inzwischen hatte *Styrr* von seinen Knechten ein unterirdisches Bad bauen lassen, das so eingerichtet war, dass es plötzlich mit siedendem Wasser überflutet und bis zum Ersticken erhitzt werden konnte. Am Abend kamen die Berserker heim und waren sehr müde, wie es Art der Menschen ist, die ausser ihrer menschlichen Gestalt noch eine andere (nämlich die eines Bären) anzunehmen vermögen; wenn der Paroxysmus bei ihnen vorüber war, folgte naturgemäss eine um so grössere Ermattung. Kaum waren sie in das Bad eingetreten, da befahl *Styrr* es zu schliessen und die frische Haut eines soeben geschlachteten Rindes auf der Treppe auszubreiten; auf dem feuchten, weichen Fell sollten die Eingesperrten ausgleiten, wenn es ihnen gelänge, auszubrechen. Darauf goss er siedendes Wasser durch ein Fenster auf den Ofen in der Badestube, so dass diese zu einem unerträglichen Grade erhitzt wurde. *Halli* gelang es, die Tür zu sprengen, aber da seine Füsse auf der schlüpfrigen Haut ausglitten, wurde er von *Styrr* niedergestossen; *Leiknir* wurde in das Bad zurückgeworfen und ebenfalls erschlagen. Die Leichen der beiden Berserker liess *Styrr* in einem schnell und ohne Sorgfalt aufgeworfenen Hügel (*dys*, f.) beerdigen, ausserhalb des Lavafeldes in einem Tal, das so tief ist, dass man nichts als den Himmel über sich sehen kann, an dem Wege, den sie selbst gebrochen hatten. *Snorri* heiratete darauf *Asdis*, seine Macht wuchs durch seine Verschwägerung mit *Viga-Styrr* noch mehr, und bald wurde er unbedingt der erste Mann im Gebiete des *Breidifjördr*. —

Von dem höchsten Punkte des Lavafeldes aus kann man den aus Lavablöcken aufgeschichteten Abgrenzungswall sehen, der quer durch die Wildnis läuft; er bildet die Grenze zwischen *Bjarnarhöfn* und *Berserkjahraun*. Auch die Strasse ist noch zu sehen, die die beiden Gehöfte verbindet. Henderson hält sie für die beste, die durch irgend eine Lava Islands führe; ich kann aber nicht finden, dass sie besser ist als andere, gebe allerdings zu, dass es übermenschliche Kräfte gekostet haben muss, sie anzulegen. Etwa in der Mitte liegt die *Berserkjadys*, wo die Berserker begraben liegen, 20 Fuss lang, 6 breit und 4 hoch; sie besteht aus grossen Steinen an der Basis, aber die oberen Teile sind mit kleineren Steinen ausgefüllt, die diejenigen, die diesen Weg gegangen sind, von Zeit zu Zeit darauf geworfen haben[1]).

Das *Berserkjahraun* stammt aus vorgeschichtlicher Zeit, Thoroddsen schätzt sein Volumen auf etwa 400 Millionen Kubikmeter. Die postglaziale Lava ist nördlich von der Gebirgskette einer Kraterreihe entströmt, die in Verbindung mit einer Vulkanruine im *Kerlingarskard* stehen muss[2]). Der Lavastrom erreicht an zwei Stellen das Meer, einmal am *Hraunsfjördur* (s. o. S. 129 Anm.) und östlich vom *Bjarnarhafnarfjall*.

Es war etwas über zwölf, als wir *Bjarnarhöfn* erreichten, trotzdem war ich nicht im geringsten müde; es war nicht Tag, es war nicht Nacht, es schwankte zwischen beiden, wie es bei Tegnér heisst. Auf den Schneebergen der Nordseite des breiten Fjordes leuchtete ein richtiges Alpenglühen. Der alte Name scheint *Borgarholt* gewesen zu sein, während *Bjarnarhöfn* wohl nur den Landeplatz des *Björn Ketilsson*, des einzigen Heiden unter *Ketills* Kindern, an der kleinen Bucht *Kumbaravágr* bezeichnete; hier glaubt man heute Überreste von *Björns* Schiffsschuppen zu sehen (Kalund I, S. 431 f; Eyrb. s. K. 5; Laxd. s. K. 1—4; Lnd. II, K. 11; F.M.S. I, K. 121).

Wir haben Musse genug, uns über die schöne Lage des Gehöftes zu freuen. Denn im Hause schläft natürlich schon alles, und als wir die Bewohner wach geklopft haben, dauert es noch geraume Zeit, bis die Betten hergerichtet sind. Der Hof liegt am Fusse des isolierten steilen *Bjarnarhafnarfjall*, dessen vorderster Teil aus Basalt mit wagerecht liegenden Decken besteht; der südliche Teil wird aus geschichtetem Tuff und Breccie gebildet. Gerade dem Hof gegenüber auf dem äussersten Rande des basaltischen Gebirges liegt eine kleine Tuffspitze *Hestahnúkur*. Von der Treppe aus kann man über die winzige Holzkapelle hinweg einen Teil der Inselwelt des *Breidifjördur* übersehen: „basaltene Felspfeilerchen, die beim Einsinken des Fjordgrundes Widerstand leisteten, und an deren weiterer Spaltung und Zerkleinerung die Meereswoge gearbeitet hat; nur ein paar wenige türmen sich zu kecken Rundkegeln auf, alle anderen

---

[1]) Henderson II, S. 70—71. — Über diesen Brauch vgl. mein Island II, S. 89, 216.

[2]) Thoroddsen, Geol. Iagttagelser S. 52; *Helgi Pjetursson*, Oversigt over Vidensk. Selsk. Forhandl. Kopenhagen 1904, S. 251—253.

heben sich als platte Bänke ein paar Meter aus dem Wasser, oben übergrünt, an den Seiten in graubraunem Felsbande scharf abgeschnitten" (Heusler, a. a. O. S. 221). Rechnet man noch den Blick auf die verschwärzte Lavawildnis und die „Aschenkegel mit ihren roten Brustlätzen" hinzu, so glaubt man sich in die Kraterlandschaft am *Mývatn* versetzt; *Bjarnarhöfn* ist die einzige Stelle in Island, die mich an diesen Feuerherd inmitten des herrlichen mit grünen Holmen übersäten Mückensees erinnert hat. Der Glaube an Ächter ist, wie ich am nächsten Tage erfuhr, hier ganz unbekannt, um so lebendiger ist der an *Elfen* und *Huldufolk* (verborgene Leute). Wir sprachen einen zwanzigjährigen Burschen, der selbst gesehen hatte, wie die Elfen in ihrem Hügel katholischen Gottesdienst hielten und lieblich sangen; denn die Reformation ist noch nicht zu ihnen gekommen; im Sommer hört man oft, wie die Milch in die Eimer spritzt, wenn sie die Kühe melken. Nur ungern riss ich mich los, als eine Magd mit einem grossen Topf Milch kam und mir bedeutete, das Lager sei fertig.

15. Juli. Meine Wirtsleute lernte ich erst am Morgen nach dem Kaffeetrinken kennen. Merkwürdigerweise waren auch sie, wie der Bauer in *Búdir* und *Stapi* und der Kaufmann in *Olafsvik*, nicht in diesem Tal geboren, sondern eingewandert und zwar aus dem Nordlande. *Jón O. Magnússon* war dort Pastor gewesen, hatte aber krankheitshalber seinen Abschied nehmen müssen und war Bauer geworden; er hatte nicht nur seine Gesundheit wieder erlangt, sondern war sogar zu Wohlstand gekommen. Sein sehr intelligenter Sohn, der in Kopenhagen nordische Philologie studierte, aber später den Hof seines Vaters übernehmen wollte, hatte mein Buch über Island gelesen und quälte mich, im Verein mit seinen Eltern, den notwendigen Rasttag in *Bjarnarhöfn* abzuhalten. Leider war ich so töricht, die liebenswürdige Einladung abzuschlagen, da ich glaubte, im „Hotel" zu *Stykkishólmur* für mein gutes Geld freier und nicht von fremdem Wohlwollen abhängig zu sein; ich wurde für meine falsche Bescheidenheit schwer gestraft und habe sogar bereut, schon am Mittag, und nicht erst gegen Abend aufgebrochen zu sein.

Die erste halbe Stunde geleitete uns der Student durch das *Berserkjahraun*, dann blieben wir auf schlechtem Geröll in der Nähe des Fjordes, überschritten die kleine *Stafá* und erreichten in zwei Stunden die neue Strasse, die von *Stykkishólmur* durch die Berge nach *Borgarnes* gebaut wird; nur das Mittelstück war noch nicht fertig, aber von *Borgarnes* bis zum *Eldborgarhraun* war sie schon dem Verkehr übergeben. Wir bogen nach dem Gehöft *Hofsstadir* am nördlichen Ufer des *Hofsvogur* ab und besuchten die kleine Klippe *Dritsker* (Abbildung 12), die etwa 75 m vom Ufer entfernt ist; sie steht mit dem Lande durch einen Felsrücken in Verbindung, und da Ebbe war, konnten wir sie trockenen Fusses

erreichen. Kaum eine andere Quelle gibt uns über die Einwanderung
in Island, die Art der Besitznahme des Landes und die ersten von

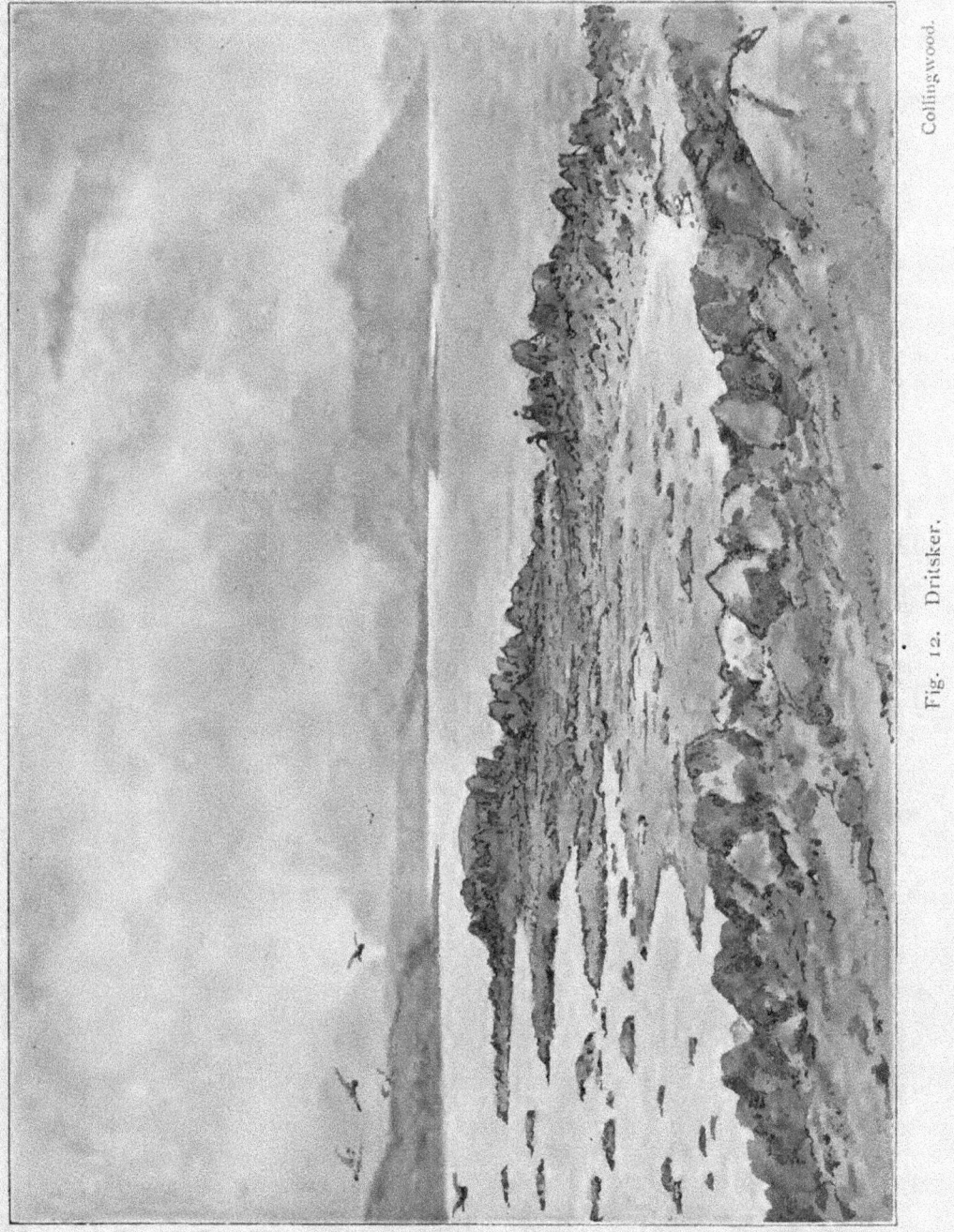

Fig. 12. Dritsker.

den Einwanderern getroffenen Einrichtungen, namentlich in religiöser
Beziehung, so guten Aufschluss wie der Anfang der *Eyrbyggjasaga*.
Ihre Wiedergabe, wenigstens in den Hauptsachen, will ich in

folgendem unter Benutzung der Ergebnisse von meinen Streifzügen versuchen, die ich am nächsten Tage von *Stykkishólmur* aus teils im Boot, teils zu Fuss unternahm (Eyrb. s. K. 4, 9, 10; Lnd. II, K. 12)[1]).

Im Jahre 884 wanderte *Þórólfr Mostrarskegg* vom Hardangerfjord in Norwegen nach Island aus, wie ihm Gott Thor geraten hatte. Er brach den Thortempel seiner Heimat ab und nahm das meiste Holz mit, das zu dessen Bau verwendet gewesen war; auch die Erde unter dem Altar, auf dem Thor gesessen hatte, lud er auf. Der Wind war ihm günstig. Er fand das Land und segelte an seiner südlichen Küste entlang um *Reykjanes* herum. Da fiel der Wind, und sie sahen, dass zwei grosse Einbuchtungen (der *Faxafjörður* und *Breiðifjörður*) in das Land einschnitten. Da warf *Þórólfr* seine Hochsitzpfeiler über Bord, die im Tempel gestanden hatten; auf einer von ihnen war das Bild des Gottes Thor geschnitzt. Dabei erklärte er, dass er an der Stelle in Island wohnen wollte, wo Thor die Säulen werde ans Land kommen lassen.

Sobald sie vom Schiffe entfernt waren, trieb es sie zu dem westlichen Meerbusen (in den *Breiðifjörður*), und das Forttreiben der Pfeiler schien ihnen schneller von statten zu gehen, als man erwarten konnte. Dann kam eine Seebrise auf, sie segelten westlich um *Snæfellsnes* und in den Meerbusen hinein. Sie sahen, dass der Fjord unendlich lang und breit war und auf beiden Seiten mit hohen Bergen umsäumt. *Þórólfr* gab dem Fjord einen Namen und nannte ihn „Breiter Fjord". Er nahm das Land ungefähr in der Mitte auf der Südseite des Fjordes und legte in der Bucht an, die sie *Hofsvágr* (Tempelbucht) nannten.

Hierauf untersuchten sie das Land und fanden an einem näher an der offenen See liegenden Vorgebirge nördlich von der Bucht, dass Thor mit den Säulen ans Land gekommen war (heute: *Jónsnes*). Diese kleine Halbinsel, die im Westen vom *Hofsvágr*, im Osten vom *Vigrafjörðr* bespült wird, nannten sie *Þórsnes* (Vorgebirge des Thor). Hierauf umfuhr er die Grenzen des von ihm ausgewählten Landstriches mit Feuer, westlich von der *Stafá* an bis östlich zur *Þórsá* (Thorsache), die in den *Álptafjörður* mündet, und gab da seinen Schiffsgenossen zu wohnen.

Er baute einen grossen Hof am *Hofsvágr*, den er *Hofsstaðir* nannte (Tempelstätten) und liess daselbst den grossen Tempel errichten . . . (Henderson wurde noch die Stelle gezeigt, wo der Tempel lag, dicht neben *Hofsstaðir*, auf der Westseite der Halbinsel (II. S. 74)). Zu diesem Tempel sollten alle Leute Steuern zahlen und dem Tempelgoden Gefolgschaft leisten zu den Thingversammlungen. Der Gode aber sollte den Tempel auf eigene Kosten unterhalten, damit er nicht verfiele, und sollte auch darin die Opfergastmähler geben.

Also, das Land zwischen *Hofsvágr* und *Vigrafjörður* nannte *Þórólfr Þórsnes*. Auf dieser kleinen Halbinsel ist ein Berg; diesem Berge wandte er so grosse Verehrung zu, dass niemand ungewaschen dahin auch nur blicken durfte; niemand durfte auf dem Berge getötet werden, weder Mensch noch Vieh, es sei denn, dass das Vieh von selbst dort zugrunde ginge. Diesen Berg nannte er *Helgafell* (Heiligenberg) und hatte den Glauben, dass er da hineinfahren würde, wenn er stürbe, und ebenso alle seine Verwandten auf dem Vorgebirge.

Da aber, wo Thor ans Land gekommen war, auf der kleinen Halbinsel (*tangi*) am rechten Ufer des *Hofsvágr* (heute: *Hangsnes*) liess er alle Gerichte halten und setzte da das Gaugericht ein. So heilig war die Stätte, dass er in keiner Weise wollte die Fläche verunreinigen lassen, weder mit feindlichem Blute, noch so, dass

---

[1]) Kålunds Untersuchungen I, S. 436—444 sind als abschliessend zu betrachten; vgl. ausserdem: *Sigurður Vigfússon* in: *Árbók hins íslenzka Fornleifafjelags* 1882, S. 93—105, wo auch eine kleine Karte; *Collingwood-Stephánsson*, A Pilgrimage to the saga-steads of Iceland, Ulverston 1899 . . S. 82—98, S. 83 ebenfalls eine Karte.

jemand dort ein Bedürfnis verrichtete. Dazu hatte man eine eigene kleine Insel, die *Dritsker* genannt wurde (Kotschäre). *Þórólfr* wurde ein sehr mächtiger Mann auf seinem Hofe und hatte zahlreiche Mannen um sich; denn es war leicht, Speise aufzubringen aus den Inseln, wo unermessliche Scharen von Seevögeln nisteten, und aus sonstigen Erträgnissen des Meeres. Auch seinen Sohn *Þorsteinn Þorskabítr* weihte er seinem alten Freunde Thor.

Im Jahre 918 starb *Þórólfr* zu *Hofsstaðir* und wurde westlich von seinem Hofe in einem Hügel *(haugr)*, von dem aber heute nichts mehr zu sehen ist, auf der Landzunge *(nes)* beigesetzt, die darum *Haugsnes* heisst. Etwa 16 Jahre später (932—934) aber wollten die Nachkommen von *Þórólfrs* Freund *Björn*, die den Stammnamen *Kjalleklingar* führten und durch die Zahl ihrer Verwandten vor allen anderen Geschlechtern ausgezeichnet waren, sich nicht länger den Stolz und Übermut gefallen lassen, der in dem Anspruche auf die grössere Heiligkeit des eigenen Landes gegenüber allen anderen Ländern liege und erklärten dem *Þorsteinn*: sie würden in Zukunft auf der Thingstätte selbst ihr Bedürfnis verrichten und sich nicht mehr ihre Schuhe auf dem Wege zur Aussenklippe abtreten. Es kam zu einem erbitterten Kampfe, so dass die ganze heilige Stätte mit Blut befleckt wurde. *Þórðr gellir* aber, auf dessen Veranlassung später Island in vier Viertel geteilt wurde, tat den Schiedsspruch: kein Todschlag oder sonstiger Schaden, der zu *Þórsnes* geschehen sei, solle mit Busse vergolten werden; die Thingstätte sei durch das feindlich vergossene Blut, das sie benetzt habe, entweiht, und der Boden sei jetzt nicht mehr heiliger als jeder andere. Das Thing aber verlegten sie jetzt weiter nach der nordöstlichen Seite des Vorgebirges, südlich von der Bucht *Nesvágr*, in der Nähe des heutigen Hofes *Þingvellir*, den wahrscheinlich *Þorsteinn* selbst hatte anlegen lassen; hier sind noch jetzt Ruinen der alten Thingbuden mit einem oder zwei Räumen sichtbar, nach Kålund etwa 30, nach *Sigurdur Vigfússon* 41. Man sah noch zur Zeit des Sagaerzählers einen durch grosse Steine gebildeten Kreis, in dem die Leute zum Opfertode verurteilt wurden; heute aber ist keine Spur mehr davon zu erkennen, da sie alle im Morast versunken sind. In dem Kreise stand auch der Thorsstein, an dem den Opfern der Rücken zerschmettert wurde, und der Erzähler hat noch an dem Steine Blutspuren gesehen[1]. Auf dieses Thing wurde die allergrösste Heiligkeit gelegt, doch war den Leuten nicht mehr verboten, dort ihre Bedürfnisse zu verrichten.

Nach anderer Überlieferung (Lnd. II, K. 12) aber stand der Stein ausserhalb des Gerichtskreises, und das hält Konrad Maurer auch für richtiger (Germania X, S. 491 ff.). Ein etwa 4 Fuss grosser Felsblock mit einer scharfen Spitze bei *Þingvellir* in der Mitte eines Sumpfes wird noch heute als *Þórs steinn* bezeichnet; Blut sieht man natürlich nicht mehr daran, aber der Stein enthält Eisen und ist darum braun gefärbt; das hat vielleicht die Phantasie unseres Sagamannes für Blut angesehen.

Stykkishólmur war mir von meiner langen Seereise her in angenehmer Erinnerung; am 29. Juni hatte ich hier von 10—12 Uhr nachts zwei wundervolle Stunden erlebt, darum freute ich mich aufrichtig auf den Rasttag hier und verliess sobald wie möglich *Hofsstaðir*. Leider hatte ich bei meinem ersten Besuche versäumt, mich nach einem Quartier umzusehen und war darum auf das *Gistihús* (Hotel) angewiesen; dass man bei dem Apotheker Zimmer und Verpflegung finden kann, erfuhr ich erst bei meiner Rückkehr in *Reykjavík*. Der erste Eindruck war so niederschlagend wie mög-

---

[1] Diese Stelle ist mit den isl. Gesetzen und gesellschaftlichen Zuständen unvereinbar, Kålund I, 441; *Sigurdur Vigfússon*, Árbók 1880—1881, S. 89; Mogk, Abh. d. Phil.-Hist. Klasse der Kgl. Sächs. Ges. der Wiss. 1909, Bd. 27, S. 641—642.

lich. Das einzige Zimmer, das für einen *Utlendingur* (Fremdling) in Betracht kommt, liegt zwei Treppen hoch unter dem Dache. Trotz der herrschenden Wärme — 28° C im Schatten — war kein Fenster geöffnet, und die Luft war nicht zum Aushalten; der Fussboden war seit Wochen nicht gekehrt und nicht aufgewischt. Unten hausten mehrere Hafenarbeiter und ein schmutziger Landgeistlicher, wie *Ögmundur* ihn entschuldigend bezeichnete. Wem das Hotel gehörte, und welchem Zweck es eigentlich diente, konnte ich nicht in Erfahrung bringen, und mein Führer wollte nicht recht mit der Sprache heraus: es wimmelte von etwa 20 Frauenzimmern, meist jungen, aber auch einigen alten Vogelscheuchen, und mehr als die doppelte Zahl von kleinen Kindern krähte und quakte in den unteren Räumen; ob die Mädchen verheiratet waren, ob ihre Männer etwa als Schiffer oder Matrosen ausserhalb waren, ich weiss es nicht; wenn ich nicht auf Island gewesen wäre, hätte ich angenommen, mir wäre es in meiner Unschuld wie dem „gastfreien Pastor" Otto Erich Hartlebens ergangen. Der erste fürchterliche Eindruck schwand indessen etwas. Auf mein Geheiss wurden ein paar Dutzend Eimer Wasser über die Dielen der Schlafstube gegossen, das Bett wurde aufgeschüttet und frisch überzogen, und die bedienende Magd suchte mir alle Wünsche von den Augen abzulesen. Milch zum Kaffee gab es zwar nicht, aber die Verpflegung war nicht schlecht und ziemlich billig; von irgend wo her hatte man sogar ein silbernes Präsentierbrett und Besteck sowie Mundtücher für mich aufgetrieben. Wenn mich nicht gewisse rote Flecke auf meinem Körper noch lange an das *Gistihús* erinnert hätten, würde es mir zuletzt sogar in leidlich gutem Andenken geblieben sein. Übrigens war ich am eigentlichen Rasttag von morgens 9 Uhr bis abends 10 Uhr ausserhalb und streifte auf *Pórsnes* umher; selbst nach dem Abendessen war ich nicht zu Hause, sondern lag im Sonnenschein auf einer grünen Wiese und blickte träumend über den breiten Fjord und die unzähligen, in mattes Gold getauchten Inseln. Meine von früher her gewonnene Erfahrung fand ich bestätigt: es ist nirgends so langweilig wie in den Handelsplätzen.

16. Juli. *Stykkishólmur* mit 400 Einwohnern ist der wichtigste Handelsplatz im *Breidifjördur* und wird alljährlich von einer grossen Anzahl von Schiffen und regelmässig von den Postdampfern angelaufen. Hier wohnen der *Syslumadur*, der Distriktsarzt und der Pfarrer von *Helgafell* und mehrere Grosskaufleute; eine Apotheke ist am Ort, wo man einen guten Geysir-Bittern bekommt, und eine Amtsbibliothek. Hier lebte der Dichter *Sigurdur Breidfjörd* 1836 und schrieb ein Büchlein über Grönland, wo er drei Jahre als Böttcher bei dem königlichen Handel angestellt gewesen war. Von einem dreistöckigen Türmchen auf einer Höhe hat man eine herrliche Aussicht über den Fjord. Ausser der grossen Fahrstrasse,

die mitten durch den Platz führt, gibt es nur noch zwei eigentliche Strassen, mehrere Häusser liegen malerisch auf kleinen Höhen. Der Hafen liegt zwischen der aus hohen, wenn auch nicht sonderlich regelmässigen Basaltsäulen aufgebauten Insel *Súgandisey* (nach Poestion, Island, S. 68 „tosende Insel, nach der starken Brandung") und dem Lande; von der mitten im Hafen liegenden kleinen Schäre *Stykki* (d. i. Stück, Teil) hat der Ort seinen Namen; eine hölzerne Landungsbrücke ist im Bau. (Abbildung 13.) Ein weisses Festfeuer von 15 Sm. Sichtweite brennt 26,4 m über Hochwasser auf einem 6,3 m hohen, oben weissen, unten grauen Gebäude auf der Westseite der fast

Fig. 13. Stykkishólmur.

halbkreisförmigen Insel *Elliday*; auf vier Inseln steht je eine Bake. Die Postdampfer halten gewöhnlich zwischen *Stakksey* und *Súgandisey*; im Hafen selbst muss eine Trosse nach dem Kettenstropp auf *Stykki* und andere noch nach den Kettenstroppen auf der Südwestspitze von *Súgandisey* und auf *Höfdi* angebracht werden. Aber der Dampfer „Sterling" den ich zur Rückreise benutzte, entging am 19. August 1908, trotzdem dass er vor 2 Ankern und 6 Trossen lag, kaum einem orkanartigen Sturm von See[1]). Eine Insel, auf deren Namen ich mich nicht mehr besinnen kann, erinnert in ihrer Gestalt an den „sterbenden Löwen" in Luzern. Zwischen

---

[1]) Dr. jur. Hans von Burgsdorff, Nach Island. Eine Reiseskizze. Markendorf, 1908, S. 26—28.

Ellidaey und *Súgandisey*, aber nach Osten zu, liegen *Hrappsey* und die *Dímurnarklakkar*, zwei kleine Bergkegel (*Klakkar*) auf einer hufeisenförmigen Insel, die durch eine schmale Bucht (*Dímunarvágr*, heute *Eiríksvogur*) beinahe in zwei gleiche Teile geteilt wird (Eyrb. s. K. 22,8, 24,4); die 70—80 m hohe Insel *Dímun* war früher bewaldet, so dass man ein Schiff im Gebüsch verstecken konnte; der Name, der auf Island öfter, aber auch auf den *Færöern* vorkommt, ist vermutlich keltisch und bezeichnet regelmässig zwei runde Berge (Gustav Storm, Minder fra en Islandsfærd, Kristiania 1874, S. 19). Fast alle Inseln bestehen aus Basalt und sind ziemlich niedrig (durchschnittlich etwas über 30 m); nur die westliche Seite von *Hrappsey*, wo 1773—94 sogar eine Buchdruckerei war, besteht aus sehr hellem Anorthit, die Felsen sind geschrammt, aber die Gletscherschliffe sind undeutlich. Von weitem scheinen die Inseln von der Natur stiefmütterlich bedacht und unfruchtbar zu sein, aber die Tausende von Eiderenten und sonstigen Seevögeln, vor allem Seepapageien auf ihnen, liefern den Besitzern reichen Ertrag; auch Gras gedeiht. Die Seepapageien hocken auf den Felsen und in Ritzen und graben sich Löcher wie die Kaninchen, anfang August werden die Jungen aus den Höhlen herausgezogen und getötet, während die alten Vögel, knurrend wie gereizte Hunde, fortfliegen oder sich mit ihrem grossen Schnabel wehren, der schon manchem Vogelfänger böse Hiebe versetzt hat. Auf *Hrappsey* werden jährlich durchschnittlich 3000 Junge erbeutet. Das Fleisch wird in Tonnen gesalzen, die Federn werden in die Betten gestopft. Die Eiderdaunen werden erst seit der Mitte des 17. Jahrhunderts gereinigt, und die Vögel selbst sind durch Gesetz von 1787 geschützt. Man kann sie geradezu als Haustiere betrachten. Die Besitzer der Inseln in *Breidifjördur* haben eine Gesellschaft zur Ausrottung der den Eiderenten gefährlichen Raubvögel gestiftet, besonders der Mantelmöwen (Larus marinus, isländisch *Svartbakur* = Schwarzrücken) und Schmarotzerraubmöwen (Stercorarius parasiticus, isländisch *Kjói*), aber auch der Raben und Füchse. Merkwürdigerweise klagt man jetzt aber, dass seitdem die Eiderenten auffallend abnehmen. Was der wahre Grund dafür ist, weiss ich nicht.

Wie *Ögmundur* in *Stykkishólmur* erfuhr, werden Alluvien nicht nur von den Strömungen nach der Nordküste des Fjordes geführt und auf beiden Seiten des *Látrabjarg* abgesetzt, wo zwischen diesem Berg und dem Vorgebirge *Skor* aus Kies und Lehm die Niederung *Raudisandur* entstanden ist, sondern auch bei *Stykkishólmur* und weiter hinein im *Hvammsfjördur* und im *Gilsfjördur* sollen die Inseln allmählich grösser, die Sunde flacher werden; wo man vor 200—300 Jahren noch fahren konnte, soll es jetzt nicht mehr möglich sein.

17. Juli. Der Besuch des *Helgafell* hätte eigentlich bequemer

auf meiner Route von *Bjarnarhöfn* nach *Stykkishólmur* gelegen, und ich hätte vom Handelsplatze aus mit einem Motorboote in einer Stunde nach *Narfeyri* fahren können, während der Führer mit den Pferden auf dem Landwege blieb; aber *Hofsstaðir* und *Dritsker* hatten mich länger in Anspruch genommen, als ich gedacht hatte, und das *Helgafell* musste unter allen Umständen erstiegen werden. So legten wir die erste Stunde denselben Weg zurück wie zwei Tage vorher und ritten dann über Wiesenland rund um den Berg bis zur Kirche. Mit Erlaubnis des Bauern kletterten wir in sieben Minuten den 53 m hohen Berg empor, und die umfassende Aussicht auf das *Berserkjahraun*, den Fjord und die Inseln rief abermals in mir die Vorstellung wach, dass ich mich am *Mývatn* befände. Der Berg besteht aus Basalt, der südlich von Doleritströmen aus dem *Kerlingarskarð* bedeckt wird; diese präglaziale Lava erreicht bei einem Gehöfte östlich vom *Berserkjahraun* das Meer.

Welche Heiligkeit der erste Besiedler dieser Gegend *Þórólfr* dem Berge beilegte, haben wir bereits gesehen (S. 134). Sein Glaube, dass seine Nachkommen allgesamt nach dem Tode in den Heiligenberg eingingen, wurde erfüllt. Sein Sohn *Þorsteinn*, der zuerst dort einen Gutshof errichtet hatte, war im Jahre 938 auf dem Fischfang bei der *Höskuldsey* verunglückt. Da geschah es eines Abends, dass sein Schafhirt nördlich am *Helgafell* seinem Vieh nachging; da sah er, wie nordwärts der Berg sich aufschloss, er sah in dem Berg drinnen grosse Feuer und hörte da grosses Getöse und Trinkhörnerschall; und da er horchte, ob er nicht einige Worte verstehen könne, hörte er, dass da *Þorsteinn* mit seinen Begleitern begrüsst, und ihm zugesprochen wurde, sich in den Hochsitz seinem Vater gegenüber zu setzen. Am nächsten Morgen kamen Leute von *Höskuldsey* und verkündeten seiner Frau, dass *Þorsteinn* ertrunken wäre (Eyrb. s. K. 11).

Þorsteinns Sohn *Þorgrímr* kam ebenso jung um wie sein Vater (963); einige Nächte später wurde ihm sein Sohn *Snorri* geboren, der eigentliche Held der *Eyrbyggja saga*. Durch feine List seinem Stiefvater gegenüber setzte er sich in den ungeteilten Besitz von *Helgafell*, während dieser selbst die Inseln bekam, die ihm wenig einbrachten, und später nach *Glerárskógar* übersiedelte. Nunmehr entwirft die Saga folgende Charakteristik von ihrem Helden (K. 15): *Snorri* war mittelgross von Wuchs, von etwas schmächtigem Aussehen, schön von Antlitz, von regelmässigen Gesichtszügen, lichter Hautfarbe, blondem Haar und rotem Bart; er war verträglich im täglichen Leben; man merkte ihm durchaus nicht an, ob ihm etwas gut oder übel gefiel; er war klug und konnte in manchen Dingen in die Zukunft schauen; Beleidigungen trug er lange nach und war rachgierig; heilsamen Rat erteilte er seinen Freunden, aber seine Feinde glaubten in seinen Ratschlägen seine gehässige Gesinnung zu erfahren. Er verwaltete den Tempel und wurde darum *Snorri goði* genannt; er wurde ein grosser Häuptling, aber seine Macht wurde viel beneidet, denn es gab viele, die, was das Geschlecht anbetrifft, nicht geringere Ansprüche glaubten erheben zu können, aber an Stärke und erprobter Tapferkeit grösser waren.

Er glaubte, wie seine Vorfahren, dass auf dem *Helgafell* erwogene Ratschläge zu besonders gutem Ende führten (vgl. S. 130). Von hier aus zog er mit elf Mann über das Eis nach dem im südlichsten Zipfel des *Álptafjörður* gelegenen Gehöft *Örlygsstaðir* und tötete seinen Gegner *Arnkell*. Als *Snorris* Pflegebrüder bei ihm das Julfest feiern wollten, kam es zwischen ihnen und den Bewohnern von *Eyrr* auf dem Eise des *Vigrafjörður* zum Kampfe; seine verwundeten Verwandten nahm er in seinem Hofe auf und pflegte sie. Als das Christentum gesetzlich auf Island eingeführt werden sollte, und die Heiden in einem zu derselben Zeit stattfindenden vulkanischen Ausbruche eine Zornesäusserung ihrer Götter sahen, warf ihnen *Snorri* die nüchterne Frage entgegen, was denn die Götter mit den früheren, ganz gleichartigen Lavaströmen bestraft hätten. Als das Thing vorüber war, liess *Snorri* eine Kirche

Fig. 14. Helgafell.

auf dem Heiligen Berge bauen. Als Christ bannte er den Spuk von *Fróðá*. Im Jahre 1008 verlegte er seinen Wohnsitz aber von *Helgafell* nach *Sælingsdalstunga* in der *Dalasýsla*, indem er seine Besitzung mit der der *Gudrun Osvifrsdóttir* vertauschte, die mit den Mördern ihres dritten Gatten *Bolli* nicht in demselben

Bezirke wohnen wollte. Von seinem neuen Wohnsitze aus unternahm er dann noch zwei Züge nach dem *Borgarfjördur* und eine Expedition gegen den frechen, verwegenen Räuber *Ospakr* in *Bitra*. Dreiundzwanzig Jahre lebte er in *Sælingsdalstunga*, baute auch dort eine Kirche und starb im Jahre 1031. Als man später die Kirche hier abbrach und auf eine andere Stelle verlegte, wurde auch der Friedhof aufgegeben und man fand *Snorris* Gebeine. Dabei war *Gudný* von *Hvammr*, die Mutter der *Sturlungen*, zugegen, und sie erzählte später *Snorri Sturluson*, wie überaus gross die Gebeine gewesen wären[1].

Eine andere, unsichere Überlieferung sagt, dass er, da die Kirche zu *Helgafell* abbrannte, dort eine neue mit *Gudrun* zusammen baute. Jedenfalls war *Snorri* *Gudrúns* treuer Freund und Beschützer, der auch ihre vierte Ehe mit *Porkell* zustande brachte. Ihr Gatte erkrankte im Jahre 1026 auf der Rückreise von Norwegen, von wo er sich Holz für einen grösseren Neubau der Kirche zu *Helgafell* geholt hatte. Denselben Abend wollte *Gudrun* in die Kirche gehen. Da sah sie ein Gespenst vor sich stehen, das beugte sich über sie und sprach: „Eine grosse Neuigkeit, *Gudrun*!" Sie antwortete: „Schweig' du davon, du Armer". Sie ging in die Kirche, so wie sie vorher beabsichtigt hatte; da meinte sie zu sehen, dass ihr Gatte mit den Seinigen heimgekommen sei und aussen vor der Kirche stünde; sie sah, dass Seewasser aus ihren Kleidern rann. Sie sprach nicht mit ihnen, ging in die Kirche und verweilte dort so lange, wie ihr gut schien. Dann trat sie hinein in die Stube, denn sie glaubte, dass *Porkell* mit den Seinigen dahin gegangen sein werde, und als sie in die Stube kam, da war kein Mensch darinnen. Da verfärbte sich *Gudrun* sehr über diesen ganzen Vorfall; sie zog sich aus dem Weltleben zurück und wurde Einsiedlerin, lange Nächte über war sie in der Kirche im Gebet. Sie lernte als erste die Psalmen lesen und war die erste Nonne auf Island; zuletzt verlor sie das Augenlicht und wurde auf *Helgafell* begraben (Laxd. s. K. 56, 57). Ihr Sohn *Gellir Porkelsson* führte den von seinem Vater geplanten Neubau aus und baute in *Helgafell* eine sehr stattliche Kirche; sein Enkel war Priester *Ari enn fródi* (1067—1148), ein Meister der Geschichtsforschung und Geschichtsschreibung, wie ihn kein anderes germanisches Volk im Mittelalter aufzuweisen hat.

Im Jahre 1184 wurde das Augustinerkloster von der Insel *Flatey*, nachdem es dort 10 Jahre bestanden hatte, nach *Helgafell* verlegt, aber bei der Reformation säkularisiert. Da man von jeher zu der Annahme geistlicher Verfasserschaft in der Sagaliteratur nur allzu bereit gewesen ist, hat man geglaubt, auch die Verfasser der *Eybyggja-* und *Laxdælasaga* im Kloster zu *Helgafell* suchen zu müssen, und hat für die erste sogar eine bestimmte Persönlichkeit ins Auge gefasst, den vaterländischen und gesetzeskundigen *Hallr Gizurarson*, der von 1221—1225 Abt des Klosters in *Helgafell* war. Abgesehen davon, dass man mit guten Gründen die Saga dem ersten Viertel des 13. Jahrhunderts zuschreibt, hat man in neuerer Zeit mit Recht betont, dass die klassischen Sagas nicht von Geistlichen herrühren, dass sie Schöpfungen einer älteren, ganz auf heidnischem Boden erwachsenen isländischen Erzählungskunst sind, wo noch die frische und rauhe Luft des Heidentums weht, wenngleich die äusseren Formen des christlichen Lebens deutlich hervortreten. Die bekannte Stelle der *Laxdæla saga*, die die Heiligkeit von *Helgafell* hervorhebt: „Ich will, dass ihr mich in *Helgafell* begrabt, denn der Ort wird der grösste werden in dieser Gegend, und ich habe oft ein Licht darüber leuchten sehen" (K. 66) will nicht in der Hauptsache den Ruhm von *Helgafell* betonen, sondern will motivieren, warum der am Nordrande des *Breidifjördur* wohnende, weise *Gestr* auf dem Totenbette den Wunsch ausspricht, in dem am Südrande liegenden *Helgafell* begraben zu werden, so dass auf diese Weise eine alte Prophezeiung (aus K. 33) in Erfüllung geht (Meissner, Strengleikar S. 73).

---

[1] Eine Volkssage, die erzählt, weshalb die Kirche verlegt wurde, bei *Jón Arnason, Isl. Pjódsögur* I, S. 31.

Etwas oberhalb des Gehöftes glaubt man noch Ruinen des Klosters erkennen zu können. Drei kleine Hügel in der Nähe des *Nesvogur* sollen die Steinwürfe einer Unholdin sein, mit denen sie die Kirche zertrümmern wollte, die gerade zu *Helgafell* gebaut wurde. Eine Felsscharte südlich von *Helgafell* heisst *Múnkaskard*, Mönchsscharte: als das Kloster einmal von räuberischen Feinden überfallen wurde, fand ein feister Mönch hier den Tod, da er vor Erschöpfung und Fett nicht weiter fliehen konnte. Die Schätze des Klosters sollen im *Fagrahóll* verborgen liegen. Einmal wurde der Versuch gemacht, sie zu heben; als aber die Leute bereits ziemlich tief gegraben hatten, schien ihnen die Kirche zu *Helgafell* in Flammen zu stehen, und sie liefen hin, um zu löschen. Der Versuch wurde wiederholt; da wuchsen aber bewaffnete Männer aus dem Boden heraus und bedrohten die Arbeiter mit dem Tode, wenn sie nicht sofort mit dem Graben aufhören würden[1].

In der „Geschichte des Nordens" des *Olaus Magnus* (Rom 1555) heisst es, der grösste Vorrat an Butter auf Island sei in der Abtei *Helgafell*; auf einem beigefügten Bilde sieht man am Fusse des *Mons sanctus* eine Kirche und drei Buttertonnen. *Brynjólfur Sveinsson* glaubt besonders hervorheben zu müssen, dass das *Helgafell* im Sommer schneefrei sei. Daniel Streyc, der im Jahre 1638 über Island in polnischer Sprache schrieb, hat nahe bei *Helgafell* einen hohen Felsen gesehen, der einer Frau zum Erschrecken ähnlich sei; er meint wohl „die steinerne Frau" im *Kerlingarskard*[2]. Pastor *Gunnlaugur Snorrason* auf *Helgafell* veröffentlichte 1779 die isländische Übersetzung einer veralteten deutschen Erdbeschreibung unter dem Titel „Heimskringla" (Kreis der Welt). Pastor *Sæmundur Magnússon Hólm* zu *Helgafell* († 1821) galt beim Volke als Zauberer und Abkömmling der Elben, an die er auch selbst fest glaubte; eine wundervolle, gedankenreiche Totenklage hat *Bjarni Thórarensen* über ihn angestimmt[3].

Aber ich fürchte, ich bin wieder in meinen alten Fehler verfallen und habe mich zu lange bei der Vergangenheit aufgehalten. Doch schon wieder hemmt am Fusse des Basaltkegels, 20 Schritt von der Kirche entfernt, meinen Weg ein Grab, das für das Grab der *Gudrún Ósvífrsdóttir* ausgegeben wird. Es ist 7 Fuss lang und 2½ Fuss breit. Als Collingwood es untersuchte, leider wohl nicht genau genug und etwas ungeschickt, stiess er auf eine Steinschicht ringsum und fand Knochen sowie die Reste eines Rosenkranzes; das mag ja für die Nonne *Gudrún* passen. Auf dem Kirchhofe liegt eine schöne Steinplatte vom Jahre 1585; die vier Ecken zeigen in hübscher Arbeit einen Engel, Adler, Greif und Löwen, die Mitte zwei Fische übereinander und daneben einen Anker. Die seit 9 Jahren errichtete Kirche hat einen schlanken Turm und auf dessen Spitze ein Kreuz auf langer Stange. Die Kanzel stammt aus dänischer Zeit, wie die Inschrift besagt; an den Seiten sind Christus, Petrus, Johannes und Philippus angebracht. Das Altarbild ist modern: Christus betet in Gethsemane; zwei Leuchter sind Geschenk eines dänischen Kaufmanns aus *Stykkishólmur* vom Jahre 1693, der schöne Messingkronleuchter in der Mitte stammt von

---

[1] *Safn til sögu Íslands* II, S. 304—306. — Vgl. die ganz ähnliche Sage von *Oddi*, mein Island II, S. 39.

[2] Thoroddsen-Gebhardt I, S. 128; II, S. 123, 216. — Die steinerne Frau von *Jón Thoroddsen*, einen kleinen Reisebericht, hat Philipp Schweitzer übersetzt, Island S. 153—165.

[3] Poestion, Eislandblüten S. 25—30.

1756. Drei Messgewänder mit schöner Silberstickerei und einige Nonnengewänder sind der einzige Rest aus katholischer Zeit.

Vom *Helgafell* setzte ich die Reise fort am nordöstlichen Abhange der Liparitmassen des *Drápuhlíðarfjall*, hatte aber keine Zeit zu näheren Untersuchungen; denn wir mussten versuchen, bei Ebbe den *Álptafjörður* (Schwanenbucht) zu überschreiten. Dieser Fjord zieht sich im westlichen Teile des Fahrwassers *Röst*, östlich von den Inseln und Schären bei *Stykkishólmur*, nach Süden und ist ebenso wie der *Hvammsfjörður* in seinem äusseren Teile mit Inseln und Klippen angefüllt; die zwischen diesen hindurchführenden Rinnen sind grösstenteils so flach, dass sie bei Niedrigwasser trocken fallen, dadurch wird eine Barre quer über das Fahrwasser gebildet. Soviel ich weiss, ist der *Álptafjörður* noch nicht gelotet worden, doch liegt ein grosser Teil von ihm bei Ebbe trocken. Südlich von der *Þórsá*, am nördlichen Abhange des Bergrückens *Úlfarsfell*, etwas oberhalb von *Örlygsstaðir*, wo *Arnkell* von seinem alten Feinde *Snorri* in einer Winternacht beim Heuholen überfallen und erschlagen wurde, trieben wir die Pferde auf den weiten Meeresgrund; aber da sie sich weigerten, in dem Schlamm vorwärts zu gehen, so mussten wir erbarmungslos die Peitsche gebrauchen; dennoch hielten sie sich mit Gewalt an dem südlichen Zipfel der Bucht, so dass wir kaum eine Stunde Zeit ersparten. Hinter dem Gehöfte *Narfeyri* begegneten wir einem Bauern mit seiner Frau, die wir nach der Lage des Hofes *Leiti* (d. i. Hügel, Erhöhung) ausfragten. Er wies uns zurecht und bemerkte, dass er selbst der Besitzer wäre; aber da er fürchtete, seine Tochter würde uns nicht würdig genug aufnehmen, kehrte er mit uns um. Es waren einfache, aber gute Menschen, wir waren für 3 Kronen zu unserer Zufriedenheit aufgehoben; mit offenem Munde sah die Tochter am nächsten Morgen zu, wie ich mir den Mund spülte und die Zähne bürstete, und eilfertig brachte sie mir aus meinem Gepäck den Geysir-Bittern. Einen so warmen Sommer glaubte der Bauer noch nicht erlebt zu haben. Im allgemeinen, so behauptete er, gilt die Regel: ist ein Sommer gut, so ist es auch der nächste; ist ein Winter schlecht, so ist es auch der kommende, „er liegt dann im Meere."

Lange ruhte ich draussen im Grase und sah den Arbeitern zu. Denn — um die Ernte war's und heiss, im Felde glüht der Schnitter Fleiss. Nach Süden beherrschte die 946 m hohe *Skyrtunna* (d. i. Skyrtonne) die Landschaft, die ich seit *Staðarhraun* und *Rauðamelur* nicht wiedergesehen hatte. Um ½11 lag die Sonne noch mattgolden auf dem Fjorde, über einer Insel ruhte ihre volle Scheibe in ganzer Glut, zwiefach gebrochen, über ihr zogen dunkelblaue, schwarze Wolken, und in bläulichem Dunste schimmerten die Berge und Holme, während sich das lachende Grün der Wiesen vom Hofe an bis zum perlmutterfarbenen Fjorde hinzog.

18. Juli. Hinter *Leiti* beginnt der letzte Bezirk der *Snæfellsnes sýsla*, der *Skógarstrandarhreppur*, der Buschstrand. Noch heute ist dieser südliche Teil des *Hvammsfjördur* mit kriechendem Birkengestrüpp bewachsen. Die Landschaft ist höchst einförmig: kleine Basaltrücken wechseln mit sumpfigen Niederungen ab, hier und da haben Flüsse tiefe Klüfte in den Basalt gegraben, ab und zu lugt ein Gehöft hinter den ewigen Basalthöhen und Basaltrücken hervor. Die Felsen sind an vielen Stellen eingescheuert, und wiederholt sieht man Zeichen eines früher weit höheren Meeresstandes. Bedeutende Schuttmassen bedecken die niedrigen Berge, die von einem Gletscher dorthin geführt sein müssen; Thoroddsen nimmt an, dass der 45 km lange und 7½—13 km breite *Hvammsfjördur* während der Eiszeit von einem grossen Gletscher ausgefüllt gewesen ist, und dass damals die Inseln, die in der Fjordmündung liegen, gescheuert wurden[1]). Bei *Breidabólstadur* war eine grosse Schafhürde *(rjett)*, ganz aus Holz gebaut, eine grosse Seltenheit; denn alle anderen, die *Ögmundur* und ich sonst gesehen haben, sind aus Stein und Rasen oder nur aus Steinen aufgeführt.

Die Inseln in der Mündung des Fjordes sind durch schmale, bei Ebbe und Flut wegen ihrer starken Strömungen gefährliche Meerengen voneinander getrennt. Die Haupteinfahrt zwischen ihnen heisst das *Breidasund*. Die bedeutendsten Inseln sind *Brokey* (nach „brok", einer schlechten, schwarzen Grasart benannt; Kalund I, S. 455, Anm. 2)), wo man zuerst die Eiderdaunen vor dem Export gereinigt hat (s. o. S. 138) und *Öxney* (Ochseninsel), der Wohnort des Entdeckers von Grönland, *Eirikr raudi*, an den sich hier noch lokale Erinnerungen erhalten haben[2]). An der nördlichen Küste des Fjordes führen zwei schwierige Fahrwasser in das Innere: *Röst* und *Irskaleid* („Irischer Weg"); der letzte Name ist eine Erinnerung daran, dass im Altertum die Iren bedeutenden Handel getrieben haben müssen. Auch unmittelbar hinter den Grenzsteinen zwischen der *Snæfellsnes*- und *Dala sýsla*, in einer geringen Entfernung von der Küste, liegen einige Ruinen, „die irischen Hütten" *(Írsku búdir)*, die von irischen Kaufleuten bewohnt gewesen sind. Als kaufmännische Niederlassung war diese Stelle, wegen ihrer Lage im Mittelpunkte, ohne Zweifel so vorteilhaft wie möglich gewählt; aber die Seichtheit der Bucht wird der Grund gewesen sein, dass man sie wieder aufgegeben hat. Die

---

[1]) *Lýsing Islands* I, S. 88, 217—219. — Bei *Enniberg* findet sich *Surtarbrandur* nur 54 m ü. M., was auf einen Abfall des *Surtarbrandur*, dem der Basalt decken nach dem *Hvammsfjördur* zu entsprechend, deutet. Andvari XVII, S. 107; Island, S. 217.

[2]) Die *Eirikssaga rauda* und der *Grænlendingapáttr* sind von August Kromayer übersetzt, u. d. T. „Die Winlandsagas". Halle 1909 (Hendels Bibliothek der Gesamtliteratur Nr. 2133). „Die letzten Isländer in Grönland" behandelt eine von Jón Þorkelsson herausgegebene, von Frl. Lehmann-Filhés übersetzte Sage. — Z. d. Vereins f. Volksk. 1909, S. 170—173.

Bewohner des inneren Fjordes verlangen dringend die Gründung eines Handelsplatzes; denn es ist äusserst beschwerlich für sie, ihre Waren auf dem Rücken der Pferde den weiten Weg von *Stykkishólmur* an heranzuschleppen. Seitdem der Fjord im Jahre 1896 vermessen ist, werden zweifellos in Anbetracht der reichen Umgegend im Innern des Fjordes Handelsniederlassungen gegründet werden, und diese werden die Schiffahrt nach sich ziehen. Allerdings sollen sich, wie ich mir habe von sachkundiger Seite versichern lassen, zum Befahren des Fjordes nur gut manöverierende Dampfer mit einem Tiefgange bis zu 5 m eignen; Segler, ausgenommen ganz kleine, die sich schleppen lassen, oder die mit Riemen bewegt werden können, sind nicht verwendbar. *Gunnarsstadir* und auf der gegenüberliegenden Seite *Stadarfell* würden vor allem in Betracht kommen.

Sechs Stunden hinter *Leiti* kehrten wir in *Hólmlátur* ein, wo *Eiríkr raudi* nach seiner Rückkehr aus Grönland einen Winter weilte, und baten um Kaffee und Milch. Oberhalb des Gehöftes entdeckte Thoroddsen einen neuen Fundort für Liparit; er traf hier ausser erheblichen Massen Liparitbreccie einen sehr hellen, in dünne, klingende Platten gespaltenen Liparit sowie mehrere Pechsteingänge. Auch südlich von dem Hofe, an einer anderen Stelle in demselben Tale, fand er grosse, schöne Liparitplatten in bedeutender Menge[1]).

Bald darauf kamen wir zu der kleinen *Gljúfrá* (Kluftache); damit war die Grenze der *Snæfellsnes sýsla* erreicht, ein wesentlicher Teil des Reiseprogramms war glücklich erledigt, der *Hördudalur* begann, und wir betraten die *Dala sýsla*.

---

[1]) Andvari XVIII, S. 107; Geol. Iagttagelser S. 25.

Siebentes Kapitel.

Am Hvammsfjördur. Der Schauplatz der Laxdœla saga.

Die *Dala sýsla* hat ihren Namen nach einer Reihe von grasreichen Tälern erhalten, die, vom *Hvammsfjördur* ausgehend, den südlichen und grösseren Teil dieses Bezirks ausmachen; er wird denn auch schlechthin *Dalir* genannt (in den Sagas gewöhnlich: *Breidafjardardalir*, „die Täler der Breiten Bucht"). Sie erstreckt sich von der *Gljúfrá* auf *Snæfellsnes* bis zur *Gljúfrá*, die in den innersten Teil des *Gilsfjördur* mündet. Den breiten Gebirgsrücken, der sich zwischen *Hvammsfjördur* und *Gilsfjördur* hinausschiebt und im Osten von dem *Hafratindur* (Bockspitze 922 m), im Westen von dem *Klofningur* (d. i. abgespaltenes Stück, 501 m) abgeschlossen wird, habe ich nicht kennen gelernt, obwohl ich wusste, dass dieser Teil seit Thoroddsens Forschungen im Jahre 1886 überhaupt noch nicht wieder untersucht ist[1]). Aber der Besuch dieser Gegend lag ganz ausserhalb meines Reiseplanes, und auch der übrige Teil dieses Bezirkes war für mich eigentlich nur ein Übergang, um nach dem nördlichen Eismeer zu gelangen; einige Schauplätze der *Laxdœla saga* allerdings, *Höskuldsstadir*, *Hjardarholt* und den *Svinadalur*, wo *Kjartan Óláfsson* überfallen wurde, wollte ich aus sagengeschichtlichem Interesse kennen lernen. —

Auch hinter *Gunnarsstadir* blieb der Weg noch eintönig wie zuvor. An der Küste finden sich mit Gras bedeckte Tonhügel bis zur *Midá* (mittlerer Fluss), wo bedeutende Alluvien an ihre Stelle treten, die von den Flüssen dieses Bezirkes gebildet werden. Je mehr man sich dem inneren Teile des *Hvammsfjördur* nähert, desto mehr nehmen die Ton- und Grusbildungen zu; der ganze *Laxárdalur* hat

---

[1]) *Ferdasaga frá Vestfjördum*, Andvari XIII, S. 99—203; XIV, S. 46—93; Fra Islands nordvestlige Halvö, Geogr. Tidskrift IX, 1887, S. 31—50; Fra Vestfjordene i Island, Geogr. Tidskr. X, 1888, S. 149—168.

eine dicke Grusdecke, die von dem Fluss durchschnitten wird, der deshalb von hohen Terrassen begrenzt wird; diese bestehen in dem unteren Teile des Tales hauptsächlich aus Ton. Thoroddsen hat hier Schaltierreste gefunden, und an der *Ljá*, etwas nördlich von der *Laxá*, sogar einen Walrosszahn[1]).

Die *Skrauma* (in der Laxd. s. K. 6: *Skrámuhlaupsá*, auch *Selá* „Sennhüttenache" genannt) führt auffallenderweise eine Menge Liparitgrus. Die *Miðá* fliesst in einem wunderschönen Cañon durch Basaltwände. Bei dem Hofe *Snóksdalur* führt die Strasse südlich nach Hof und Kirche *Sauðafell*, wo einst *Sturla Sighvatsson* überfallen (1229) und Bischof *Jón Arason* von *Hólar* mit seinen Söhnen von seinem erbitterten Gegner *Daði Guðmundsson* gefangen genommen wurde (1550). *Daði* selbst wohnte in *Snóksdalur*; der Name wurde mir als „Wurmtal" erklärt, ein Wurm soll dort sein Lager gehabt haben — aber auf Island hat es nie Schlangen gegeben. Wir bogen nach Nordwesten ab, der Verzweigung des Fjordes folgend, und wählten *Harrastaðir* zum Nachtquartier. (Laxd. s. K. 31, 10.) Leider hatte ich es insofern nicht günstig getroffen, als bereits ein Bauer und der „Landpastor", den ich vor einigen Tagen in dem unseligen *Gistihús* zu *Stykkishólmur* kennen gelernt hatte, hier abgestiegen waren, irgendwo zuviel *Brennivín* genossen hatten und mich mit ihrer trunkenen, täppischen Zärtlichkeit belästigten. Wo wir vier die Nacht über bleiben sollten, war mir ein Rätsel. Höchst ungemütlich wurde mir, als beim gemeinsamen Abendessen die beiden Freunde die schönen Forellen mit den Händen in den Mund schoben und fortwährend rülpsten, dass ich jeden Augenblick befürchten musste, der Fisch würde wieder auf den Tisch gebrochen werden. Von Ekel geschüttelt, stand ich auf und wollte gerade den Befehl geben, wieder aufzusatteln, um nach *Sauðafell* weiter zu reiten, als die Bäuerin meine Not bemerkte. Schnell entschlossen schob sie ihre Landsleute aus der Stube, hielt ihnen eine ganz gehörige Gardinenpredigt, dass sie de- und wehmütig mich um Entschuldigung baten, und schickte sie nach dem nächsten Gehöft. Dann lüftete sie die Stube, Mägde brachten das Bettzeug, breiteten es auf dem Fussboden aus und stellten ein paar Packkoffer an das Fussende und an die Seite, damit ich nicht im Schlafe durch das Zimmer trudelte. So war ich durch das resolute Benehmen der Bäuerin die Trunkenbolde los geworden, hatte das Zimmer für mich ganz allein und schlief bei offenem Fenster auf den Dielen ausgezeichnet.

19. Juli. Zum Frühstück gab es gekochte Eier und Ölsardinen, und die Kosten, das Gras für die Pferde mitinbegriffen, betrugen nur 2 Kronen. Auf der neuen guten Poststrasse öffnet sich nach

---

[1]) Geol. Iagttagelser S. 82.

Westen der Blick auf den Fjord, nach Norden, Süden und Osten auf ein breites, grasbewachsenes Deltaland, das von drei Flüssen, *Hördudalsá*, *Midá* und *Haukadalsá* (Habichtsache), gebildet wird. Der *Haukadalur* mit einem grossen See *(Vatn)* im Osten ist besonders schön. Unterhalb der Stelle, wo die *Middalir* zusammentreffen, erstrecken sich breite Wiesen bis an die Küste, und nach Süden zu werden die Bergmassen von den vielen Talmündungen durchbrochen; an den dunklen Felswänden erblickt man schöne grüne Wiesen mit Bauernhöfen, aus denen der Rauch in der stillen Luft senkrecht aufsteigt. Diese Oasen mit den Gehöften unterhalb der dunklen steilen Berge sind eine typische Erscheinung in allen isländischen Tallandschaften, wo der Basalt vorherrscht; die Hauswiesen stechen scharf von ihrer Umgebung ab, obwohl auch diese mit Gras bewachsen ist, weil sie allein gedüngt sind und darum die saftige grüne Farbe haben. Auf dem Hofe *Eiríksstadir*, den wir nur von weitem sehen, wohnte *Eirikr raudi*, nachdem er mit seinem Vater wegen mehrerer Totschläge aus *Jadarr* in Norwegen hatte auswandern müssen; aber auch von hier wurde er vertrieben, seine Sklaven hatten bewirkt, dass der Hof des *Valpjófr* durch den Sturz eines Berges verschüttet wurde, es kam zu Streitigkeiten, *Eirikr* beging einen Mord und wurde verbannt, er verlegte darauf seinen Wohnsitz nach der *Öxney*. Nach kurzer Zeit verübte er abermals einen Totschlag, da floh er aus dem Lande und machte sich auf, die *Gunnbjarnarsker* (Inseln zwischen Island und Grönland) zu suchen: dabei wurde er der Entdecker von Grönland.

Zwischen niedrigen Hügeln hindurch, die mit Gras, Heidekraut und verkrüppelten Birken bewachsen sind, führt die Strasse weiter nach der *Laxá* (Lachsache); überall weideten zahlreiche Schafherden. Die *Laxá* entsteht aus mehreren Quellbächen, durchströmt in südwestlicher Richtung den breiten und sehr langen, geschichtlich berühmten *Laxárdalur*, nach dem dessen Besiedler und ihre Nachkommen „*Laxdælir*" benannt sind, und ergiesst sich, nach einer seeartigen Erweiterung, „*Papi*" genannt, in das Meer. Nicht weit von der Mündung entfernt, am nördlichen Ufer liegt der Hof *Hjardarholt*, am südlichen Ufer, wohin wir zuerst gelangen, *Höskuldsstadir*. Das Tal der *Laxá* ist, wie erwähnt, mit mächtigen Ablagerungen von Grus, Sand und Ton angefüllt, durch die der ziemlich ansehnliche Fluss sich seinen Weg gebrochen und Terrassen gebildet hat; das Meer muss in einer gar nicht zu fernen Vorzeit bis in die Mündung des Tales gereicht haben.

Höskuldsstadir ist nach *Höskuldr* („Graukopf") *Kollsson* genannt, der ursprünglich das ganze von der *Laxá* durchströmte Tal besass. Er war ein angesehener Häuptling, mächtig und streitbar, und es fehlte ihm nicht an Reichtum, er war verheiratet mit der schönen, geschickten, hervorragend klugen und reichen *Jórunn*. Trotzdem wünschte er seinen Hof noch zu vergrössern, kaufte sich ein Schiff von einem Shetländer und fuhr nach Bergen; *Jórunn* beaufsichtigte inzwischen den

Hof und die Kinder. Er kaufte für etwa 1080 Mark eine schöne, aber stumme irische Sklavin *Melkorka* und brachte sie als seine Geliebte mit nach Island, gab sich aber seit seiner Heimkunft nicht mehr mit ihr ab. *Melkorka* gebar einen Knaben, ein schöneres und ausgezeichneteres Kind hatte man noch nicht gesehen. *Höskuldr* nannte ihn nach seinem verstorbenen Oheim *Óláfr*; er bekam später den Beinamen *pái*: „der Pfau". Eines Tages wollte er sein Besitztum besichtigen; das Wetter war schön, die Sonne, die vor kurzem aufgegangen war, schien hell; da sah er an der Stelle, wo ein Bächlein unterhalb der Halde der Hauswiese herabfällt, die *Melkorka* mit ihrem Söhnchen spielen und scherzen und merkte zu seiner Verwunderung, dass sie nicht stumm war. Nun erfuhr er von ihr ihre vornehme Abstammung; ihr Vater war ein irländischer Oberkönig (namens *Mýrkjartan*), sie selbst war im Alter von 15 Jahren im Kriege gefangen genommen worden. Um sie vor seiner rechtmässigen Gattin zu schützen, wies *Höskuldr* ihr im oberen *Laxárdalr*, südlich vom Flusse, ein Gehöft zu, das seitdem *Melkorkustadir* hiess (K. 12, 13); aber zur Zeit des Erzählers war es schon verödet, heute kennt man nicht einmal mehr seine Lage.

Um seinen Grossvater kennen zu lernen, unternahm *Óláfr* später eine Reise nach Irland. An einem goldenen Reif erkannte ihn *Mýrkjartan* und wollte ihm sogar nach seinem Tode sein Königreich hinterlassen. Auch in Norwegen wurde er freundlich aufgenommen, König Harald liess ihm ein grosses und gutes Schiff fertig machen, mit Holz beladen und mit allem Nötigen versehen. Dann kehrte *Óláfr* nach Island zurück, landete in *Bordeyri* und wurde ein angesehener und reicher Mann. Er heiratete die Tochter des berühmten Skalden *Egill Skallagrimsson*, siedelte nach *Goddastadir* über, nordwärts von der *Laxá*, und machte den Hof zum ansehnlichsten im ganzen Tale. Darauf kaufte er noch einige öde liegende Ländereien auf, die gross, schön und sehr ergiebig waren, auch ein guter Lachs- und Seehundsfang gehörte dazu, sowie ausgedehnte Buschwälder; er liess im Herbst ein hohes Gebäude aufführen aus dem Holze, das man im Walde schlug, und das er als Treibholz am Strande gewann, und siedelte im Frühling dorthin über.

Als *Höskuldr* starb, liessen seine Söhne einen stattlichen Grabhügel über ihn aufwerfen, neungrosshundert (= 1080) Gäste wohnten dem Totengelage bei, zu dessen Kosten *Óláfr* allein den vollen dritten Teil beigesteuert hatte.

Diesen Grabhügel kennt man heute in *Höskuldsstadir* nicht mehr, dagegen wurde mir nördlich vom Hof der Grabhügel seiner Mutter, *Þorgerdarhóll*, und östlich von der Häuserreihe ein länglicher Platz, etwa 100 m lang und 10 m breit, gezeigt, die sogenannte *Höskuldarstofa*, wo das Erbmahl zu *Höskuldrs* Gedächtnis gehalten worden sein soll. Die Lage des Gehöftes entspricht durchaus den Angaben der Saga, und selbst die Halde der Hauswiese *(túnbrekka)*, wo die reizende Szene der angeblich stummen Melkorka mit ihrem Kinde spielt, ist noch heute deutlich zu erkennen; auch das Bächlein, westlich von der Hauswiese, fliesst noch jetzt.

Schräg gegenüber von *Höskuldsstadir* erhebt sich auf dem nördlichen Ufer der *Laxá* das Gehöft *Hjardarholt*; zwischen beiden Höfen fliesst der ansehnliche Fluss, doch war er infolge des warmen Sommers so seicht, dass wir die Furt gar nicht erst aufzusuchen brauchten. Der Name bedeutet „Herdenhügel", aber ohne die erklärende Überlieferung der Saga wüssten wir nicht, wie der Hof zu diesem Namen gekommen ist[1]).

---

[1]) Marius Kristensen, Nordisk Stednavnegranskning, in: Danske Studier, 1905, S. 177 ff.

Im Winter blieb das Gebäude, das *Óláfr pái* hatte errichten lassen, noch leer. Aber im Frühjahr liess er sein Vieh zusammen treiben; niemand war damals reicher an Weidvieh im *Breidifjördr* als er. Er liess vorher seinen Vater bitten, herauszukommen und seinen Abzug in die neue Niederlassung anzusehen und dazu seinen Segenswunsch zu geben. Der Umzug von *Goddastadir* nach *Hjardarholt* vollzog sich in der Weise, dass die unruhigeren Schafe (also Böcke und Hammel) vorausgetrieben wurden, hierauf das Melkvieh (Melkschafe, vielleicht auch Melkkühe), dann das Galtvieh (Stärken, Ochsen, Bullen), zuletzt aber die Lastpferde kamen[1]). Der Zug war rings von Leuten umgeben, die die Tiere in ihrer geraden Richtung erhalten mussten, und nirgends zeigte er die geringste Lücke; dennoch aber kam seine Spitze in demselben Augenblick in *Hjardarholt* an, in dem *Óláfr*, der den Zug schloss, von *Goddastadir* abritt; der Abstand beider Höfe voneinander beträgt aber mindestens eine Meile (= 5 km). *Höskuldr* stand vor seinem eigenen Hofe und betrachtete von dort aus den Umzug jenseits des Flusses; er rief, dass sein Sohn *Óláfr* hier willkommen sein solle und in dieser seiner neuen Behausung zur guten Stunde einrücken: „es erfülle sich meine Hoffnung, dass sein Name lange fortleben werde". Seine Frau, *Jórunn*, aber fragte: „Sollte der Magdsohn wirklich solche Macht haben, dass sein Name lang fortlebt?" Als *Óláfr* in das Gehege ritt, sprach er: „Jetzt soll die Neugier der Leute befriedigt werden, die sie während des Winters in ihren Reden bezeugten, wie dieser Hof heissen soll: „Herdenhügel" sei sein Name". Nun richtete sich *Óláfr* auf *Hjardarholt* ein, es war ein stattlicher, tadelloser Hof, und das Ansehen seines Besitzers wuchs ungemein (K. 24).

Nicht umsonst war *Óláfr* der Sohn einer Irin, und nicht umsonst war er in Irland zum Besuche gewesen. Irische Kunstfertigkeit wird an seinem Hofe mitgeholfen haben, und irische Kunsthandwerker werden es gewesen sein, die ihm später (ca. 975) das grosse Gildehaus bauten, in dem die Hochzeit seiner Tochter gefeiert werden sollte. Wohl war es Sitte, dass bei festlichen Gelegenheiten die Wände des Saales mit Teppichen behängt wurden, in *Óláfrs* Prachtbau aber waren an den getäfelten Wänden und Dachbrettern bunt bemalte Schnitzereien zu sehen, so dass die Halle weit schöner erschien, als wenn sie mit Teppichen behängt gewesen wäre. Die Gegenstände der Bilder waren dem Mythus entnommen: der Kampf des *Heimdallr* mit *Loki*, der Fischzug des *Thor* nach der *Midgardsschlange* und die Leichenfeier des *Baldr*[2]). Zu der Hochzeit hatte *Óláfr* einen namhaften Dichter geladen, *Úlfr Uggason*, der dichtete auf diese mythologischen Bilder ein festliches Lied, die *Húsdrápa*.

Auf *Hjardarholt* ward die Hochzeit des *Kjartan Óláfsson* mit der naiven, schalkhaft-gefühlvollen, leicht beweglichen *Hrefna* gefeiert; nur diesen Ort, so hatte er seinem Vater nach seiner Rückkehr von Norwegen gesagt, begehre er als Heimat in Island. Nach dessen frühem Tode lebte *Óláfr* nur noch drei Jahre, sein Sohn *Halldórr Óláfsson* übernahm den Haushalt in *Hjardarholt*. Wie es scheint, war dieser in seinem Vermögen zurückgegangen. Diese Gelegenheit wollte *Þorsteinn* ausnutzen und das schöne Gut in

---

[1]) Schönfeld (Der isl. Bauernhof, 1902, S. 213) rechnet aus, dass *Óláfr* 12000 Schafe gehabt haben muss.

[2]) Kauffmann, Balder 1902, S. 31.

Laxárdalr kaufen; aber die straffe Haltung eines alten Knechtes, der von der reichen Dienerschaft des *Óláfr* allein noch am Leben war, entfernte den Eindringling (K. 75).

Im 18. Jahrhundert war *Gunnar Pálsson* Pfarrer und Superintendent in *Hjardarholt* (1714—91), ein feiner Kenner der alten poetischen Literatur und Altertumsforscher; ein Gedicht von ihm „*Gunnars* Harfenschlag" hat lange Zeit als ein wirkliches „Eddalied" gegolten und ist sogar von Simrock in seine Übersetzung der Edda aufgenommen [1]).

Von *Óláfrs* Gehöft ist jetzt nichts mehr zu sehen; wie mir der Pfarrer mitteilte, muss es ausserhalb der heutigen Hauswiese gelegen haben. Auch der früher so reiche Wald — *Óláfr* musste sogar Stege darin schlagen und eine Lichtung hauen lassen — ist jetzt völlig geschwunden. Die neue schmucke Kirche, die vorteilhaft von dem auf Island üblichen Stil abweicht, ist vor 2 Jahren von *Rögnvaldur Ólafsson* gebaut worden, mit dem ich 1904 auf der „Laura" nach *Reykjavík* gefahren war; das Altarbild stammt aus dem 18. Jahrhundert und stellt den Augenblick dar, wo Christus sagt: „Wahrlich, ich sage euch, einer unter euch wird mich verraten"; Judas ist durch das offene, gezückte Messer als der Verräter gekennzeichnet. Ausserdem ist *Hjardarholt* eine bedeutende Poststation, der Kreuzungspunkt der Strassen von *Ísafjördur*, *Stykkishólmur* und *Borg*. Ein paar Dutzend rote Packkoffer, mit einem gelben Horn bemalt, standen auf dem Hofe, und oft rasten hier zwanzig Postpferde und mehr [2]).

In heisser Sonnenglut — 24° C im Schatten — trabten wir auf der Landstrasse den *Hvammsfjördur* entlang, bis wir nach *Glerárskógar* (Glasachenwald) kamen (Eyrb. s. K. 46, 13: *í Skógum*). Ein ungewöhnlich grosser Schafstall fesselte hier meine Aufmerksamkeit, etwa 15 Minuten vom Gehöft entfernt, so dass ich vom Pferde stieg, um ihn zu besehen. In der Mitte des Gebäudes ist das Heu untergebracht; da der letzte Winter sehr milde gewesen war, war der Raum noch gut gefüllt; rechts und links von ihm lagen die Ställe, für 300 Schafe und 15 Pferde, sogar Krippen waren angebracht. Das Heu von der Hauswiese kommt allein für die Kuhställe beim Gehöft zur Verwendung; dieses hier war alles Berg- und Flurwiesenheu (*úthey* = Heu von ausserhalb des *Tún*, der Hauswiese). Wie ich nachher von dem Bauern erfuhr, der den Eindringling natürlich von seiner Stube aus bemerkt hatte, hat der Schafstall 4000 Kr. gekostet, er hat ihn auf Anraten der landwirtschaftlichen Schule in *Ólafsdalur* errichtet und auf deren Ermahnung

---

[1]) Konrad Maurer, Germania XIII, S. 72—75.

[2]) Die Runensteine, die früher hier waren, sind jetzt in *Reykjavík*, vgl. *Björn M. Olsen* in: *Árbók hins ísl. Fornleifafjelags* 1899, S. 24—28: Bruun, Ark. Undersögelser 1899, S. 37, 38.

ebenfalls die grasbewachsenen Höcker der Hauswiese geebnet und das *Tún* draimiert, um es zu entwässern. Das alles ist freilich sehr teuer gewesen, aber der weit reichere Ertrag lässt ihn hoffen, in kurzer Zeit völlig schuldenfrei zu werden. Bei ihm konnte ich leider nicht übernachten, da ich mich in *Ásgardur* angemeldet hatte.

Auch dieser Hof macht einen sehr ansehnlichen Eindruck, wenngleich ich mir die „himmlische Burg der Götter" noch grossartiger vorstelle. Der Schafstall ist noch geräumiger als der in *Glerárskógar* und hat für 370 Schafe Platz. Nach Westen öffnet sich der Blick auf *Hvammur* und in den *Sælingsdalur*, auf das Gehöft *Sælingsdalstunga*, das *Bolli*, *Gudrúns* dritter Ehemann kaufte, und das seine Witwe dann gegen *Snorris* Hof am *Helgafell* austauschte; nach Norden liegt der südliche Zugang des *Svínadalur*. *Ásgardur* selbst liegt nahe am Meere am Fusse eines schönen Bergabhanges. Am Meere entlang breitet sich ein tiefer schöner Grund und oberhalb davon ein grosses Moor, das bis an die Häuser reicht. Mitten aus diesem Moor erhebt sich ein regelmässiger kegelförmiger Berg (*Stapi*) *Ásgardsstapi*, an den sich viele Elfensagen knüpfen[1]). Der Bauer erbot sich sogleich, mit mir nach dem nur 3—4 Stunden entfernten Pfarrhofe *Hvammur* zu reiten.

Nach etwa 20 Minuten kommen wir an drei isolierten Basaltkegeln vorüber, den sogenannten *Krosshólar* (Kreuzhügeln), die durch ihre eigentümliche Gestalt und Stellung zur Bildung von Sagen geradezu herausfordern. Dann bogen wir scharf nach Westen ab, so dass wir den innersten Zipfel des *Hvammsfjördur* immer im Auge behielten. Die Bucht war mit Hunderten von Schwänen bedeckt, die ausserordentlich zahm zu sein schienen; niemand schiesst sie, jeder hegt sie; ich machte den faulen Witz, dass der *Hvammsfjördur* viel eher den Namen „Schwanenfjord" verdiente als der *Alptafjördur*, den wir vor drei Tagen passiert hätten. Die Bauern haben in der Mauserzeit eine grosse Einnahme durch das Sammeln der Schwanfedern, mancher verdient jährlich dadurch 100 Kr., ja 140 Kr., für 100 gute Federn bekommt man durchschnittlich 10 Kronen. Im Meere ragte ein einsamer Stein hervor, der *Audarsteinn* oder *Audunnarsteinn*; er dient als allgemeine Strandmarke im *Hvammsfjördur*, und man nimmt an, dass bei der Springflut die See gerade halb gefallen oder gestiegen ist, sobald sie sich am Steine der *Audr* bricht. Im Schutze der Bergwände werden einige Ebereschen gezogen; die mehr als 2 m hohen Stämme sind von einem kleinen Zaun umgeben, damit sie von den weidenden Schafen nicht benagt werden.

Hvammur, „kleines Tal", der ehemalige Herrensitz der *Sturlungen*

---

[1]) Die Eibenfrau im *Ásgardsstapi* in *Ísl. Þjódsögur*, I, S. 187 (= Lehmann-Filhés I, S. 12 f.).

liegt in einem nicht sehr breiten Tale; jenseits desselben südwestwestlich von *Hvammur*, erhebt sich der Hof *Akur*; sonst sind keine Gehöfte in dem Tale. *Akur* muss schon ziemlich alt sein, obwohl es nur wie ein Vorwerk von *Hvammur* aussieht; die Sage weiss, dass eine Zauberin *Gullbrá*, eine Zeitgenossin der klugen *Landnámsfrau Audr*, das stattliche Gehöft *Akur* gebaut habe; da sie hier auch einen heidnischen Tempel (isl. *hof*) errichtete, grosse Opferfeste feierte und viel Zauberei verübte, wurde das Gehöft später *Hof-Akur* genannt. Andererseits scheint ein heidnischer Tempel in *Hvammur* selbst gewesen zu sein; hier erlebten der liebenswürdige Bischof Friedrich und der kriegerische *Þorvaldr Kodránsson* eine ihrer vielen Enttäuschungen bei der Bekehrung der Isländer (*Kristni s. K. II. 10*): Die Heidin *Fridgerdr* nahm in Abwesenheit ihres Mannes die Missionare freundlich auf; während *Þorvaldr* vor den Leuten predigte, opferte *Fridgerdr* drinnen im Tempel, und jeder von beiden verstand des anderen Worte, ihr Knabe *Skeggi* aber lachte. Wenn ich mir diese mit nackten Worten kaum angedeutete Szene weiter ausmale, so schwebt mir der grosse Schluss des ersten Teiles von Ibsens „Kaiser und Galiläer" vor: die Christen stimmen in der Kirche ihr gewaltiges „Vater unser" an, während Julian in den Katakomben unterhalb ins Heidentum zurückfällt. Ich habe in *Hvammur* nichts von alten Tempelresten gesehen oder erfahren, aber in *Akur* sind tatsächlich Ruinen vorhanden.

Jedenfalls wird *Akur* in der *Sturlungensaga* erwähnt: *Sturla* erzählt von seinem Traume, es sei ihm vorgekommen, als sei er in *Hvammur* auf dem Hofe seiner Väter, jenseits der *Hvammsá* oberhalb von *Akur* (Kålund I. S. 515, vgl. auch I. S. 88). Mit *Gullbrá*, die zuerst auf *Akur* gewohnt haben soll, sind viele alte Benennungen verknüpft, einige davon werden wir noch kennen lernen.

Sobald wir uns *Hvammur* näherten, fiel mir sogleich auf, dass mehrere Umzäunungen, u. a. die Einfassung um den Kirchhof, aus hellgrauen, gelben und roten Liparitblöcken errichtet sind; denn der steile Berg, an dessen Fuss der Pfarrhof liegt, besteht zum grössten Teil aus leicht zu bearbeitendem Liparit, der dicht bei der Kirche in grossen Felsen hervortritt; in dem Liparit sind auch grosse Einlagerungen von Basalt, und auf der südlichen Seite des Tales bestehen die Berge ausschliesslich aus Basalt[1]). Dieses Tal, das von der *Hvammsá* (früher *Örridaá* genannt, Lnd. II, K. 16) durchströmt wird, heisst *Skeggjadalur*, südlich von ihm befindet sich *Gullbrárhjalli* (Bergabsatz der *Gullbrá*); hier ist es sehr eng und düster, die Sonne kommt im Sommer nicht sehr hoch, den grössten Teil des Winters sieht man sie hier überhaupt nicht; an dem nordwestlichen

---

[1]) Die geologischen Verhältnisse von *Hvammur* hat zuerst Winkler bestimmt. (Island, 1863, S. 71, 149—152), dann Thoroddsen, Geol. Iagtt. S. 25.

Ende des Tales erstreckt sich der niemals völlig schneefreie Berg *Skeggaöxl*. Tal und Berg sind nach einem Manne *Skeggi* benannt, dem Sohne der oben erwähnten *Fridgerdr*, der in *Hvammur* wohnte (Grettis. s. K. 26, 4), und in der Hauswiese bei *Hvammur* liegt ein *Skjeggjastrim*. Auch darüber weiss die Volkssage mehr zu erzählen als die Geschichte. Die Hauswiese hat sehr reichen Graswuchs, der Garten weist verschiedene grosse Sträucher auf. Die hübsche Kirche schmückt ein wunderliches Altargemälde, das letzte Abendmahl: Johannes sieht wie ein Mädchen aus, das in lockender Stellung sich an die Brust des Erlösers schmiegt; die Gesten der Jünger sind unglaublich steif, Judas trägt natürlich den unvermeidlichen Beutel, aber er ist schlaff und leer; vielleicht will der Maler damit andeuten, dass er ihn erst durch den bevorstehenden Verrat füllen will[1]).

Der Pfarrer selbst war nicht zu Hause, aber seine Frau lud mich zum Nähertreten ein und erzählte mir mancherlei über die älteste Geschichte von *Hvammur*, das ich noch nicht kannte. Dass hier der Wohnsitz mehrerer bekannter Häuptlinge z. B. des *Þórdr gellir* war, und dass *Snorri Sturluson* hier geboren war, wusste ich; aber unbekannt war mir, dass *Árni Magnússon*, der berühmte Sammler isländischer Handschriften, hier bei seinem Grossvater *Ketill Jörandarson*, späterem Rektor der *Skálholter* Schule erzogen wurde (geb. 1663, gest. 1730). Vor allem interessierte mich, was die mündliche Überlieferung von *Audr* erzählt, die vielleicht die grösste Rolle von allen Frauen des Altertums in den Sagas spielt[2]).

Audr hin djúpudga (die tiefsinnige = weise) *Ketilsdóttir flatnefs* (Tochter des *Ketill* Flachnase) war vielleicht mit König *Olaf* dem Weissen von Dublin vermählt, eine echte Häuptlingsgestalt, wie sie die unsicheren, stets wechselnden Geschicke des Westens schufen. Nach dem Tode ihres Sohnes wird sie selbst das anerkannte Oberhaupt ihrer Sippe; sie bestimmt ihrer Töchter Gatten, und keiner ihrer zahlreichen Gatten darf ohne ihren Rat etwas unternehmen. In ihren alten Tagen lässt sie sich heimlich im Walde ein Handelsschiff bauen und kommt mit 20 Mann über die *Orkneyjar* und *Færöer* nach Island, nimmt wie ein Häuptling Land in Besitz und teilt es an ihre Angehörigen und Untergebenen aus. Im ersten Winter, den sie auf Island zubringt, lädt ihr Bruder *Helgi* sie mit der Hälfte ihrer Leute zu sich ein; aber zornig erwidert sie, dass sie nicht gewusst hätte, dass er ein so kläglicher Kerl wäre. Dann fährt sie westwärts nach dem *Breidifjördr* zu ihrem Bruder *Björn*; er geht ihr entgegen mit seinen Knechten und lädt sie mit allen ihren Leuten zu sich ein, denn er kannte den Sinn seiner Schwester; diese Einladung nimmt sie auch an. Im Frühjahre darauf fährt sie mit ihren Gefährten tiefer in den Fjord hinein, um Land zu suchen. Sie nimmt alle Täler am inneren Fjord von der *Dögurdará* an bis zur *Straumuhlaupsá* und gab ihren Schiffsgenossen und Freigelassenen Land (Lnd. II, K. 15, 16).

---

[1]) Auf Spuren einer Verschanzung und *Lögrétta* aus der Sturlungenzeit bin ich nicht aufmerksam gemacht worden; ich kann also nicht sagen, ob sie noch heute zu sehen sind (Kålund I, S. 485; Henderson II, S. 90).

[2]) Über sie vgl. *Bogi Th. Melsted*, Isl. S. I, S. 130–132; Bugge-Hungerland, Die Wikinger, S. 72, 73; *Isl. Þjódsögur* I, S. 146–150.

Sie wohnte in *Hvammr* an der *Örridaá* an der Stelle, die *Audartópir* (Baustelle der *Audr*) heisst, nicht da, wo heute der Pfarrhof steht, sondern mehr nach dem Fjorde zu (heute: *Audarnaust* (Schiffsschuppen der *Audr*), östlich von der *Hvammsá*). Sie hatte keine Kirche auf ihrem Besitztum, sondern nur eine Gebetstelle zu *Krossholár*, da liess sie Kreuze aufrichten, denn sie war getauft und fest im Glauben; diesen Ort aber wählte sie nach der Volkssage, weil sie von dort den Tempel der *Gullbrá* zu *Akur* nicht sehen konnte. An diese Stelle hatte später dann ihre Verwandtschaft grossen Glauben. Ein Tempel wurde dort errichtet, als die Opfer zunahmen; sie glaubten, dass sie in die Hügel verstürben (wie die Nachkommen des *Þórólfr* in das *Helgafell*). „Da das Wort, das für diesen Tempel gebraucht wird, hauptsächlich, wie es scheint, für solche Verwendung fand, die einer Göttin geweiht waren, so kann ich mich des Gedanken nicht entziehen, dass hier eine eigentümliche Ironie des Schicksals gewaltet hat, nach der eine der ersten Christinnen auf der Insel nach ihrem Tode als Schutzgeist des Geschlechtes göttliche Verehrung von ihren heidnischen Nachkommen fand" (Kahle, Ein Sommer auf Island, S. 270).

Beim Herannahen ihres Todes schlug sie zwar das herkömmliche Erbbier nicht aus, sie verlangte aber, am Meeresstrande begraben zu werden, innerhalb des Bereiches der Flut, um nur nicht in ungeweihter Erde liegen zu müssen: die Stelle, wo sie liegt, heisst noch heute *Audarsteinn*, man kann ihn nur bei Ebbe sehen.

Als sie den Tod herannahen fühlte, richtete sie für ihren Enkel die Hochzeit aus; sie empfing stolz, rank und schlank wie vordem in hohen Würden ihre Gäste, übertrug dem Bräutigam feierlich ihren Besitz, bat die Gäste, sich wohl sein zu lassen und zog sich dann zurück. Am andern Tage, als der Enkel sie begrüssen wollte, fand er sie aufrecht in ihrem Bette sitzend, und sie war tot. Sie war hochgewachsen und schön gebaut, und als sie an ihrem letzten Abend aus der Halle geschritten war, hatten sich die Männer untereinander zugeflüstert, wie gewaltig sie doch noch wäre. Mit vollendeter Kunst hat der Erzähler der *Laxdæla saga* diese ehrwürdige Häuptlingsgestalt, die zu handeln und zu herrschen versteht, an den Anfang seiner Geschichte gestellt, um bedeutungsvoll auf die Frau hinzuweisen, die nachher zur Heldin wird, auf *Gudrún Ósvífrsdóttir*; aber während *Audr* die Ihren selbst in grösster Not und Gefahr rettet, trennt *Gudrún* die Nachkommen dieser königlichen Erscheinung und macht sie zu Feinden.

Das Bild, das die Volkssage von dieser grossartigen Frau entwirft, entspricht durchaus der alten Überlieferung, bringt aber insofern neue Züge, als sie ihr eine andere Frauengestalt, die *Gullbrá*, und den *Skeggi* gegenüberstellt:

Als *Audr* auf *Hvammr* wohnte, umgab sie sich mit grosser Pracht, sie war sehr reich. Das Vieh weidete östlich vom Flusse, die Äcker lagen auf der Westseite des Tales, an den Bergabhängen. Sie waren sehr fruchtbar. Aber der südliche Teil des Ackers, der sicherlich ebenso fruchtbar war wie die übrigen, blieb jedes Jahr unbestellt, und *Audr* hatte streng verboten, hier zu säen oder das Vieh weiden zu lassen; hatte sich ein Stück der Herde dahin verlaufen, so durfte es bei der nächsten Melkzeit nicht benutzt werden.

Als *Audr* schon hochbetagt war, kam eine junge schöne Frau nach *Hvammr*, sie nannte sich *Gullbrá* („Goldbraue"); niemand wusste, woher sie kam, oder aus welchem Geschlechte sie stammte. Als sie hörte, dass die Äcker südlich vom Flusse nicht bestellt würden, lachte sie höhnisch und bestach den Verwalter, ihr diesen Strich Land zu verkaufen: „Mir ahnt, dass hier die Sitte eingeführt und das Haus erbaut werden wird, das mir am verhasstesten ist".

Als der Verwalter den Beutel öffnete, krochen ihm eine Menge ekliger Würmer entgegen; darüber verlor er den Verstand und starb; er wurde oben in dem von *Gullbrá* erworbenen Acker begraben, und der Ort heisst seitdem die Würmergrube. Aber *Audr* fürchtete sich nicht: „Auf *Hvammr* ruht soviel Segen, dass kein Schaden entstehen wird". Die Äcker jedoch südlich vom Flusse, vom Meere an bis zu einer Felsschlucht drinnen im Tal, benutzte sie nicht mehr; dort stellte sie auf dem Bergrande drei Kreuze auf, daher heisst der Ort *Krossgil* (Kreuzschlucht); über diese Kreuze hatte *Gullbrás* Zauberkunst keine Macht; ebenso misslang ihre Zauberei, wenn sie dabei von ihrem Tempel in *Akur* zufällig nach *Hvammr* hinüberblickt; dann sah sie an einer Stelle der Hauswiese immer einen ihr unerträglichen Glanz, der sie verwirrte; ein anderes Licht strahlte ihr von den Kreuzen auf dem Felsrande entgegen, doch däuchte sie das nicht so schlimm wie der Schein im *Tún*.

Als *Auðr* nach ihrem Tode an der Flutgrenze begraben war, und ihre Nachkommen wieder ins Heidentum zurückfielen, indem sie die Gebetstelle der Stammmutter zu einer heidnischen Opferstätte umschufen, wuchs zwar *Gullbrás* Macht und Ansehen, aber sie fühlte sich doch zwischen *Auðrs* Grabstätte und der Kreuzschlucht nicht wohl. Deshalb überliess sie den Bewohnern von *Hvammr* die Äcker von *Akur* und wählte sich das innerste, dunkelste Ende des Tales zum Wohnsitze, *Gullbrárhjalli*. Bevor sie dahin übersiedelte, opferte sie lange in ihrem Tempel; dann füllte sie eine Kiste mit Gold, befestigte den Ring von der Tempeltür daran und nahm sie mit sich aufs Pferd, liess sich aber die Augen verbinden und verbot auch den Knechten, die das Ross geleiteten, nach den Kreuzen auf dem Hügel zu blicken.

Als aber das Pferd in der engen Kluft strauchelte und stolperte, rutschte die Kiste vorne herunter, *Gullbrá* riss sich die Binde von den Augen, um zu sehen, was geschehen wäre, und in demselben Augenblicke strahlten ihr die Kreuze vom Bergrande entgegen. Da schrie sie laut, ein unerträglicher Lichtglanz habe sie geblendet und schleuderte zornig den Ring von der Tür des Tempels fort. Als sie in *Gullbrárhjalli* ankam, war sie erblindet; sie wurde krank und fühlte, dass sie sterben müsste. Da gebot sie ihren Knechten, ihre Leiche in die wilde, tiefe Schlucht zu versenken *(Gullbrárgil)*, wo man die Sonne nicht sehen und die Glocken nicht läuten hören könne; unter dem Wasserfall *(Gullbrárfoss)* sei eine Höhle, darin wolle sie hausen. Aber auch nach ihrem Tode hörte sie nicht auf, Menschen und Tiere zu schädigen, das Gehöft zu *Gullbrárhjalli* verwüstete sie völlig. Erst als die Kirche zu *Hvammr* erbaut war, hielt sie Ruhe. Noch heute kann man den Ring von der Tempeltür zu *Akur* sehen, er ist jetzt an der Kirchentür zu *Hvammr*.

Skeggi, der einst als Junge die christlichen Missionare verspottet hatte (S. 153), hielt am heidnischen Glauben fest und war sehr zauberkräftig, vermochte jedoch gegen *Gullbrás* gespenstisches Unwesen nicht viel auszurichten. Vor allem verlangte ihn nach ihren Schätzen, die im *Gullbrárfoss* versteckt lagen. Er nahm zwei Knechte mit, die ihn an Seilen in die Tiefe hinunter lassen sollten; schon war *Gullbrás* Goldkiste bis an den Rand der Schlucht emporgezogen, da blickten sich die Knechte, von einer unwiderstehlichen Macht getrieben, um: das ganze Tal von *Hvammr* an aufwärts stand in lichter Lohe, die von einem Berge zum andern reichte (vgl. dazu S. 142). Darüber entsetzten sie sich so, dass sie die Seile fahren liessen und die Flucht ergriffen; die Kiste stürzte wieder in den Abgrund. *Skeggi* kam lange Zeit darauf ganz erschöpft, blau und blutend nach Hause; wohl hatte er, nachdem er Gott *Thor* angerufen, einen Kessel voll Geld erbeutet, aber *Gullbrá* hatte in dem fürchterlichen Ringkampfe gesiegt und spukte schlimmer als zuvor; kein Hirte wagte mehr die Schafe zu hüten. Da entschloss er sich, noch einmal in ihre Höhle zu dringen. Aber so grässlich setzten ihm *Gullbrás* Krallen zu, dass er fast die Besinnung verlor. In der höchsten Not gelobt er, zu dem Bau einer Kirche in *Hvammr* Gold zu spenden; sogleich erglomm in *Gullbrás* Augen ein seltsames Feuer, sie erstarrte zu Stein, und er konnte ihre Goldkiste sich auf den Rücken laden und sich an einer Handleine aus der Schlucht emporziehen. Aber seine Tage waren gezählt, so grässlich hatte ihn das Gespenst gepackt. Trotz seines Gelübdes nahm er den Christenglauben nicht an und liess sich auch nicht bei der Kirche zu *Hvammr* begraben; er wollte auf der nördlichen Seite der Hauswiese beigesetzt werden. Das geschah auch, und *Gullbrás* Kiste wurde ihm unter den Kopf gelegt. Noch heute kann man hier einen grossen Stein sehen, *Skeggjasteinn*; das Tal, dem er zugewendet ist, heisst *Skeggjadalur*, und südlich von ihm liegt *Gullbrárhjalli*.

Gegen 9 Uhr abends kehrte ich mit meinem Wirt nach *Ásgardur* zurück. Es war empfindlich kühl geworden und unmöglich, noch im Freien zu bleiben. Überhaupt wurde es von jetzt an auffallend kühler; die Sonne blieb mir zwar auch in den nächsten Tagen noch treu, aber es war, auch wenn sie am Himmel lachte, so grimmig kalt, dass ich bitter bereute, so leichtsinnig gewesen zu sein, den warmen Lodenmantel von *Stykkishólmur* nach *Reykjavík* zurückgeschickt zu haben. Im allgemeinen fand ich die alte Regel bestätigt: das Klima ist im Nordlande zwar kälter als in den übrigen Teilen der Insel — der Unterschied beträgt im Jahresmittel etwa 4° C. —, aber dafür trokener, beständiger und gesünder.

Der Bauer und die Bäuerin waren einfache, aber gescheite, tüchtige und gastfreie Leute; es war mir beim besten Willen nicht möglich, ihre Mühe mit klingender Münze zu vergelten. Der Bauer verwaltet die Sparkasse dieses Bezirkes (mit etwa 2000 Menschen). Seit dem 1. Januar 1908 waren 14000 Kronen eingezahlt, die mit 5% verzinst werden; ausgeliehen waren 8000 Kronen zu 6%; er selbst bekommt für seine Arbeit, und er hatte anfangs viel Mühe mit dem ungewohnten Geschäft gehabt, ½% Entschädigung.

20. Juli. Etwa 20 Minuten nördlich von *Ásgardur* beginnt der *Svínadalur*, wo ich den letzten Schauplatz der *Laxdæla saga* kennen lernen wollte. Von hier ab wusste *Ögmundur* wieder Bescheid, und ich konnte mich ihm bis auf Kleinigkeiten wieder ruhig anvertrauen. Der mit frischem Grün geschmückte *Svínadalur* ist eigentlich ein tiefer Pass, eine Grabensenkung, die das Hochland zwischen *Hvammsfjördur* und *Gilsfjördur* von dem übrigen Lande trennt. Die sehr unregelmässig gebildeten Berge auf beiden Seiten, deren Abhänge deutliche Zeichen von Dislokationen zeigen, bestehen aus Basalt, und *Surtarbrandur*, die in Tuff eingeschlossenen und zu Kohle verwandelten Reste einer üppigeren Pflanzenwelt, wird nicht selten gefunden[1]). Der enge Pass ist so wunderschön, dass ihn jeder Naturfreund zu Fuss zurücklegen oder wenigstens ganz langsam durchreiten sollte. Es geht immer die rauschende *Svínadalsá* empor, die durch ein ziemlich enges Bett brausend herabstürzt; grosse Schneefelder reichen fast bis an den Fluss heran, und die Berge im Hintergrund sind in zarte, blaue Schleier gehüllt. Weder früher noch jetzt haben hier Bauern gewohnt. Der Hohlweg führt von der innersten Bucht des *Hvammsfjördur* in nördlicher Richtung zum Gebirge hinauf nach dem Bezirk *Saurbær*.

Diesen Weg war *Kjartan* geritten (Abb. 15), um ein Guthaben von einer verkauften Schiffsladung einzuziehen. Am fünften Ostertage des Jahres 1003 ritt er, trotz eines unheilkündenden Traumes, nach *Hjardarholt* selbzwölft zurück. *Gudrun*

---

[1]) Diese Beobachtungen machte schon Henderson, II, S. 91.

aber hatte neun Männer, darunter ihren Gatten *Bolli*, aufgestachelt, ihn zu überfallen, obwohl sie ihn liebte; diese waren zum *Svinadalr* geritten und lagerten an einer Kluft an der Ostseite des Tales, die *Hafragil* heisst (Bockkluft); sie banden die Rosse an, setzten sich nieder und warteten auf ihr Opfer.

Als *Kjartan* mit seinen Begleitern bis in die Mitte des Passes gekommen war, bis zur Wasserscheide (200 m ü. M.), südlich am *Mjósyndi*[1]), wo das Tal freier wird, entliess er sie, obwohl sie mit ihm das Tal zu Ende reiten wollten.

Ich besprach mit *Ögmundur* die Schilderung der Sage (K. 48, 49) genauer, und in seiner drastischen Weise, die zugleich charakteristisch dafür ist, wie die heutigen Isländer sich in ihre Vorzeit versetzen, sagte er: „Wären *Kjartans* Leute nicht umgekehrt, so hätten die Feinde ruhig in ihrem Verstecke gewartet, bis er das Tal verlassen hätte, und niemand hätte von dem geplanten Überfall auch nur etwas geahnt. So kam *Kjartan* aber allein bis zur Bockskluft; die beiden, die mit ihm waren, waren seine *Fylgdarmenn* (Führer), die für die Reservepferde zu sorgen hatten."

„Sie reiten und reiten und kommen immer näher, und immer geschieht ein Neues, das die Bestimmung abwenden zu wollen scheint. Man glaubt, das Aufschlagen der Hufe zu hören, das allem zum Trotz dem Verhängnis unabwendbar entgegenführt (Bonus, Isländerbuch III, S. 268).

Bolli, *Gudruns* Gatte, *Kjartans* Freund und Pflegebruder, lagerte nicht mit den anderen an der Bockkluft. Schon den ganzen Tag über war er still gewesen; nun sonderte er sich von seinen Gefährten und lag oben neben dem Kluftrande, dass er *Kjartan* sehen könnte, wenn er herankäme. Ohne dass der Erzähler sagt, fühlt man, dass er den Kampf zwischen seiner Liebe zu *Gudrun* und seiner Brudertreue und Liebe zu *Kjartan* kämpft. Seine Begleiter ahnen seine Seelennot, sie fangen im Scherz mit ihm zu ringen an und ziehen ihn an den Füssen den Hügel herab. Jetzt kam *Kjartan* mit den beiden Männern schnell herangeritten, und als sie südwärts durch die Kluft kamen, sahen sie den Hinterhalt und sprangen vom Pferde. *Kjartan* stellte sich gegen einen grossen Stein, der da war, und wehrte sich heldenhaft. Aber wie er sah, dass *Bolli*, von den andern aufgehetzt, das Schwert gegen ihn schwang, wollte er sich nicht mehr verteidigen; obwohl er nur wenig verwundet und noch ganz kampfesfrisch war, warf er seine Waffen weg und empfing von *Bolli* die Todeswunde. Den Sinkenden fing *Bolli* auf, und in seinem Schosse hauchte *Kjartan* sein Leben aus. *Bolli* aber bereute seine Tat.

Als er nach Hause kam, begrüsst ihn *Gudrun*, die vergebens ihre Stimmung zu meistern suchte: „Wir haben beide ein gutes Tagewerk vollbracht; ich habe zwölf Ellen Garn gesponnen, und du hast *Kjartan* getötet." Bald darauf setzte sie lachend hinzu, dass *Hrefna*, *Kjartans* Weib, diese Nacht nicht mit Lachen zu Bett gehen werde. Er antwortete sehr zornig: „Es scheint mir noch nicht ausgemacht, ob sie mehr als du über diese Kunde erbleichen wird, und mir ist, als möchtest du weniger bewegt sein, wenn ich auf der Walstatt läge und *Kjartan* sagte dir davon."

Der Schauplatz des Überfalles (Abbildung 15) ist so genau geschildert und entspricht so durchaus der Wirklichkeit, dass der Sagaschreiber seine Studien, wie wir heute sagen würden, an Ort und Stelle gemacht haben muss. Das *Hafragil* ist etwa eine Stunde

---

[1]) Der Name ist identisch mit dem Dorfe Missunde an der Schlei.

von *Ásgardur* entfernt, und ist noch heute die übliche Raststelle. Der Fluss kommt in hellem Strahl aus der Kluft gestürzt, die noch

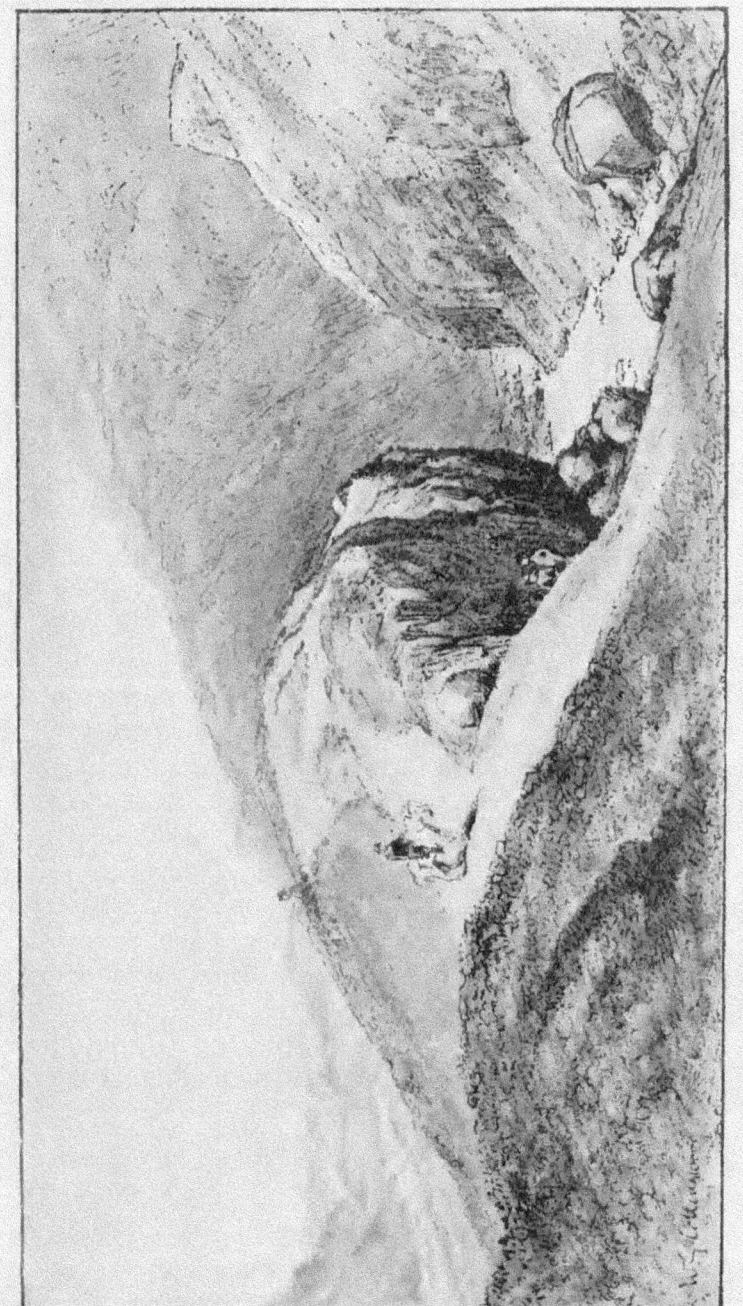

Fig. 15. Wo Kjartan erschlagen wurde.
(Mjósyndi links; der Hügel, wo Bolli sass; der Stein, wo Kjartan kämpfte; der Schlupfwinkel von Gudruns Brüdern, Hafragil rechts.)

dazu von einem grossen Block verdeckt wird. Ich machte die Probe aufs Exempel, ritt etwa 15 Minuten stromaufwärts und kehrte dann um, konnte aber weder selbst von *Ögmundur* gesehen werden, der sich in der Kluft aufhielt, noch konnte ich etwas von ihm wahrnehmen, bis ich unmittelbar am Rande der Kluft stand. Warum der Pfarrer von *Hvammur* die Mordstelle nicht hier, sondern weiter südlich sehen will, ist mir rätselhaft.

Das nördliche Ende des *Svinadalur* ist mit steinigem Geröll bedeckt, dann erweitert es sich allmählich in den ausgedehnten grasreichen Bezirk *Saurbœr*, überall schimmert es silbern von den nickenden Büscheln des Wollgrases, Eriophorum angustifolium. Als der *Landnámsmann Steinólfr* hier einen Berg erstieg, erblickte er landeinwärts ein grosses, mit Wald bewachsenes Tal. An einer Stelle bemerkte er einen offenen Platz; da liess er ein Gehöft bauen, das er *Saurbœr* (Dreckhof) nannte, weil die Gegend sehr morastig war; denselben Namen legte er dem ganzen Tale bei (Lnd. II, K. 21). Auch der *Svinadalur* verdankt ihm seinen Namen: er fand hier einige Schweine, die ihm entlaufen waren, stark vermehrt wieder (a. a. O.). Mehrere Täler stossen hier zusammen, muntere Flüsse laufen murmelnd durch sie hin, etwa 30 Bauernhöfe sind hier gelegen. Nach dem Meere zu wird dieses kleine Flachland von einer 50 m hohen Tonterrasse begrenzt, die von einem Fluss durchbrochen ist, der von den vereinigten Wasserläufen der Täler gebildet wird. Hinter der Terrasse liegt ein grosses, noch flacheres Wiesenland; wahrscheinlich ist hier eine Lagune gewesen, die später in einen See verwandelt wurde, und dieser wieder trocknete durch die Verschiebung der Strandlinien aus. Der Wohlstand der ganzen Gegend ist erfreulich gross, die Gehöfte machen durchweg einen sauberen Eindruck, die Hauswiesen sind umfangreich und gut gepflegt, und durch eine Menge Gräben und Kanäle ist für Entwässerung und Berieselung der Flurwiesen gesorgt. Mit Wohlgefallen schweift der Blick über das saftige Grün des Bodens und die einzelnen Höhen nach dem plötzlich auftauchenden *Gilsfjördur*, bald darauf blitzt auch der Hauptfjord auf, der nördliche Teil des *Breidifjördur* mit seinen unzähligen Inseln und Holmen, und vor uns, im Nordwesten, reckt sich geheimnisvoll die schwachgewölbte, runde Firnkuppe des *Glámujökull* in die Höhe (die *Gláma* ist 901 m hoch und 230 qkm gross).

Achtes Kapitel.

Die landwirtschaftliche Schule in Ólafsdalur. Von Reykhólar über die Kollabúðaheiði nach dem Steingrímsfjörður.

Zu dem Reichtum dieses Striches trägt ganz gewiss das gute Beispiel und Vorbild der landwirtschaftlichen Schule in *Ólafsdalur* (gegründet 1880) viel bei; die Bauern haben gesehen und gelernt, was eine rationelle Bebauung des Bodens auch auf Island, fast unmittelbar unter dem Polarkreise, zu leisten vermag; die ersten guten Erfolge haben ihnen Mut gemacht, und ihr Eifer wird nicht erlahmen, auch wenn die Schule jetzt eingeht, nachdem sie so glänzend ihre Daseinsberechtigung erwiesen hat.

Ich war mit den höchsten Erwartungen nach *Ólafsdalur* gekommen, aber zunächst schienen sie sehr herabgestimmt werden zu sollen; es wimmelte von Besuchern, nicht nur die Schwiegertochter mit ihrem kleinen Knaben war da, die mit dem Sohne des Besitzers, dem ersten und einzigen Chemiker Islands verheiratet ist, sondern mindestens noch sechs andere Ehepaare, sowie verschiedene einzelne Herren und Damen, und ich fürchtete schon, dass es mir wie in *Ólafsvík* gehen würde. Aber gegen Abend wurde das Haus völlig leer, und auch wenn sie wirklich geblieben wären, hätte ich bequem in dem ehemaligen Schulgebäude Platz gefunden. *Torfi Bjarnason* ist trotz seiner 70 Jahre noch ein ungemein rüstiger Mann. Er hat sich in Norwegen, Schottland und Amerika gründlich in allen landwirtschaftlichen Dingen umgesehen und war der erste, der sich von den alten, höchst primitiven isländischen Einrichtungen frei machte, die etwa 1000 Jahre lang geherrscht hatten; ihm verdankt seine Heimat seit 1870 die Einführung der sogenannten schottischen Sense, die nicht mehr jeden Abend in der Schmiede geschärft zu werden braucht. In seiner landwirtschaftlichen Schule lernten die jungen Männer im Sommer die zweckmässige Pflege der Wiesen sowie die

Zucht von Kühen, Pferden und Schafen, im Winter mussten sie einfache Holz- und Eisengerätschaften herstellen und sich üben, nötige Reparaturen selbst auszuführen; von einer rein theoretischen Einführung in die Landwirtschaft wollte *Torfi* nichts wissen, obwohl er mehrere Abhandlungen geschrieben hat. Die Ehrenpension, die ihm das *Althing* bewilligt hat, verdient er vollauf; die Saat, die er gestreut hat, hat bald Früchte getragen und wird es in Zukunft noch mehr tun; der alte Schlendrian ist vorüber, und viele Hunderte an Jahren alte Vorurteile sind ausgerottet. *Ólafsdalur* ist nicht ein einzelner Bauernhof, sondern eher eine kleine Kolonie zu nennen. Das Wohnhaus (früher das Schulhaus) ist zwei Stockwerk hoch, jede Etage hat zehn Fenster; die Ställe und Scheunen sind stattlicher als anderswo; der Dung wird in einem richtigen Steinhaus mit Blechdach gesammelt, und das Waschhaus hat Wasserleitung vom nächsten Bach her. Die nichtbenutzten Pflüge und Eggen standen, wie daheim in Deutschland, wohl geordnet unter Schuppen; die roten Wagen wurden am Abend heimgefahren und in Reih und Glied aufgestellt. Es ist nicht übertrieben, wenn ich sage, dass kein anderer Ort auf Island mich so wie *Ólafsdalur* an den Betrieb auf einem grösseren Gute bei uns erinnert hat.

Das kleine idyllische Tal selbst gemahnt an die Schweiz oder Tirol. Herrlicher Sonnenschein lag auf den grünen Matten, auf denen die schleppfüssigen Rinder grasten, und spiegelte sich im blauen Fjord; den Hintergrund nahmen dunkelblaue und schwarze Berge ein, die so eng zusammenstossen, dass sie das Tal gegen die unruhige Aussenwelt abzuschliessen schienen.

21. Juli.

Ólafsdalur ist nach dem unglücklichen Besiedler *Óláfr belgr* benannt, der, als er Land zwischen dem *Enni* und der *Fróda* genommen hatte, von *Ormr* aus *Ólafsvík* vertrieben wurde (Lnd. II, K. 9); dann hatte er Land nördlich vom *Grotvallarmúli* landeinwärts genommen, im *Belgsdalr*, war aber auch von da verjagt worden (II, 21); in *Ólafsdalr* fand er endlich Ruh und Frieden. Eine kreisförmige Einzäunung nahe der Talmündung soll der Ort sein, wo sein Tempel stand, ist aber wohl eher eine alte Hürde für Schafe oder Pferde.

Etwa im Jahre 1830 wohnte hier ein anderer *Ólafur*. Er war auf einem Hofe in der Nähe zum Besuch gewesen und schlug, da Ebbe war, den Heimweg am Strand entlang über den Meeresgrund ein. Hier begegnete er, eingeklemmt zwischen den steilen Klippen des Ufers und der mit beginnender Flut wieder anwogenden See, einem elbischen Geiste (*puki*, englisch Puck). Der verfolgte ihn und hetzte ihn, dass ihm der Schweiss in Strömen vom Leibe rann, und sprang ihm schliesslich auf die Schultern. Am anderen Tage fand man den Bauern tot, dicht vor seinem Hofe. Seine Frau aber hatte in derselben Nacht noch, in der das Unglück geschehen war, den ganzen Hergang im Traume gesehen, und daher wusste man, dass der *Goggr* ihn zu Tode geritten hatte. *Goggr* ist ein eiserner Haken, wie er von Fischersleuten gebraucht wird, man bezeichnet aber damit auch räuberische, blutgierige Gespenster des Alptraumes. Dieser *Goggr* verfolgte von nun an die ganze Familie des Bauern[1]).

---

[1]) Maurer, Isl. Volkssagen S. 85.

Das beste Frühstück auf der ganzen Reise bekam ich in *Ólafsdalur*; es gab, eine grosse Seltenheit auf Island, Nieren und Leber,
und der Tisch war mit frisch gepflückten Blumen allerliebst geschmückt; ein Sträusschen wurde mir auch beim Abschied über-
reicht. In drückender Schwüle, die nur etwas durch eine Brise
vom Meere her gemildert wurde, ritten wir ganz um den Zipfel
des *Gilsfjördur* herum. Wieder wiegten sich Hunderte von Sing-
schwänen auf den blauen Wogen, ein reizender Anblick, den man
nie müde wird zu bewundern; von weitem sehen sie wie treibende
Eisschollen aus, sie tragen die Flügel angelegt oder schwach gelüftet,
den schönen langen Hals gerade und aufrecht. Den eigentlichen
Schwanengesang, der aus der Ferne an verworrene Glockentöne
erinnert, habe ich nur ein einziges Mal, auf der langen Seereise,
vernommen, als die dämmernde Frühsommernacht bei *Bordeyri*
ihren geheimnisvollen Schleier über die Nordküste herabsenkte.
Ögmundur meint, man höre die Schwäne am meisten im Frühling
singen, wenn das Eis auftaut. Die Töne, die ich von ihnen gehört
habe, wenn sie in grösserer Zahl zusammen waren, erinnerten mich
an das Stimmen eines Klaviers; stundenlang stiessen sie ihre ein-
silbigen Rufe aus, ein tieferes nasales A und ein höheres Hä; beide
Laute erschollen fast gleich oft, so entstand ein charakteristisches,
nicht unmelodisches Konzert.

Der kleine, schmale *Gilsfjördur*, die innerste Verzweigung des
Breidifjördur in n. ö. Richtung, nach dem Ansiedler *Gísl* benannt,
(Lnd. II, K. 21) schneidet sich nordwestlich zwischen der *Dala-*
und *Bardastrandar sýsla* ein und trennt zusammen mit dem von
NO. kommenden *Bitrufjördur* die grosse nordwestliche Halbinsel
Vestfirdir fast ganz von dem übrigen Lande ab; die beiden Fjorde
sind nur 7 km weit voneinander entfernt, die Landzunge hat in der
Mitte eine Höhe von ca. 230 m. Im innersten Teile des *Gilsfjördur*
findet sich oben am Gebirgsrande eine Schicht von *Surtarbrandur*;
die Basaltdecken sind nach SW. am höchsten. Der Fjord ist 35 km
lang und 10—15 km breit; er soll so flach sein, dass nur sein
äusserer Teil grösseren Schiffen zugänglich ist. Sein Ende ist von
senkrechten, halbkreisförmigen Basaltabsätzen umgeben mit zahlreichen Wasserfällen, die wie Mauerzinnen und gewaltige Festungs-
werke mit Bastionen und Schiessscharten aussehen und der Landschaft eine eigenartig wilde Schönheit geben. An der Küste findet
man grosse Mengen von lang-, breit- und dickblättrigem essbarem
Tang (isl. *Söl* n. pl.), der noch jetzt von den Bewohnern gebraucht
wird, obwohl sonst das Essen der *Söl* gegen früher bedeutend
nachgelassen hat; nur bei *Eyrarbakki* und in der *Skaptafells sýsla*
werden sie noch gesammelt. Die breiten rotgelben Blätter können
auch in rohem Zustande gegessen werden und haben einen süsslich-
salzigen Geschmack; als *Egill Skallagrímsson* aus Schmerz über den

Verlust seines Sohnes Hunger sterben wollte, brachte ihn seine Tochter dahin, *söl* zu kauen und — da dies starken Durst erregte — Milch zu trinken (Egils s. K. 78). Meist wird der Tang aber gekocht genossen; wie Kalund angibt (I, S. 503), kocht man ihn zu Brei und mischt ihn in das Brotmehl, das dadurch schwerer wird und nach der allgemeinen Meinung auch besser schmecken soll. Früher war die Bedeutung dieses Nahrungsmittels natürlich weit grösser als heute, wo die Einfuhr fremder Waren viel leichter gemacht ist, es war sogar in gewisser Beziehung wichtig als isländischer Handelsartikel. Man holte es viele Meilen weit her; die Nordländer holten es besonders aus dem Bezirke *Saurbær*, und darum heisst ein Weg vom *Hrútafjördur* nach dem *Laxárdalur* noch jetzt *Sölvamannagötur*.

Nach etwa 1 ½ Stunden, wobei wir zuletzt einen guten Reitweg hatten benutzen können, waren wir gerade gegenüber *Ólafsdalur* angelangt und blickten über die hufeisenförmige Bucht auf die stattlichen von der Sonne hell beleuchteten Gebäudekomplexe, dann passierten wir die *Gljúfrá* und kamen in die *Bardastrandar sýsla*. Dieser Bezirk ist nach der Gegend *Bardaströnd* benannt, dem alten Vorgebirge *Bard*, das wohl das heutige *Látrabjarg* ist und bildet mit der *Ísafjardar* und *Stranda* (= Küsten) *sýsla* die nordwestliche Halbinsel, die fast nie von fremden Touristen besucht wird. Sie besteht fast ausschliesslich aus Basalt mit einzelnen Gängen und Einlagerungen von Basalt und verschieden gefärbten Tuff- und Tonschichten, die miocäne Pflanzenversteinerungen enthalten, und ist ursprünglich ein Plateauland gewesen[1]). Die Fjorde und Täler sind erst später gebildet, durch Erosion und zum Teil wohl durch Senkung. Der Flächeninhalt übersteigt kaum 170 Quadratmeilen, aber die Küstenlinie hat eine Länge von ca. 250 Meilen. Wären die Fjorde ein wenig verlängert, so würde die Halbinsel in eine Inselgruppe geteilt werden, die in jeder Beziehung an die *Færöer* erinnern würde; nur würde die Formation noch grossartiger und wilder sein. Das Plateau ist mit losen, eckigen Felsblöcken bedeckt und fleckig von grossen Schneehaufen und hat eine durchschnittliche Höhe von 600 m; wo es am höchsten ist, sammeln sich die Schneehaufen zu Firnkuppen, *Gláma* nach SW. und *Drangajökull* nach NO. (350 qkm gross, 890 m hoch), so benannt nach den 7 hinter einander stehenden Felsspitzen, *Drangar*, auf dem *Drangafjall* in der Nähe des Gletschers. Die Küste ist von steilen dunklen Abhängen begrenzt, die sich an vielen Stellen schroff, oft 400—500 m hoch aus dem Meere erheben; an ihr entlang führen schmale Reitpfade in unzähligen Windungen durch die herabgestürzten Blöcke;

---

[1]) Thoroddsen-Gebhardt II, S. 280, 281; Thoroddsen, Geogr. Tidskr. IX, S. 31—32; Island, S. 2.

häufig ist sie mit Gras, Heidekraut und Birkengestrüpp bewachsen. An der Nordküste des *Breidifjördur* und am *Steingrimsfjördur* lebt die Bevölkerung von der Schafzucht; an der Küste im Süden des Nordkap, wo die Fjorde sehr klein und die Berge steil sind, das Küstenland verschwunden ist, fast ausschliesslich vom Vogelfang.

Hinter dem Gehöft *Garpsdalur*, wo *Gudrúns* erster Gatte wohnte (Laxd. s. K. 34), beginnt der breite *Króksfjördur* (nach dem Ansiedler *Pórarinn Krókr* benannt? Lnd. II, K. 22). Der Bauer von *Bær* (= Gehöft) liess nicht nach, bis wir seiner Einladung zum Kaffee folgten; er erzählte mir, dass hier zuerst *Steinólfr* gewohnt habe (s. o. S. 160), dem das von ihm besetzte Land nicht genügt habe. Dem Hof gegenüber treten im Basalt mehrere grössere gelbe, weissliche und grünliche Lipariteinlagerungen und Gänge auf[1]. Moränenbildungen und marine Terrassen sind auf der ganzen Nordküste des *Breidifjördur* anzutreffen; am *Króksfjördur* und etwa 1 Stunde später, am *Berufjördur* sind die Terrassen besonders schön entwickelt, hinter ihnen kommen bedeutende Moränenreste zum Vorschein. Zwischen dem *Króksfjördur* und *Berufjördur* schiebt sich die spitze Landzunge *Borgarnes* vor, wo dicke Einlagerungen von Liparit in ziemlich bedeutender Ausdehnung vorhanden sind; sie besteht aus zwei Bergknoten, die durch die beiden erwähnten Terrassen verbunden werden.

Am *Berufjördur* (Bärinfjord) liessen wir, nachdem wir zum vierten Male heute Kaffee getrunken hatten, fünf Pferde zurück und nahmen nur das Nacht- und Ölzeug mit. Es wäre deswegen beinahe zum Streit mit meinem Führer gekommen, da ich behauptete, für mein schweres Geld auch etwas mehr Bequemlichkeit beanspruchen zu können, und was ein Soldat ohne Schild sei, sei ein Reiter ohne seine Pferde; er aber verschanzte sich dahinter, dass wir froh sein müssten, den reichlich angestrengten Packpferden den steilen Weg über die Halbinsel *Reykjanes*, die zwischen dem *Porskafjördur* und *Berufjördur* liegt, ersparen zu können. Mir war es aber ein unbehagliches Gefühl, die Pferde soweit entfernt zu wissen, und meine Laune wurde dadurch nicht gebessert, dass, als wir im Sattel sassen, ein tüchtiger Regen begann. Es war der erste Regen, seitdem ich *Reykjavík* verlassen hatte, und wenn ich nicht so verstimmt gewesen wäre, würde ich mich über sein frisches Nass gefreut haben.

Der Weg nach *Reykhólar* führt in zwei Stunden das schöne, von *Jón Th. Thóroddsen* so allerliebst besungene Tal *Barmahlíd* entlang. Sein Vater war Böttcher in *Reykhólar*, wo *Jón* 1819 geboren wurde; er liebte die mit Wald bewachsene Halle über alles und dichtete auf sie das Lied, das jeder Isländer kennt „*Hlidin mín frída*".

---

[1] C. W. Schmidt, Z. d. Deutschen Geol. Gesellschaft 1885, S. 762—764.

Barmahlid[1].

Von Jón Th. Thóroddsen.

Halde, du holde,
Reich mit Gras geschmücket,
Wo im sonnigen Golde
Storchschnabel blaurot nicket —
Gute Blumenmutter,
Schon des Knaben Sinne
Brachten dir Minne.

Rötlich in Gluten
Brennen abends deine Wände,
Des Morgenlichts Fluten
Umhuschen dich behende.
Hinter graue Steine
Scheuchen sie die Schatten
Fort von den Matten.

Wahrlich, zu loben
Bist du hoch vor allen.
Der Herrscher dort oben
Schenkt dir sein Wohlgefallen.
Gute Blumenmutter,
Jeder, der dich kennet,
Dankbar Gott nennet.

Halde, dich, süsse,
Warmer Wind umhülle!
Des Himmels Tau fliesse
Auf deiner Blumen Fülle!
Mög' es nie des Winters
Kaltem Hauch gelingen
Zu dir zu dringen!

Reykhólar gilt seit altersher als einer der ansehnlichsten Höfe auf Island, machte aber beim ersten Anblick durchaus nicht den Eindruck[2]. Obwohl das Wohnhaus erst seit 1873 besteht, ist es doch ganz aus Rasenstreifen errichtet, nur der Giebel ist von Holz; die Blumen aber in den Fenstern, blühende Erbsen und Wicken, gaben ihm etwas Anheimelndes; hinter dem Hause liegt eine kleine Kapelle. Das grosse, aber ziemlich harte Familienbett wurde für mich zurecht gemacht; zum Abendessen gab es Enteneier, Ölsardinen, *Skyr* und abermals, zum fünften Male, Kaffee. Auch dem Bauern sieht man seinen Reichtum nicht an; er ist noch niemals in einer

---

[1] *Barmahlid* ist nach dem Gehöft *Barmar* (plur. tant.) genannt, das unter der Halde *(hlid)* an einer kleinen Bucht liegt, die vom Fjord einschneidet. *Barmr* ist auf Island und in Norwegen ein sehr häufiger Ortsname, meist von Buchten und Seen, deren Namen wieder auf die Gehöfte übergeht und bedeutet „Ufer, Kante", aber auch „Brust, Busen".

[2] Einige Gräber aus heidnischer Zeit am *Berufjördur* und dicht bei *Reykhólar* sind von Bruun besprochen, Ark. Undersögelser S 24 ff., 35.

grösseren Stadt gewesen, weder in *Ísafjördur* noch *Akureyri* noch gar in *Reykjavík*; aber man merkt am ganzen Betriebe, dass er auf solider Grundlage ruht; die Rechnung war lächerlich gering, eine ganze Krone. Die Heuernte dieses Jahres war so üppig, wie seit vielen, vielen Jahren nicht; das gute Wetter war um so wunderbarer, als Fischer nur 4 Meilen vom Nordkap entfernt auf sehr viel Polareis gestossen waren; die grimmige Kälte, unter der ich in den folgenden Tagen zu leiden hatte, war ohne Zweifel die Folge davon. Zum Hofe gehören ausgedehnte Wiesen und Weiden, Seehundsjagd und Eiderenten; der Bauer tötet jährlich 120 Seehunde, das Fell hat einen Wert von 3 Kronen, im Frühjahr aber von 4 bis 5 Kronen; ein Tier hat etwa 70 Pfund Tran. In der Nähe der heissen Quellen liegen ganze Beete von Viola tricolor und üppige Kartoffelfelder; aber das warme Wasser ist nicht, wie ich es von meiner ersten Reise her kannte (vom *Uxahver*), in Gräben durch die Felder geleitet, sondern der heisse Dampf und das unterirdische Feuer genügen, um ihnen üppiges Wachstum zu verleihen. Im Altertum war *Reykhólar* eine der wenigen Stätten, wo Ackerbau getrieben wurde; als besondere Merkwürdigkeit wird betont: „In *Reykhólar* war es so fruchtbar, dass die Äcker niemals ohne Ertrag waren, schon zur Olafsmesse (29. Juli) hatte man reifes Korn und pflegte bei den Schmausereien den Gästen frisches Mehl als Leckerbissen und Seltenheit vorzusetzen" (Sturl. s. I, S. 22; ed. Kalund). Wie der Bauer meinte, hat der Ackerbau mit dem Wüten des „schwarzen Todes" in den Jahren 1402—1414 aufgehört, wo nicht weniger als zwei Drittel der ganzen Bevölkerung an der Pest starben; er glaubte die Stelle wieder gefunden zu haben, wo im 12. und 13. Jahrhundert die goldenen Ähren schwankten.

Im Jahre 1776 sollte in *Reykhólar* eine Saline errichtet werden, eine andere gab es schon seit drei Jahren bei *Reykjanes* in der *Ísafjardar sýsla*; da hier zahlreiche heisse Quellen liegen, glaubte man, 124 Pfannen über ihnen errichten und 125 Tonnen Salz monatlich gewinnen zu können. Aber die Beamten erklärten, dass das Vorhaben wegen der grossen Transportkosten und aus Mangel an einem Hafen zu kostpielig werden würde.

22. Juli. Regen und Nebel gestatteten mir erst am nächsten Morgen die heissen Quellen zu besuchen. „Was die Lage betrifft, so zweifle ich sehr, dass *Reykhólar* seinesgleichen auf Island hat", sagt Henderson (II, S. 96). Das Gehöft steht inmitten einer grünen Ebene auf einem Hügel, von dem man eine herrliche Aussicht hat. Das Meer ist mit etwa 300 malerischen Inseln bedeckt; nach Süden wird der Blick von mächtigen schneebedeckten Bergen begrenzt, nach Westen erhebt der *Snæfellsjökull* seine weisse Spitze über das Meer, der *Barda*strand streckt seine zahllosen Spitzen und Zangen in das Meer hinaus, die blauen Farbentöne verändern

sich mit der Entfernung, verwischen sich und verschwinden zuletzt in der diesigen Luft am Horizont. Auf dem sumpfigen Tieflande hinter uns liegen zahlreiche grosse Wanderblöcke, unter anderen der sogenannte *Grásteinn*, der 3—4 m hoch ist; ein anderer heisst *Grettistak*: *Grettir* soll sich mit *Þorgeirr* und *Þormóðr* im Winter 1016—1017 damit belustigt haben, diesen kolossalen Stein auf eine Unterlage zu heben. An andere Steine knüpfen sich Sagen von Elfen und Zwergen[1]). Was aber die Schönheit der Aussicht noch um vieles erhöht, sind die zahlreichen Dampfsäulen, die unaufhörlich den heissen Quellen entsteigen, die um das Gehöft liegen; manche von ihnen sieden mit grosser Heftigkeit.

Die grösste heisst *Kraflandi*, sie liegt mit vier anderen zusammen, darunter der *Gullhver* 90°, südwestlich in der Hauswiese und sprudelt aus einem schalenförmigen, 2 Fuss breiten und ebenso tiefen Loche; heute wird das Wasser nur $\frac{1}{2}$ Fuss hoch geworfen, zu Hendersons Zeiten 3 Fuss, als *Eggert Ólafsson* sie besuchte, sogar 4 Fuss hoch (§ 554); die Bauern haben Steine in das Becken geworfen, um ihre Esstöpfe bequemer über die Öffnung zu setzen, aber dadurch hat die Quelle viel von ihrer Kraft verloren. Noch heute benutzt man *Kraflandi* zum Kochen, indem man das Geschirr über die Öffnung setzt; ihre Wärme beträgt 97°. An der Quelle nordöstlich vom Gehöfte, *Fjóslaug*, holt man das Trinkwasser (55°), südöstlich liegt *Kötlulaug* (58°).

Etwa 45 m südöstlich von *Kraflandi* liegt eine zweite Gruppe von Thermen, worunter der *Þjófahver* die wärmste ist (89°); eine dritte Gruppe befindet sich südlich und südöstlich vom Gehöfte am Rande des Hügels und der Hauswiese; die kühlste (59°) heisst *Grettislaug*, ihr Abfluss teilt sich in zwei Arme, deren einen man in einen kleinen Teich wie in ein Bassin geleitet hat, das zum Baden und Schwimmen benutzt wird. Übrigens braucht man nur ein 1—2 Fuss tiefes Loch in den Grus zu bohren, so sprudelt auch sogleich das warme Wasser hervor. Der etwa 3 m hohe Hügel selbst, auf dem das Gehöft errichtet ist, und an dessen Rande die wichtigsten Quellen liegen, besteht aus Ton, Grus und Rollsteinen und ist offenbar eine alte Strandbildung. Als er sich noch nicht aus dem Meere erhob, waren die heissen Quellen bereits da, wie Thoroddsen annimmt, und eine Menge Schaltiere suchten das lauwarme Wasser auf; darum findet man rings um die Quellen eine Menge Schneckenhäuser und Muschelschalen. Der Bauer erzählte mir, als er einen Brunnen für seine Kühe graben wollte, sei er auf Tuff gestossen und 36 Fuss tief auf Muscheln, habe aber kein Wasser gefunden. Von anderen Bauern in der Nachbarschaft hat er gehört, dass sie oft beim Graben und Pflügen in Gärten und entwässerten

---

[1]) Maurer, Isl. Volkssagen S. 2; Lehmann-Filhés I, S. 27 f., auch S. 110 ff.

Mooren Massen alten Treibholzes anträfen; Muschelbänke mit Schalen der jetzt an der Küste lebenden Mollusken finde man gar nicht selten und zuweilen selbst Knochen von Walen und Walrossen hoch über dem jetzigen Strande: das alles sind Beweise für eine Hebung in geschichtlicher Zeit.

An einige der warmen Quellen knüpfen sich Sagen und geschichtliche Erinnerungen.

Der *Gullhver* (Goldbrunnen) hat seinen Namen daher, dass in ihm ein goldener Ring wieder zum Vorschein kam, der im Bauernhofe verloren gegangen war; man nimmt an, dass sein Zufluss unter dem Hause weg laufe, und dort eine Öffnung nach oben habe. Aus dieser soll auch eine sehr auffällige Wärme ausströmen, und man zeigt in einer der Stuben eine bestimmte Stelle, die um ihrer höheren Temperatur willen von Hunden und Katzen ganz vorzugsweise gern aufgesucht wird. In dem *Þjófahver* (Diebsbrunnen) wollte einmal ein Dieb ein gestohlenes Schaf kochen, wurde aber dafür mit diesem von der Quelle verschlungen[1].

In der *Grettislaug* wollte *Grettir* kurz nach Weihnachten 1016 ein Bad nehmen. *Snorri goði* hatte es abgelehnt, den geächteten Mann bei sich aufzunehmen; so war der Friedlose nach *Reykjanes* geflüchtet und hatte den Besitzer von *Reykhólar*, *Þorgils*, um Winterquartier gebeten. „Essen kannst du bei mir bekommen", erwiderte der Bauer, „wie jeder freigeborene Mann, aber auf die Zubereitung der Speisen wird nicht viel Sorgfalt verwendet; bedenklich ist nur, dass ich schon zwei anderen Geächteten Winterquartier versprochen habe, den Blutbrüdern *Þorgeirr* und *Þormóðr*, zwei eben solchen Hitzköpfen, wie du einer bist, mit ihnen musst du Frieden halten." *Grettir* war einverstanden, und aus Achtung vor dem Hausherrn hielten die drei auch Ruhe. Zur Weihnachtszeit sollten sie von den etwa 1½ Meilen von *Reykhólar* entfernten *Ólafs*inseln einen fetten Ochsen holen; trotz eines sehr heftigen Sturmes brachten sie das halb mit Wasser gefüllte und aussen wie innen mit Eis überzogene Boot glücklich in den Schiffsschuppen auf der Insel *Hvalshaushólmr*, von der man bei Ebbe trockenen Fusses nach dem Gehöfte gehen kann. *Grettir* packte den Mastochsen und warf ihn sich über die Schulter, wie einst Gott *Thor* das Schiff des Riesen *Hymir* trug; so marschierte er bis zu dem Felsen *Hellishólar*, an dessen Fusse die Quelle *Kraflandi* sprudelt und den man von den Fenstern des Gehöftes sehen kann. Hier hatten sich *Grettir* und die Blutbrüder oft damit vergnügt, von einem Gipfel zum andern, etwa 20 m weit, zu springen. *Þorgeirr* war neidisch auf *Grettirs* Stärke und suchte eine Gelegenheit, sich an ihm zu reiben.

Als *Grettir* bald darauf waffenlos aus dem Bade kam, sprang ihm *Þorgeirr* mit geschwungener Axt entgegen und rief: „Ist es wahr, was die Leute sagen, dass du niemals vor einem Manne ausweichen wirst?" *Grettir* erwiderte: „Das weiss ich nicht ganz genau, aber vor dir weiche ich jedenfalls nicht aus." Indem sprang *Þorgeirr* auf ihn zu. *Grettir* aber warf ihn zu Boden; da packte *Þormóðr* seine Beine und zog sein kurzes Schwert. In demselben Augenblick aber kam der Hausherr hinzu und gebot Ruhe; sie gehorchten sogleich und liessen auch bis zum Frühling alles Streiten. Es erregte aber allgemeine Bewunderung, dass *Þorgils* diese drei so übermütigen und zügellosen Leute so lange hatte bändigen können. Im Frühling verliessen alle drei *Reykhólar*, *Grettir* begab sich nach dem *Þorskafjörðr*, und als man ihn dort fragte, ob er mit der Kost und dem Winterquartier auf *Reykhólar* zufrieden gewesen wäre, antwortete er: „Da ist es mir so ergangen, dass ich am meisten zufrieden war mit meinem Essen, wenn es bis zu mir hinreichte" (*Grettis saga* K. 50).

Von mir jedoch wäre es sehr undankbar gewesen, wenn ich mit *Grettirs* höhnischen Worten Abschied von *Reykhólar* nähme; denn

---

[1] Maurer, Isl. Volkssagen S. 186, 187, 221.

die Bäuerin war in der Nacht aufgeblieben und hatte Kuchen für den Gast gebacken. Aber nach der „Dorschbucht" will auch ich, wenngleich mit dem kleinen Umwege über *Berufjördur*, wo wir die Packpferde abholen müssen. Ohne Kaffee kommen wir von hier wieder nicht fort, und für die Weide brauche ich nur eine Krone zu zahlen.

Von *Berufjördur* biegen wir nordwestlich nach dem *Þorskafjördur* hinüber, wobei wir mehrmals bergauf und dann wieder bergab reiten, anfangs am Rande des *Reykjanesfjall*. Dann blitzt der Fjord zum ersten Male vor uns auf, nach einer halben Stunde zum zweiten Male, und wir bleiben dicht an seinem wohl 20 km langen, schmalen Laufe, der von hübschen Terrassen eingefasst ist. Die warmen Quellen bei *Laugaland*, auf die mich der Bauer aufmerksam gemacht hatte, bekomme ich leider nicht zu sehen, sie liegen am östlichen Ufer dicht am Meere, und der Weg vom *Berufjördur* zu ihnen und dann den ganzen Fjord entlang wäre zu weit für heute gewesen. Natürlich sagte ich dem Führer noch einmal gehörig die Wahrheit, aber er freute sich, wie sich die Pferde auf der Weide erholt hatten und meinte, das würde ihnen nachher zugute kommen.

Bei dem Hofe *Skógar*, wo der Dichter *Matthías Jochumsson* am 11. November 1835 geboren wurde, verirrten wir uns in dem öden Geröll ganz fürchterlich, mussten absteigen und mit Händen und Füssen über ein Meer von Felsstücken klettern, zwischen denen das Tauwasser aus den vielen Schneehaufen den Lehm und Grus in einen dicken Schlammbrei verwandelt hatte. Das kam daher, dass wir nicht auf den Weg aufgepasst hatten; ich hatte *Ögmundur* erzählt, dass ich den greisen Dichter auf der Seereise in *Akureyri* besucht und unverändert frisch, wenn auch ein wenig geschwätzig geworden, gefunden hätte; dabei hatten wir nicht auf den Weg acht gegeben.

Am innersten Ende des Fjordes, am östlichen Ufer der kleinen, in die Bucht einmündenden *Músará*, lag die Thingstätte der Bewohner der Dorschföhrde *(Þorskafjardarthing)*, die Hauptthingsstätte für die Westfjorde[1]. Es sind 10 Buden noch ganz leidlich, 2 nur sehr schwach zu erkennen; als *Ögmundur* vor 22 Jahren hier war, waren noch mehr Ruinen zu sehen, wie er behauptete, aber die *Músará* habe alles fortgeschwemmt.

Oberhalb der Thingstätte führt ein schmales Tal in das Hochgebirge; über diese *Kollabúdaheidi* mussten wir hinüber, um nach dem *Steingrimsfjördur* und dem Gehöft *Hrófberg* in der *Strandu*

---

[1] Kaalund I, 524—527; *Sigurdur Vigfússon, Árbók hins isl. Fornleifafjelags* 1893, S. 15—18; Bruun, Ark. Unders. S. 28—31. — Einige Sagen, den Fjord betreffend, bei Maurer, S. 35, 37, 105, 187, 216.

sýsla zu gelangen. Der Weg wird nur äusserst selten benutzt, und hätten mein Führer und ich ihn gekannt, ich glaube kaum, dass wir ihn passiert hätten. Der Anstieg nahm etwa 20 Minuten in Anspruch; hinter einem Felsenvorsprung, wo noch etwas Gras und Buschwald stand, machten wir Halt, kauerten und krochen, so gut es ging, an der Wand vor dem eisigen Winde zusammen und kochten ab; es war trotz der Sonne so kalt, dass ich die dicken Winterhandschuhe hervorsuchte und ein paar Strümpfe mehr anzog. Kaum hatten wir aber die schützende Halde verlassen, so warf sich uns der Sturm mit aller Wucht entgegen, dass wir nur Schritt für Schritt vorwärts stapfen konnten. Absolute Ruhe herrschte, nur der Wind jauchzte und heulte, und der Hufschlag der Pferde und das mahnende „Ho-hoho" des Führers unterbrach die Stille. Zur Linken verschwand das schmutzig-weisse Schaumgewölbe des *Glámujökull* (*glámr* bedeutet „schmutzig-weiss", die *Gláma* ist also ein Gletscher, dessen Schild nicht ganz weiss ist, sondern grosse, schwarze Flecken aufweist), und am Ende des Plateaus tauchten die eisgegürteten Terrassen des *Drangajökull* auf. Die Hochebene ist grässlich einförmig, nur Felssteine und Schneehaufen liegen vor uns und um uns, zuweilen fristet eine kümmerliche Alpenpflanze im Schutze grosser Blöcke ein klägliches Dasein; wir befinden uns 1600 Fuss ü. M. Es gab kaum ein Fleckchen in den 3 Stunden, wo wir nicht der ganzen Gewalt des Windes erbarmungslos preisgegeben waren. Plötzlich zog über den blauen Himmel eine gelbbraune Wolke, unerwartet überraschte uns ein heftiges Hagelwetter; die erschreckten Pferde, denen die Eisstücke in die Augen flogen, flohen entsetzt von dannen und konnten erst wieder zusammengetrieben werden, als das Unwetter ebenso schnell vorübergeeilt war, wie es gekommen war. In einem kleinen Kessel zwischen mehreren nackten Felsen fanden wir endlich etwas Schutz, die Pferde drängten sich prustend und stöhnend an die Wände und schoben ihre Hinterseite dem Sturm entgegen, um so seine heftigste Wucht abzufangen; aber von den Gipfeln riss er faustgrosse Steine los, die die Abhänge herabkollerten und prasselnd auf uns niedersausten. Wir mussten also weiter, wenn wir nicht von den Geschossen im Gesicht und an den Händen verwundet werden wollten, und hatten kaum Zeit gefunden, uns durch Zusammenschlagen der Hände im Takt die fast abgetöteten Fingerspitzen ein wenig zu wärmen. Wieder packte uns der Sturm mit ungebrochener Kraft, als wir in das offene Plateau hinaus kamen, und diesmal so furchtbar, dass er ein Packpferd zu Boden schleuderte; der Sattelgurt platzte, die beiden Koffer stürzten krachend zur Rechten und zur Linken herunter, und das erschreckte Tier jagte davon. So starr und klamm, so völlig gefühl- und bewegunglos war ich, dass ich untätig zusehen musste, wie der Führer dem flüchtigen Gaul nachsetzte, ihn durch mörderliche Peitschenhiebe zurücktrieb und mit seinen Fingern, die steif wie ein Besenstiel waren, die Lasten wieder in Ordnung brachte.

Endlich senkte sich die Hochebene, der Abstieg war leicht und bequem, eine Zigarre konnte angezündet werden, und da wurden auch schon Telegraphenstangen sichtbar, die besten Zeichen der wieder beginnenden Zivilisation; zwischen *Ísafjördur* und *Bordeyri* besteht schon seit zwei Jahren telephonische Verbindung; die telegraphische soll diesen Herbst fertiggestellt werden. Die Pferde, die in dem Tale weiden, sind wahre Kolosse; so fette und dicke, fast unförmige habe ich sonst nie getroffen[1]). Die nächste Stunde gehen wir die *Stadrá* entlang zu Fuss, um in der Sonne wieder warm zu werden, dann breitet sich vor uns der *Steingrimsfjördur* und dahinter die 100 km lange und 50 km breite Bucht *Húnaflói* aus (Bärenjungen-Meerbusen, s. u. S. 191), wahrscheinlich ursprünglich eine Senkung, und wir sind am nördlichen Eismeer. Wieder ist ein Teil des Programms glücklich erledigt. Nun gilt es, immer an den Küsten der einzelnen Fjorde zu bleiben bis zum Handelsplatze *Saudárkrókur* hin und von da durch das unwirtliche Innere über den *Kjölur* nach *Reyjavík* zurückzukehren.

---

[1]) Aber sie werden nicht etwa geschlachtet und gegessen, es handelt sich überhaupt nicht um Pferdefleisch und Stutenmilch, sondern in Petermanns Mitt. 1888, Bd. 34, S. 116, wo der Übersetzer „Pferde" hat, muss es „Schafe" heissen.

Neuntes Kapitel.
Am Gestade des nördlichen Eismeeres.

Das *Húnaflói* schneidet sich tief in die Nordküste Islands ein und reicht im Westen von den „*Hornstrandir*" bis zur Halbinsel *Skagi* im Osten, die den *Húnafjördur* und *Skagafjördur* trennt. Der Küstenstrich „die Hornküste" erstreckt sich von der Westseite der grossen Bucht nach Norden bis zum Kap Horn, hier zweigen sich von grösseren Buchten im Westen der *Ófeigsfjördur* ab, die *Trékyllisvík* (Holzsackbucht; „Holzsack" wurde spöttisch das breite und kurze Schiff genannt, das sich ein Kaufmann aus einem Wrack erbaute, als er hier Schiffbruch erlitten hatte; Grettis s. K. 12, 19), der *Reykjarfjördur* (Rauchbucht), *Bjarnarfjördur* (Bärenbucht), *Steingríms-*, *Kolla-* und *Bitrufjördur*. Südliche Einschnitte des *Húnaflói* sind der *Hrútafjördur* und *Midfjördur* (mittlerer Fjord), im Osten liegt der *Húnafjördur*. Die grosse Bucht ist äusserst schwierig zu befahren, der Kompass ist, namentlich an der Westseite, nicht zuverlässig. Die Schwierigkeiten der Navigierung werden noch durch den häufigen Nebel, die zeitweise Anwesenheit von Eis bis spät in den Sommer hinein und die vielen Untiefen und Klippen im nordwestlichen und mittelsten Teile der Bucht erhöht. Die unfruchtbare und dünn bevölkerte Küste vom Kap Horn bis zum *Reykjarfjördur* wird überhaupt nicht befahren, hier liegen auch keine Handelsplätze.

In *Hrófberg* am Hintergrunde des *Steingrímsfjördur* bezogen wir Quartier, es war der nördlichste Punkt der Landreise; wie schon der Name sagt (*hróf* = Stätte, wo die Schiffe ans Land gezogen werden), ist hier ein vorzüglicher Ankerplatz. Leider war das ganze Haus besetzt, mit Mühe wurde ein kleines Stübchen für mein Bett frei gehalten; nicht nur war der Bauer mit Kindern reich gesegnet, sondern er hatte auch noch den Pfarrer mit Frau und elf Kindern zum Besuch, der am 1. August seinen Pfarrhof in der Nähe beziehen sollte und inzwischen hier Unterkunft gefunden hatte.

Der Pfarrer erzählte mir voll Stolz, dass sein 18jähriger Sohn Redakteur einer sozialdemokratischen Zeitung in Norwegen sei und schon eine Braut habe; die Verwandten der Bauern wohnten alle in Amerika. Da es zum Abendessen nur Walfleisch gab, das fürchterlichste Gericht, das ich kenne, lud ich die ganze Familie zu einem Mahle ein, das von meinen Konservenvorräten hergestellt wurde, und zum Dank dafür und für all die Schweinerei, die ich mit hatte in Kauf nehmen müssen, hatte ich am nächsten Morgen eine Rechnung von 3 Kronen zu bezahlen!

23. Juli. Der Weg am südlichen Rande des *Steingrimsfjördur* war nicht schlecht; er bietet, namentlich im Vergleich zu dem öden Hochplateau von gestern, sogar sehenswerte Naturschönheiten; auch das Wetter war leidlich, wenn gleich wieder kalt, sobald wir am Fusse der Berge blieben. Der 13 Seemeilen lange Fjord, nach dem Ansiedler *Steingrimr* benannt (Lnd. II, K. 32), teilt sich in zwei Bassins; er ist wahrscheinlich von einem Gletscher ausgefüllt gewesen und durch eine Senkung entstanden, zu beiden Seiten fallen die Basaltmassen zur Bucht ab, die umgebenden Täler aber scheinen ihre Entstehung der Erosion zu verdanken; *Surtarbrandur* findet sich an ihrer Süd- und Nordküste[1]. An der Nordseite des Einlaufs zum Fjord liegt eine kleine Insel, *Grimsey*, durch einen fast 1 Sm. breiten Sund vom Festlande getrennt; auf dem hohen westlichen Teile und auf der Nordostspitze der Insel konnten wir deutlich zwei breite, weisse Baken mit senkrechten, schwarzen Streifen erkennen. In der guten Jahreszeit bietet die erst seit 12 oder 15 Jahren bestehende Handelsniederlassung *Hólmavík* einen guten Ankerplatz, doch können östliche Winde dort recht bedeutenden Seegang erzeugen. Ich war am 26. Juni hier mit der „Vesta" gewesen, war aber nicht an Land gestiegen; doch erinnerte ich mich sehr wohl der sechs Häuser und der wenigen Baracken, aus denen der Ort besteht, sowie der vier Inseln, die davor gelagert sind; diese sind von Eiderenten bevölkert, und lange Stangen sind in den Boden gesteckt, um ihre Feinde abzuhalten. Wir ritten vorsichtig um die Vorrichtungen herum, die zum Trocknen der zahllosen Fische errichtet sind; aber während vor 4 Wochen, als der Dampfer hielt, hier Leben und Bewegung herrschte, begegnete uns heute nicht ein einziger Mensch. Hinter dem Platze bemerkte ich von weitem zu meiner Überraschung einen Wegweiser; aber als wir näher kamen, war es ein schlichtes Holzkreuz inmitten regellos aufgehäufter, dürftig weiss angestrichener Steine. Wer hier ruht, fern von der Heimat, vergessen von den Menschen, konnten wir nicht erfahren; Telegraphenarbeiter, die wir fragten, sagten, von ihnen schlafe dort niemand, es solle ein französischer Matrose sein.

[1] Die Surtarbrandformation bei dem Pfarrhofe *Tröllatunga* ist von Thoroddsen auch deutsch beschrieben in Island, S. 257, 260, 261.

Den Strand entlang hinter *Hólmavík* herrschte reges Leben. Die kleinen Pferde schleppten lange Telegraphenstangen über Berg und Tal, hier wurden Pfähle eingerammt, dort schon Drähte befestigt; vor einem Zelte, auf dem die Wäsche zum Trocknen aufgehängt war, sassen etwa 20 junge Männer, Isländer und auch einige Norweger, und kochten sich ihr einfaches Mittagsmahl.

Die paar Gehöfte, an denen wir vorbeikamen, waren aus abwechselnden Lagen von Holz und Gras erbaut und von Cochlearia groenlandica überwachsen, die in Brei, Suppe und Sülze Verwendung findet, auch Saxifraga cernua war sehr häufig. Zuweilen war auch Rhodiola rosea an den Wänden angepflanzt, während im Südlande die Häuser häufig mit Matricaria inodora bepflanzt sind.

Treibholz lag in ganz erstaunlichen Massen an der Küste namentlich je mehr wir uns dem *Kollafjördur* näherten. Es gehört meistens den oft recht weit entfernt liegenden Kirchen, und diese verpachten die Strandgerechtigkeit sehr billig an die Bauern. An manchen Stellen war der Strand ganz weiss von altem und verfaultem Holz, das nur noch als Brennmaterial benutzt werden kann: an den kleinen Einbuchtungen waren zuweilen grosse Stösse aufgestapelt. Darum zeigen auch die Häuser eine auffallende Holzvergeudung, nicht selten war sogar der schmale Eingangsflur mit dicken Kloben gedielt. Im 17. Jahrhundert holten die Bauern sehr weit entfernter Bezirke von hier, noch mehr aber von der Hornküste, ihr Holz; heute kommen nur selten noch Bewohner der *Húnavatns sýsla* zum Holzkauf hierher; die Transportkosten sind zu gross, als dass es mit den nach den Handelsplätzen vom Auslande exportierten Waren konkurrieren könnte. Darum wunderte ich mich auch nicht, als wir, 6 Stunden hinter *Hrófberg*, nach *Kollafjardarnes* ins Quartier kommend, die ungewöhnlich grosse Hauswiese mit einem regelrechten hölzernen Gitter eingezäunt fanden.

Dieser Pfarrhof liegt am nordwestlichen Eingange des *Kollafjördur*, der nach dem Ansiedler *Kolli „undir Felli"* benannt ist (Lnd. II, K. 32). Der Fjord wird von keinem Schiffe besucht, da nicht nur das Fahrwasser davor, sondern auch er selbst von Klippen angefüllt ist. Auch Fischfang wird hier gar nicht betrieben, während der *Steingrimsfjördur* von Dorschen wimmelt.

Es war wieder sehr kalt geworden, und ich war recht froh, dass wir bereits Halt machten, um so mehr, als Pastor *Jón Brandsson* von bezaubernder Gastlichkeit war. Obwohl er erst seit einer Woche mit einer wirklich schönen, sehr stattlichen Dame vermählt war, kam ich ihm in keiner Weise ungelegen, und das neue Geschirr, das ihm zur Hochzeit geschenkt war, wurde mir zu Ehren eingeweiht. Als ich ihm gegenüber klagte, dass es im Nordlande so grimmig kalt wäre, meinte er, das rühre von dem eisigen Winde „*Nordangardur*" her, der vom Polareis käme und meist 3—5 Tage anhielte, im Frühjahre könne er sogar die jungen Lämmer töten. Mich fror auch in der Stube so entsetzlich, dass mir die junge Frau Pastor eine Tasse starken Kaffee nach der anderen kochte und mir sogar heisse Milch ans Bett brachte: die Leute auf dem Felde aber arbeiteten ohne Jacke, nur mit dem leinenen Hemd auf der Brust. Viel Spass machten uns beiden unsere gegenseitigen Versuche, in der Sprache des andern zu reden, und als ich ihm seinen Namen als Herr „Schwertson" verdeutschte, lachte er Tränen, und ich durfte ihn überhaupt nicht mehr anders anreden.

24. Juli. Da *Ögmundur* den Weg nach dem *Bitrufjördur* nicht kannte und der Pastor durch die Erntearbeit abgehalten war, mich zu begleiten, zeichnete er uns eine Karte für die nächsten Stunden; sie war so klar und genau, dass wir uns nicht einmal verirrten und uns erst am Abend neue Erkundigungen einzuholen brauchten. Es dauerte zwei Stunden, bis wir das Ende des westlichen Randes des Fjordes erreichten, dann folgten wir dem Laufe eines kleinen Flusses und bogen in den *Mökollsdalur* ein. Vor dem Tale wuchsen auf schwarzem, ausgebranntem Boden eine solche Unmenge von kleinem, zitronengelbem Mohn, wie wir noch nie auf einmal beisammen gesehen hatten (Papaver radicatum, isländisch *Draumsóley*). Der Aufstieg in das schöne grüne Tal auf kunstvoll angelegten Schlangenwegen währte etwa eine Stunde, die Sonne brannte hell und warm, und es war eine Lust sich von ihr dörren und braten zu lassen; das Tal liegt so zwischen Berge eingekeilt und geschützt, dass der gefürchtete Nordwind nicht eindringen kann, nicht einmal auf der Höhe belästigte er mich. Oben im Tal liegt eine starke Anhöhe, auf der sich der erste Bewohner dieser Gegend, *Kollr* oder *Mökollr* mit seiner ganzen Nachkommenschaft unter einem grossen Steinhaufen (*dys*) soll haben begraben lassen, damit er durch das Glockengeläute der nächsten Kirche nicht beunruhigt würde und die Sonne seinen Grabhügel nicht bescheinen könnte; übrigens dringt, wie ich feststellen konnte, die Sonne doch hierher und hat zahlreiche Veronica officinalis aus dem Boden gelockt.

Der *Mökollsdalur* hat eine gewisse Berühmtheit dadurch erlangt, dass man im 18. Jahrhundert in den *Mökollshaugar*, einer Reihe von Bänken und Anhöhen, eine brauchbare Porzellanerde zu finden glaubte. *Eggert Ólafsson* und später *Olaus Olavius* untersuchten die Gegend, darauf wurde im Jahre 1780 der Naturforscher N. Mohr von Dänemark hierher geschickt, um hinlänglich grosse Proben der erwähnten Erde zu holen. Das Schiff, auf dem Mohrs Sammlungen verladen waren, ging jedoch unter, und seitdem ist die ganze Angelegenheit wieder in Vergessenheit geraten. Wie *Ögmundur* von Thoroddsen gehört hat, glaubt dieser, dass die sogenannte Porzellanerde (isländisch *bleikja*) ein durch schwefelsaure Dämpfe zersetzter Liparit sei, der eingesprengten Schwefelkies und Verwitterungsprodukte enthalte;

denn im oberen Teile des Talgrundes finden sich tatsächlich viele lose Liparitbruchstücke. Jedenfalls ist das Tal noch näherer geologischer Einzelerforschung wert.

An einem kleinen Nebenflusse bogen wir aus dem Tale ab, lange bevor es zu Ende war, und drangen über den *Bitruháls* nach dem *Bitrufjördur* vor, den wir etwa oberhalb des Gehöftes *Óspaks-Eyri* erreichten, wo der verwegene Räuber *Óspakr* sein Handwerk mit unverhohlenem Stolze und mit einem gewissen Humor trieb, bis ihn *Snorri godi* unschädlich machte (Eyrb. s. K. 57—62).

Der *Bitrufjördur*, nach dem Wikinger *Þorbjörn bitra* (d. i. Bitternis) genannt, der sich hier ansiedelte (Lnd. II, K. 32), schneidet sich in südwestlicher Richtung in das Land ein und trennt mit dem *Gilsfjördur* an der Westküste, wie oben gesagt, die Halbinsel *Vestfirdir* beinahe vom Hauptland ab. Der Fjord ist ziemlich tief und überall bis auf eine Kabellänge von Land rein; nur etwa 2 Sm. ausserhalb *Óspakseyri* liegen einige Inseln und Schären dicht unter Land. Der Ankerplatz bei dem Gehöft ist ausgezeichnet; starke in den Fjord wehende Winde kommen nie vor, dagegen weht es, wie meistens in allen Fjorden, leicht heftig aus der Bucht selbst.

Leider war Flut, so dass wir ganz um den Fjord herum reiten mussten; auf den glatten, runden Steinen strauchelten die Pferde fortwährend, und als wir glücklich an der Südseite waren, ach, packte uns wieder der eisige Nordwind, den wir bisher im Rücken gehabt hatten, und rüttelte und schüttelte uns durch und durch und liess das Blut zu Eis erstarren. Wir hatten kein Auge für die seltsam geformten Klippen, an denen der Strandweg vorüber führte; wir blickten kaum auf den *Hrútafjördur*, der sich allmählich immer mehr vor uns auftat; nicht einmal die hohen Schneeberge und wunderlich geformten Felsenspitzen, die hoch und schmal auf breiter Sohle bei der *Vatnsnes* Landzunge aufragten, zwischen dem *Midfjördur* und *Húnafjördur*, vermochten uns anfangs zu interessieren, und gleichgültig folgte ich dem Finger des Führers, der auf den *Hvítserkur* bei *Vatnsnes* hinwies: eine gewaltige Steinplatte erhebt sich senkrecht aus dem Meere, mit drei Löchern durch den Fuss, so dass die Klippe auf vier anscheinend sehr schwachen Pfosten ruht; von dem Guano unzähliger Seevögel, denen die Basaltgänge Schutz und Schirm vor Unwetter und Nestlöcher zum Wohnen gewähren, ist der Felsen ganz weiss gefärbt, und darum nennt ihn der Volksmund „Weisses Hemd". Nur vorwärts, vorwärts, war die Losung; weg von dem grimmigen, alles Leben erstarrenden Nordwinde! so schnell, wie die armen Gäule uns tragen können, hinein ins warme Quartier! Endlich biegt der Weg am Fusse des *Stikaháls*, der in das Vorgebirge *Gudlaugshöfdi* ausläuft, nach dem *Hrútafjördur* hinüber. Aber immer ein neuer Berg nach dem andern schiebt sich vor, der umgangen werden muss; zu unserem Ärger verirren wir uns, müssen einen Teil des Weges zurück, dann kommt ein schmaler von Kunst und Natur durch bizarre Klippen angelegter Pass, ein letzter Berg wird erklommen, und nun geht es in Galopp hinab, über Geröll und Wasser, auf die flache, grüne Küste des Fjordes. Die lange Peitsche pumpt den Pferden ihre letzte Kraft erbarmungslos aus dem Leibe, kopfschüttelnd blicken uns die Leute auf dem Felde nach, an denen wir wie toll vorüberrasen. Ein grosser Häuserkomplex, der fast wie ein Dörfchen aussieht, nimmt uns auf; vor einem Häuschen mit rotem Dach, das noch den am wenigsten ärmsten Eindruck macht, machen wir Halt, von einem Dutzend wütender Hunde angekläfft. Aber es dauert endlos lange, bis der Bauer von *Gudlaugsvík* sich bereit erklärt, uns aufzunehmen; die üblichen Entschuldigungen, er sei für so hohen Besuch nicht eingerichtet, scheinen bei ihm auf Wahrheit zu beruhen; nichtsdestoweniger erweichen wir ihn, wenn auch schliesslich unter Anwendung sanfter Gewalt. Ah, wie wohl tut uns der Kaffee und ein Glas Kognak, den ich spendiere, in der schützenden Stube! wie tauen die toten Lebensgeister wieder auf, und wie mundet die Zigarre! Mag der Wind an den Fenstern rütteln, dass wir fürchten, er wird die Scheiben eindrücken, wir sind vor ihm geborgen. Was verschlägt es, dass die Stube wirklich ärmlich ausgestattet ist, dass das Familienbett in ihr steht, und wir, statt auf Stühlen, auf Packkoffern sitzen und Tausende von grossen Brummern uns belästigen? Dankbar nehme ich die grosse Kanne Milch an, die die Tochter kredenzt, das Abendessen weist zwar nur isländische Gerichte auf, in der Luft gedörrtes wie gepökeltes oder saures Hammelfleisch, gedörrten Fisch und steinharten Käse, aber es mundet doch, und neben der Tischlerwerkstätte wird ein Verschlag hergerichtet, in dem schnell ein Lager für mich zurecht gemacht wird. *Ögmundur* schläft mit dem Bauern in der Wohnstube, und als spät in der Nacht ein Redakteur aus *Reykjavík* kommt, der sich auf einer politischen Agitationsreise befindet, muss er zu dem Bauern hinein ins warme Bett.

25. Juli. Der Bauer führt den auf Island wohl einzig dastehenden Namen *Raguel* und ist keineswegs so arm, wie ich gedacht hatte; er ist nur unglaublich anspruchslos, raucht, schnupft und trinkt nicht und lebt nur von dem, was die eigene Scholle ihm bietet. Geld will er anfangs nicht annehmen, aber schliesslich streicht er 2 Kronen für die Pferde dankbar ein, die es auch gut bei ihm gehabt hatten, wie *Ögmundur* besonders hervorhebt.

Gudlaugsvík ist nach dem Ansiedler *Gudlaugr* benannt. Er erlitt an der Landspitze *Gudlaugshöfdi*, die daher ihren Namen erhielt, Schiffbruch und rettete sich nur mit seiner Frau und seiner Tochter; *Þorbjörn bítra* (s. o. S. 177) ermordete das Ehepaar, nahm aber das Mädchen als Pflegetochter zu sich (Lnd. II, K. 32). Bei dem Gastmahle, das die Riesin *Hit* im *Hundahellir* den Unholden gibt, wird auch *Gudlaugr* vom *Gudlaugshöfdi* erwähnt: vermutlich hat ihn die Volkssage wie einen anderen Ansiedler, *Bárdr* am Fusse des *Snæfellsjökull*, weil sie beide aus den Augen ihrer Mitmenschen verschwanden, zu den Geistern und Riesen erhoben.

Bei dem Hofe liegt ein isolierter Felsen (*Vikurdrangur*) von merkwürdigem Aussehen, er ragt wie eine Wand von Osten nach Westen, ca. 30 m lang, 25 m hoch und 1,80 m dick. Wieder müssen wir fortwährend an der Küste bleiben, und wieder bläst der Wind kalt und stark. Die Küste wird immer flacher und endigt am *Hrútafjördur* in einer kleinen Halbinsel; auf dieser stehen einige isolierte hohe Felsen *(Tjarnarborg)*, die von weitem wie eine alte Burgruine aussehen; östlich von ihnen liegen die Schären *Hnappasker*, die an der Aussenseite steil abfallen und für die Schifffahrt gefährlich sind. Gegenüber liegt die lange schmale Halbinsel *Bálkastadanes*, die den *Hrútafjördur* von dem 8 Seemeilen langen *Midfördur* trennt, der besonders gern vom Treibeis heimgesucht und von Dampfern gar nicht oder nur sehr selten besucht wird.

Der *Hrútafjördur* hat seinen Namen von *Ingimundr Þorsteinsson* erhalten. Als er im Jahre 890 vom *Borgarfjördur* nach Norden zog, um sich Land zum Niederlassen zu suchen, kam er in eine unbewohnte Bucht, und als er sie entlang ritt, liefen ihm vom Gebirge her zwei Schafe entgegen, es waren Widder (*n. sng. hrútr*). Da sagte *Ingimundr*: „Es wird wohl passend sein, dass dieser Meerbusen *Hrútafjördr* (Widderfjord) heisse." Später kam er zur Bucht herab zu einer flachen Küstenstrecke, an der er eine grosse Planke *(bord)* eines kürzlich gestrandeten Schiffes fand, da sagte er: „Man muss wohl annehmen, dass wir hier den ersten Namen geben sollen und dieser sich halten wird; wir nennen die flache Küstenstrecke *(eyrr)* Bordeyrr (heute: *Bordeyri*; Vatnsd. s. K. 34).

Auch unser Ziel ist *Bordeyri*, aber wir schlagen den umgekehrten Weg ein und kommen von Norden nach Süden. Der Fjord, der seit altersher die Grenze zwischen dem Nordlande und dem Westlande bildet, ist etwa 20 Sm. lang; auf beiden Seiten sind, wie ich am nächsten Tage beobachten konnte, marine Terrassen und altes Treibholz vorhanden, mit Rasen bedeckt und ziemlich weit von der Küste entfernt. Südlich von dem Pfarrhofe *Prestbakki* (Grettis s. K. 30, 1: *Bakki*), wo zwei kleine Inseln liegen, *Baldhólmr*, die nach dem Lande zu von Schären umgeben sind, wird der Fjord schmaler und schmaler und geht unmerklich in das innere Hochland über. Bald bleiben wir an der Küste, bald reiten wir über flache Grashügel, vorüber an der Mündung mehrerer kleiner Täler oder Einsenkungen des Hochplateaus und sind dann unvermutet, eine etwas grössere Höhe passierend, an dem flachen Strand von *Bordeyri*.

Einen allgemeinen Überblick über den Fjord hatte ich bereits auf meiner Seereise am 24. Juni bekommen, als wir ihn bis *Bordeyri* durchfuhren. Auch in der Handelsfaktorei selbst war ich gewesen, hatte zu meiner Freude dort sogar ein *Gistihús* entdeckt und meine Ankunft für Ende Juli in Aussicht gestellt. Die Wirtin hatte mich auch nicht vergessen und mehr, als ich beanspruchte, für mein leibliches Wohl gesorgt; sie hatte sich eingemachte Ananas, verschiedene Büchsen Fleisch, Hummer und Lachs und sogar dänisches Bier, Gamle Carlsberg, verschafft. Natürlich waren unter diesen Umständen die Kosten höher als sonst (12 Kr.), aber ich war in jeder Beziehung gut aufgehoben, und was die Hauptsache war, ich war nicht auf den guten Willen anderer angewiesen, sondern konnte für mein Geld auch Dienste verlangen. Eine Giebelkammer mit zwei Betten stand mir zur Verfügung, die schräge Wand war so niedrig, dass ich mit dem Kopfe gegen die Decke stiess. Zum ersten Male auf der ganzen Reise hielt ich ein Mittagsschläfchen nachmittags von 5—6 Uhr, und ich hätte noch länger geruht, wenn ich nicht nebenan ein lautes Dozieren, Aufsagen und Abhören von Paradigmaten gehört hätte. Verwundert richtete ich mich in meinem Lager auf und lauschte: einn „en", tveir „to", prír „tre", fjórir „fire", und so wurde weiter gezählt bis hundert, erst isländisch und dann norwegisch. Dann wurde „ich bin" konjugiert: jeg er „jeg er" pú ert, „du er", hann er, „han er", vid erum „vi er", pjer erud, „I er", peir eru, „de er". Was für ein Spuk äffte mich denn da? Wie kam ich in eine Schulstunde hinein? Wurde Mörikes Scherz grausige Wahrheit bei mir, quälte mich ein Examenstraum, wie er jedem bekannt ist, der einmal die Schulbank gedrückt hat?

"Nächtlich erschien mir im Traum mein alter hebräischer Lehrer,
 Nicht in Menschengestalt, sondern — o schreckliches Bild! —
Als ein Kamez geformt (wenn es nicht ein Kamez Chatuf war) . . .
 Und von der Stirne mir troff examinalisches Nass."

Vorsichtig gehe ich auf den Flur und spähte durchs Schlüsselloch in die Stube; da lag ein bärtiger Mann auf dem Bett, qualmte aus einer kurzen Pfeife und deklinierte und konjugierte auf isländisch, was das Zeug halten wollte; ein vierzehnjähriger Junge sass vor ihm auf einer Kiste und verbesserte unermüdlich die Aussprache des Älteren. Bald fand ich denn auch des Rätsels Lösung: es war ein norwegischer Ingenieur, der das Legen der Telegraphendrähte zu leiten hatte; die bittere Kälte und der durchdringende Regen hatten ihn von draussen, von seiner Arbeit weg, in das warme Haus getrieben, und um sich mit seinen Leuten verständigen zu können, lernte er bei seinem Burschen krampfhaft isländisch.

Das sehr schlechte Wetter gestattete nur einen kurzen Spaziergang am schwarzen Strand an den 16 Häusern vorüber, die ich im ganzen zählte. *Bordeyri* war schon zur Sagazeit ein von Kaufleuten viel besuchter Ort, wo ein Bauernhof und viele Krambuden standen.

Die kurze Landzunge, auf der der Handelsplatz liegt (Abbildung 16), bietet an der Innenseite einen guten Ankerplatz und hat an der Aussenseite tiefes Wasser; die Postdampfer laufen hier regelmässig an.

Da die regnerische Kälte mich bald wieder ins Zimmer trieb, plauderte ich mit meiner Wirtin und erfuhr zu meinem Erstaunen, dass das Andenken an drei deutsche Gelehrte in *Bordeyri* fortlebte. Konrad Keilhack aus Berlin hatte hier vor 25 Jahren lange Zeit schwer krank am Typhus festgelegen, dann waren Andreas Heusler-Berlin und Bernhard Kahle-Heidelberg je einen Tag hier gewesen. So zähe hält sich also die Erinnerung an Leute, die es verstanden haben, mit den Isländern Fühlung zu gewinnen!

Höchst interessant war mir die Mitteilung, dass im April dieses Jahres am *Hvammsfjördur* in der *Dala sýsla* Kohle gefunden war;

Fig. 16. Bordeyri.

wunderbar war nur, dass mir niemand davon erzählt hatte, während ich selbst in dieser Gegend reiste. *Sigurdur Jósúa Björnsson,* der lange in Amerika in Kohlenschachten gearbeitet hatte, hatte eine, mir leider nicht ganz genau beschriebene Stelle, 13 Tage lang untersucht und fand 12 Fuss unter der Erde eine *Surtarbrandur*schicht, die 12 Fuss dick war, das Kohlenlager war 20 Fuss lang, 9 Fuss breit und 8 Fuss hoch. Man wusste wohl, dass man im Nord- und Ostlande eine ganz leidliche Kohle gefunden hatte, aber man war dem Kohlenreichtum noch nie auf den Grund gegangen. Dass man aber jetzt im Ernst daran denkt, auch diese Schätze genügend auszubeuten, scheint mir aus einer Zeitungsnotiz hervorzugehen, die ich bekomme, während ich gerade diese Zeilen schreibe: derselbe *Sigurdur Jósúa* untersucht planmässig weiter und hat ein neues, noch grösseres Braunkohlenlager im *Dufansdalur* (*Fossfjördur, Sudurfirdir*) gefunden (*Ingólfur,* 7. Februar 1909).

26. Juli. Die Telegraphendrähte, denen leider viele Vögel zum Opfer gefallen waren, wie die zarten Leichen an der Erde bewiesen, begleiteten uns bis an den südlichen Zipfel des *Hrútafjördur*, wo die von der *Holtavörduheidi* kommende *Hrútafjardará* mündet. Über dieses Hochland kann man von *Bordeyri* nach *Reykjavík* bequem in 4 Tagen gelangen. Die „Widderbuchtache" ist der Grenzfluss zwischen der *Stranda-* und *Húnavatns sýsla*. Dieser Bezirk ist nach dem See *Húnavatn* benannt und erstreckt sich östlich bis zur *Skagalá* auf der Landzunge zwischen dem *Húnaflói* und dem *Skagafjördur*. Der Isländer schätzt diese Gegend als besonders schön, doch muss ich Heusler recht geben, wenn er sagt: man wird sie, von persönlichem Geschmack absehend, als die wenigst charakteristische bezeichnen dürfen; es ist die einzige auf Island, der ich an etlichen Stellen das Prädikat reizlos geben möchte. Zur Belebung der Landschaft helfen kleine Kannons, Schluchten, die sich die Flüsschen scharf in den Basalt eingerissen haben, und worin sie bald in hübschen Fällen sich überstürzen, bald zu ruhigen, felsumsäumten Badewannen sich sammeln; kaum anderswo finden wir diese Schluchten so zahlreich (Deutsche Rundschau, Bd. 22, S. 206)[1]. Da ausserdem Kahle während 1½ Tage dieselbe Strasse gezogen ist und seine Aufmerksamkeit denselben Dingen geschenkt hat, die mich interessierten, kann ich mich anfangs kürzer fassen.

Etwa zwei Stunden, nachdem wir *Bordeyri* verlassen haben, befinden wir uns dem Handelsplatze gegenüber auf dem östlichen Ufer des Fjordes, bei dem Hof *Póroddsstadir*.

Póroddr hatte Land genommen im *Hrútafjördr* und in *Póroddsstadir* gewohnt (Lnd. III, K. 1). Hier wohnte im Anfang des 11. Jahrhunderts sein Enkel *Porbjörn*, der wegen seiner gewaltigen Kräfte *Oxnamegin* genannt wurde („Kraft eines Ochsen"). Zwischen diesem und den Leuten von *Bjarg*, wo die Söhne des *Asmundr Grettir* der Starke und *Atli* sassen, bestand eine Spannung, die schliesslich dazu führte, dass *Porbjörn* zur Erntezeit, wo die eine Hälfte der Knechte auf den Bergwiesen, die andere am Fjord zum Fischfang war, heimlich nach *Bjarg* ritt und den milden, gutherzigen *Atli*, der ihm ahnungs- und wehrlos die Türe öffnete, mit einem Speere durchbohrte. Da *Grettir*, dem nach Recht und Gesetz es oblag, von dem Mörder Genugtuung zu fordern, sich zur Zeit des hinterlistigen Überfalles in Norwegen befand, wo er von der Anklage wegen Landfriedensbruchs freigesprochen zu werden hoffte, wohnte *Porbjörn*, wenn auch von allen wegen seiner feigen Tat verachtet und gehasst, doch unverfolgt auf seinem Hofe. Sobald *Grettir* aber aus dem Mutterlande nach Island zurückgekehrt war, wurde er zum zweiten Male vom Althing bestraft, aber jetzt nicht mit dreijähriger Landesverweisung, sondern mit voller Ächtung: jedermann hatte eine gewisse Verpflichtung ihn zu töten, wenn er ihn antraf. In der Mitte der Nacht langte er auf seinem väterlichen Hofe *Bjarg* an, beruhigte seine Mutter wegen seiner Ächtung, und gelobte ihr, *Atli* zu rächen. Als er hörte, dass *Porbjörn* mit nur wenigen Leuten auf seinem Hofe weilte, während die anderen oben auf den Bergwiesen mit Heumachen beschäftigt waren, ritt er über die Felsenrücken nach *Póroddsstadir*, und von da nordwärts auf *Reykir* zu, nach einer Wiese links vom Wege. Hier hatte *Porbjörn* Gras schneiden lassen;

---

[1] Anders urteilen Preyer und Zirkel, Reise nach Island S. 136, 137.

die Sonne des Sommers hatte es getrocknet, und *Þorbjörn* war mit seinem sechzehnjährigen Knaben und einer Magd dabei, das Heu in Bündel zu schnüren, um je zwei Bündel auf den Rücken der Pferde zu packen und so nach seinem Hofe zu transportieren. Als er gerade die zweite Pferdelast herrichtete, erschien *Grettir* und schleuderte seinen Speer; aber der Stift stak zu locker in der Tülle, darum fiel die Spitze kraftlos auf den Wiesengrund. Gegen seinen Willen wurde *Grettir* gezwungen, den Knaben zu töten, da ihm dieser in den Rücken fiel; dem *Þorbjörn* durchschlug er den Kopf. Dann suchte er seine Speerspitze, konnte sie aber nicht wieder finden; er ritt nach *Reykir* und verkündete laut und offen, dass er die Rache für seinen Bruder vollzogen habe (K. 48). Denn wer einen Mann erschlagen hatte, musste sich sofort nach der Tat bei den Hausgenossen des Getöteten melden und selbst das Geschehene anzeigen, dadurch wurde die Tötung eine ehrliche Sache; unterblieb aber diese Anzeige, so galt die Tat als gemeiner Mord.

Die Spitze wurde erst mehrere Jahrhunderte später wieder gefunden, in der Sturlungenzeit, und der Sumpf jenseits des Gehöftes, nach dem Fjord zu, heisst noch heute *Spjótsmýri*. An ihm ritten wir vorüber und liessen zur Linken 30—40 m hohe Schutterrassen am Fjorde liegen, die auf Basalt ruhen; auch im Tale östlich befinden sich Terrassen, sie bestehen aus gebogenen Tonlagen und sind 40—50 m hoch (Thoroddsen). In der Nähe von *Reykir* hören die Terrassen am Fjord auf, wir biegen vom Wege ab, lassen die übrigen Pferde zurück, leider auch die Messinstrumente, die in den Packkoffern verwahrt sind, und waten vorsichtig durch zähen Morast nach den warmen Quellen[1]). Diese liegen, eine grössere und zwei kleinere, mitten im Wiesenland und münden in einen kleinen Bach; goldgelber Hahnenfuss blüht üppig in Mengen an den Rändern und in der nächsten Umgebung. „Nicht weit davon findet man Merkmale einer alten heissen Quelle, wo der Erdbrand zugleich mit dem Wasser einige dazu gehörige Becken hervorgebracht hat, die hart gebacken sind, oben weisslich aussehen, und mit kleinen Steinen, Kräutern und Stengeln von Büschen angefüllt sind, unten aber schwarz, geschmolzen und ausgebrannt sind, wie andere Lava" (*Eggert Ólafsson*, II, S. 9, 10; § 704). Konrad Maurer lernte in *Reykir* eine alte Magd kennen, die noch fest an Elfen glaubte. Sie hatte die Schafherden der Elfen mit eigenen Augen gesehen, die Euter waren so voll, dass sie am Boden nachschleppten; ein ander Mal war ihr eine Elfin im Traume erschienen und warb im Namen ihres Sohnes um sie; als aber der Vater sie plötzlich im Schlafe anrief und weckte, war die holde Erscheinung entschwunden[2]).

---

[1]) Der häufige Ortsname *Reykir* ist Plural von *reykur* „Dampf"; man muss also die einzelnen Gehöfte dieses Namens durch nähere Angaben charakterisieren, dies ist *Reykir í Hrútafirði*. „*Náma*" heisst nicht, wie man oft findet, Schwefelquelle, sondern bedeutet (von *nema* = nehmen, wegnehmen), einen Ort, von dem etwas Wertvolles fortgenommen wird, besonders Mineralien, also dasselbe wie Mine; vgl. *brennisteinsnáma* „Schwefelmine", *silfurbergsnáma* „Doppelspatbruch", *kolanáma* „Kohlenmine", *gullnáma* „Goldmine". Eine Schwefelquelle (Fumarole) heisst „*brennisteinshver*", ein Schlammvulkan (*Maccalube*) „*leirhver*".

[2]) Isl. Volkssagen S. 3, 17.

Hinter *Reykir* bogen wir nach Osten ab und überschritten den 280 m hohen *Hrútarfjardarháls*, der mit Basaltblöcken wie besät ist; lose Bruchstücke von Liparit hat man im Moränengeröll oberhalb von *Þóroddsstaðir* wahrgenommen[1]. Als Preyer und Zirkel im Jahre 1860 hier reisten, war der Weg sehr schlecht; „ein morastiger Pfad, in welchen unsere armen Pferde oft knietief einsanken, zieht sich, durch spitzige Steine und Pfützen oft fast ungangbar gemacht, über den hohen Bergrücken"[2]. Heute ist der Weg eine gute Poststrasse, auf der man ohne Anstrengung für die Pferde traben kann.

Gern hätte ich das Gehöft *Bjarg* besucht, wo *Grettir* seine Kindheit verlebte und seine ersten Max- und Moritzstreiche ausübte — die Gänse, die er hüten sollte, tötete er, weil ihm dies Geschäft zu langweilig war; dem Vater, den er auf dem Rücken kratzen soll, zerreibt er den Körper mit einer stählernen Wollkratze wund und blutig; einem Pferde, das er auf die Weide führen soll, zerschneidet er mit einem Messer das Fell kreuz und quer, damit es im Stalle bleiben muss und er nicht in den kalten Wintermorgen hinauszugehen braucht (*Grettis s.* K. 14). Aber ein Regenschauer überfiel uns, so dass wir möglichst schnell weiterzukommen suchten. Natürlich, als wir längst die *Midfjardará* passiert hatten, hörte das Unwetter auf, die Sonne lachte wieder und wir beschlossen, am *Midfjardarháls* unser Mittagessen einzunehmen. Als ich gerade ein grosses Stück guter dänischer Sülze in den Mund schiebe, höre ich mich plötzlich in tadellosem Deutsch angeredet: „Nun, wie schmeckt es, Herr Professor? Seit wann sind Sie wieder in Island?" Fast ging es mir so, wie Kaiser Augustus, dem vor Schrecken ein Stück Pfau im Mund blieb stecken. Vor mir stand, wie aus der Erde gewachsen, ein isländischer Redakteur und ehemaliger Kollege, Küchlers Freund und Lehrer, der neben Prof. *Olsen* wohl am besten Deutsch auf Island spricht. Die Freude und Überraschung, meine Muttersprache sprechen und nach mehr als drei Wochen zum ersten Male wieder reden zu können, wie mir der Schnabel gewachsen ist, war natürlich gross; leider hatte er gar keine Zeit, er musste irgendwo reden und die isländische und dänische Regierung angreifen; denn er gehörte zu den wütendsten Dänenhassern und verlangte völlige Losreissung. „Es ist auch besser, meinte er, der Minister sieht Sie nicht zusammen mit mir; er muss sogleich hier sein, er hat in *Lækjamót* übernachtet." Da kam auch schon Se. Exzellenz herangebraust, wie die wilde Jagd sprengte seine stattliche Kavalkade daher, und richtig, als der *Ráðsherra* seinen schärfsten Gegner im Gespräch mit mir sah, jagte er, ohne anzuhalten, vorüber,

---

[1] Thoroddsen, Island S. 270.
[2] Reise nach Island, S. 134.

kaum dass er grüsste; wäre ich allein gewesen, hätte er mich sicher angeredet. Die leidige Politik!

Über üppige Wiesen, an wohlhabenden und sauberen Gehöften vorüber blieben wir in nordöstlicher Richtung und bogen dann, an dem Hofe *Vididalstunga* vorbei, wo *Páll Jónsson Vidalin* Ende des 17. Jahrhunderts lebte, in den *Vididalur* ein, der mit dem *Vatnsdalur* und *Blöndudalur* das fruchtbare Tiefland am *Húnafjördur* bildet. „Weidental" nannte es der Ansiedler *Ingimundr*, weil er bei seiner Ankunft hier das ganze Tal mit Weiden bewachsen fand; er glaubte, es würde ihm hier zum Winteraufenthalte behagen und brachte den Winter hier zu (*Vatnsd. s.* K. 14); im Frühjahr aber zog er nordwärts nach dem *Vatnsdalur*. Das *Vididalsfjall*, das zu unserer Rechten bleibt, ist mit seinen Kegelbergen und steilen Schluchten überaus malerisch; seine Basaltrücken werden felsige Inseln der Urzeit sein; am nächsten Tage fand ich bei dem Hofe *Titlingastadir* (Sperlingstätten) einige Muscheln, und die *Vididalsá* hat beträchtliche Moränenmassen in Terrassen durchschnitten. Das Tiefland bedarf noch genauerer Untersuchung, da, soviel ich weiss, nicht einmal Thoroddsen hierüber eingehender geschrieben hat. Nach dem *Vididalur* ist die berühmte isländische Familie *Vidalin* benannt; der berühmteste und erste, der den Geschlechtsnamen von dem heimatlichen Tale nahm, ist *Arngrímur Jónsson Vidalin*[1]). Kurz vor unserem Ziele durchreiten wir die in einem Felsenbette mit Gewalt in den Küstensee *Hóp*, der durch den *Hópsós* direkt mit dem Meer in Verbindung steht, sich Bahn brechende *Vididalsá*, passieren einen hohen, steinigen Gebirgskamm und sind in dem Bauernhofe und der Telegraphenstation *Lækjamót*. Da *Ögmundur* die Familie kennt, werden wir überaus herzlich aufgenommen, die Tochter musizierte den ganzen Abend, und die Bäuerin gab zum Schluss ein isländisches Schnaderhüpfl zum besten. Da ich es schon auf der Seereise von einem Bauern aus derselben Gegend gehört hatte, merkte ich es mir und bringe Text und Noten als das einzige Stück dieser Art, das ich von Island kenne, zum Abdruck, kann aber trotz aller Versicherungen meiner isländischen Freunde meine Bedenken über die Echtheit der Melodie nicht verschweigen, sie kommt mir etwas sehr englisch vor.

---

[1]) Über ihn vgl. mein Island I. S. 31, 89, II, S. 261.

186   Ein isländisches Schnaderhüpfl.

Lækjamót (71 m ü. M.) ist nicht, wie man erwarten sollte, nach mehreren Flüsschen benannt (*lækur* Gen. *lækjar*, „Bach", *mót* „Zusammentreffen"), etwa der *Ásgeirsá* und *Víðidalsá*, die sich aber gar nicht vereinigen, sondern nach einigen harmlosen Wasserrinnen im Moose. Nach Osten starrt das isolierte, steil abfallende

Vatnsdalsfjall empor, seine Abhänge sind unten mit Gras bedeckt, die oberen, regelmässigen und wagerechten Basaltdecken sind noch mit Schnee gefärbt; die dunklen Berge im Westen auf der Halbinsel *Vatnsnes* sind noch fast bis zur Mitte mit schmutzig grauem Schnee bedeckt, nach Norden zu hindert eine burgartige Erhöhung *(Borgarvirki)*, bis zum Meere die Blicke schweifen zu lassen; vom Süden, vom *Vididalsfjall* ragen einige rötliche Liparitspitzen vor. In der nächsten Umgebung aber breitet sich schönes Weideland vor uns aus, und das langgezogene Blöken der Rinder passt gut zu der idyllischen Stille.

Gerade dem Hause gegenüber liegt in der Hauswiese ein kleiner Hügel *(Kirkjuhóll)*, auf dem in der Zeit der Bekehrung eine Kirche gestanden hat; dürftige Ruinen mag ein pietätvolles Auge wohl noch erkennen. Denn der erste Missionar, Bischof *Fridrekr* und *Þorvaldr* der Weitgereiste haben vier Winter auf *Lækjamót* gewohnt und fuhren während dieser Zeit weit herum in Island, um Gottes Wort zu verkündigen (981—985). *Þorvaldr* entstammte einem berühmten Häuptlingsgeschlechte, sein Vater *Kodrán* wohnte auf *Giljá* (Kluftache) im *Vatnsdalur*. Frühzeitig ging er auf Reisen, deren weite Ausdehnung ihm den Beinamen *Vidförli* „der Weitgereiste" verschaffte. Eine Zeit lang nahm er an den Heerfahrten eines dänischen Königs teil, machte dann in Sachsen die Bekanntschaft eines Bischofs *Fridrekr* und liess sich von ihm bekehren und taufen. Von Haus aus milden, menschenfreundlichen Sinnes, wenn auch kriegerischen Mutes, wandte er sich mit herzlicher Innigkeit dem neuen Glauben zu; auch die Seinigen wünschte er für das Evangelium zu gewinnen, und der Bischof liess sich durch ihn bestimmen, das Wagnis einer Missionsreise nach Island zu unternehmen. Nicht ohne Schwierigkeit wurde *Þorvaldrs* alter Vater *Kodrán* bekehrt, und mit einer stillen Rührung liest man, wie der Schutzgeist seines Geschlechtes, der in einem grossen, mächtigen Steine bei dem Gehöfte wohnte, mit traurigem Antlitz und bitterlich weinend von ihm Abschied nimmt; er, der ihm bisher guten Rat erteilt, die Zukunft vorausgesagt und sein Vieh behütet hat, ist vom Bischof mit siedendem Wasser begossen worden, seine Kleider sind benässt, zerrissen und ganz verderbt, mit Gewalt ist er weit hinaus in Öde und Verbannung getrieben[1]).

Mancherlei von Bischof *Fridrekr* verrichtete Wunder sollen dabei dem Bekehrungswerke besonderen Vorschub geleistet haben. Vor allem scheint die erfolgreiche Bewältigung einiger Berserker zu *Giljá* oder zu *Haukagil* grossen Eindruck gemacht zu haben[2]). Da wir den nächsten Abend in *Haukagil* zubringen wollen, wird sich Gelegenheit finden, diese Geschichte näher kennen zu lernen. Der Versuch, am Althing die Lehren vom leidenden Erlöser zu verkünden, scheiterte an dem Widerstande strenggläubiger Heiden; mit höhnenden Spottversen wurden die Glaubensboten verfolgt, und *Þorvaldr* rächte die Beleidigung blutig. Aus religiösen Gründen, wie es scheint, am *Hegranesþing* geächtet, mussten die beiden Männer, am Erfolge verzweifelnd, Island wieder verlassen. Der Bischof kehrte sofort nach Deutschland zurück; *Þorvaldr* aber, der sich nicht das nötige Mass christlicher Geduld zutraute, um die Anfechtungen der Heiden ruhig zu ertragen (F. M. S. I, K. 108) pilgerte nach Jerusalem und fand schliesslich in einem russischen Kloster sein Ende, von den Leuten der Gegend als Heiliger verehrt.

Die weitere Geschichte von *Lækjamót* bietet nichts Interessantes; nur nebenbei mag erwähnt werden, dass hier im Jahre 1719 *Gudbrandur*, der Sohn des gelehrten *Arngrímur Jónsson Vídalín*, mit seiner Gattin verbrannte.

---

[1]) *Þáttr Þorvalds ens Vidförla*, K. II (Kahle ASB XI, S. 65; meine Nordische Mythologie S. 123.

[2]) a. a. O. K. III; *Vatnsdæla s.* K. 46; *Lnd.* III, K. 4; *Grettis s.* K. 13.

27. Juli. Da uns ein langer Tag mit vielen Aufgaben bevorstand, brachen wir bereits um 9 Uhr auf. Das Quartier war gut

Fig. 47. Borgarvirki (Inneres).

und billig gewesen (3 Kr.), die Sonne schien hell und warm, da konnten wir uns wohl etwas mehr zumuten. Nach etwa 1¼ Stunde verlassen wir die 1891—1892 erbaute Poststrasse — wie ein Stein besagt, sind von hier bis zur Hauptstadt 325 km —, biegen nach links hinüber, lassen die unnötigen Pferde zurück und reiten in ganz allmählicher Steigung etwa 18 Minuten nach *Borgarvirki* („Burgschanze") bergan[1]). Böses Geröll zwingt uns abzusteigen, und über gewaltige, wild durcheinander getürmte Klötze klettern wir in 7 Minuten nach dem Eingang der Festung empor, wo früher das Tor war (Abbildung 17). Der ganze freistehende Felsen (217 m ü. M.), der eine Länge von 417 Fuss von Nordosten nach Südwesten und eine Breite von 250 Fuss von Südosten nach Nordwesten hat, wird von einem Bündel Basaltsäulen gebildet, die sich senkrecht bis zu 50 Fuss Höhe über das stark abgeschrägte Gelände erheben. Auf dem Gipfel, der im übrigen flach und eben ist, befindet sich eine Vertiefung, deren Boden etwa 16 Fuss niedriger liegt, als die Oberfläche der Schanze. Die steil abfallenden Wände machen ein Erklettern der Burgschanze unmöglich; wo aber der Zugang bequemer ist, und wo deshalb zu befürchten war, dass die Angreifer hier heimlich hinaufsteigen könnten, namentlich im Osten, haben Menschenhände eine etwa 55 Fuss lange, 9 Fuss breite und durchschnittlich einige Fuss hohe Mauer aus zyklopisch zusammengefügten Steinen hergestellt.

In der Vertiefung konnten die Verteidiger Ruhe und Schutz finden; sie haben hier auch zwei Häuser erbaut, wo sie Zuflucht finden konnten, ihre Ruinen sind noch zu sehen, ebenso ein massiver Keller. Das westliche Gebäude ist 37 Fuss lang und 10 Fuss breit, das östliche ist etwas kleiner, die Hauswände sind zwar eingestürzt, aber sonst gut erhalten. Nicht weit davon entfernt ist ein grösseres Wasserloch oder Brunnen, wo die Eingeschlossenen ihr Wasser geholt haben sollen.

Borgarvirki ist also eine natürliche Festung, und die Menschen brauchten nur ein wenig nachzuhelfen, um eine für die alte Kriegführung uneinnehmbare Verteidigungsstelle zu schaffen. Eine ziemlich beträchtliche Anzahl konnte hier Zuflucht finden und sich halten, wenn genügend Lebensmittel vorhanden waren; Wasser gab es ja in der Einsenkung. Zur Verteidigung selbst waren nicht viel Mann nötig, man hat ausgerechnet, dass dazu 150 Leute genügten.

Wunderbar ist nur, dass wir über diese in ihrer Art auf ganz Island einzig dastehende Schanze keine alten geschichtlichen Nachrichten haben.

<small>Der schon früher von mir erwähnte *Viga-Styrr* (s. o. S. 130) ist eine der Hauptpersonen in der *Viga-Styrs-* oder *Heidarviga saga*; von ihr ist jedoch nur der Schluss erhalten, die den Anfang enthaltenden Kapitel sind mit einer Abschrift, die *Jón Ólafsson* angefertigt hatte, 1728 in Kopenhagen verbrannt; doch hat derselbe *Jón* nach dem Gedächtnis einen ausführlichen Auszug hergestellt. Der erste Teil erzählt von den Kämpfen des *Viga-Styrr*, und von der Rache, die sein Schwieger-</small>

<small>[1]) Kålund II, S. 20—22; *Björn Magnusson Ólsen, Árbók hins ísl. Fornl.* 1881, S. 99—113; Bruun, Ark. Undersögelser S. 39 ff.</small>

vater, der Gode *Snorri*, für seinen Tod nahm. Im zweiten Teile ist *Bardi Gudmundarson*, der ein Verwandter von *Óláfr Pfau* war und in *Lækjamót* erzogen wurde, die Hauptperson; er nimmt, aufgehetzt von seiner Mutter, einer Enkelin des grossen *Egill*, für seinen erschlagenen Bruder Rache an den Bewohnern vom *Borgarfjördur* im Jahre 1014 auf der *Tvidægra*heide, die den Bezirk von *Húnavatn* mit dem des *Borgarfjördur* verbindet; sie hat ihren Namen daher bekommen, dass *Bardi* mit seinen 18 Gefährten zwei Tage, eigentlich 2 mal 12 Stunden (isländisch *dægr*, die Nacht nicht gerechnet), gebrauchte, um sie zu überschreiten (K. 74), und die Sage selbst ist nach diesem Kampfe auf der Heide benannt. Eine grössere Schlacht fand statt, aber ihren Ausfall wissen wir nicht, da gerade hier ein Abschnitt der Saga fehlt. Da kommt uns die mündliche Überlieferung und ein Bericht des *Páll Vidalin* zu Hilfe: Nach seinem Zuge in das Tal der *Hvítá* fürchtete *Bardi* neue Zwistigkeiten und Überfälle von Süden her, liess deshalb die von der Natur gebotene Festung zu einer wirklichen umgestalten und von dem höchsten Berge der Umgegend Ausschau halten, um früh genug zu erfahren, wenn sich Feinde von der *Tvidægra*- oder *Arnarvatnsheidi* näherten. Sobald ihre Ankunft gemeldet wurde, begab er sich mit seinem Anhang in die Schanze und hielt ein paar Wochen lang die Belagerung aus. Als ihm schliesslich die Lebensmittel ausgingen, warf er den letzten Proviant, den er hatte, unter die Belagerer, so dass diese glaubten, es wäre noch Vorrat in Hülle und Fülle da, und entmutigt abzogen. Es darf als sicher angenommen werden, dass die Belagerung des *Borgarvirki* so oder doch ähnlich in der Lücke der Handschrift erzählt worden ist. Durch *Snorris* Vermittelung, der *Bardi* einer seiner Töchter zur Frau gibt, kommt es endlich zum Ausgleich, *Bardi* findet zuletzt in Ostrom seinen Tod.

Von der höchsten Erhebung der Schanze hat man eine wundervolle Rundsicht, nach Norden und Nordost über den See *Hóp* bis zum Meere, nach Westen über das *Vesturhópsvatn* bis zu den Bergen auf dem jenseitigen Ufer, südwestlich bis zur *Holtavörduheidi* und südlich weit fort bis zu dem eis- und schneebedeckten Gipfel des *Eiríksjökull*. Besonders schön ist der Blick auf die vielen Seen der nächsten Umgebung: am weitesten nach Osten liegt das *Laxárvatn* und südlich davon das *Svínavatn*, beide Seen stehen durch die *Laxá* miteinander in Verbindung.

Dem *Ingimundr*, dem ersten Ansiedler dieser Gegend, waren in einem Herbste Schweine abhanden gekommen, sie wurden erst gegen Ende des nächsten Sommers wieder gefunden und hatten sich auf 100 Stück vermehrt. Die Tiere waren sehr verwildert, ein grosser, alter Eber befand sich unter ihnen. *Ingimundr* trieb sie mit seinen Leuten das Tal hinab auf den See zu, der jetzt „Schweinesee" heisst, und wollte sie dort einschliessen; aber der Eber stürzte sich in den See und schwamm hinüber, er war jedoch so erschöpft, dass ihm die Klauen abfielen, und dass er bald verendete (Vatnsd. s. K. 15).

Etwas näher nach Osten liegt das *Húnavatn*, nach dem der *Húnafjördur* und der *Húnaflói* benannt sind.

Seinen Namen „See der jungen Bären" hat der See daher, dass derselbe *Ingimundr* auf einer Eisscholle hier eine Eisbärin und zwei Junge (isl. *húnar*) fand; er sagte, „diese Stelle solle *Húnavatn* heissen" (Vatnsd. s. K. 15). Die Jungen brachte er später nach Norwegen zu König Harald, der ihm dafür Holz zum Hausbau und ein schnelles Schiff schenkte.

Unterhalb des *Húnavatn* liegt ein kleiner See *(vatn)*, nach dem das ganze Tal *Vatnsdalur* benannt ist. Nach Norden liegen drei grosse Küstenseen, Lagunenseen, die vom Meere durch schmale Landzungen abgeschnitten sind: das *Sigrídarstaðavatn*, *Hóp* (40 qkm gross, durchschnittlich 10 m tief) und das *Vesturhópsvatn*, ein in Basalt ausgehöhltes Bassin (angeblich 40 m tief). Der grösste von diesen drei Seen ist der in der Mitte von ihnen gelegene, der darum auch *Miðhóp* heisst, der tiefste ist das *Vesturhópsvatn*, er ist reich an Fischen, aber auch an Ungeheuern.

Als einst ein Bauer zur Weihnachtszeit mit einem geschlachteten Hammel, der ihm geschenkt war, über das Eis des Sees ging, hörte er hinter sich Lärm, das Eis barst, und ein grosses, achtfüssiges Tier kam aus ihm hervor; es sah so aus, wie wenn zwei Pferde mit dem Hinterteil zusammen gewachsen wären, auch zwei Köpfe schien es zu haben. Entsetzt floh der Bauer und liess den Hammel fallen; als er ihn am nächsten Tage wieder holen wollte, fand er nur noch dessen abgenagte Knochen [1]).

Während wir auf der obersten Spitze der Schanze im Sonnenscheine lagen, las mir *Ögmundur* ein kleines Privatissimum; zwar seine Vermutung, das *Borgarvirki* wäre ein präglazialer Vulkan, nahm ich höchst ungläubig auf, aber seine geschichtlichen Kenntnisse waren wirklich erstaunlich, selbst die Jahreszahlen wusste er, und als ich sie daheim auf ihre Richtigkeit prüfte, waren sie sämtlich genau.

In *Breiðabólstaður*, am westlichen Ufer des *Vesturhópsvatn*, wohnte der Gode *Hafliði Másson*, der mit *Bergþórr Hrafnsson* das älteste isländische Rechtsbuch aufzeichnete, die *Hafliðaskrá*; im Sommer 1118 wurde der über Mord und Zweikampf handelnde Teil (der *Vígslóði*, „Bestimmungen über den Totschlag") auf dem Althing vorgelesen und angenommen. Als Bestandteil des späteren Gesetzbuches *Grágás* („Graugans") sind diese Gesetze noch erhalten. Von *Hafliðir* Streitigkeiten mit dem Häuptling *Þorgils* handelt ein Abschnitt der *Sturlunga saga*, die *Hafliða saga ok Þorgils* (ed. Kålund I, S. 7–46). Im 14. Jahrhundert wohnte hier der Officinalis *Einarr Hafliðason*, einer der letzten alten Schriftsteller, Schüler des *Laurentius Kálfsson*, Bischofs von *Hólar*: er zeichnete dessen Leben auf und verfasste den *Lögmannsannáll*; diese Annalen beginnen mit dem Jahre 70 und sind bis zum Jahre 1361 vom Verfasser eigenhändig aufgeschrieben. Vor allem ist *Breiðabólstaður* dadurch berühmt, dass hier in der Mitte des 16. Jahrhunderts die erste isländische Buchdruckerei errichtet wurde. Der letzte katholische Bischof *Jón Arason* hatte, um der Reformation entgegen zu arbeiten, den schwedischen Geistlichen *Jón Matthíasson* nach Island kommen und von ihm zwei Bücher drucken lassen, ein Calendarium Romanum und ein Breviarium *Niðrosiense* (angeblich 1534). Aber es ist kein Exemplar mehr erhalten, ja, man hat alle Nachrichten über die Druckerei als „mystisch und unzulänglich" bezeichnet (*Jón Þorkelsson*, Om Digtningen på Island i det 15. og 16. århundrede, Kopenhagen 1888, S. 15, Anm.). Der lutherische Bischof aber *Guðbrandur Þorláksson*, der 1567 selbst Priester zu *Breiðabólstaður* gewesen war, verlegte die alte Druckerei nach *Hólar*, verbesserte und erneuerte sie, setzte *Jón*, den Sohn des genannten schwedischen Geistlichen, zum Drucker ein und stellte mit grösstem Eifer fromme Bücher her.

Es war so warm, dass ich *Ögmundur* vorschlug, in dem Gehöft *Stóra Borg*, nördlich von *Borgarvirki*, einzukehren; er kannte auch den Besitzer, einen jungen Bauern, der sich zum Athleten ausbilden

---

[1]) *Isl. Þjóðs.* I, S. 139 (= Lehmann-Filhés I, S. 67).

wollte und der, wenn ich nicht irre, auch vor dem dänischen König in *Þingvellir* seine starken Künste gezeigt hatte; gern wurden uns drei grosse Kannen Milch gereicht.

Stóra Borg war der Häuptlingssitz des *Finnbogi*, des Starken; aber die Saga, die von ihm erzählt, hat den geschichtlichen Stoff mit romantischem Gewebe und Sagen der Volksüberlieferung so umsponnen, dass sie weder historischen noch auch ästhetischen Wert besitzt. Schon als Knabe dreht er einer dreijährigen Kuh den Kopf ab, hebt einen König mit 12 Genossen auf einer Bank auf seine Schultern, bricht einem Bären den Rücken und schwimmt mit einem anderen Bären um die Wette. In *Stóra Borg* lebt er in ununterbrochener Fehde mit *Jökull*, dem jüngsten Sohne des *Ingimundr* aus dem *Vatnsdalr*, unternimmt einen Überfall gegen die *Ingimunds*söhne, der aber durch die Wachsamkeit des älteren vereitelt wird, und wird nach *Strandir* in der *Trékyllisvik* verbannt[1]).

---

[1]) Kritische Ausgabe von Hugo Gering, Halle 1879, wo auch das Verhältnis der *Finnboga-* zur *Vatnsdœla saga* und zur *Landnáma* gut auseinander gesetzt wird.

Zehntes Kapitel.
Im Vatnsdalur. Blönduós und Saudárkrókur.

Von *Stóra Borg* ritten wir zunächst etwas südlich an dem Gehöfte *Titlingastadir* vorüber, auf den sich seines ominösen Namens wegen kein Mädchen vermieten will (*titlingur* ist ein „Vogel", der Sperling, hat aber auch obszönen Sinn), und bogen dann in östlicher Richtung nach dem See *Vatn* zu, der dem *Vatnsdalur* seinen Namen gegeben hat. Dieses Tal ist wahrscheinlich alter Seegrund. Seine Mündung ist von einer Endmoräne gesperrt, die aus unzähligen einzelnen kleinen Hügeln besteht, die wie nebeneinander liegende Maulwurfshügel aussehen; hinter der Moräne liegt ein kleiner See; auch haben grosse Bergstürze, z. T. in geschichtlicher Zeit, zur Bildung dieser eigentümlichen Reihe von Schutthügeln beigetragen. Im Tale sind schöne Gletscherschliffe, in der Richtung auf die Moräne zu, also vom Tale nach aussen, besonders zahlreich vorhanden[1]). Der *Vatnsdalur* ist landschaftlich sehr schön, auch als Schauplatz einer der besten Isländergeschichten sehr interessant.

Fast zu gleicher Zeit haben Preyer-Zirkel und Winkler auf eine höchst eigentümliche Naturerscheinung aufmerksam gemacht: die vielen Hügel, einer dicht bei dem andern gelegen, überraschen durch ihre Gleichförmigkeit, ihre reine Kegelgestalt und ihre bedeutende Zahl. Zu den Dingen, die dem Menschen *óteljandi*, unzählbar sind, rechnet der isländische Volkshumor die Hügel im *Vatnsdalur*, die *Vatnsdalshólar*, ferner die Basaltinselchen im *Breidifjördur* und die Seen auf der *Tvidagra*. Die Hügel (Abbildung 18) sind aus ganz lockeren, kantigen Liparit- und Basaltstücken zusammengesetzt und völlig vegetationslos, das rote, weisse oder gelblich-weisse Liparit überwiegt jedoch. Sie ruhen auf ge-

---

[1]) Thoroddsen, Island S. 271, 322; *Lýsing I*, S. 235, 322. Vgl. ausserdem Preyer-Zirkel, S. 143; Winkler, Islands Gebirgsbau S. 67—70; C. W. Schmidt, Z. d. Deutschen Geolog. Gesellschaft 1885, S. 764—767; Karl Grossmann, The Glacialist's Magazine. September 1893, S. 38 ff.

scheuertem Basalt, ihre Höhe ist im allgemeinen die gleiche, sie schwankt aber von einigen bis zu etwa 30 m, von ebener Erde an. Hübsch sagt Kahle: „Es ist, wie wenn man durch eine Reihe riesiger Hünengräber hindurchreitet, in denen das Trollenpack der ganzen Gegend seine Ruhestätte gefunden hat." Über die Entstehung dieser Schutthügel sind sich die Geologen nicht einig, ich glaube überhaupt, dass eine eingehende Einzelerforschung der ganzen Gegend noch notwendig und lohnend ist. Die meisten meinen, die Hügel verdanken ihre Entstehung einem heftigen Erdbeben, sie

Fig. 18. Vatnsdalshólar.

rühren von einer postglazialen vulkanischen Lipariteruption her; andere glauben, und das ist wohl wahrscheinlicher, sie stammen vom Schluss der Eiszeit her, ein im Schmelzen begriffener Gletscher habe sich seitwärts durch das Tal erstreckt: von den steilen Gebirgsabhängen an der Ostseite des Tales seien grosse Bergmassen auf den Gletscher herabgestürzt, und als dann der Gletscher geschmolzen sei, seien von den Bergmassen unregelmässige Haufen von Schutthügeln übrig geblieben.

Wir wissen in der Tat, dass einige Bergstürze von derselben Ostseite des Tales die Zahl dieser gipfeligen, riesigen Maulwurfshügel vermehrt haben. Im Jahre 1545 wurde der Hof *Skidastadir*, etwa da, wo heute der Hof *Hnausar* liegt, verschüttet; das Flussbett der *Vatnsdalsá* wurde weiter nach Westen gedrängt, und aus dem alten Bett entstand ein kleiner See (*Hnausatjörn*); der Name seines Abflusses „*Árfar*" (d. h. Flussbett) erinnert noch an das alte Bett, der eigentliche Fluss aber heisst heute in seinem untersten Laufe *Kvisl* (d. h. Nebenfluss)[1]. Wie ich mich am nächsten Tage überzeugen konnte, sieht man noch jetzt die Überreste jenes schrecklichen Bergsturzes in den eigentümlichen grossen, jetzt mit Gras bewachsenen Erdknollen (isländisch *hnausar*), die die Strecke zwischen dem Hofe *Hnausar* und dem „*Árfar*" bedecken.

Damals wurde auch der Hof *Gullberastadir* verschüttet. Nur ein Mädchen entrann dem Verderben. Dieses hatte die Gewohnheit, wenn es ass, den Raben etwas abzugeben. Aber einst wollte der Rabe das Brot der Bauerntochter nicht wie sonst am Fenster in Empfang nehmen, sondern hüpfte von ihr fort und lockte sie auf die Hauswiese. Mit einem Male hörte sie ein furchtbares Krachen, ein Bergsturz fiel nieder und richtete das Gehöft zugrunde; nur an der Stelle, wo das Mädchen mit dem Raben stand, glitt er, sich teilend, ohne die beiden zu treffen, vorüber. Auf diesem Fleck aber hatte einst Bischof *Gudmundr* der Heilige übernachtet und die Zeltstätte bei seinem Aufbruche geweiht; darum konnte hier in Zukunft niemand mehr zu Schaden kommen[2].

Im Jahre 1720 fand an derselben Stelle ein zweiter Bergsturz statt, das Gehöft *Bjarnastadir* wurde zerstört und 6 Menschen getötet; die Schutthaufen wurden bis *Mársstadir* geschoben und dadurch wurde die *Vatnsdalsá* verstopft, so dass das Tal südlich bis *Kornsá* und östlich bis *Hvammur* überschwemmt wurde[3].

In einem Gehöft hinter den Hügeln liessen wir die vier Pferde zurück, wobei ich gar nicht acht darauf hatte, wo mein Handgepäck untergebracht wurde, und ritten anfangs in flottem Galopp, dann um den köstlichen Abend und das entzückende grüne Tal recht zu geniessen, langsam und gemächlich nach Süden. In dem Hofe, wo die Pferde blieben, hatte etwa 1830 die letzte Hinrichtung auf Island stattgefunden, das Ehepaar *Fridrik* und *Rósa* hatte zwei Menschen ermordet; mit dem Beile, das ich vor 4 Jahren in *Mödruvellir* irgendwo auf dem Gutshofe gefunden hatte, waren sie hingerichtet worden (Island II, S. 262; vergl. I, S. 146). Dabei erfuhr ich, dass ein anderer Mörder, der von seinem zwanzigsten Jahre an im Zuchthause gesessen hatte, jetzt vom dänischen Könige begnadigt worden war, dass er zwar unter polizeilicher Aufsicht stand, aber wegen seiner Gutmütigkeit sofort eine Stelle gefunden hatte, jedoch den ihm zugewiesenen Bezirk nicht verlassen durfte.

Am westlichen Ufer der *Vatnsdalsá* entlang ritten wir an frischen ansehnlichen Birkenwäldern vorüber, und unser Auge erquickte sich an dem herrlichen Grün der üppigen Wiesen. Mehrere Höfe passierten wir, die in der *Vatnsdæla saga* eine Rolle spielen. In *Kornsá*

---

[1] *Espólin, Árbækur* IV, S. 21; Kålund II, S. 32.
[2] *Isl. Þjóds* II, S. 42—44.
[3] *Espólin, Árbækur* IV, S. 21, IX, S. 58.

wurden wir zu Kaffee, Schokolade und einer Zigarre eingeladen; hinter dem steinernen Wohnhause ist seit drei Jahren ein hübscher Ziergarten angelegt, in dem Spiräen, Veilchen, Fingerhut, Lärchen und selbst Rosen wuchsen[1]. Unterhalb der zu dem Hofe gehörenden Meierei liegt das Gehöft *Ass*, das *Ingimundr* in seiner Gutmütigkeit dem tückischen *Hrolleifr* und seiner zauberkundigen Mutter *Ljót* angewiesen hatte, und wo die erste Kirche des Nordlandes gebaut wurde. Etwa gegenüber, auf der anderen Seite des Flusses, liegt *Hof*, der Sitz des *Ingimundr*, wo man noch den Platz zeigt, auf dem sein grosser Tempel gestanden hat. Ich freute mich aufrichtig, den Schauplatz der *Vatnsdæla saga* mit eigenen Augen kennen zu lernen; denn ich hatte für die Geschichte der Bewohner des *Vatnsdalr* immer eine besondere Vorliebe gehabt. Die hohe Würde, der Edelmut, der grossherzige Sinn des alten *Ingimundr*, die Besonnenheit und Milde seines Sohnes *Þorsteinn*, der raschere und wilde, unbändige und streitsüchtige Charakter von dessen Bruder *Jökull* sind von dem Erzähler mit vollendeter Meisterschaft geschildert. Die ganze Darstellung durchweht ein Geist der Ruhe und der Milde, man könnte fast sagen des Christentums, wenn nicht in anderer Beziehung die heidnisch-fatalistische Lebensanschauung des Verfassers zutage träte[2]. Der Glaube an den schirmenden und leitenden Schutzgeist des Geschlechtes zieht sich durch die ganze Saga und bestimmt die Entwickelung der Handlung[3]. Ganz modern aber mutet uns der Anfang der Saga an, wie *Ingimundr* unter dem Zwange der Hypnose, ohne dass der geringste äussere Grund ihn nötigt, beschliesst, sich nicht gegen das Schicksal zu sträuben, sondern nach Island überzusiedeln; seitdem ihn dieser Gedanke einmal nahe gebracht ist, lässt er ihm keine Ruhe, immer wieder kommt er auf ihn zurück, so ungern er auch Norwegen verlässt, und zuletzt folgt er dem unerklärlichen inneren Banne. Ein hochmoderner Schriftsteller unserer Tage könnte nicht spannender und wirkungsvoller erzählen, wie ein Mensch unter einer suggestiven Macht Schritt für Schritt zu einem Handeln getrieben wird, das ihm selbst im höchsten Masse zuwider ist.

Ingimundr war nach der Seeschlacht im *Hafrsfjorde*, wo er König Harald geholfen hatte, Alleinherrscher über ganz Norwegen zu werden, zu seinem Vater gezogen und hatte dort seinen Pflegevater *Ingjaldr* angetroffen. Dieser lud ihn zu einem Feste ein und veranstaltete dabei Zauberei zu dem Zwecke, dass die Männer ihre künftige Bestimmung erforschen könnten. Eine Wölwa, eine zauber-

---

[1] In *Kornsá* sind 1879 wertvolle Ausgrabungen veranstaltet worden, vgl. *Sigurdur Vigfússon, Kornsár-fundrinn* in: *Árbók h. isl. Fornl.* 1881, S. 57 bis 64.

[2] *Fornsögur*, herausgeg. von *Gudbrandr Vigfússon* und Theodor Möbius, Leipzig 1860, S. XXI. Deutsche Übersetzung von v. Lenk in Reclams Universalbibliothek.

[3] Rieger, Z. f. d. A. 42, S. 279.

kundige Finnin, war zu ihnen gekommen. Sie wurde auf einen hohen und prächtig geschmückten Sitz gesetzt; dahin gingen die Männer, jeder von seinem Platze, um sich weissagen zu lassen und fragten nach ihrem Schicksale. Die Frau weissagte jedem, wie es ihm ergehen sollte, aber nicht allen behagte, was sie verkündete. *Ingimundr* blieb mit noch einem Manne jedoch sitzen und ging nicht hin, um das Weib zu fragen; er sagte, er kümmere sich nicht um ihre Weissagungen. Da sagte die Wölwa: „Weshalb fragen die jungen Männer dort nicht nach ihrem Schicksale? Sie scheinen mir doch von allen, die hier zusammen gekommen sind, die bemerkenswertesten zu sein." *Ingimundr* antwortete: „Mir liegt nicht daran, mein Schicksal im voraus zu erfahren, und ich glaube nicht, dass du von meiner Zukunft etwas zu sagen weisst". „Ich will trotzdem", sagte die Wölwa, „dir es sagen, ohne dass du danach fragest. Du wirst das Land bewohnen, das Island heisst; dasselbe ist noch weithin unbebaut; dort wirst du ein berühmter Mann und alt werden, und deine Nachkommen werden ebenfalls berühmt werden in demselben Lande." *Ingimundr* antwortete: „Das passt recht gut; denn ich habe beschlossen, niemals nach jenem Lande zu ziehen; und ich wäre wohl kein guter Wirtschafter, wenn ich meine vielen und guten Familienländereien verkaufen wollte, um nach jenen öden Gefilden zu ziehen." Die Finnin sagte: „Was ich prophezeie, wird in Erfüllung gehen, und zum Beweise hierfür ist das Amulett, das Harald dir geschenkt hat, aus deiner Tasche verschwunden; es befindet sich jetzt in dem Walde, den du bewohnen wirst; auf ihm ist *Freyr* in Silber abgebildet, und wenn du deinen Hof aufbaust, wird sich meine Weissagung bestätigen". *Ingimundr* erwiderte: „Wenn es nicht eine Beleidigung gegen meinen Pflegevater wäre, so würdest du den Lohn für deine Prophezeiung an deinem Kopfe bezahlt bekommen." Am Morgen darauf suchte *Ingimundr* sein Amulett und fand es nicht; das schien ihm kein gutes Anzeichen. Er blieb diesen Winter und den Sommer darauf bei seinem Vater, und feierte sodann seine Hochzeit; König Harald war bei ihr zugegen. *Ingimundr* sagte zu ihm: „Ich bin mit meinem Lose ganz zufrieden, und es ist eine grosse Ehre, Euer Wohlwollen zu haben; aber es will mir nicht aus dem Sinne, was mir die Finnin von der Veränderung meines Wohnortes prophezeit hat; denn ich wünschte nicht, dass es sich bewahrheitete, dass ich aus meiner Heimat ziehen soll." Der König sprach: „Es kann doch etwas Wahres daran sein, dass *Freyr* sein Bild dort wird wiederfinden und seinen Ehrensitz dort errichten lassen will." *Ingimundr* gestand nun auch, dass er wohl wissen möchte, ob er das Bild wiederfände, wenn er seine Hausgötter dort aufrichtete; „und ich will nicht verhehlen, Herr, dass ich nach einigen Finnen senden will, die mir die Beschaffenheit des Landes zeigen können, und ich will sie nach Island schicken." — *Ingimundr* liess drei zauberkundige Finnen holen: „Ich will euch Butter und Zinn geben, aber ihr sollt in meinem Auftrage nach Island reisen und mein Amulett suchen." Sie antworteten: „Das ist für uns eine gefährliche Sendung. Man soll uns drei zusammen in einem Hause einschliessen, und niemand darf uns anrufen." Nach drei Tagen kam *Ingimundr* zu ihnen, da richteten sie sich auf, holten schwer Atem und sprachen: „Viel Mühe und Beschwerden haben wir gehabt, doch können wir mit solchen Wahrzeichen kommen, dass du das Land nach unserer Beschreibung erkennen kannst, wenn du dahin gelangst. Schwierig war es uns, nach dem Amulett zu suchen, und vieles vermag die Weissagung der Finnin, da wir uns, um ihrer willen, in grosse Not versetzt haben." Darauf beschrieben die Finnen ausführlich das Land: „In einem Wäldchen fand sich das Amulett. Als wir es aber nehmen wollten, schoss es davon in ein anderes Gehölz, und so oft wir nach ihm suchten, entwich es uns immer; ein Nebelstreif lag darüber, so dass wir nicht nahe kamen, und du wirst dich wohl selbst dahin aufmachen müssen." *Ingimundr* sagte, er werde bald abreisen, denn es würde nichts nützen, sich dagegen zu sträuben. Er belohnte die Finnen reichlich und blieb einige Zeit ruhig auf seinen Höfen. Dann zog er zum König und erzählte ihm sein Vorhaben und seine Absicht. Dem kam es nicht unerwartet; schwierig sei es, gegen die Bestimmung zu handeln. Darauf rüstete *Ingimundr* ein Gastmahl, erbat sich von den Anwesenden Gehör und sagte: „Ich habe beschlossen, meine Stellung zu verändern und nach Island zu ziehen, mehr dem Geschick und der Bestimmung harter Lose folgend, als meiner Neigung. Allen, die mit mir ziehen wollen, steht es frei." Seine Worte fanden viel Beifall, und sie sagten alle, dass sein Fortgang ein grosser Verlust sei, aber weniges sei mächtiger als das Schicksal. Um das Jahr 890 segelte *Ingimundr* wirklich nach Island, erkannte die Gegend nach der Beschreibung der Finnen und fand im Hof sein Amulett, wie ihm geweissagt war, als er beim Bau eines Tempels für die Hochsitzsäulen grub (K. 8—15)[1].

Er erlangte die Godenwürde und Häuptlingsgewalt, und sein Geschlecht wurde im *Vatnsdalr* das vornehmste und herrschende, soviele treffliche Männer es auch in der Nachbarschaft gab. Weitere Taten von *Ingimundr* verzeichnet die Saga nicht. Wie *Egill* kümmerte er sich nicht um Thingstreitigkeiten und hatte keine grossen Prozesse auszufechten; er liebte Eintracht und Frieden und war wegen seines Wohlwollens, seiner Freigebigkeit und Klugheit allgemein angesehen. Und doch erliegt er einem merkwürdigen Schicksal, da der schurkische *Hrolleifr* und seine Mutter, die noch schurkischere *Ljót*, das liebliche Idyll im *Vatnsdalr* zerstören. *Ingimundr* hatte ihnen in seiner Güte den Hof *Áss* zur Besiedlung überwiesen, nachdem sie von ihrem ersten Wohnsitze vertrieben worden waren. Seine Söhne waren erwachsen, und mit ihnen kam *Hrolleifr* über den Fischfang in der *Vatnsdalsá* in Streit. Als *Ingimundr* unter ihnen vermitteln wollte, schleuderte ihm *Hrolleifr* den Spiess in die Brust; mit Mühe schleppte sich der Alte in sein Haus, brach die eiserne Spitze vom Schafte, setzte sich auf seinen Hochsitz und starb; aber sein edler, fast christlicher Sinn zeigte sich noch darin, dass er vor seinem Tode seinen Mörder vor der Rache der Söhne warnen liess.

Nachdem die Blutrache an *Hrolleifr* und *Ljót* geübt war, traten die Brüder das Erbe an. *Þorsteinn*, auf den des Vaters edler Sinn übergegangen war, übernahm das väterliche Gut zu *Hof* und wurde Häuptling über die *Vatnsdals*bewohner und *Vestrhóp*; der wilde, kampflustige *Jökull*, in dem der Schwager seines Vaters, nach dem er benannt war, wiedergeboren schien, erbte ein kostbares Schwert. Die übrigen Geschwister waren nicht so bedeutend; *Þórir* war von jener seltsamen Krankheit heimgesucht, die man den Berserksgang nannte; erst ein auf *Þorsteinns* Rat dem „Schöpfer der Sonne" dargebrachtes Gelübde, das ausgesetzte Kind des *Þorgrímr* auf *Kornsá* aufzuziehen, brachte ihm Genesung, und dieses Kind, *Þorkell krafla* („Krabbeln", † 1013), ein unehelicher Urenkel des *Ingimundr*, wird später ein berühmter Mann und die Hauptperson im Schlussteile der Saga (K. 42—47): er war den früheren Bewohnern des *Vatnsdalr*, *Ingimundr* und *Þorsteinn*, am ähnlichsten, hatte aber das vor ihnen voraus, dass er ein rechtgläubiger Christ war und geliebt war als derjenige, der vor allem den wahren Gott liebte.

Mit der Erzählung vom Tode des alten *Ingimundr* und von der Blutrache seiner Söhne lockert sich das feste Gefüge der Handlung und löst sich in mehrere Einzelhandlungen auf, z. B. den Kampf mit einem Zauberer, der sich auf seinem Hofe mit Hilfe böser Katzen verteidigt (K. 58), und *Jökulls* Streit mit *Finnbogi* dem Starken von *Stóra-Borg* (K. 31—35). *Þorsteinns* Söhne, der grosse und starke *Gudbrandr* und *Ingólfr*, der schönste der Männer, den alle Mädchen im *Vatnsdalr* sich zum Ehemann wünschten, kamen unter tragischen Umständen um. Mit der Geschichte von den Vorfahren des alten *Ingimundr* und seinem Urenkel *Þorkell krafla* reicht die Saga von der Zeit der norwegischen Kleinkönige bis zur Bekehrung Islands und wird zur Monographie einer isländischen Landschaft durch hundert Jahre.

In wunderbarer Dämmerung, die das Tal und die umsäumenden Felsen in matten, bläulichen Duft hüllte, ritten wir unserem Nachtquartier *Haukagil* zu, als *Ögmundurs* scharfes Auge auf den Bergen eine Karawane bemerkte. „Da kommen Engländer von *Kalmans*-

---

[1] Alfred Lehmann, Aberglaube und Zauberei. Stuttgart 1898, S. 483, 484; meine nordische Mythologie S. 518—550.

tunga her über die *Grímstungaheidi*; das kann man mit zwei guten Pferden in 13 Stunden schaffen! Schnell, dass wir das beste Zimmer bekommen!" Wir bohrten die Hacken den Gäulen in die Weichen und sprengten auf den schmucken Bauernhof zu. Ein kleines, aber freundliches Zimmer wurde mir sofort angewiesen, Milch zum Trinken und Wasser zum Waschen gebracht, und ich rief *Ögmundur* zu, mir mein Handgepäck, Wäsche, Seife, Bürsten, leichte Schuhe usw. zu bringen. Aber er stotterte allerlei Entschuldigungen, und es stellte sich heraus, dass er, wieder um die Pferde zu schonen, auf die Bequemlichkeit seines Herrn keine Rücksicht genommen und nicht einmal Nachtzeug in die Satteltasche gepackt hatte. Ich hatte ihm schon früher, als mir dasselbe in *Reykhólar* widerfahren war, gehörig meine Meinung gesagt und mit aller Bestimmtheit verlangt, dass erst ich käme, dann seine verdammten Pferde. Darum brach jetzt ein Donnerwetter nach dem anderen über sein Haupt aus, und ich wurde so erregt, dass es fast zu einem Zerwürfnis mit ihm gekommen wäre, besonders als er meinte, Kamm und Seife erhielte ich doch auf jedem Gehöft.

Verstimmt und verärgert ging ich in die gute Stube; aber meine Laune besserte sich, als ich an den Wänden Öldruckbilder von unserem Kaiser und unserer Kaiserin entdeckte. Während ich mir den Kopf darüber zerbrach, wie diese Bilder wohl hierher verschlagen sein könnten, und mit einem gewissen Heimweh an das ferne, ferne Vaterland dachte, öffnete sich die Tür, eine stattliche Dame trat herein und sagte auf deutsch: „Guten Abend!" So versunken war ich in Gedanken an die deutsche Heimat, dass mir der Gruss in deutscher Sprache inmitten der Einsamkeit Islands gar nicht als etwas Merkwürdiges zu Bewusstsein kam; ich erwiderte, ohne mir das Geringste dabei zu denken, ebenfalls auf deutsch: „Guten Abend" und spann mich weiter in die Erinnerungen an die deutsche Heimat ein. Erst als die Tür sich abermals öffnete, ein grosser Herr hereintrat und deutsch mich begrüsste: „Unser Führer sagt mir, dass Sie der Verfasser von „Island in Vergangenheit und Gegenwart" sind, wir haben Ihr Buch gelesen und freuen uns, Sie jetzt persönlich kennen zu lernen" — erst da wachte ich aus meinen Träumen auf und ward mir des seltsamen, gnädigen Zufalls bewusst, der uns drei Deutsche hier in dem abgelegenen und abgeschlossenen Tal zusammen geführt hatte. Verraucht war aller Ärger mit dem Führer, und mit aufrichtig frohem Sinn gab ich mich der Freude hin, mit zwei Landsleuten zusammen plaudern und schmausen zu können. Es war ein Ehepaar aus Berlin, das mit offenen Augen Island bereiste und trotz des vielen Regens, den es bisher gehabt hatte — ich selbst hatte kaum zwei Regentage bisher — von dem Gesehenen und Erlebten hochbefriedigt war. Land und Leute hatten es ihm in gleicher Weise angetan, und mein Respekt wuchs, als ich hörte, dass die beiden Herrschaften die letzte Nacht auf der *Arnarvatnsheidi* in einer Schutzhütte geschlafen hatten, den Sattel unter dem Kopfe; von den vielen schönen Seen auf dem Hochplateau waren sie geradezu begeistert. Die Dame war eine von den wenigen mutigen deutschen Damen, die eine so lange und schwierige Touristenreise auf Island unternommen haben; der Herr, ein praktischer Arzt, hatte, wie ich einige Tage später auf den Gehöften erfuhr, seine Kenntnisse wiederholt armen Leidenden unentgeltlich zur Verfügung gestellt und in einem schwierigen Falle zur rechten Zeit rettend eingegriffen.

Ihr Führer war *Tómas Snorrason*, nach *Ögmundur* vielleicht der beste seiner Zunft, und doch war ihm ein wunderlicher Irrtum bei der Erklärung des Namens *Haukagil* untergelaufen; allerdings muss ich zu seiner Entschuldigung anführen, dass auch *Ögmundur* denselben Fehler beging und den Ort als „Schlucht der Habichte" deutete. Da freute es aber den Schulmeister, endlich einmal wieder ein Publikum gefunden zu haben, das er belehren könnte, und gern setzte ich ihnen auseinander, woher der Name des Hofes käme (s. o. S. 188):

In dem ersten Jahre, als Bischof Friedrich und *Þorvaldr* zu *Lækjamót* wohnten, heiratete letzterer die Tochter des Bauern *Óláfr* zu *Haukagil*. Zu der Hochzeit kamen ausser dem Bischof und mehreren Heidenleuten zwei gewaltige, zauberkundige Berserker, beide hiessen *Haukr* mit Namen. Diese boten Friedrich an, wenn er Mut oder einiges Vertrauen auf seinen Gott habe, sich mit ihnen in der Kunst zu messen, die sie gewohnt waren auszuüben, nämlich mit blossen Füssen über brennendes Feuer zu gehen. Der Bischof legte den vollen bischöflichen Ornat an, weihte Wasser und ging dann so gerüstet zu dem Feuer, er hatte seine Mitra auf dem Haupte und den Bischofsstab in der Hand; die Berserker aber bissen, grimmig schnaubend, in die Schildränder und hatten blosse Schwerter in den Händen. Aber das Feuer ergriff sie und verbrannte sie in kurzer Frist mit so grosser Gewalt, dass sie tot herausgezogen wurden; sie wurden in die Schlucht hinaufgebracht und dort begraben, darum nennt man es dort seitdem *Haukagil*. Vor Bischof Friedrich aber legte sich die Lohe nach zwei Seiten auseinander, als bliese sie ein Wind, nicht einmal die Fransen seines Gewandes wurden versengt. Da wandten sich viele zu Gott, als sie dies Wunderzeichen sahen, und *Óláfr* erbaute später zu *Haukagil* auf seinem Hofe eine Kirche, wozu *Þorvaldr* ihm das Holz schaffte[1]).

Von dem Bauern erfuhr ich am nächsten Tage, dass er vor mehreren Jahren deutliche Reste eines heidnischen Tempels gefunden habe; das Langhaus, die grosse für die Menge bestimmte Halle, und den kleineren Anbau für den Priester, wo Altar und Gottesbild zu stehen pflegten, hätte man noch gut unterscheiden können; Prof. *Finnur Jónsson*, der auch hier gewesen wäre, hätte ihm recht gegeben.

---

[1]) Ich erzähle absichtlich die geistlich ausgeschmückte Legende aus F. M. S. I, K. 132, um den Lesern auch davon eine Probe zu geben; den Unterschied mit echter, alter Überlieferung hebt Meissner gut hervor, Strengleikar S. 78—80.

28. Juli. Schon früh um 8 Uhr sassen *Ögmundur* und ich im Sattel, um den Hof *Grímstungur* zu besuchen. Er liegt ganz am Ende des oberen *Vatnsdalur* oder vielmehr am Eingang zu dem schmalen *Forsæludalur* („Schattental") und ist von *Haukagil* aus in etwa 20 Minuten zu erreichen.

Hier wohnte *Óttarr*, der Vater des Dichters *Hallfredr vandrædaskáld*. *Hallfredr* wurde hier zwischen 960 und 970 geboren, verliebte sich in die schöne *Kolfinna* und weihte ihr seine ersten Lieder. Als aber das Mädchen gegen seinen Willen an einen anderen verheiratet wurde, ging *Hallfredr* nach Norwegen zu *Jarl Hákon* und später zu *Óláfr Tryggvason*, der mit eiserner Energie dem Christentum zur Herrschaft verhelfen wollte. Auch der isländische Skalde liess sich taufen, aber unter der Bedingung, dass ihn der König selbst aus der Taufe höbe. Als *Óláfr* bald darauf ein Gedicht nicht anhören wollte, das *Hallfredr* auf ihn verfasst hatte, sagte der Isländer, dass er dann auch den neuen Glauben vergessen würde. Da nannte ihn der König *vandrædaskáld*, einen Dichter, der in Verlegenheit bringt, und diesen Beinamen hat er behalten. Aber obgleich er getauft war, verachtete er doch die alten Götter nicht; er hielt es für eine Schmach, der Gottheiten zu spotten, unter denen die Vorfahren sich frei und glücklich gefühlt hatten[1]. Für den inneren Gehalt der neuen Lehre ist ihm der Sinn verschlossen, sie ist ihm nicht poetisch genug, und die Treue, die einen hervorstechenden Zug seines Charakters bildet, soll auch den alten Göttern gehalten werden: „Einst hat alle Welt *Odin* zu Ehren Lieder gedichtet; ich vermag unserer Väter Arbeit völlig zu schätzen. Und weil mir als Dichter *Odins* Reich wohlgefiel, werfe ich ungern den Hass auf den Gatten der *Frigg*: — Jetzt dienen wir dem Christus". „Vordem durfte ich *Odin* auf seinem himmlischen Hochsitz wohl verehren — nun ist das Glück der Männer dahin!" „Alle Männer lassen *Odins* Geschlecht verkommen; genötigt werde ich zu Christus zu beten statt zu *Freyr*." Als er auf Island seine frühere Geliebte *Kolfinna* wiedersieht, zwingt er sie zum Ehebruch, verhöhnt ihren Mann, erschlägt ihm einen Neffen, ohne Busse dafür zahlen zu wollen, und fordert den alten Nebenbuhler selbst zum Zweikampfe. In der Nacht aber erscheint ihm König *Olaf* und tadelt ihn wegen seiner hässlichen Gesinnung. Als *Hallfredr* dann am nächsten Morgen erfährt, dass der König in der Schlacht gefallen ist, erschien ihm das die härteste Botschaft, er wurde schwer erschüttert, legte sich in seinem Gemache nieder mit grossem Gram im Herzen und war nunmehr bereit, sein Unrecht wieder gut zu machen und Busse zu zahlen. — Auf einer Fahrt zwischen Island und Norwegen ist er gegen 1007 gestorben.

In *Grímstungur* knüpfte *Ingólfr*, der Enkel des alten *Ingimundr*, Liebeshändel mit *Valgerdr*, der Schwester des *Hallfredr*, an (Vatnsd. s. K. 37, 38). Das Bruchstück eines Liedes sagt:

> Alle Mädchen mochten
> Zum Manne den *Ingólfr* haben,
> Soweit sie erwachsen waren;
> Elend, sagte sie,
> Ist immer die zu Kleine.

Beim Herbstthing in *Grímstungur* wurden Spiele veranstaltet. *Ingólfr* beteiligte sich und bewies seine Geschicklichkeit; einmal, als er nach seinem Ball sprang, geschah es, dass er zu *Valgerdr* flog. Sie breitete ihren Mantel über den Ball, und beide sprachen eine Weile miteinander. Ihm schien das Mädchen überaus schön, und er besuchte sie täglich. Das war aber gegen den Willen ihres Vaters, und er bat *Ingólfr*, dies nicht zu tun; lieber wolle er ihm seine Tochter in Ehren zur Frau

---

[1] Mogk, Geschichte der norweg.-isl. Litt. S. 678, 679. *Finnur Jónsson*, Den norsk-isl. Skjaldedigtning, Kopenhagen 1908, A. S. 155—173.

geben, als dass er sie mit Schanden verführte. *Ingólfr* aber erwiderte, er würde hinsichtlich seiner Besuche so handeln, wie es ihm gut scheine, und jenem würde daraus keine Unehre erwachsen. Als er trotzdem nicht aufhörte, *Valgerðr* zu besuchen und Liebeslieder auf sie zu machen, bestach ihr Vater zweimal einen Mann, *Ingólfr* zu töten; der erste Versuch misslang, beim zweiten Male wurde sein Bruder *Guðbrandr* getötet, *Ingólfr* selbst starb an den Wunden, die er in der Nähe von *Haukagil* im Kampfe mit einem Wegelagerer empfangen hatte.

Südwestlich vom oberen *Vatnsdalur* liegt der verödete Hof *Þórhallsstaðir*, wo der starke *Grettir* den fürchterlichen Kampf mit dem Wiedergänger *Glámr* zu bestehen hatte, der durch sein Spuken alle Gehöfte hier verödet hatte [1]). Man zeigt dort noch eine *Glámsdys*, einen Haufen Steine, mit denen die Leiche des *Glámr* bedeckt wurde.

Grímstungur war früher der Ausgangspunkt oder das Endziel, wenn man über die *Grímstungnaheiði* und *Arnarvatnsheiði* nach *Kalmanstunga* reiste. Aber das Gehöft war in der letzten Zeit so heruntergekommen, dass man anfing, *Haukagil* zu bevorzugen. Der jetzige Bauer will freilich den Hof wieder in die Höhe bringen, aber ich bekam den Eindruck, dass ich in *Haukagil* weit besser aufgehoben wäre; selbst die angebotene Milch schlug ich aus, obwohl ich sonst keine Gelegenheit vorübergehen liess, den erfrischenden und kräftigenden Trank anzunehmen, wo ich ihn und soviel ich von ihm bekommen konnte. Dem baufälligen Wohnhause gegenüber liegt der alte, runde Friedhof, auf dem früher eine Kirche stand; hinten befindet sich eine breite, prächtige Schlucht, *Álptaskálargil* (Schwanenhausschlucht), aus der der gleichnamige Fluss brausend hervorstürzt.

In *Haukagil* war ich wirklich vorzüglich untergekommen, auch der Berliner Arzt und seine Frau waren in jeder Beziehung zufrieden. Für Logis, warmes Abendessen und warmes Frühstück bezahlte ich für den Führer und für mich nur 3 Kr., die Landsleute allerdings das Doppelte, obwohl ihr Führer sich auf eigene Rechnung beköstigen musste, aber sie fanden den Preis in Anbetracht der Güte des Gebotenen ziemlich niedrig. Woher der Preisunterschied kam, der mir übrigens wiederholt auffiel, vermag ich nicht zu sagen: ich glaube daher, dass ich mich stets bemühte, die Interessen des Wirts zu den meinen zu machen und mit ihm in seiner Sprache zu radebrechen. Übrigens war *Eggert Konrádsson* in *Haukagil* ein Original; er hatte auf eigene Faust deutsch gelernt und hatte deutsche Bücher, wie z. B. Küchler, Unter der Mitternachtssonne; Reclams Gesundheitsschlüssel und wunderlicherweise die deutsche Übersetzung der *Vatnsdœla saga* von Lenk. Sprechen konnte er natürlich nicht ein Wort, ihm fehlte ja jede Übung, aber er konnte mit Verständnis lesen, und einige Wörter musste ich ihm wiederholt vorsagen, vor

---

[1]) Grettis s. K. 32, 33, 35. Über das psychologische Moment in dieser Gespenstergeschichte vgl. Boers Ausgabe, S. XLI ff. und meine Nordische Mythologie S. 150—152.

allem gefiel ihm das Wort „Sehnsucht", das ich ihm wohl ein dutzendmal langsam und mit Betonung vorsprach.

Wir waren uns von vornherein darüber klar, dass wir mit unseren 17 Pferden unmöglich zusammen reiten konnten; aber in *Blönduós* wollten wir uns am Abend wieder treffen. Auf den geplanten Besuch von *Þingeyrar* musste ich unter diesen Umständen verzichten, obwohl ich gern die Geburtsstätte meines Freundes Prof. *Björn M. Ólsen* kennen gelernt hätte; aber mein Notizbuch zeigte mir, dass dieses erste Kloster auf Island bereits von Kahle mit allem Sehens- und Wissenswerten beschrieben worden war, und dann war der Genuss, mit lieben Landsleuten noch einen Abend zusammen zu sein, denn doch zu verlockend.

Bis zu den *Vatnsdalshólar* war der Weg natürlich derselbe wie gestern. Die Hügel sahen vom Süden noch eigenartiger aus, wie ein riesiger, nach Westen schmaler werdender Kamm mit ungeheuren Zähnen. Für die Weide der 4 Pferde und guten Kaffee, dem man einmal auf Island niemals und nirgends entgehen kann, bezahlte ich 50 Öre, dann überschritten wir die *Vatnsdalsá* kurz hinter der Stelle, wo sie das *Vatn* verlässt, auf sehr glattem Geröll und blieben an ihrem östlichen Ufer, an *Hnausar* vorüber bis zur *Giljá*. An der „Kluftache" liegen zwei Höfe dieses Namens *(Stóra-* und *Litla Giljá)*. Nördlich von dem ersten Gehöft ward uns der Stein gezeigt, aus dem Bischof Friedrich den Haus- und Schutzgeist des *Kodrán* bannte. Das *Húnavatn* liessen wir im Westen liegen und trabten über weichen Sand, schwarze vulkanische Asche und darauf über Steppengras auf *Blönduós* zu. Über allen Bächen und Flüsschen waren kleine Mühlen errichtet, als Spielzeug für die Kinder, aber auch zum wirklichen Gebrauch. Der Weg an der bläulich-weissen *Blanda* (Mischung; eine Mischung aus sauren Molken und Wasser dient im Sommer als erfrischendes Getränk, das Gletscherwasser der *Blanda* sieht ähnlich aus) war langweilig und öde; allmählich erweiterte sich der Fluss zum Haff *(ós*, älter *óss)*, das stattliche Schulgebäude, in dem etwa 30 Mädchen Isländisch, Dänisch, Geschichte, Geographie, Rechnen, Naturgeschichte, Gesundheitslehre, Handarbeiten und Haushaltung lernen, tauchte auf der anderen Seite der Bucht auf — eine Tochter des Bauern in *Lækjamót* ist hier Lehrerin —; dann ritten wir den Strand entlang, an mehr als 20 ganz ansehnlichen Holzhäusern vorüber und fanden ein *Gistihús*, wo wir abstiegen und auch für meine Landsleute Quartier bestellten. Das „Hotel" war ziemlich dürftig, ich bezog ein Dachstübchen, und für das Ehepaar mussten im Esszimmer die Betten aufgeschlagen werden. In dem Handelsplatze war es natürlich teuer; so gering und ärmlich das Gebotene war, musste ich doch 12 Kr. bezahlen, die Berliner sogar 18 Kr., und dabei konnten wir nicht einmal unsere geliebte Milch trinken.

Denn in *Blönduós* sollte Typhus herrschen, da musste man vorsichtig sein; auch das Wasser verschmähten wir aus diesem Grunde, obwohl die Wirtin versicherte, drei Häuser seien mit Wasserleitung versehen, und dieses Wasser könnte unmöglich „*söttkveikjuögn*" (Bazillen) enthalten.

Blönduós, seit 1876 autorisiert, ist der Handelsplatz des *Húnafjördur*, hier wohnt der *Sýslumadur*, der Bezirksarzt und der Pfarrer. Da der Ort nicht ohne kommerzielle Bedeutung ist, hat er Fernsprechverbindung. Aber die Schiffahrt nach diesem Platze ist nicht ohne Gefahr, da die Schiffe auf offener Reede ankern müssen, ausserdem wird er sehr von Eis heimgesucht. Die Landung ist sehr beschwerlich, darum geht auch das Löschen nur langsam vor sich: als ich auf der Seereise hier war, wurden mehrere Passagiere, die sich ausbooten liessen, seekrank, und das Ausladen von einigen Dutzend Fässern mit Margarine dauert über 24 Stunden. Das Meer ist von der hier sich in den Fjord ergiessenden *Blanda* ganz gelb und immer stark bewegt; da früher wiederholt Bauern in dem Flusse ertranken, hat man jetzt eine Brücke über ihren Mündungseinschnitt errichtet, die einzige feste Eisenbrücke auf Island, alle anderen sind Schwebebrücken; ihr Erbauer ist *Sigurdur*, ein Bruder von Prof. *Þorvaldur Thóroddsen*.

Blönduós wird bereits in den Sagen als Landungsplatz für Seeschiffe erwähnt, spielt aber sonst in der alten Geschichte keine Rolle. *Ævarr* kam mit seinem Schiffe in den *Blönduós*, da waren die Landgebiete westlich von der *Blanda* schon in Besitz genommen. Er fuhr darum den Fluss hinauf, um sich Land zu suchen; aber als er dorthin kam, wo die *Möbergsbrekkur* zu finden sind, errichtete er eine hohe Stange auf und erklärte, dass er diesen Ort zum Wohnsitz seines (auf einer Wikingsfahrt begriffenen) Sohnes bestimmte. Hierauf nahm er den ganzen *Langidalr* von da landeinwärts und ebenso nördlich vom Bergrücken (Lnd. III, K. 5).

29. Juli. Um nach dem alten Bischofssitz *Hólar* zu gelangen, von wo ich über den *Kjölur* durch das unbewohnte Innere ziehen wollte, musste ich die zwischen dem *Húnafjördur* und *Skagafjördur* gelegene Halbinsel *Skagaströnd* von Westen nach Osten durchqueren. Ich wusste wohl, dass hier keine grosse Ausbeute zu holen war, weder in sagengeschichtlicher noch in geologischer Beziehung; aber der Weg war mir, namentlich in seinem Mittelstück, wo er durch eine etwa 1000 Fuss hohe Gebirgslandschaft führt, als hübsch und angenehm bezeichnet worden. Leider kann ich über die acht Stunden, die ich bis *Saudárkrókur* gebrauchte, gar nichts berichten. Es hatte geregnet, als ich in meine Dachstube hinaufkroch, und der Wind rüttelte in der Nacht an dem Fensterlein, hob es aus den Angeln, zerbrach die Scheiben und blies mir kalt übers Gesicht, dass ich mich bis auf die Nasenspitze in meine Decken hüllte. Es regnete sachte weiter, als ich mich von den Berliner Touristen trennte, und es fing mit frischen Kräften wieder zu regnen an, als ich selbst aufbrach, nachdem ich so lange wie möglich damit ge-

wartet hatte. Das Ölzeug wurde vom ersten Augenblick an getragen, und es macht immer einen ungemütlichen Eindruck, wenn man in den steifen, gelben Kleidern sein Tagwerk beginnt. Der Südwester wurde über die Brille und über die Ohren gezogen, so dass ich beim besten Willen nichts sehen konnte. Nur undeutlich erinnere ich mich noch, dass wir an verschiedenen Seen vorüberkamen, dass wir mehrere Berge erkletterten und natürlich wieder hinabsteigen mussten, dass wir einem Bekannten meines Führers begegneten, einem jungen Kaufmann, der uns mit einigen herzhaften Schlucken Sherry aus seiner Feldflasche stärkte, und dass wir uns am Schluss in dem immer heftiger rauschenden Regen verirrten. Wir hatten die neue bequeme Poststrasse verloren und befanden uns mit einem Male auf der holprigen alten. Endlich tauchte der Fjord auf, die senkrecht aus dem Meere aufsteigende *Drangey* wurde sichtbar, bald darauf bemerkten wir über dem Meere den niedrig schwälenden Rauch eines Dampfers, dann mehrere grosse Fischerboote, und fast in demselben Augenblick, wo der Regen aufhörte, kamen wir auch in *Saudárkrókur* an, liessen die Pferde in dem ersten Bauernhause zurück und stiegen vor einem langgestreckten, einstöckigen Hause ab, das in goldenen Buchstaben die Inschrift trug „*Gistihús*".

Aus langer Erfahrung wusste ich, dass es zwei bis drei Stunden dauern würde, bis das Abendessen fertig wäre; ich benutzte daher die Zeit, meine Kenntnisse von meinem ersten Besuche her wieder aufzufrischen — ich war auf der Hinreise am 22. Juni schon zwei Stunden hier gewesen — und wanderte durch das Städtchen an den Strand des *Skagafjördur*[1]).

Dieser Fjord hat an der Mündung eine Breite von 30 km und eine Länge von ca. 40 km; zwei Rinnen ziehen sich auf beiden Seiten der Halbinsel *Hegranes* hinein, und diese setzt sich nach aussen auf die Insel *Drangey* zu in einem unterirdischen Rücken fort; über diese hinaus liegen mehrere Scheren. Der *Skagafjördur* ist also ein Doppelfjord, eine Fortsetzung der beiden Erosionsrinnen der *Hjeradsvötn*[2]) zu beiden Seiten der aus eingeschrammtem Basalt bestehenden Halbinsel *Hegranes*, die ohne Zweifel früher eine Reihe von Scheren oder Inseln in dem alten Fjord gewesen ist[2]).

Saudárkrókur (Schaffflusswinkel) liegt oberhalb einer 45 m hohen Küstenterrasse an dem östlichen Winkel einer Bucht, die westlich vom *Hegranes* tief einschneidet; die westlichen *Hjeradsvötn* haben ihre Mündung auf der östlichen Seite der Bucht. Oberhalb der Landstrecke *Borgarsandur*, die die Küste begrenzt, liegen

---

[1]) So benannt nach *Skagi*, d. h. längliches Vorgebirge, dem Namen des nördlichsten Teiles der Halbinsel *Skagaströnd*. Poestion, Island, S. 54.

[2]) D. h. die Bezirkswasser; der Hauptteil der *Skagafjardar sýsla*, den dieser Fluss durchströmt, heisst *hjerad* „Bezirk". Zum Ganzen vgl. Thoroddsen, *Lýsing Islands*, S. 102; Geogr. Tidskrift, XIV, S. 27.

mehrere kleine Seen inmitten grüner Wiesen und ein grösserer See, *Miklavaln*; beim Zurücktreten hat das Meer zahlreiche regelmässige Strandlinien, eine über der anderen, hinterlassen. Der Handel hier hat erst 1857 begonnen, für Schutzmassregeln gegen Überschwemmungen wurden vom isländischen Landtag 1902/3 je 250 Kronen bewilligt. Der Ankergrund ist gut, aber der Ankerplatz ist gegen nördliche Winde offen, die in der schlechten Jahreszeit mit grosser Heftigkeit auftreten und Schiffsverluste herbeiführen können; vor 8 oder 9 Jahren strandete hier ein isländisches Schiff und der Dampfer „Viking" der Tulinius-Linie in Kopenhagen, seine eisernen Überreste, der ganze Bug sowie die Maschinenbestandteile sind noch jetzt sichtbar. *Saudárkrókur* zählt etwa 150 Einwohner und ist der Wohnsitz des Vorstehers der *Skagafjardar sýsla* sowie des Distriktsarztes, hat eine Kirche, ein Krankenhaus, einen Versuchsgarten, Fernsprechverbindung und auf der linken Bergterrasse einen Friedhof; zwei breite Strassen führen den Strand entlang, sie sind mit schmucken, hellen Holzhäusern besetzt, unter denen 6—7 grössere Kaufläden und eine mit einem Gitter und Garten umgebene „Villa nova" auffallen, sogar Laternen befinden sich hier.

Der Ort ist durch seine herrlichen Sonnenuntergänge berühmt, mir ward leider dieser Genuss nicht zuteil. Ein ungeheures, gespenstisches Wolkenmeer bedeckte den ganzen Himmel, nicht einmal die nächsten Berge waren zu sehen, geschweige denn *Drangey*. Als ich gegen 10 Uhr abends mein Abendbrot verzehrte, frisch gefangene Flundern und Eier, musste sogar, zum ersten Mal auf der ganzen Reise, die Lampe angezündet werden; als Getränk gab es Tee und *Vanillelimonadi*; das alkoholfreie Bier aus *Akureyri* war säuerlich und ungeniessbar, gutes, dänisches Bier war angeblich im ganzen Ort nicht aufzutreiben, obwohl ich in einem verschwiegenen Winkel des Billard- und Tanzsalons ein paar Batterien geleerter Flaschen aufgestöbert hatte. Den Grund merkte ich am anderen Morgen: In demselben Gasthause war ein Lehrer abgestiegen, der als Mässigkeitsapostel das Nordland bereiste und in allen Höfen einkehrte, um Stimmen zur Vernichtung jeglichen Alkohols zu sammeln. Wie ich später erfahren habe, fand die Volksabstimmung über das „Verbotsgesetz" wirklich am 10. September 1908 statt: von 21 Wahlkreisen (die Zahlen für die drei fehlenden Kreise habe ich noch nicht erhalten, doch können sie an dem Gesamtergebnis nichts ändern), waren 4271 Stimmen für das Verbot, gegen das Verbot 2611, d. h. geistige Getränke sollen in Zukunft (vom 1. Januar 1912 ab) nicht mehr eingeführt und auch nicht verkauft werden, ihre Herstellung auf Island war bereits verboten. Das Verbot erstreckt sich nicht auf geistige Getränke für medizinische und kirchliche Zwecke, auch nicht auf Weingeist für gewerbliche Zwecke, chemische Laboratorien, naturhistorische Museen und für

Brennzwecke. Solche Fanatiker einerseits und Willensschwächlinge andererseits sind die Nachkommen der alten Wikinger geworden!

Mein Führer hatte einige alte Fischer ins Hotel beschieden, mit denen ich wegen der Überfahrt nach der Insel *Drangey* sprechen

Fig. 19. Drangey.

wollte. Doch scheiterten alle Unterhandlungen an ihrer Unlust und schliesslich an der Höhe ihrer Forderungen; ein Motorboot war augenblicklich nirgends aufzutreiben, und da ich auch keine Bergschuhe bei mir hatte, die zur Besteigung unbedingt nötig sein sollten, und das Meer wirklich sehr unruhig war, gab ich den Plan auf, als erster Deutscher die Insel zu besuchen.

Die „Felseninsel" liegt mitten im *Skagafjördur* und besteht aus einem viereckigen, etwa 400 m langen, 100 m breiten und 180 m hohen, senkrecht aus dem Meere aufsteigenden Tuff- und Brecciefelsen (Abbildung 19); wahrscheinlich haben Tuff- und Konglomeratbildungen in der Vorzeit den inneren Teil des Fjordes ausgefüllt. Südlich von *Drangey* liegt eine hohe, schlanke Klippe, die von weiten fast wie ein Segelschiff aussieht, *Kerling* (altes Weib) und nördlich von dieser eine andere, *Karl* (alter Mann); letztere war früher hoch, ist aber vor über 100 Jahren eingefallen[1]). Nach dem Volksglauben hatte ein Riese mit seiner Frau eine Kuh gestohlen; die Riesin leitete das Tier, der Mann trieb zu, und so brachten sie es in die See hinaus; dabei wurden sie aber von der Sonne überrascht und in Stein verwandelt; so ist *Drangey* samt den beiden Klippen *Karl* und *Kerling* entstanden. Weiter nach Osten liegt die kleine hohe Insel *Málmey* mit einer steil zum Meere abfallenden spitzen Erhebung am Nordende und einem runden Hügel auf dem Südende; kein Pferd soll nach der Sage auf ihr fortkommen, kein Schiff darf im Frühjahr von dort nach *Drangey* hinüberfahren, ohne bei der ersten Fahrt am Festlande anzulegen, dort drei Steine einzunehmen und diese nach dem Strande von *Drangey* hinüber zu fahren; kein Bauer darf auf der Insel mehr als 19 Jahre wohnen, sonst kommt er im Meere um oder verliert den Verstand[2]).

Ungeheure Vogelschwärme bedecken die Wände von *Drangey*, doch kann man die Insel ohne Leiter und Stricke nicht ersteigen. Im Frühjahr begeben sich die Leute zur Brutzeit dahin auf den Vogelfang, der auf dem Felsen und um die Insel herum unerschöpflich ist, und ebenso zum Fischfang. Der Vogelfang wird nicht nur in der allgemein auf Island üblichen Weise betrieben[3]), sondern noch auf eine andere eigentümliche Art. Man verankert nämlich in dem Meere rings um die Insel Reihen von kleinen Flössen oder viereckigen Brettern, dicht besetzt mit Schlingen aus Pferdehaar; auf jedem dritten oder fünften Brett — mehr werden in der Regel nicht verbunden — wird ein lebender Vogel festgebunden, um die im Meere schwimmenden Kameraden anzulocken, sich auf die Bretter zu setzen; hier verwickeln sie sich in die Schlingen, und so kann täglich eine reiche Ernte von gefangenen Vögeln heimgebracht werden[4]).

Obenauf ist *Drangey* ungeheuer grasreich, so dass ihr Ertrag bis 1882, d. h. bis zur Errichtung der landwirtschaftlichen Schule, für ebenso gross galt wie der des alten Bischofssitzes *Hólar*. Schon im 17. Jahrh. wusste man, „dass auf *Drangey* im Norden viele Kräuter und gute und sehr zahlreiche Pflanzen Veneris wüchsen, die die Unkundigen Knabenkraut nennen"[5]). Das Gras auf der Insel wird seit alters dazu benutzt, dass die Besitzer im Herbst Schafe hinaufbringen (zu Anfang des 11. Jahrh. 80, jetzt nur 30), die dann den ganzen Winter hindurch, wenn er nicht zu hart ist, dort oben weiden; ein Vorsprung im SO. der Insel heisst danach *Lambahöfdi* (Lämmervorgebirg). Bewohnbar ist die Insel nicht, wenigstens nicht auf längere Zeit, weil kein anderes Brennholz auf ihr vorhanden ist als das, was die See antreibt.

Die Insel war ursprünglich Gemeingut, dann hauste der starke *Grettir* auf ihr, und nach seinem Tode (1031) kam sie an den Bischofsstuhl zu *Hólar* im *Hjaltadalr*. Bischof *Gudmundr Arason* weihte die Insel mit heiligen Sprüchen, Gesängen und Weihwasser, um die feindlichen Geister zu bannen, die den Vogelfängern die Taue zerschnitten, sodass sie aus den Seilen und Schlingen herausstürzten und am Gestein zerschmetterten. Ein Steinabsatz in der „Aufgangsbucht" (*Uppgönguvik*) heisst noch heute *Gvendaraltari* (Altar des *Gudmundr*), und noch heute erklimmt oder verlässt niemand *Drangey*, ohne an diesem steinernen Absatze seine Gebete zu sprechen.

---

[1]) K å l u n d, Bidrag til en historisk-topografisk Beskrivelse af Island II, S. 58—61; auch *Isl. Pjódsögur* I, S. 144 (L e h m a n n - F i l h é s I, S. 71—73.
[2]) M a u r e r, Isl. Volkssagen, S. 143.
[3]) Mein Island I, S. 39—41.
[4]) *Kysterejsen, Reykjavik* 1907, S. 17.
[5]) T h o r o d d s e n - G e b h a r d t II, S. 65.

Nur ein Stück liess der Bischof ungeweiht, den sogenannten „Heidenberg"; dort sollen noch heute die meisten Vögel auf der ganzen Insel *Drangey* sein, aber niemand wagt sich vom Heidenberg herabzulassen.

Vor allem aber ist *Drangey* als letzter Zufluchtsort des unglücklichen *Grettir* bekannt. Auf diesem unheimlichen Felsennest findet die *Grettissaga* ihren wirkungsvollen Abschluss; zwanzig Jahre hatte er als Geächteter gehaust, bis er mit seinem jungen Bruder und einem Knechte hier drei Jahre lang den letzten Unterschlupf fand. Durch Treulosigkeit und Zauberei, durch Runen, die auf eine Baumwurzel geritzt sind, verliert hier der Held sein Leben, alle aber bezeichnen die Mordtat als ein Neidingswerk, weil ein totkranker Mann getötet worden, und weil dies durch Zauberei ermöglicht war [1]. —

[1] *Grettissaga* 78 ff.; vgl. meine nordische Mythologie S. 543.

Hübsch hat der isländische Dichter *Þorgils gjallandi* in seiner Bauerngeschichte „*Upp við fossa*" die noch heute bestehende Sitte verwertet, dass an den langen Winterabenden die alten Sagas vorgelesen werden (K. 6): „*Geirmundurs* Lieblingsheld war *Grettir*, und so oft er von dem Kampf auf *Drangey* las, war er von der Erzählung ganz hingerissen, dann wechselte er die Farbe, und ein Zittern ging durch seinen Körper; seine Stimme wurde dunkler und klang gedämpft, seine Nasenflügel hoben und senkten sich, seine Blicke wurden düster; dann las er meist sehr schnell und mit eigenartiger Betonung der Worte." — Wir verdanken Heinrich Erkes eine gute Übersetzung dieser Novelle u. d. T. „Oben bei den Wasserfällen" in der „Rheinischen Zeitung" (Köln) Nr. 18—53, 1908; von demselben ist übersetzt „Das Hungergespenst" (*Hungurvofan* von *Jónas Jónasson*, vgl. auch Küchler, Lebenslügen, Reclam Nr. 4657, S. 93—119) im „Rheinischen Hausfreund" 1907, Nr. 2, 3, 4 und „Raufbold *Sigurbjörn*" (*Sigurbjörn Sleggja*) von *Gudmundur Magnusson* im „Rheinischen Hausfreund" 1909, Nr. 12 (Köln). — „Reisebilder von der *Färöern*" hat Erkes in den „Deutschen Geographischen Blättern" (Bd. 32, S. 40—57) veröffentlicht.

Elftes Kapitel.

Der alte Bischofssitz Hólar.

Der ganze Vormittag des nächsten Tages ging damit hin, alle sieben Pferde für den bevorstehenden Ritt über den *Kjölur* frisch beschlagen zu lassen. Mein Führer versuchte mir den Übergang zu verleiden, indem er mir die Gefahren und Entbehrungen in den schwärzesten Farben ausmalte, aber ich blieb fest. Um 1 Uhr brachen wir bei leidlichem Wetter in flottem Trabe auf, da wir *Hólar* in fünf Stunden erreichen wollten. Der Weg führt zunächst in östlicher Richtung etwa ½ Stunde über den sandigen, flachen Strand und einige mit Elymus arenarius bewachsene Dünen bis an den linken Arm der *Hjeradsvötn*; dieser wasserreiche Strom, der in den *Skagafjördur* mündet, hat seinen Ursprung am *Hofsjökull* und wird von zwei Armen gebildet, der östlichen und westlichen *Jökulsá*. Über die westliche Gletscherache führt eine Fähre, über die östliche eine mehr als 200 m lange Brücke, die wir nachher kennen lernen sollen. Die Fähre unterscheidet sich insofern von denen, die ich bisher kennen gelernt habe, als die Pferde nicht zu schwimmen brauchen, sondern in dem unförmigen, achteckigen Kasten, sogar mit den Sätteln, aber ohne die Packkoffer, untergebracht werden; dieses klotzige Gestell wird, an ein Eisentau festgebunden, das die Ufer verbindet, mittelst einer Handmaschine über das Wasser geschoben. Eine Stunde darauf ist *Hegranes* erreicht, eine langgestreckte Insel mit eisgescheuerten Basaltrücken, zwischen den beiden Mündungsarmen der *Jökulsá*. Von dem nördlichen Teile springt ein Vorgebirge (das eigentliche *Hegranes*) weit in den *Skagafjördur* hinein. Hier fand eins der vier Frühjahrsthinge des Nordviertels statt, eine Vorversammlung, damit das, was hier ungerichtet und ungeschlichtet geblieben war, noch vor die höchste Berufsinstanz, das Althing, gebracht werden konnte. Von den wichtigen Begebenheiten, die hier stattfanden, seien nur zwei genannt.

Als Bischof *Fridrekr* und *Þorvaldr* nach dem Frühlingsthing zu *Hegranes* reiten wollten, lief der ganze Haufe der Heidenleute zusammen, einige warfen Steine,

Fig. 20. Hólar i Hjaltadal.

andere schwangen unter Lärmen und Schreien ihre Waffen gegen sie; sie riefen ihre Götter an, dass sie ihre Feinde niederschmettern möchten, und es war keine Aussicht, dass sie zum Thing gelangen könnten. Wie es scheint, erging eine gerichtliche Ächtung über beide, wie schädliche Wölfe mussten sie nach *Lækjamót* fliehen und bald darauf, i. J. 985, Island verlassen (Kahle, *Kristnisaga* K. 4).

Auf dem *Hegranesthing* spielt eine reizende Episode der *Grettissaga* (K. 72): Im Jahre 1028 war *Grettir* nach *Drangey* gekommen; wenn es ihm gelang, sich hier einige Jahre zu halten, war er frei; denn die Strafe der Ächtung galt für verbüsst, wenn der Geächtete sich 20 Jahre lang unstät und flüchtig gehalten hatte, ohne getötet zu werden. Im Frühling des nächsten Jahres, gerade als das *Hegranesthing* besonders stark besucht war, packte ihn eine Art Galgenhumor, er verliess sein Felsennest, mischte sich unter die Besucher und nahm sogar, unerkannt, etwa wie Odysseus in seinem Palaste, an dem Ringen teil, nachdem ihm während des Things und bis er nach Hause zurückgekehrt wäre, Friede und volle Sicherheit verbürgt und zugesichert war. Er allein rang gegen zwei Bauern, von denen jeder die Stärke von zwei sehr starken Männern hatte, und obwohl ihn die Thingleute erkannten, hielten sie doch ihr Wort, und unbehelligt von ihnen konnte er nach der einsamen Insel zurückkehren.

Auf der Nordseite von *Hegranes* kann man noch etwa 80 Ruinen von kleinen viereckigen „Buden" erkennen, in denen die Thingleute wohnten. Ein grösserer und ein kleinerer Gerichtsring (*dómhringr*, ein von Steinen gelegter Kreis, innerhalb dessen das Gericht, bezw. Menschenopfer vollzogen wurde) sind sehr zweifelhaften Ursprungs[1]). Mitten in den Wiesen ist eine Kanzel (*rædustóll*) errichtet, ein Zeichen, dass auf diesem geschichtlichen Boden noch heute unter freiem Himmel politische Versammlungen abgehalten werden. Herrlich ist der Blick von hier über die dichtbevölkerte Landschaft; der breite Talstrich, der von malerischen Bergen eingerahmt wird, der Blick über den Fjord mit seinen Felseninseln, unter denen *Drangey* und *Málmey* höher aufragen, die weiten Grasebenen, die von den vielen Verzweigungen der milchweissen *Hjeradsvötn* durchströmt werden, und die drei oder gar vier Reihen von Bauernhöfen in den Wiesen und an den Abhängen, namentlich nach Westen hin, machen diese Gegend zu einer der schönsten und anmutigsten in ganz Island. Dann geht es über drei Holzbrücken, von denen die nächste immer länger ist als die vorhergehende, der schöne *Hjaltadalur* öffnet sich nach Süden, und schon wird die weisse Kirche von *Hólar* sichtbar (Abbildung 20). Der Hausherr und Leiter der Landwirtschaftsschule *Sigurdur Sigurdsson* ist zwar nicht zu Hause, doch sorgt ein älterer, verständiger Knecht im Auftrage der Hausfrau für uns; von ihm erfahre ich, dass der „Isländerfreund" Carl Küchler, der zu derselben Zeit die Wüsten und Vulkane am *Mývatn* und in der *Þingeyjar sýsla* bereiste, sich für den 4. August hier telephonisch angemeldet hat[2]); jammerschade, dass wir so nah bei einander sind und doch nicht zusammenkommen können! Schade ist es auch,

---

[1]) Daniel Bruun, *Fortidsminder og Nutidshjem paa Island* Kop. 1897, S. 226—229; *Arkæolog. Undersögelser* S. 31—34.

[2]) Inzwischen ist Küchlers neueste Reisebeschreibung erschienen, „Wüstenritte und Vulkanbesteigungen auf Island", Altenburg 1909.

dass *Sigurður* nicht daheim ist, denn die vielen deutschen Bücher in seinem Arbeitszimmer (Ebers, Ägypten; Chamisso; Hauff; Wartburgbilder; landwirtschaftliche Zeitschriften; Kataloge von Weinhandlungen) lassen vermuten, dass er deutsch spricht. Sobald wir Abendbrot gegessen haben, besehen wir unter Führung des Knechtes uns die Sehenswürdigkeiten von *Hólar*.

Hólar wird in dem „Buch von der Besiedelung Islands" noch nicht erwähnt[1]). Aber die etwas südlich gelegene Farm *Hof* an der Mündung eines kleinen Seitentales war von *Hjalti Þórdarson* und seinen Söhnen *Þorvaldr* und *Þórdr* mit dem *Hjaltadalr* in Besitz genommen; es müssen reiche Männer gewesen sein, denn zu dem Erbmahl, das nach *Hjaltis* Tode abgehalten wurde, waren 1500 Menschen eingeladen (Lnd. III, K. 10). Wahrscheinlich um die Mitte des 11. Jahrhunderts haben die Leute von *Hof* ihren Wohnsitz nach *Hólar* verlegt, *Oxi Hjaltason* baute die erste Kirche daselbst, ein stattliches Gebäude, das aber bald niederbrannte. Im Anfang des 12. Jahrhunderts wohnte in *Hólar* der angesehene Priester *Illugi Bjarnason*. Damals baten die Nordländer Bischof *Gissurr* darum, neben *Skálholt* noch ein zweites Bistum für den Norden zu errichten. *Gissurr* war nach langer Beratung mit den angesehensten Männern des Landes bereit dazu und opferte mehr als den vierten Teil seines bischöflichen Sprengels; er bezeichnete im Einverständnisse mit Klerus und Volk des Nordlandes den Priester *Jón Ögmundarson* als denjenigen, der den neuen Bischofssitz als erster einnehmen sollte. Längere Verhandlungen aber waren nötig, um für das neue Bistum eine genügende Dotation zu erlangen. *Illugi* ging allen mit gutem Beispiel voran, um die Sache in Gang zu bringen: er verzichtete auf sein väterliches Gut; so ward *Hólar* im Jahre 1106 Bischofssitz, im folgenden Jahre erhielt die Kathedrale auch eine Schule.

Bischof *Jón Ögmundarson* (1106—1121, heilig gesprochen am 3. März 1198), der Begründer des Ordenswesens auf Island, war ein überaus eifriger Seelenhirt und ging streng gegen die Reste heidnischen Aberglaubens und abergläubischer Gebräuche vor. Er veränderte z. B. die alten heidnischen Namen der Wochentage in nüchterne, nichtssagende (z. B. *Óðinsdagr* in *Miðvikudagr* = Mittwoch, *Þórsdagr* in *Fimtudagr* = fünfter Tag). „Vorher war es bei den Leuten eine beliebte Unterhaltung gewesen, dass der Mann dem Weibe beim Tanze zärtliche und schlüpfrige Gedichte, das Weib dem Manne aber Liebeslieder zusingen musste. Dieses Spiel schaffte Bischof *Jón* ab und belegte es mit dem strengsten Verbote[2])." Ebenso verbot er den Vortrag und das Anhören von Liebesgedichten überhaupt. Dafür hielt er streng darauf, dass die Leute jeden Festtag die Kirche besuchten, dass sie ferner auch an jedem Werktage morgens und abends, wenn nicht in einer Kirche, so doch vor einem Kreuze ihre Andacht verrichteten. Darum musste in jedem Hause ein Kruzifix vorhanden sein; jeden Morgen beim Erwachen, dann wieder vor dem Essen und Trinken, sowie vor dem Schlafengehen sollte man sich bekreuzigen, jeden Morgen das Credo und jeden Abend das Credo und das Paternoster beten, und jeden Tag siebenmal des Herrn gedenken; mindestens einmal im Jahre sollten die Leute aus der ganzen Hólenser Diözese nach der Domkirche zu *Hólar* kommen; und besonders Ostern oder am Gründonnerstage sollen sich oft viele Hunderte von Menschen dort eingefunden haben.

An der Schule, die er unfern der Kathredale errichtete, wurde z. T. von ausländischen Lehrern lateinische Grammatik, Rhetorik, Poesie und Musik gelehrt, aus ihr gingen später viele Bischöfe, Äbte und andere gelehrte Männer hervor; im Griechischen

---

[1]) *Björn Jónsson*, Hólar í Hjaltadal. *Skírnir* 1906, S. 249—261, 323 bis 336.

[2]) Dieses Zitat und die folgenden nach: *Biskupasögur* I, S. 164, 165, 168.

und Hebräischen war man nicht ohne alle Kenntnisse[1]). Der Bischof erwischte einmal einen jungen Kleriker über dem Lesen von „Ovidius de arte amandi"; ein anderer konnte später so rasch lateinische Verse machen, wie nur jemand lateinisch sprach. Selbst Arithmetik, Geometrie und Astronomie wurden hier später gelehrt; von 1267 bis 1341 war hier die einzige bischöfliche Schule auf Island.

Dem ersten Oberhirten von *Hólar* folgten 23 katholische Bischöfe, allgemeineres Interesse beanspruchen nur der fünfte, *Gudmundur Arason* (1203—1237) und der letzte, *Jón Arason* (1524—1550). *Gudmundur*, vom Volke mit seinem Kosenamen der Gute genannt, *Gvendur gódi*, vom Volksmunde, und selbst in Norwegen, als Heiliger verehrt, ohne dass er vom Papste kanonisiert worden wäre, war ein streitsüchtiger Vorkämpfer der streng kirchlichen Richtung, eine der hervorragendsten Erscheinungen aus der blutigen Sturlungenzeit, wo man jedoch nicht davor zurückscheute, Hand an ihn zu legen. Sein Festtag fiel auf den 11. März (*Gvendardagr*), wie der *Jóns* auf den 23. April (*Jónsmessa*). Er lag fortwährend in Fehde mit den weltlichen Häuptlingen, unter ihm kam es zum ersten Male auf Island zu einem Streit über die geistliche Gerichtsbarkeit; dabei machte er leidenschaftlichen Gebrauch von seinen geistlichen Waffen, aber selbst tüchtige Priester nahmen gegen ihn Partei und verachteten ungescheut seinen Bann. Unbedenklich zog er das nichtsnutzigste Gesindel zum Kampfe gegen seine Gegner heran und gab durch Anrufen des norwegischen Metropoliten und des Papstes diesem erwünschte Gelegenheit zur Einmischung in die Angelegenheiten der Insel. Verachtet und verhöhnt musste er oft weit weg von seinem Bischofssitze fliehen. Er wurde wegen verschiedener Unregelmässigkeiten längere Zeit von seinem Amte suspendiert, von seinen Feinden in strengster Zurückgezogenheit gehalten — aber die Massen des Volkes sahen mit unverrückter Ehrfurcht zu ihm empor; das zeigen die fast in jedem Teile der Insel vorkommenden, nach ihm benannten Quellen, Gebirgswege, Vogelberge, die für von ihm geweiht und daher für wunderwirkend gehalten wurden[2]). Auch in *Hólar* ist eine *Gudmunds*quelle (*Gudmundarlind*), die niemals gefriert, und deren Wasser als besonders gesund und heilkräftig gilt. Ausserdem gibt es oberhalb des Gehöftes in dem Berge *Hólabyrda* einen Felsvorsprung (*Gvendarskál*), wo noch Reste eines von ihm errichteten Altars gezeigt werden; vom Gehöft bis zum Altar hinauf sieht man die Spuren eines erhöhten Weges, der oft von ihm benutzt worden sein soll, da er jeden Freitag in der Fasten und sonst oft hier seine Andacht verrichtete[3]).

Allzu stattlich dürfen wir uns die Kirche zu *Hólar* wohl nicht vorstellen, denn zu Anfang des 13. Jahrhunderts wird es als ein Wunder gepriesen, dass die bischöfliche Kirche nicht einfiel, als man einmal wagte, mit allen Glocken zugleich zu läuten[4]). *Brandr Jónsson* (1263—1264) widmete der Klosterschule seine eifrigste Sorge; er war ein vortrefflicher Kalligraph, in allen Arten von Büchern bewandert und schulte durch seinen Unterricht die ausgezeichnetsten Männer heran[5]). Um das Schulwesen hat sich auch Bischof *Laurentius Kálfsson* grosse Verdienste erworben (1323—1330). Er sprach ebenso gut lateinisch wie isländisch und sah auf Wissenschaftlichkeit bei seinen Klerikern; jeder musste sich vor ihm einer Prüfung unterziehen. Dabei legte er besonders Wert auf die Pflege der Muttersprache (also des Isländischen)[6]). Auch im Anfang des 14. Jahrhunderts war die Schule in gutem Zustande und gut besucht[7]). Im 15. Jahrhundert, wo es fast so schien, als sollte Island aus dänischem

---

[1]) *Jóns bps saga* S. 163.

[2]) Maurer, Isl. Volkssagen S. 195—198, auch S. 113—114; Lehmann-Filhés I, S. 71 ff.

[3]) Kålund, II, S. 82—83; *Árbók hins ísl. Fornleifafjelags* 1888—1892, S. 90—107.

[4]) Sturl. S. ed. Kålund I, S. 491.

[5]) Baumgartner, Island S. 299.

[6]) Mogk, Norw. Isl. Lit. Gesch. S. 796.

[7]) Thoroddsen-Gebhardt, I, S. 98, 99.

in englischen Besitz übergehen, hatten 3 englische Bischöfe hintereinander den Stuhl von *Hólar* inne.

Im 16. Jahrhundert hatte sich der Wohlstand *Hólars* entschieden gehoben. Während es 1374 dort u. a. 5 Bärenfelle und nur 60 Pfund Mehl gab, befanden sich daselbst, als *Jón Arason*, der letzte katholische Bischof des Nordlandes das Bistum (1525) übernahm, 200 Zentner Butter, 60 Zentner getrocknete Fische, 10 Tonnen Mehl[1]). Im Jahre 1550 besass die Kirche sogar mit den ausserhalb aufbewahrten Vorräten über 1000 Zentner Butter, 1560 193 Zentner Butter, 21 Zentner getrocknete Fische, ½ Tonne Mehl, 1 Zentner Haifischfleisch. Als Bischof *Gudbrandur* den Hof zu *Hólar* übernahm (1571), waren daselbst 50 Kühe, 282 Milchschafe, 95 zweijährige oder ältere Ochsen, 13 einjährige, 6 Jungkälber, 243 zwei- und mehrjährige Hammel, 126 einjährige und ausgewachsene Pferde, 13 jüngere.

Auch diesen für Island ungewöhnlichen Reichtum muss man in Betracht ziehen, um den leidenschaftlichen Kampf des Bischofs *Jón Arason* gegen die Reformation und das dänische Königtum zu begreifen. Ich habe schon früher versucht, ein Charakterbild dieses Mannes zu entwerfen, das in der Tat ebenfalls, von der Parteien Gunst und Hass verwirrt, in der Geschichte schwankt[2]); ich muss mich daher darauf beschränken, einige Züge nachzutragen, die es ergänzen oder mit *Hólar* näher zusammenhängen. Kurze Zeit war es ihm gelungen, Herr von ganz Island zu werden, aber da er bemerkte, wie sich von allen Seiten das Unwetter gegen ihn zusammenzog, baute er in *Hólar* eine Verschanzung (*virki*), die er „Schloss" nannte, legte unterirdische Gänge an und dergleichen mehr. Eine viereckige Erhöhung mit einem Ausbau nach Nordwesten wird noch heute „Schloss" genannt; dicht dabei ist eine Senkung, die von der Kirche ausgeht; das soll der zusammengestürzte, unterirdische Gang gewesen sein, durch den der Bischof vom Gotteshause aus zwischen den Hügeln zu entkommen gedachte, wenn er vor dem Altare von seinen Feinden überfallen würde. Er knüpfte auch Unterhandlungen mit dem deutschen Kaiser Karl V. an. Als Konrad Maurer 1858 in *Hólar* war, sah er daselbst eine Altardecke aus feinen Linnen, auf die das deutsche Reichswappen eingestickt war[3]); sie ist jetzt aber verschwunden, und ich habe nicht erfahren können, wo sie geblieben ist. Seinem erbitterten persönlichen Gegner, dem Isländer *Dadi Gudmundsson*, gelang es, ihn gefangen zu nehmen; er lieferte ihn dem „Schreiber" *Kristján* des dänischen Oberbeamten aus, und *Jón* wurde 1550 mit zwei Söhnen zu *Skálholt* enthauptet[4]). Er hatte noch einen andern Sohn, Priester in *Grenjadarstadr*, den er wegen seiner Schwächlichkeit seine Tochter nannte, und eine Tochter in *Grund* am *Eyjafjördr*, die er wegen ihrer Entschlossenheit seinen Sohn hiess. Kurz vor seinem Tode rief er einem Bekannten zu: „Grüsse meine Tochter *Sigurdr* und meinen Sohn *Pórunn*!" Die Nordländer wollten ihn aus seinem Gefängnis in *Skálholt* befreien, kamen aber zu spät und konnten nur die Leichen aus dem Friedhof heimlich herausscharren. Als das Leichengefolge auf den Pass *Vatnsskard* gelangt war, von wo man zuerst in den *Skagafjördur* hinabsehen kann, fing die Glocke *Líkaböng* (Leichengeläut) von selbst zu läuten an und hörte dann auf; zum zweiten Male läutete sie, als es auf den Berg *Hrisháls* kam, von dem man schon den Ort *Hólar* erblickt und den ganzen *Hjaltadalur* entlang sehen kann, und zum dritten Male, als die Leiche am Gehege der Hauswiese zu *Hólar* eintraf. Jetzt läutete sie am längsten, nämlich bis die Leichen in die Kirche getragen waren, und mit solcher Gewalt, dass sie zersprang. „Dies wird als eine Art Wunder angesehen und als ein Beweis, wie übel im Nordlande selbst tote Dinge mit der Hinrichtung des Bischofs *Jón* zufrieden gewesen seien"[5]).

---

[1]) Ebd. I, S. 127 Anm.; 192 Anm. 2.
[2]) Island I, S. 116; vgl. vor allem *Espólin*, *Árbækur*, III, IV.
[3]) Lit. Blatt für germ. und rom. Phil. 1880, 1 ff.
[4]) Sein mannhaftes Sterben wird unten bei *Skálholt* erzählt werden.
[5]) *Jón Árnason*, *Ísl. Pjóds.* II, S. 687 (= Maurer, S. 215; Lehmann-Filhés II, S. 62). — Der Knecht, der mich führte, behauptete, ein Fanatiker habe

Seit etwa 20 Jahren sind die zersprungenen Stücke der alten Glocke *Likaböng* wieder umgeschmolzen. — Die Tochter tat, was Sache des Sohnes gewesen wäre: sie wiegelte die Leute des Nordlandes auf, zog nach *Bessastaðir* und erschlug nicht nur den Schreiber *Kristján*, sondern auch alle Dänen, die bei der Hinrichtung zugegen gewesen waren. Aber bereits im folgenden Jahre war die Lehre Luthers für ganz Island als die gesetzliche Religion anerkannt.

Bereits 1552 wurde eine ständige Lateinschule zu *Hólar* errichtet, um tüchtige Geistliche der reinen Lehre heranzubilden; anfangs wurde nur Latein, etwas Lesen und etwas Gesang gelehrt. Denn es fehlte naturgemäss an tüchtigen Lehrern; es gab anfangs nur einen Rektor und einen Adjunkten, aber bereits 1573 einen Magister, der als erster Isländer Hebräisch lehrte und lange Zeit in Rostock gewesen war; doch gab es unter Bischof *Guðbrandur* einen Rektor, der nicht einmal richtig parvus steigern konnte (parvior, parvissimus!). Im demselben Jahre 1552 erschien das älteste auf Island gedruckte Buch, ein isländisches Manuale des ersten lutherischen Bischofs von *Hólar, Ólafur Hjaltason*; die Trümmer des Stalles, in dem die Druckerei untergebracht war, werden noch heute gezeigt. Ausgiebige Arbeit bekam die Presse jedoch erst unter *Ólafurs* Nachfolger, Bischof *Guðbrandur Þorláksson* (1542—1627); von 1697—1703 feierte die Druckerei und wurde dann wieder nach *Hólar* verlegt, wo sie bis 1799 blieb [1]). Im Jahre 1584 gab er die „Bibel, das ist die ganze heilige Schrift ins Isländische übersetzt" heraus [2]), zu der er sogar selbst die Holzschnitte angefertigt hatte, 1589 eine Sammlung von geistlichen Liedern, aus dem Lateinischen und Deutschen übersetzt, 1610 Luthers Grossen Katechismus. *Guðbrandur* war nicht nur der Begründer und Schöpfer der neueren Literatur Islands, er war auch der Stammvater der wissenschaftlichen Geographie und der Wiedererwecker wissenschaftlicher Studien auf Island: er hat als erster die geographische Lage Islands bestimmt und eine annähernd richtige Karte der Insel gezeichnet, das erste Calendarium auf Island herausgegeben, hat einen Himmelsglobus angefertigt und mit der Herstellung eines Erdglobus begonnen. Er besass endlich sowohl in seiner privaten wie in der Holenser Kathedral-Bibliothek verschiedene kostbare Handschriften, z. B. den sogenannten *Codex Wormianus* der *Snorra Edda*.

Die nackte Notiz, dass bei einem Gastmahle in *Hólar* im Jahre 1658, das drei Tage dauerte, 230 Gäste anwesend waren, zeigt, dass der Wohlstand *Hólars* nicht gelitten hatte [3]). Auch die Schule blühte weiter. Im Jahre 1589 war *Arngrimur Jónsson* der Gelehrte Rektor [4]). Ein Magister schrieb ca. 1663 eine lateinische Abhandlung über Geister und Gespenster. Im Jahre 1666 erschienen in *Hólar* die „Passionslieder" von *Hallgrimur Pjetursson*, der dort wohl auch gegen 1614 als Sohn eines Glöckners geboren war. Ein Rektor, der in Mathematik und Physik unterrichtete, berechnete 1644 die Breite von *Hólar* auf 65° 15'. 1671 erschien ein Kalender mit Anhängen über das alljährliche Wetter und einige Bemerkungen über Heilungen, 1707 ein Kalender nach dem neuen Stil. Ein anderer Rektor war 1711 bis 1713 in Mathematik und Astronomie allen seinen Zeitgenossen voraus und hatte

---

die Glocke zerstört; der katholische Volksglaube habe daraus gemacht, sie wäre von selbst gesprungen, um beim lutherischen Gottesdienst nicht läuten zu brauchen.

[1]) Thoroddsen-Gebhardt I, S. 189 ff.; Poestion, Isl. Dichter S. 79 ff., 97, 135, 206, 207.

[2]) Aus dieser Übersetzung erfahren wir auch, wie die Tochter des Pharao hiess, die Moses aus dem Wasser zog, nämlich Jedok. „Jedoch die Tochter Pharaos ging hernieder und wollte baden im Wasser" (Exodus II, 5). Gewiss hat sich *Guðbrandur* auf Luther gestützt, doch der Scherz scheitert daran, dass bei Luther gar nicht „jedoch", sondern „und" steht.

[3]) Thoroddsen-Gebhardt II, S. 144. Anm.

[4]) Mein Island I, S. 31; der Lapsus calami I, S. 89 ist nach II, S. 261, zu verbessern.

auch sehr gute Kenntnisse in Philosophie, Theologie und Philologie, vor allem war er ein unübertroffener Lateiner[1]). Etwa 1733 besuchte der spätere Dichter *Arni Bödvarsson* hier die Schule, Mitte des 18. Jahrhunderts schrieb ein Rektor eine „Sciagraphia historiae litterariae Islandicae". Aber 1741, als Ludvig Harboe nach Island geschickt wurde, um den Zustand der Kirchen und des Unterrichts zu visitieren, war der alte Bischofssitz, und namentlich die Schule, sehr heruntergekommen. Im Jahre 1801 wurde die Schule mit der in *Reykjavik* bereits befindlichen (Skálholter) Schule zu einer einzigen Landesschule vereinigt, 1882 aber wurde in *Hólar* eine landwirtschaftliche Schule gegründet; der Bezirksrat (*sýslunefnd*) kaufte den Boden von den Bauern für 14 000 Kronen.

Eine ruhmvolle Vergangenheit steigt also in *Hólar* vor uns auf; zwar ist sie nicht ganz so glänzend wie die des alten Nebenbuhlers *Skálholt*, dafür ist aber auch der Niedergang nicht so jäh, obwohl naturgemäss die Gegenwart auch hier gegen die Vergangenheit abgeblasst ist. In *Skálholt* ist nach einem bitteren Ausspruche nur noch die schöne Aussicht dieselbe wie in den früheren Zeiten, in *Hólar* ist neues Leben aus den Ruinen erblüht, und die Denkmäler des Mittelalters sind bei weitem nicht so verwahrlost wie in *Skálholt*.

Zwischen den rundlichen Hügeln (*hólar*, pl. von *hóll*), nach denen der Ort seinen Namen hat, in dem nach dem Landnahmemann *Hjalti Þórdarson* benannten Tale *Hjaltadalur* liegen die zweistöckige landwirtschaftliche Schule, die 32 z. T. geräumige Stuben aufweist, die vielen vereinzelten Gebäude und Ställe und die turmlose, weissgetünchte, langgestreckte Kirche, noch heute eine der grössten in ganz Island.

Nachdem die erste Kirche ein Raub der Flammen geworden war, baute *Jón Ögmundarson* eine neue, grössere, die bis in die Tage Bischofs *Jörundr Þorsteinsson* bestand (1267—1313). Dieser liess eine neue errichten, die aber bereits 1394 einfiel. Bischof *Pjetr Nikolásson* setzte abermals eine neue hin, die 38 Glasfenster gehabt haben soll; bei einem Unwetter stürzte auch sie zusammen, und an ihrer Stelle erhob sich eine weit kleinere, die 1754 niedergerissen wurde. Darauf baute man 1762 abermals eine Kirche, aus roten Tuffblöcken, die 1764 vom Bischof geweiht wurde und mit geringen Änderungen bis heute besteht. Sie ist ca. 30 m lang und 10 m breit. *Olaus Olavius*, der sie 1777 besuchte, nennt sie eine wahre Zierde, wegen ihrer Schönheit und guten Einrichtung[2]). Auch Henderson nennt sie „ohne alle Vergleichung" die beste Kirche in Island und fand sie, einen kleinen Teil der Decke, eins der Fenster und die Sakristei am Ende der Kirche, ausgenommen, noch vollkommen ganz und unbeschädigt, sie trug kaum

---

[1]) Thoroddsen-Gebhardt II, S. 29, 60, 77, 284, 286. — Bereits damals gab es auch in *Hólar* studierende Frauen, vgl. Poestion, Isl. Dichter S. 44; v. Jaden, Islands Frauen und ihre Arbeit an der heimischen Kultur und Literatur. Wien 1901, S. 61.

[2]) Ökonom. Reise durch Island 1787, S. 169.

einige Spuren von Baufälligkeit[1]). Leider hat man sie jüngst so „renoviert" und „restauriert", dass sie alles Charakteristische verloren hat; merkwürdigerweise findet Winkler, dass der weiss getünchte, weithin sichtbare Tempel für das nur an graue niedere Hütten gewöhnte Auge des Reisenden eine eigentümliche Erscheinung sei, die Gegend komme einem so minder wild und öde vor als anderswo[2]). Die wirkungsvolle Holzarchitektur im Innern, die man noch auf älteren Abbildungen bewundert, ist verschwunden[3]). Der Baumeister der Kirche ist ein Deutscher gewesen, er hatte sein vier Jahre altes Töchterchen mitgenommen, das aber dem rauhen Klima erlag; in der Vorhalle liegt es begraben, hinter Säcken, Tonnen und Körben entdeckte ich die deutsche Inschrift, die der schwergeprüfte Vater seinem Liebling gesetzt hatte. Während der Knecht, der mich führte, die neue Glocke *Líkaböng* in Bewegung setzt, dass ihre volle metallne Stimme weithin über das schweigende Tal erklingt und es in der Kirche feierlich braust und dröhnt, betrete ich die westlich gelegene Vorhalle, die durch zwei Seitenfenster Licht erhält, wo auch die Glocken aufgehängt sind. Obwohl die Uhr bereits die zehnte Abendstunde zeigt, ist es doch hell wie am Tage, und durch die sieben hohen Fenster an den beiden Längsseiten dringt der Friede der lichten Sommernacht hinein. An den hölzernen sauberen Bänken vorüber, die den mittleren Raum von der Eingangstür an bis zur Rückseite, bis auf einen Gang einnehmen, wo während des Gottesdienstes rechts die Männer sitzen, links die Frauen, gehe ich direkt auf den steinernen Altar zu. Er ist von einem Gitter umgeben, auf jeder Seite steht eine Bank; die rechte Bank wurde früher von dem Bischof und den männlichen Mitgliedern seiner Familie eingenommen, die linke gehörte den Frauen. Gerade vor dem Altare, unter einem grossen Marmorstein, liegt Bischof *Gudbrandur* begraben; die kurze, aber eindrucksvolle Inschrift lautet:

EXSPECTO RESURRECTIONEM CARNIS
ET VITAM AETERNAM.
GUDBRANDUS THORLACIUS JESU CHRISTI PECCATOR.
ANNO CHRISTI, 1627.
20 JULII.

Über andere Leichensteine, meist aus dem 17. Jahrhundert, ist ein hölzerner Deckel zum Schutze gelegt.

Auf dem Altar steht ein schöner, schwerer Kandelaber und ein grosser, kostbarer Kelch, den der Papst dem ersten Bischof zum

---

[1]) Island, Deutsche Übersetzung I, S. 153.
[2]) Island 1861, S. 274.
[3]) Die gute Abbildung von *Gaimard* ist im *Skírnir* wiedergegeben 1906, S. 332.

Geschenk gemacht hat, dahinter, an der Wand, ein prächtiges aus Holz geschnitztes und mit Gips überworfenes Triptychon, an dem der Künstler Gold und bunte Farbe nicht gespart hat: in der Mitte ist die Kreuzigung des Erlösers und der beiden Schächer dargestellt, zu ihren Füssen römische Legionäre, an den beiden Seiten sind je 10 Figuren. Bis zum Jahre 1885 war auch die Wand an beiden Seiten des Altars mit den Bildnissen verschiedener Bischöfe von *Hólar* geschmückt, jetzt sind sie mit dem meisten Inventar im Altertumsmuseum zu *Reykjavík*; z. B. ein Altartuch mit den drei isländischen Heiligen *(Þorlákr, Jón* und *Gudmundur)*. Rechts vom Altar hängt ein wohl 10 Fuss grosses, derb realistisches Kruzifix an der Wand; ein anderes kleines mit Maria und einem Bischof ist darum bemerkenswert, weil die Figuren alle isländische Tracht anhaben. Sehr schön ist ein Taufstein vom Jahre 1671, er ist aus dem weichen grauen Gestein des nahen *Tindastöll* gemeisselt und trägt in isländischer Sprache eine Weihinschrift von *Gudmundur Gudmundsson* und ringsum Abbildungen, z. B. die Taufe Jesu durch Johannes, die drei Weisen aus dem Morgenlande und dergleichen mehr. Über dem Schrank, in dem einige alte Messgewänder und Altardecken hängen, steht eine Lithographie des französischen Reisenden Paul Gaimard; gegenüber ist die alte Kanzel, mit den vier Evangelisten und ihren Symbolen, zu Häupten des Geistlichen ist der heilige Geist in Gestalt einer Taube angebracht[1]).

In gehobener Stimmung verlasse ich die auch innen geweisste Kirche; ich habe nicht erwartet, hier grosse Schätze und besonders wertvolle Altertümer zu finden, da ich weiss, dass die Dänen die Reformation benutzt haben, um hier für 40—50000 Kr. Kleinode zu rauben, und bin daher von den „Sehenswürdigkeiten" nicht nur nicht enttäuscht, sondern sogar befriedigt. Über den niedrig gelegenen Kirchhof führt mich der Weg eine kleine Höhe hinan, wo das stattliche Wohn- und Schulgebäude steht. Wie bei der Kirche, ist auch bei den Grabsteinen auf dem Gottesacker rote Schlackenbreccie als Baumaterial verwendet, aber sie sind arg verwittert, und die Inschriften sind ganz ausgewischt. Von dem ganz oben gelegenen Fremdenstübchen habe ich eine schöne Aussicht über das weite Tal; die Hauswiese (das *tún*) ist geebnet und gleicht einem grünen blumengewirkten Teppich, im Hintergrund auf beiden Seiten ragen hohe Berge empor, von denen weisser Schnee herübergrüsst, nach vorn schimmert in goldgelbem Glanze das Meer; purpurrote Wolkenstreifen bedecken den Himmel. Während ich mich entkleide, fallen mir die stolzen Worte des Knechtes ein, der mich in Abwesenheit seines Herrn treulich geführt hat: die Hauswiese gibt uns in guten

---

[1]) Einige Volkssagen aus *Hólar* bei Maurer S. 102, 149, 195, 215; Lehmann-Filhés, I, 143, 252; II, 125, 224, 245.

Jahren 1000 „Pferde" Heu, die ungedüngten Wiesen liefern 2000 „Pferde"[1]). Das zeigt doch, dass die Landwirtschaft auch hoch droben, dicht unter dem Polarkreise, gut bestehen kann. Da bleiben meine Gedanken nicht schwermütig an der einstigen Grösse und dem früheren Glanze von *Hólar* hängen, da wundere ich mich nicht weiter, dass hier auf der Schule die Landwirtschaft nur „theoretisch" im Winter betrieben wird, und dass die Bauernsöhne von nur vier Lehrern in 17 landwirtschaftlichen Unterrichtsfächern belehrt werden, hoffnungsfreudig sehe ich in die Zukunft: den veränderten Zeiten entsprechend hat der alte Bischofssitz noch heute seine Bedeutung auf praktischem Gebiete. Möge von hier, wie vor tausend Jahren, eine neue Saat für das Nordland aufgehen und Frucht bringen, hundertfältig!

1. August. Die aufmerksame Bäuerin hat mir eine Überraschung bereitet. In der Nacht hat sie auf die Weide geschickt, und ein kleines Lämmlein weiss wie Schnee hat für den deutschen Touristen sein Leben lassen müssen. Es ist eins der wenigen Male, dass ich frisches Fleisch auf der Landreise bekomme, darum erweise ich dem Braten auch alle Ehre, wenngleich er naturgemäss etwas zäh ist. Während ich mich, schon im Sattel, von der Familie und besonders herzlich von der hellblonden Tochter verabschiede, höre ich eine Magd beim Waschen der Wolle einen Walzer aus der unvermeidlichen „Lustigen Witwe" mit isländischem Texte trällern. Da packt mich das Grauen, schnell geb ich dem Ross die Sporen, winke hastig den verdutzten Leuten das letzte Lebewohl zu und reit' ins Hjaltatal.

Etwa zwei Stunden lang blieben wir zunächst auf demselben Wege, den wir gestern zurückgelegt hatten, bis wir in die Nähe der drei Brücken kamen, dann bogen wir südwärts ab, dem *Kjölur* zu; der Himmel war nach Süden zu dunkelgelb, einer der gefürchteten Sandstürme tobte dort, und drohend und warnend wies der Führer dahin. Bei der Kirche von *Hofsstaðir* verloren wir in den grossen Grus- und Steinhaufen, die von einer schalenförmigen Einsenkung oben aus den Bergen stammen, den Weg, fragten uns zurecht, tasteten uns durch schmale Rillenwege, wobei die Füsse fortwährend gegen die harte Erde stiessen, vorwärts und befanden uns wieder in schönem Wiesengelände. Sieben Stunden nach dem Aufbruche hatten wir *Flugumýri* erreicht, wo die Teilung der *Hjeradsvötn* in die zwei Hauptarme beginnt; die letzte Strecke bis dahin führte durch Morast und Sumpf. Der Bauer, eine mächtige Hagen-Gestalt, lud uns sogleich zu zwei Liter Milch und Kuchen ein und übernahm ohne weiteres die Führung und Erklärung.

Der ganze *Skagafjörður* hat keine Saga, die zur sogenannten

---

[1]) 1 „Pferd" = 40 Kilogramm, vgl. mein Island I, S. 178—179.

Sagazeit spielt (874—1030), aber hat Anteil an der grossen *Sturlunga-saga*, die die letzte Zeit des isländischen Freistaates und dessen Untergang behandelt (12. und 13. Jahrhundert); in diesen blutigen Bürgerkriegen spielen die *Sturlungen* (d. h. Söhne des *Sturla*, eines Nachkommen des berühmten Goden *Snorri* von *Helgafell*), *Þórðr*, *Sighvatr* und der berühmte Geschichtsschreiber *Snorri Sturluson* die Hauptrolle.

Flugumýri war damals der Häuptlingssitz des *Jarls Gissurr*; hier wurde im Jahre 1253 die Hochzeit seines Sohnes mit der Tochter des *Sturla Þórðarson* gefeiert, aber während des Festes wurde von *Eyjúlfr Þorsteinsson* ein Überfall ins Werk gesetzt, Feuer wurde angelegt, und im Brande kam die Frau des *Gissurr* mit drei Söhnen und 20 Leuten um, während er selbst nur durch ein Wunder gerettet wurde[1]. Einer der vornehmsten Hochzeitsgäste hatte um die Untat gewusst, obwohl er erst kürzlich sich mit *Gissurr* verglichen hatte; ja, selbst der Holenser Bischof *Heinrekr Karlsson* erschien der Mitwissenschaft dringend verdächtig und gab den Mordbrennern sofort nach der Tat ohne weiteres die Absolution. Wie verwildert in dieser Zeit selbst der Klerus gewesen ist, zeigt das Beispiel des Priesters *Jón Halldórsson*: er hatte bei der *Flugumýrarbrenna* auf *Gissurs* Seite gekämpft und brachte hinterher zwei gefangene Mordbrenner um, den einen, obwohl er vergebens um vorgängige Absolution bat.

Man weiss nicht genau, wo das alte Gehöft gelegen hat, ob hier oder in der Hauswiese; im *Tún* liegt jedenfalls ein Hügel, doch hat man ihn noch nicht aufgegraben.

Etwa 1200 m östlich vom Gehöft ist ein Hügel mit einer von *Gissurr* erbauten Verschanzung, *Virkishóll*, wo Dan. Bruun Nachforschungen angestellt hat[2]). Die Stelle erhebt sich etwas über das im Talgrunde errichtete Gehöft. An der Böschung treten einige Punkte stärker hervor, besonders ein kleiner in Richtung von Norden nach Süden ovaler Hügel, der sich nach Osten ca. 15 Fuss hoch über die übrige Senkung erhebt, während er nach Westen ziemlich steil nach dem Tal zu abfällt. Er ist am höchsten nach Süden, und hier befindet sich ein 16 Schritt breiter und 17 Schritt langer niedriger Damm von grösseren Steinen, innerhalb dessen die Verteidiger gestanden haben sollen. Nach Norden ist die Verschanzung durch einen Graben verstärkt gewesen, der jetzt nur wenige Fuss tief ist, aber früher sicher bedeutend tiefer war.

Die alte eigentümliche Rasenkirche hat seit einigen Jahren einem hübschen Neubau Platz gemacht, der mit einem Altarbilde von 1777, das letzte Abendmahl darstellend, und einem Kronleuchter geschmückt ist. Auf dem Kirchhofe, von wo man einen guten Blick auf das „*virki*" und die Steinmauer hat, liegt *Jón Jónsson Espólín* begraben (geb. 1769, gest. 1836), dessen zwölfbändiges Hauptwerk „*Íslands Árbækur í sögu-formi*" eine unerschöpfliche Fundgrube für die isländische Geschichte ist.

[1] Einen Grundriss der Gebäude hat Dr. *Valtýr Guðmundsson* rekonstruiert, Privatboligen paa Island S. 84.
[2] *Fortidsminder og Nutidshjem paa Island* S. 123—124, 167—168, 185—186.

In *Flugumýri* spielt der letzte Akt von *Indridi Einarssons* Schauspiel „Schwert und Krummstab"[1]; die folgenden geschichtlichen Bemerkungen können als Vorbereitung für das Lesen seines Dramas dienen. Auf der Priesterkonferenz zu *Flugumýri* sollte im Sommer 1624 *Arngrimur Jónsson* der Gelehrte, der Wiedererwecker der alten isländischen Literatur, zum Bischof des Nordlandes gewählt werden, doch nahm er wegen seiner grossen literarischen Pläne dies Amt nicht an.

Nur eine gute Stunde trennt uns noch von unserem Nachtquartier *Miklibær* („Hauptgehöft"). Nachdem wir glücklich den Sumpf passiert haben, erreichen wir ein neues Schlachtfeld aus der Sturlungenzeit, *Haugsnes*.

Hier fand im Jahre 1246 ein blutiges Treffen statt. Die Sturlungen hatten sich ihre frühere hervorragende Stellung wieder erkämpft, *Pórðr Kakali*, *Sighvats* Sohn und *Sturlas* Bruder, war ihr Oberhaupt und vertrat die Sache des norwegischen Königs auf Island; in der westlichen Hälfte des Nordlandes war *Brandr Kolbeinsson* Herr, zwischen beiden war voller Frieden, im Südlande herrschte unbestritten *Jarl Gissurr Þorvaldsson*, und auch zwischen diesen bestand ein Bündnis; so schien alles danach angetan, nach soviel Mord und Räuberei einen dauernden Friedenszustand zu versprechen. Aber Blut will wieder Blut. Zwischen den Anhängern *Brands* und *Pórðs* entbrennen neue Gehässigkeiten, *Brandr* fühlt sich durch Übergriffe des *Pórðr* gekränkt und sucht auch *Gissurr* zum gemeinsamen Vorgehen zu bestimmen, wobei er sich auf den norwegischen König beruft. Aber ehe noch *Gissurr* die versprochene Hilfe bringen kann, hat *Pórðr* bereits den *Brandr* überfallen, die Schlacht bei *Haugsnes* gewonnen und sich nach dem Tode seiner Gegner das ganze Nordland unterworfen. *Brandr* suchte, als seine Mannen in die Flucht geschlagen waren, auf seinem Pferde zu entfliehen, wurde aber zwischen zwei Gehöften „*Grund*" ergriffen und mit dem Beile hingerichtet. An der Stätte, wo er starb, ward ein Kruzifix errichtet (*róða*), und der Ort heisst seitdem *Róðugrund*.

Auf der gut in Stand gehaltenen Landstrasse traben wir eilig dahin; ein Meilenstein zeigt uns, dass wir 355 km von *Reykjavík* entfernt sind, aber wir wollen ja über den *Kjölur* vordringen, und dann haben wir erst zwei Drittel der uns zur Verfügung stehenden Zeit hinter uns und noch mindestens 16 Tage vor uns. Pastor *Björn Jónsson* nimmt uns freundlich auf, deutsche Touristen sind ihm nicht unbekannt, Oberlehrer Dr. W. H. Vogt aus Görlitz, W. v. Knebel und Poestion sind schon bei ihm gewesen[2]. In aller Eile wird noch dem ganz in der Nähe gelegenen Schlachtfelde von *Örlygsstaðir* ein Besuch abgestattet, wo im Jahre 1238 die Macht der Sturlungen gebrochen wurde, da sie selbst durch innere Zwistigkeiten gespalten waren.

Die *Haukdælir* unter Führung von *Gissurr*, und die *Skakfirðingar* unter *Kolbeinn Arnórsson* hatten sich, durch das hochmütige und gewaltsame Verfahren des ehrgeizigen jungen *Sturla Sighvatsson* gereizt, zu verzweifeltem Widerstande verbunden. Zweitausend Mann kämpften gegeneinander. Die *Sturlungen* waren in

---

[1]) Deutsch von Küchler, Berlin 1900.
[2]) Vgl. den Aufsatz von W. H. Vogt, „Die heutigen Isländer" in „Mitteilungen der Schlesischen Gesellschaft für Volkskunde". Breslau 1906, Heft 15, S. 18 f.

der Minderzahl und hatten deshalb die Verteidigungsstellung innerhalb der Umzäunung gewählt, deren Reste man noch heute sieht[1]). Die *Sturlungen* unterlagen, *Gissurr* selbst erschlug den *Sturla,* nachdem er sich ergeben hatte und schwerverwundet am Boden lag; mit 17 Wunden wurde sein 68 jähriger Vater *Sighvatr* bedeckt, ehe er den Tod fand — und doch erhielt er sie fast alle, nachdem er bereits kampfunfähig in die Hände seiner Gegner gefallen war. Zahlreiche Männer hatten sich in die Kirche geflüchtet, da drohte man sie anzuzünden, und als sie sich ergaben, wurden sie mit kaltem Blute hingerichtet. *Snorri* war gerade in Norwegen, als er die Nachricht von der Niederlage seines Geschlechts und dem Tode seines Bruders und Neffen erhielt. Er eilte schleunigst nach Island zurück, wurde aber im Jahre 1241 auf seinem Hofe zu *Reykholt* von *Gissurr* überfallen, in einem Verstecke aufgefunden und ermordet. Von dem Rachezuge, den dann sein Sohn *Urækja* gegen *Gissurr* nach *Skálholt* unternimmt, wird gelegentlich meines Besuches dieses Bischofssitzes die Rede sein.

Miklibær wird in den Sagas nur gelegentlich genannt[2]), doch ist erwähnenswert, dass der berühmte *Arngrímur Jónsson* im Jahre 1590 die Pfründe hier erhielt, während er Magister und Domprediger in *Hólar* war, und dass der Grossvater des Bildhauers *Thorvaldsen*, *Þorvaldur Gottskálksson,* hier von 1748—62 Prediger war. Naturgemäss drehte sich, während wir mit dem gastfreien und liebenswürdigen Pfarrer plauderten, unser Gespräch vor allem um den am nächsten Tage beginnenden Weg über den *Kjölur*, das Hochland zwischen *Langjökull* und *Hofsjökull*[3]). Manche schätzenswerte Belehrung wurde mir zuteil, und was ich aus eigener Erfahrung, den Schriften und Forschungen anderer gelernt habe, will ich in breiterer Darstellung wiedergeben. An einem kleinen, aber ausführlichen „Schulbeispiel" will ich zeigen, wie ich mir das künftige, natürlich sehr, sehr umfangreiche, abschliessende Buch über Island denke, das, von der ältesten Zeit anfangend bis in die Gegenwart hinein, alles, aber auch alles Wissenswerte enthält.

---

[1]) Abbildung der Ruinen bei Bruun, *Gjennem affolkede Bygder*, Tafel XIV.

[2]) Vgl. Kålund, Aarb. f. nord. Oldk. og Hist. 1882, S. 69; die Wohnhäuser und die Kirche sind beschrieben und abgebildet durch Bruun, Nutidsminder.. S. 122, 169.

[3]) Die mittlere Strecke dieses Weges und auch der ganze Weg selbst heisst *Kjal(ar)vegur*.

Zwölftes Kapitel.
Über den Kjölur zum Geysir.

Wann der *Kjalvegur* aufgefunden wurde, lässt sich nicht genau bestimmen; wohl aber wissen wir, wie er entdeckt wurde, und dass er um das Jahr 900 bereits bekannt war. Das Buch von der Besiedelung Islands erzählt:

Hrosskell hiess ein Mann, er hatte den ganzen *Svartárdalr* in Besitz genommen und wohnte zu *Yrarfell*. Er hatte einen Knecht, der *Rodrekr* hiess; den sandte er den *Mælifellsdalr* aufwärts, um südlich zwischen den Bergen Land zu suchen; der kam bis zu der Kluft *(gil)*, die südlich vom *Mælifellsdalr* liegt und heute *Rodreksgil* heisst; dort steckte er eine neugeschälte Stange ein, die man „Landweiser" nannte, und kehrte dann wieder heim. (Lnd. III, 6.) *Vekell*, der seine Gestalt verändern konnte[1]), hiess ein Mann, der von der *Giljá* aufwärts bis zur *Mællifellsá* Land genommen hatte und zu *Mællifell* wohnte. Er erfuhr die Fahrt des *Rodrekr*. Da ging er ein wenig später ebenfalls südwärts in die Berge, um Land zu suchen; er kam bis zu den Hügeln *(haugar)*, die jetzt *Vekelshaugar* heissen, warf seinen Speer zwischen die Hügel[2]) und kehrte dann heim. Aber als *Eirikr* in *Goddalir*[3]) dies erfuhr, sandte er (um den *Kjalvegur* zu untersuchen) einen Knecht südlich ins Gebirge, der *Röngudr* hiess. Der kam im Süden zu der *Blöndukvisl*, ging dann den Fluss aufwärts, der westlich vom *Hvinverjadalr* herabfällt, weiter westwärts auf das Lavafeld zwischen *Reykjavellir*[4]) und dem *Kjölur*, traf dort die Spuren eines Mannes und erkannte, dass sie von Süden herkamen. Er errichtete dort eine Warte, die jetzt *Rangadar varda* heisst. Dann kehrte er zurück, und *Eirikr* gab ihm zur Belohnung für seine Fahrt die Freiheit. Von da an begannen die Fahrten über das Gebirge zwischen den beiden Landesvierteln des Südens und des Nordens (Lnd. III, 7). Der *Hvinverjadalr* scheint anfangs auch bewohnt gewesen zu sein, zur Zeit der Sturlungen aber (1200—1264) war er wohl nur ein beliebter Rastort. Hier lebte ein Freigelassener, *Þórir dúfunef* (Taubenschnabel), der ein ausgezeichnetes Pferd namens *Fluga* hatte. Er wettete mit *Örn*, einem zauberkundigen Landstreicher, der gleichfalls einen vorzüglichen Renner besass,

---
1) D. h. er war ein Werwolf. Herrmann, Nord. Mythologie, S. 78—80.
2) Entweder als Zeichen der Besitznahme, oder, wahrscheinlicher, um anzudeuten, „bis hierher und nicht weiter".
3) Gehöft östlich vom *Litlisandur*, nördlich vom Zusammenfluss der *Jökulsá vestri* und der *Hofsá*.
4) Heute *Hveravellir*.

welches von ihren Pferden das schnellste wäre. Jeder setzte ein grosses Hundert
Silbers[1]). Sie umritten beide südlich den *Kjölr*, bis sie zu einer Ebene (*skeid*)
kamen, die seitdem *Dufunefs-skeid* heisst. *Þórir* gewann im Wettrennen, das, wie
es scheint, ohne Zeugen stattfand. Seine Stute war aber so erschöpft, dass *Þórir*,
der notwendig zum Thing reiten musste, sie auf dieser Stelle zurückliess. *Örn* aber
war über diese Niederlage und den Geldverlust so ausser sich, dass er nicht länger
leben wollte; er ritt den Berg hinauf, der jetzt *Arnarfell* (Berg des *Örn*) heisst und
stürzte sich von dort zu Tode (Lnd. III, 8). *Hvinverjadalr* scheint das gesamte Tal
zu bezeichnen, in dem die heissen Quellen liegen, und hat wohl seinen Namen nach
einem gewissen *Þorgeirr* aus Hvin (im südlichen Norwegen), der sich in diesem Tale
mit 30 Mann einen Winter aufhielt. König Harald Schönhaar hatte ihn nach Island
geschickt, um den *Ásgrímr Öndóttsson* zu töten; dieser war in *Eyrarbakki* gelandet
und hatte den *Kjölr* schon bewaffnet in der Richtung nach Norden an den *Vekelshaugar* vorüber überschritten, entging aber durch Zauberei den Nachstellungen seines
Feindes (Lnd. III, 15[2]).

Gleichfalls vom Süden her, vom Gehöft *Brædratunga* an der
Hvítá, kam *Grettir* der Starke im Jahre 1018 nach dem *Kjölur*.
Der Bericht, der ein interessantes Gegenstück und gewissermassen
die Einleitung zu der von mir früher erzählten Geschichte von
Grettirs Verbindung mit elbischen und riesischen Wesen ist, mag
hier kurz ausgehoben werden[3]; er zeigt ausserdem, dass das öde,
abgelegene Hochgebirge für Ächter und Strassenräuber hinreichend
Schlupfwinkel bot, dass die rauhe Felsengegend wenig oder gar nicht
bewohnt war, und dass dieser Verbindungsweg zwischen dem Nord-
und dem Südlande oft genug benutzt wurde, um Wegelagerern Gelegenheit zu bieten, den Reisenden Nahrungsmittel, Waffen und Kleider
abzunehmen. Unstet und flüchtig irrte *Grettir* umher, rechtlos und
friedlos, auf seinen Kopf war eine Geldsumme gesetzt, so hoch, wie
noch nie zuvor auf einen Geächteten. Einen ganzen Sommer hielt
er sich hier auf; vom *Kjölur* aus hatte er einen weiten Blick und
konnte nach Norden und Süden die Strasse gut überschauen. Nach
der mündlichen Überlieferung gewährte eine Höhle im Lavafelde
ihm Unterkunft, und als *Eggert Olafsson* und *Bjarni Pálsson* im
Jahre 1752 dieselbe Strasse zogen, wurde ihnen ein *Grettishellir*
(= Höhle) gezeigt, „bey 30 Faden lang und, wo er am grössten,
6 Faden breit, meistens angefüllt mit schwarzem Sande und ge-
stossenem Bimbstein"[4]. Ein grosser erratischer Block in der Nähe
des *Bláfell* heisst noch heute *Grettistak*.

Als *Grettir* sich eines Tages, wie meistens, im nördlichen *Kjölur* aufhielt, in
Dúfunefsskeid, sah er einen Reiter vom Norden her den Kielweg passieren. Er war
stattlich von Wuchs und hatte ein gutes Pferd, das Zaumzeug war mit breitköpfigen
Nägeln besetzt und schön geschmückt. Am Leitriemen führte er ein zweites, hoch-
bepacktes Pferd. Er hatte den Hut tief in die Augen gedrückt, und deshalb konnte man das

---

[1]) Nach heutigem Werte etwa 5500 M., Schönfeld, Der isl. Bauernhof 138.
[2]) Ausgabe von 1843, S. 218[1]); von *Finnur Jónsson* S. 78; in der *Reykjaviker* Ausgabe fehlt dieses Stück.
[3]) Island I, 67; *Grettissaga* K. 54.
[4]) Bd. II, S. 22, § 717 der deutschen Übersetzung, § 659 des Originals.

Gesicht des Fremden nicht deutlich sehen. *Grettir* gefiel das Pferd, er ahnte, dass auch das Handpferd gute Beute für ihn trug, darum ging er auf den Reisenden zu, grüsste ihn und fragte ihn nach seinem Namen. Er sagte, er hiesse *Loptr* (= Luft); „aber ich weiss, wie du heissest; du bist gewiss *Grettir* der Starke *Asmundarson*; wohin willst du gehen?" „Ich habe noch keinen Entschluss darüber gefasst", erwiderte *Grettir*, „aber das ist mein Auftrag an dich, ob du mir etwas von dem überlassen willst, das du bei dir trägst." *Loptr* entgegnete: „Warum sollte ich dir meine Habe überlassen, oder was willst du mir als Ersatz geben?" *Grettir* sagte: „Hast du nicht gehört, dass ich niemals zu bezahlen pflege? Und doch finden die meisten es ratsam, mir zu geben, was ich verlange." „Solche Bedingungen," erwiderte *Loptr*, „magst du denen anbieten, denen sie gefallen; aber ich lasse, was ich habe, niemals auf solche Weise fahren; jeder möge seine Strasse ziehen!" Damit ritt er weiter, an *Grettir* vorbei, und gab seinem Pferde die Sporen. „So schnell trennen wir uns nicht," schrie *Grettir*, griff dem Pferde des *Loptr* in die Zügel und hielt es mit beiden Händen fest. *Loptr* sagte: „Ziehe deine Strasse, nichts bekommst du von mir." „Das wollen wir gleich sehen," rief *Grettir*. Da riss *Loptr* die Zügel mit solcher Gewalt an sich, dass *Grettir* loslassen musste. Der starrte eine Weile auf seine Hände und dachte, dass der Mann gewaltige Kräfte in seinen Pranken hätte; er fragte ihn: „Wohin gedenkst du zu reisen?" *Loptr* antwortete: „Ich gedenke nach meiner Höhle, dem sturmdurchbrausten Kessel zu reisen, dem *Balljökull*; dort wird *Grettir* den *Hallmundr* treffen." So trennten sie sich, und *Grettir* musste einsehen, dass er nicht so stark wäre wie der Mann, der ihm furchtlos den Zaum aus der Hand gezogen hatte: nicht oft möchte er in solcher Lage sein. Darauf verliess er den *Kjölur* und wandte sich gen Süden nach *Hjalli*, der Stätte, wo im Jahre 1000 Feuer aus der Erde geschlagen war, gerade während man auf dem Althing über die Annahme der christlichen Religion beratschlagte. —

Auf den Tod des ritterlichen *Gunnarr* von *Hlídarendi* im Jahre 992 dichtete ein sonst unbekannter Dichter folgende Strophe (*Njálssaga* K. 77): „Wir haben gehört, wie *Gunnarr*, kampfentflammt, sich gegen die Leute im Süden des *Kjölur* verteidigte." Nun ist ja möglich, dass diese Verse erst aus dem 13. Jahrhundert stammen[1]), aber sie zeigen auf jeden Fall, dass zur Zeit, wo sie gedichtet wurden, der Name „*Kjölur*" allgemein bekannt war. Das wird auch für die Zeit der blutigen Streitigkeiten nach *Snorri Sturlusons* Ermordung (1241) bestätigt[2]); damals wurde der *Kjalvegur* sehr oft benutzt, im Sommer wie im Winter, obwohl die Reisenden oft im Winter den grössten Gefahren und Strapazen ausgesetzt waren. Am fünften Weihnachtstage des Jahres 1254 brachen *Oddr* und *Þórir* vom Geysirgebiet mit 30 Mann nach dem Nordland über den *Kjölur* auf. Auf dem Hochgebirge überfiel sie ein hartes Unwetter mit Schneesturm, das am siebenten Tage seinen Höhepunkt erreichte; das Gefolge war ganz erschöpft, ein Mann starb südlich vom *Hvinverjadalr*, über seiner Leiche ward ein Steinhaufen aufgeworfen. *Oddr* aber hielt wacker aus, er rettete vielen Leben und Glieder, indem er die beim Schneetreiben auf die Pferde hob, die nicht mehr imstande waren, sich selbst zu helfen. Am 8. Tage in der Weihnachtszeit erreichten sie den *Hvinverjadalr* [und blieben dort vermutlich in einer Unterkunftshütte[3])]. Das Wetter besserte sich etwas, aber ein böses, Tod

---

[1]) Finnur Jónsson, Den oldnorske og oldisl. Litteraturs Historie II, 168.

[2]) Die Stellen der *Sturlunga Saga* sind von Thoroddsen gesammelt, Geogr. Tidskrift X, 28, und Andvari XV, S. 113; die oben besprochene Stelle: Oxforder Ausgabe II, S. 187; weiter unten: *Jón Jónsson Espólin, Árbækur* II, S. 14.

[3]) „Man sieht noch Überbleibsel eines Hauses da, welches man für einen Aufenthalt der Räuber in den alten Zeiten hält, ob es gleich wegen der freyen Lage unwahrscheinlich ist", Eggert Olafsen und Bjarne Povelsen, § 707. Noch heute ist eine Ruine zu sehen.

kündendes Vorzeichen schreckte sie: Leichenfeuer kam auf ihre Speere[1]). Spät am Abend des zehnten Tages kamen sie endlich in den *Svartárdalr*, die Leute waren von der Kälte arg mitgenommen, sie wurden auf die Gehöfte des Tales verteilt und ruhten zwei Nächte aus. — Bischof *Arni Ólafsson* der Milde (geweiht 1413, † 1430) ritt gar an einem Tage auf festgefrorenem Schnee vom Bischofssitze *Skálholt* über den *Kjölur* bis zum Bischofssitze *Hólar*; am Morgen bei der Frühmette war er noch zu *Skálholt* und kam nach *Hólar* vor dem Abendgesang, als gerade zum Salve regina geläutet wurde.

Zu diesen direkten Zeugnissen für die Benutzung des *Kjalvegur* in Islands alter Zeit kommt noch eine Erwägung allgemeiner Art. Solange das Althing in *Þingvellir* der Mittelpunkt für Islands politisches Leben war, gab es für die Häuptlinge des Nordlandes, der *Húnavatns-*, *Skagafjardar-* wie der *Eyjafjardar sýsla*, keinen kürzeren und bequemeren Weg als den *Kjölur*, und da diese Häuptlinge meist mit stattlichem Gefolge, oft in Begleitung von 100 Bewaffneten reisten, war damals auf dem einsamen Hochplateau zwischen den riesigen Gletschern ein weit regeres Leben als heute, wo man fast niemals einem Menschen begegnet. Mit Staunen habe ich, namentlich am zweiten Tage, seitdem ich *Miklibær* verlassen hatte, in dem festen Grasboden die häufigen Spuren von alten Reitwegen gesehen; besonders unterhalb der westlichen Ausläufer der *Vekelshaugar* liefen zuweilen 15, ja 20 schmale Rillen nebeneinander her, die nur durch zahlreiche Reitpferde ausgetreten sein konnten. Es ist möglich, dass auch zur Zeit des Monopolhandels im 17. und 18. Jahrhundert der *Kjalvegur* oft benutzt wurde, als man allein in *Reykjavík* Waren einkaufen konnte[2]), doch fehlen mir für diese Zeit die literarischen Hilfsmittel, um das entscheiden zu können. Nur bei Thoroddsen finde ich die Bemerkung, dass im 17. Jahrhundert häufig der *Kjalvegur* beschritten wurde[3]).

Ein unbekannter Isländer erwähnt ihn um die Mitte des 18. Jahrhunderts; die Entfernung zwischen den äussersten Gehöften betrage 3 Tagereisen, der Weg sei gut zu passieren und grasreich; an vielen Stellen finde man isländisches Moos, das die Leute aus dem Süden und Norden als Nahrungsmittel aufsuchten, sie lebten deswegen oft viele Wochen dort in Zelten. Der Verfasser erwähnt auch in der Mitte des Weges den *Grettishellir* (s. oben); dicht dabei lägen Fischteiche, aus ihnen habe sich *Grettir* seinen Lebensunterhalt geholt; die Höhle sei früher 20 Klafter lang und 7 breit gewesen, ihre Höhe sei unbekannt, denn sie sei stark von Flugsand überweht, so dass man nur knieend hineinkriechen könne, am Südende sei sie über manneshoch, ans Nordende aber komme man nicht; doch müsse da eine schmale Öffnung sein, weil Sand hereingeweht sei[4]). *Jón Þorkelsson* (1697—1759) hat weniger gute Kenntnisse vom *Kjalvegur*; er verlegt den *Uxahver* dorthin, verwechselt ihn also wohl mit den heissen Quellen von *Hveravellir*[5]).

---

[1]) Feuermänner, Irrlichter, Geister als Flammen; Herrmann, Nord. Mythologie S. 44.
[2]) Bruun, Touristrouter II, S. 146.
[3]) *Landfrædissaga* II, 105.
[4]) A. a. O. II, 295.
[5]) A. a. O. II, 310.

Mit dem Aufhören des Althings (1800), der Anlegung von Handelsplätzen rings an Islands Küsten, vollends mit der Einrichtung regelmässiger Dampferverbindungen verloren die Gebirgswege naturgemäss ihre Bedeutung. Vor allem aber brachte ein trauriges Ereignis aus dem Jahre 1780, wobei mehrere tüchtige Männer und viele hundert Schafe umkamen, den Weg in solchen Verruf, dass er seitdem von Isländern kaum noch benutzt wurde. Diese Geschichte der Brüder von *Reynistadr*[1]) ist mir unterwegs so oft erzählt worden, um mich von meinem Vorhaben abzuschrecken, dass ich sie hier wiedergeben will; um so mehr, als mein Bericht von den gedruckten mehrfach abweicht; bekanntlich stammen der berühmte Philologe *Konrád Gislason*, und der dramatische Dichter *Indridi Einarsson* aus diesem Geschlecht[2]).

Im Herbste des Jahres 1780 herrschte in Nordisland Viehsterben, Hungersnot und Teuerung. Darum sandte der damalige Klostergutsverwalter von *Reynistadr*, *Halldórr Bjarnason* im August oder September seinen Sohn *Bjarni* mit einem Knechte *Jón* in das Südland, um dort Schafe aufzukaufen und über den *Kjölur* heimzuführen. Zur Sicherheit schickte der besorgte Vater noch einen jüngeren Sohn, *Einarr,* und einen anderen Knecht, *Sigurdur*, nach. Die vier Männer kamen glücklich nach dem Süden und kauften zur Zufriedenheit ein; man wollte nicht, dass sie so spät im Jahre den Heimweg über die Berge anträten, aber sie liessen sich nicht zurückhalten, gaben jedoch insofern nach, als sie einen fünften Mann, *Jón*, als Führer mitnahmen. Am ersten Tage ging alles gut. Am zweiten hatten sie noch nicht das grosse Lavafeld *Kjalhraun* erreicht, als ein fürchterlicher Sturm losbrach. Der Schnee fiel in schwerer Menge, dazu herrschte eisige Kälte. Alle Schafe, alle Pferde bis auf eins, kamen um; über das Zelt, das die fünf Männer aufgeschlagen hatten, legte der Schnee ein dichtes Leichentuch. Nur der Knecht aus dem Nordlande, *Jón*, hatte noch so viel Kraft, mit dem letzten Pferde weiter nach Norden zu ziehen; aber auch er erlag an der *Svartá*, eine Stunde südwestlich vom *Kjalfell*, dem entsetzlichen Unwetter; vor seinem Tode schnitt er dem Pferde noch die Halsader durch, um ihm die Qual des Erfrierens oder Verhungerns zu ersparen. „Damals gab es noch keine Post," bemerkte das Mädchen in *Reykir* zu mir, um zu erklären, dass es so lange dauerte, bis man die Verunglückten auffand. Im Norden glaubte man, die Männer hätten im Süden überwintert; im Südlande nahm man an, die Fünf hätten ihr Ziel glücklich erreicht, und der ihnen mitgegebene Führer *Jón* würde sich im Sommer wieder einstellen. Im Frühjahr kamen einige Männer über den *Kjölur*, fanden eine Hand des Knechtes *Jón*, sein Sattelzeug und den verendeten Grauschimmel an der Stelle, die seitdem *Gránanes* heisst, und stiessen bald darauf auf das Zelt; rundum lagen die Tierkadaver, in dem Zelte die Leichen der Vier. Die Reisenden kehrten sofort um und brachten die Trauerkunde nach *Reynistadr*. Vier Särge wurden auf die Rücken von Pferden gebunden, und man machte sich auf, um die Leichen heimzuholen. Aber als man nach dem *Kjalhraun* kam, waren die Leichen verschwunden, verschwunden waren auch die Geld- und Schmucksachen, wie die Kleider, die die Brüder gehabt hatten. Man erinnerte sich, dass ganz im Anfang des Frühlings ein einzelner Mann bereits den *Kjölur* passiert hätte, nahm an, dass er die Leichen bestohlen und dann beseitigt habe, um jede Spur zu verwischen, und strengte einen langwierigen Prozess gegen ihn an, in den noch

---

[1]) In der *Skagafjardar sýsla*; von 1295 bis zur Reformation war hier ein Frauenkloster; hier starb *Jarl Gissurr*, durch den Islands Freiheit verloren ging.

[2]) *Jón Espolín, Arbækur*, XI, S. 26, 29. 30; *Isl. Pjóds.* I, S, 228—230.

andere mitverwickelt wurden; viele kamen in Untersuchungshaft, aber keiner konnte überführt werden, die Untersuchung verlief ergebnislos. Seitdem entstand ein förmliches abergläubisches Grauen vor dem *Kjölur*, er wurde völlig gemieden, und selbst im Herbste, wenn die versprengten Schafe aufgesucht wurden, wagte sich kein Nordmann über das Nordende des *Kjalhrauns*, und kein Bewohner des Südlandes über den südlichen Teil des Lavafeldes. Erst im Jahre 1845 wurden die Leichen der Brüder unter einem Lavablock aufgefunden; man sammelte die gebleichten Knochen der Schafe und Pferde zu grossen Haufen und errichtete zwei grosse Steinpyramiden.

Nur die Mutter war von dem furchtbaren Unglück nicht überrascht, das ihre beiden Söhne getroffen hatte. Sie behauptete, an demselben Tage, an dem die Brüder *Bjarni* und *Einarr* gestorben wären, hätte es um das Fenster der Schlafstube gewispert und geflüstert, und deutlich hätte sie die Stimme des älteren Sohnes verstanden:

Enginn finna okkur má
undir fanna hjarni;
daga þrjá yfir daudum ná
dapur sat hann Bjarni.

„Keiner kann uns finden unter dem hartgefrorenen Schnee, drei Tage sass *Bjarni* betrübt über dem toten Leichnam." Später, als die Leichen geplündert und fortgeschafft waren, erschien *Bjarni* der Mutter, als sie traurig in den Nebel und Regen starrte und sagte:

I kletta skoru krepptir liggjum brædur;
en i tjaldi einu þar
ádur vorum fjelagar.

„In einer Felsenkluft liegen wir Brüder zusammengedrückt; aber vorher befanden wir uns in einem Zelte."

„Die Nachrichten über den *Kjölur* waren also sehr unvollständig geworden, kaum noch Hirten und Sammler des Fjældgrases kamen dahin, und letztere nur selten; denn die Gegend umher ist sehr morastig und voll von Lava"[1]. Die angrenzenden Teile des Hochlandes und der Gletscher vollends waren fast unbekannt[2]. Von den *Hveravellir* fabelte man 1752 „viele seltsame Dinge"; als *Eggert Olafsson* und *Bjarni Pálsson*, die ersten wissenschaftlichen Erforscher des *Kjalvegur* und der Insel überhaupt, von *Þingvellir* nach dem *Skagafjördur* über den *Kjölur* gingen, überfiel sie ein sehr hartes Sturm- und Regenwetter, so dass sie den Weg verloren und ohne Futter für ihre Pferde und ohne Nahrung für sich selbst drei Tage lang umherirren mussten; mit Lebensgefahr passierten sie die

---

[1] Eggert Olafsen, § 706.
[2] Nur die wichtigsten Namen sind genannt; die Aufzeichnungen von *Sveinn Pálsson*, der 1791–1797 Island besuchte und 1794 auf dem *Kjalvegur* war, sind noch nicht gedruckt; der Deutsche Johannes Menge aus Hanau ging 1819 über den *Kjölur* nach dem Nordlande (Thoroddsen, *Landfrædissaga* III, 229), Gytha Thorlacius 1814 umgekehrt nach dem Südlande (a. a. O. 236, 237); der dänische Hauptmann vom Generalstab Frisak überschritt diesen Gebirgsweg 1813 (a. a. O. S. 280), Scheel in demselben Jahre (a. a. O. 281), der Schwede Torell 1857 (a. a. O. IV, S. 68). Die Aufsätze von *Sigurdur Pálsson* über den *Kjalvegur* in den isl. Zeitungen *Þjódólfur* 1884, S. 165, 166 und *Sudri* 1886, S. 102, 103 sind mir nicht zugänglich gewesen.

Gletscherflüsse, da sie keine Furten kannten¹). Hendersons Führer weigerten sich 1815 dieses Quellengebiet zu betreten und vollends den *Kjölur* nach Süden hin zu überschreiten; sie schilderten in einer sehr pathetischen Sprache das unvermeidliche Verhungern der Pferde und die Gefahr, die sie laufen könnten, ihr Leben durch die Hände von Räubern („Ächtern") zu verlieren, die, wie sie fürchteten, in irgend einem Tale dieser so sehr entlegenen Wüste hausen könnten²). Nicht einmal Kr. Kålund, der 1872—1874 fast ganz Island durchreiste, hat den *Kjalvegur* betreten, er nennt ihn nach den Schilderungen seiner isländischen Gewährsmänner einen der längsten und gefährlichsten Gebirgswege Islands (II, 49, 50, 350 = Poestion, Island S. 404). Die Liparitgebirge *Kerlingarfjöll* mit ihren vielen Solfataren waren zwar auf *Björn Gunnlaugssons* Karte dicht am *Hofsjökull* eingetragen (1841)³), aber niemand hatte diese Berge untersucht oder beschrieben, bis Thoroddsen vom 18.—28. August 1888 diese Gegenden durchforschte und mit staunenswerter Genauigkeit und gewohnter Meisterschaft beschrieb; leider hinderten ihn Mangel an Zeit, schlechtes Wetter und Nebel, den grossen Stromvulkan *Strýtur* näher zu untersuchen⁴).

Daniel Bruun passierte 1897 den *Kjölur*, und sein militärisches Auge erkannte sofort, dass der alte Weg noch heute Bedeutung hätte, wenn er durch Errichtung von Warten, namentlich an den Furten über die Gletscherflüsse, kenntlich gemacht würde, damit man auch bei Nebel den Weg finden könnte: dann könnte man in 2—3 Tagen von bewohnten Gegenden wieder zu bewohnten Gegenden kommen⁵). Im folgenden Jahre wurden auch vom Ende des *Mælifellsdalur* bis zum südlichen Teile des *Kjalhraun* mächtige Steinpyramiden errichtet, die ein Verirren auf dieser Strecke eigentlich unmöglich machen. Nur die Warten an den Gletscherströmen sind trügerisch, da durch das Mitführen von Geröll und Flugsand das Flussbett sehr veränderlich wird; nachdem wir die ersten Male, allzu

---

¹) § 697.
²) Island. Deutsche Ausgabe II, S. 208.
³) Thoroddsen, *Landfrædissaga* III, 315; IV, 233.
⁴) Thoroddsen, Island 133, 321. — *Raudukambar, Kerlingarfjöll og Kjalvegur. Ferdasaga* 1888. Andvari XV, 1889, S. 56—119. — Reise nach *Raudukambar, Hvitárvatn* und *Hveravellir*. Petermanns Mitteilungen 1892, S. 25—31. — En Rejse gjennem det indre Island i Sommeren 1888. Geografisk Tidskrift 1889—90, S. 10—29 (vgl. Om de ubeboede Strækninger paa Island. Geogr. Tidskr. VI, 1882, S. 24—28). — Neue Solfataren und Schlammvulkane in Island. Ausland, Bd. 62, 1889, S. 161—164. — De varme Kilder paa Hveravellir i Island. Ymer IX, 1889, S. 49—59.
⁵) Daniel Bruun, Gjennem affolkede Bygder paa Islands indre Höjland, 1897, Kopenhagen (= Geogr. Tidskr. XIV, 1898, S. 130—149. — Tværs over Kölen fra Söderkrog til Reykjavik. Dansk Turistforenings Aarskrift 1899, S. 121—188. — Det höje Nord, Kph. 1902, S. 119, 135, 136, 150. — Iceland. Router over the Highlands. Sprengisandur and Kjalvegur. Copenhagen u. Reykjavik 1907.

vertrauensselig, böse Erfahrungen gemacht hatten, zogen wir es vor, selbständig unseren Weg zu suchen. Trotzdem will der Weg nicht so recht in Aufnahme kommen; als eins der seltenen Beispiele seiner Benutzung wurde mir erzählt, dass 1907 bei Gelegenheit des Besuches des dänischen Königs zwei Kinder in 2½ Tagen von *Miklibær* bis zum *Geysir* geritten wären und in den verlassenen Hirtenhütten übernachtet hätten. Für wetterfeste, abenteuerlustige Touristen und Sportsleute aber bietet der *Kjölur* alle Reize und Schauer, die sie sich wünschen können: vor allem eine grossartige Einsamkeit in unendlicher Öde. Hier wird es wirklich, wie es in Roseggers „Wildlingen" heisst, in der Stube (d. h. im Zelte) still, und „es beginnt jene köstliche Langeweile, in der ein Mensch sich sachte zu finden beginnt, sich ganz für sich selber hat. Sicher zu sein vor Post und Draht, vor Pflicht und Unterhaltung, vor Feind und Freund, und Zeit haben, einmal ganz für die grosse Natur ringsum, in die man seine Seele giesst, wie in ein kostbares Gefäss, aus der man in heiligen, tiefen Zügen sich dann selber wieder heraustrinkt."

Nicht eine gewöhnliche Touristenfahrt waren die Reisen, die Lord W. Bisiker im Sommer 1900[1]) und Walther von Knebel im Sommer 1905 mit meinem Führer *Ögmundur* über den *Kjölur* unternahmen; leider wird von Knebels kurzer, aber inhaltsreicher Bericht arg durch heftige, unberechtigte Ausfälle gegen Islands grössten Geographen und manche kühne, haltlose Hypothese beeinträchtigt[2]). Seinen Spuren folgte sein Freund M. von Komorowicz im Jahre 1907[3]). Aber auch dieser Teil von Inner-Island öffnet noch ein weites Arbeitsfeld, und unzählige Fragen harren der Beantwortung, nicht nur von lokalem Wert, sondern auch von allgemeiner Bedeutung. Auch von diesem Teile gilt es, dass auf Island Zuverlässiges nur erzielt werden kann, wenn beschränkte Gebiete vorgenommen werden, wie es von Knebel für die *Askja* geplant hatte und Hans Spethmann, der einzig Überlebende dieser Expedition, für eben dieses Gebiet ausgeführt hat. Spethmanns Worte sind mir aus der Seele gesprochen: „Nur in regionaler Beobachtung ist etwas Grundlegendes zu erreichen, nicht aber in den linearen, „kühnen Durchquerungen", die sich meistens auf vielbereisten, gut bekannten Touristenstrassen bewegen und oft nur höchst flüchtige und einseitige Ergebnisse lieferten. Die Zeit der Durchquerungen ist für Island vorüber, dagegen die Zeit

---

[1]) W. Bisiker, Across Iceland. London 1902. Die Gegend nördlich vom *Hvítárvatn* aber ist auf seiner Spezialkarte nicht gemessen, sondern nur skizziert.

[2]) v. Knebel, Studien in Island im Sommer 1905. Globus, Bd. 88, Nr. 20, 22, 44.

[3]) v. Komorowicz, Ein Ritt durch Island. Globus, Bd. 92, Nr. 24. Wieder abgedruckt in: Quer durch Island, Charlottenburg 1909; besonders hervorgehoben seien die wundervollen farbigen Bilder, die Frau v. K. geliefert hat.

der Detailarbeitung gekommen"[1]). Für meine Reise kamen die geologischen Interessen, auch beim Übergang über den *Kjölur*, erst in zweiter Linie; gleichwohl halte ich mich für berechtigt, auch für die Einzelarbeit auf diesem Gebiete Fingerzeige zu geben und darauf aufmerksam zu machen, wo solche einzusetzen hat. *Hveravellir*, *Gránanes* und *Hvítárvatn* schlage ich als Standquartiere vor, die Entfernungen sind etwa folgende:

Miklibær bis Ende des *Mælifellsdalur*	9 Stunden.
Beginn des Hochplateaus bis *Hveravellir* (inkl. *Strýtur*)	8 Stunden.
Hveravellir bis *Gránanes*	5 Stunden.
Gránanes bis zu den *Kerlingarfjöll*	3 Stunden.
Gránanes bis *Hvítárvatn*	6 Stunden.
Hvítárvatn bis *Geysir* (inkl. Überfahrt über die *Hvítá*)	12 Stunden.

Unterkunftshütten, (*Kofar* m.) d. h. aus Erde und Steinen gebaute Häuschen, in denen die Schafhirten übernachten, wenn sie im Herbst beim letzten Sammeln das Vieh vom Hochgebirge heimtreiben, gibt es nur fünf: an den *Adalmannsvötn*, den *Vekelshaugar*, an der südlichen *Svartá* (kaum in einem Tage zu erreichen) und an der *Hvítá*, höchstens 10 Minuten von der üblichen Übergangsstelle entfernt, wo die Boote liegen, und endlich östlich vom *Bláfell*. —

Am 1. August brachen wir um 11 Uhr, nachdem wir noch einige Forellen verspeist und für alles nur 2 Kr. bezahlt hatten, von *Miklibær* auf. Für Knebel war dies Gehöft drei Jahre vorher nach Überschreiten des *Kjölur* die erste menschliche Niederlassung gewesen, für mich sollte es die letzte sein, da ich umgekehrt wie er und Thoroddsen von Norden her den Weg einschlagen wollte. Ein leichter Regen fiel melancholisch, von Süden blies ein mittelstarker Wind, über dem *Kjölur* hingen dunkle, schwarze Wolken. Zunächst ritten wir etwa ³/₄ Stunden denselben Weg zurück wie gestern und bogen dann nach Westen ab zur *Jökulsá*, die wir vor zwei Tagen auf einer Fähre und drei Brücken passiert hatten. Auch hier war eine Drahtfähre. Die Pferde wurden in zwei Malen übergesetzt, die Packkisten abgeladen, das Sattelzeug aber wurde nicht abgenommen; ungefähr 6 Schritt vom andern Ufer lief die Fähre fest, wir mussten im Boot aufsteigen und die paar Schritt reiten.

---

[1] Hans Spethmann, Inner-Island. Globus, 1. Okt. 1908, Bd. 94, Nr. 13, Spalte 204. — Schneeschmelzkegel auf Island, Z. f. Gletscherkunde II, 1907, S. 279 bis 301; Der Nordrand des isl. Inlandeises *Vatnajökull*, Z. f. Gletscherkunde III, 1908, S. 36—43; Vulkanol. Forschungen auf Island, Neues Jahrbuch f. Mineralogie, XXVI, 1908, S. 381—432; Dr. v. Knebels † Islandexpedition im Sommer 1907. Globus, Bd. 93, 1908 Nr. 12; Überblick über die Ergebnisse der v. Knebelschen Islandexpedition im Jahre 1907, Gaea 1908, Heft 1 u. 2; Aeolische Aufschüttungsringe an Firnflecken, Zentralblatt für Mineralogie, Geologie und Paläontologie, 1909, Nr. 6, S. 180, 181; Beiträge zur Kenntnis des Vulkanismus am Mückensee auf Island, Globus 96, Nr. 13, S. 201—205; Der Aufbau der Insel Island (Zentralblatt für Min., Geologie und Paläont. 1909, S. 622—630. 646—653).

Ungefähr eine Stunde lang sprengten war dann über eine kahle Steppe auf verschiedene terrassenförmig aufgebaute Berge zu. Mein ängstliches Auge entdeckte am Himmel einen kleinen blauen Steifen, dann noch einen, dann vier und sechs, die sich schliesslich in einem langen blauweissen Bande vereinigten; der prächtige Kegel des *Mælifellshnjúkur* (1091 m) gab uns die Richtung an, allzu leichtgläubig und leichtsinnig legten wir unser Ölzeug ab. Über Steingeröll stolperten wir einem neuen Flusse zu, auf dessen westlichem Ufer der Dampf warmer Quellen emporstieg, und erreichten gegen 2 Uhr Kirche und Farm *Reykir (Tungusveit)*. Ewa 13 Minuten südlich von der Kirche auf einer Grusterrasse befindet sich eine Therme mit 61°, deren Wasser in ein Schwimmbassin abgeleitet ist. Die Hauswiese selbst ist reich an warmen Quellen und warmen Bächen, die Temperatur schwankt zwischen 61 und 65°, der Boden ist so warm und schlüpfrig, dass man leicht bis zu den Knieen einsinkt, und Sommer und Winter frei von Schnee und Eis, der Pflanzenwuchs ist äusserst üppig. Auf dem Kirchhof wuchert Rumex acetosa und Matricaria inodora in einer Höhe von 3 Fuss; die Leichen können nur 1 m tief begraben werden, verwesen aber sehr schnell, in 2 bis 3 Jahren[1]). Etwas unterhalb steht ein kleiner Grusfelsen; als ich zufällig mit dem Stiefel dagegen schlug, sprudelte warmes Wasser heraus. Auch unterhalb des Bauernhofes, am Flusse, rieselt das heisse Wasser überall aus dem Grus hervor.

Der Bauer war nicht zu Hause, aber eine freundliche Magd bot uns Milch an; als sie hörte, dass wir den *Kjalvegur* einschlagen wollten, rang sie die Hände, wies nach Süden hin, wo der Weg lag und wo rabenschwarze Wolken unheildrohend jagten, und erzählte uns das traurige Ende der Brüder von *Reynistadr*. Aber ich blieb fest, obwohl auch *Ögmundur* bat, wenigstens noch einen Tag hier zu warten, und holte das Ölzeug wieder hervor, da der Himmel von neuem seine Schleusen öffnete und ein heftiger Wind uns die kalten Tropfen ins Gesicht peitschte. Leider verirrten wir uns auch noch über eine Stunde und kamen zuweit südlich nach *Mælifell*[2]); aufs Geratewohl ritten wir mehr westlich und erreichten auch glücklich die *Mælifellsá*, die durch das Tal gleichen Namens fliesst. Der *Mælifellsdalur* mag recht hübsch sein, aber der eisige Wind, der sprühende Regen und der sich immer dichter um uns ballende Nebel verwehrten uns jede Aussicht. Dazu war der Weg miserabel, bald ritten wir auf den glatten Steinen am Flussufer, bald die steile Böschung empor, bald auf der rechten, bald auf der linken Seite, so ging es stundenlang hinauf, hinunter, hinüber, herüber. Kein

---

1) Paijkull, En Sommer i Island, S. 255; über den Runenstein hier vgl. Kålund, Aarb. f. nord. Oldk. og Hist. 1882, S. 119, 120.

2) Über die beiden Runensteine hier vgl. Kålund, a. a O. S. 117—118.

Mensch begegnete uns, wie abgeschnitten lag mit einem Male alles, was noch an menschliche Niederlassungen erinnert. Die Pferde stöhnten und keuchten. Wir sahen ein, dass wir unser geplantes Ziel, den Anfang des Plateaus, doch nicht erreichen würden; dazu mussten wir befürchten, dass dort der Wind noch mehr tobte; wir spähten nach einem leidlich geschützten Platze aus und schlugen um 8 Uhr dicht am Flusse, wo die Pferde reichlich Futter fanden, unser Zelt auf. Es war einst das Eigentum Knebels gewesen, aber nach seinem jähen Tode von *Ögmundur* angekauft worden. Zwei Packkisten wurden als Tisch in die Mitte gestellt, auf den Boden wurde eine wasserdichte Decke gebreitet, darauf kam das Schaffell, das ich am Tage als Satteldecke benutzt hatte, und dann der warme, weiche Schlafsack; das Ölzeug und die Säcke mit Wäsche wurden zu Häupten gelegt. Der heisse Tee belebte uns angenehm, die steifen Finger wurden wieder gelenkig, und nach dem warmen Abendbrot konnten auch die Eintragungen in das Tagebuch vorgenommen werden. Der Regen prasselte gegen die Zeltwände, während wir nach des Tages Arbeit und Last unsere Zigarre rauchten; aber es wäre dennoch ganz behaglich gewesen, wenn nicht das Zelt gerade auf der mir zugewiesenen Seite leck gewesen wäre; beim Schlafen selbst schützte mich allerdings der Schlafsack vor der eindringenden Nässe. Überhaupt ist das Zeltleben nicht so idyllisch, wie man es sich vorstellt; wie der Soldat ein Not- und Massenquartier dem Biwak vorzieht, so ist der Aufenthalt selbst auf einem schlechten Bauernhofe doch einer Nacht im engen Zelte, wo man kaum aufrecht stehen kann, vorzuziehen. Dazu kam während der folgenden Tage allerdings noch manches persönliche Ungemach; die teueren Konserven, die mit einer besonderen Kochvorrichtung versehen waren, versagten sämtlich, und wenn mein Führer nicht von Anfang an dieser Neuerung misstrauisch gegenübergestanden und sich darum mit genügend Spiritus vorgesehen hätte, hätten wir über eine Woche nur von Cakes, Butter, Schokolade und Wasser leben müssen. Der Schlafsack riss in der zweiten Nacht von oben bis unten durch, als ich mich im Traume zu lebhaft auf die andere Seite warf und vergass, dass man so liegen bleiben muss, wie man sich hingelegt hat. Die schönen gefütterten Pelzhandschuhe, die ich in *Saudárkrókur* der Wirtin zum Flicken gegeben hatte, waren, wie ich mit kaltem Entsetzen jetzt erst gewahr wurde, untauglich geworden: die kluge Frau hatte das warme Pelzwerk fein säuberlich herausgetrennt, und so war nur das dünne Glacéleder übrig geblieben. Und der Lodenmantel, den ich in unglaublichem Leichtsinn von *Stykkishólmur* nach *Reykjavik* geschickt hatte, lag dort nutzlos auf der Post. Endlich wurde die Temperatur mit jedem Tage geringer, auf dem *Kjölur* haben wir des Nachts immer zwei bis sechs Grad Kälte gehabt. Gleichwohl habe ich jeden Morgen zum Entsetzen meines Führers mein

Bad im Flusse genommen, mich dann von ihm tüchtig abreiben lassen und siedend heissen Tee hinterher geschlürft. Wirklich ungemütlich wurde es, als ich eines Morgens meine langen Reitstiefel bis oben mit leicht gefrorenem Schnee angefüllt vorfand; der Abend war köstlich gewesen, kein Wölkchen am Himmel, da hielt ich die Zeit für gekommen, die schweren Kanonen einmal gründlich ausdünsten und austrocknen zu lassen; angenehm war es nicht, den Tag sogleich mit nassen Füssen zu beginnen, aber zum Erkälten war wirklich keine Zeit.

Als wir am nächsten Morgen um 7 Uhr aus dem Zelte krochen, war Neuschnee gefallen, das Thermometer auf 4^0 gesunken, und der Wind tobte munter weiter. Das Zelt wurde eingerissen, die Kisten gepackt, das Ölzeug angelegt und die Pferde eingefangen. Noch bevor wir uns in den Sattel schwangen, waren wir vollständig steif und klamm. Nach etwa $^3/_4$ Stunden hörte das Tal auf, und das Plateau begann, das den Norden vom Süden trennt, die Basaltformation war zu Ende. Immer entfesselter heulte der Sturm und drang uns eisig durch Mark und Bein; aber er vertrieb auch die Wolken und liess uns die ungeheuren Gletscher des *Eiriks-*, *Lang-* und *Hofsjökull* sehen. „*Kjölur*" bedeutet „Kiel", auch die Gebirgskette zwischen Schweden und Norwegen trägt den Namen *Kölen*, entweder weil man den lang auslaufenden Bergrücken mit dem Kiel eines umgestülpten Schiffes verglich, oder die Grundbedeutung von *Kjölr* = „Kiel" und „Gebirgsrücken" ist „ein an einem Ende gekrümmter Gegenstand"[1]. Wer sich aber den *Kjölur* als einen Rücken vorstellt, irrt vollständig. Islands Inneres ist wie eine flache, leicht wellenförmige Hochebene, an deren Rändern sich Gletscher mit ewigem Eis erheben. Am Fuss der Gletscher, wo Schnee und Eis abschmelzen, bilden sich Sümpfe und Wasseransammlungen, die ihren Abfluss in zahlreichen Bächen und Flüssen teils nach Norden, teils nach Süden haben. Die Wasserscheide zwischen diesen ist oft fast unmerklich. Die Flüsse sammeln sich wieder in grössere Ströme, die mit reissender Geschwindigkeit nach dem Meere eilen[2].

Die ersten zwei Stunden auf dem Plateau waren noch ganz leidlich, Rudel von Pferden, zu 20 und 30, begleiteten uns mit mutwilligen Sprüngen, und Gras war überall zu finden; überhaupt kann man auf dem ganzen *Kjalvegur* darauf rechnen, wenigstens zweimal am Tage auf Weide für die Pferde zu stossen, ausgenommen natür-

---

[1] Falk-Torp, Norweg.-Dänisches Etymolog. W. B. S. 522. Zu vergleichen ist das altn. Wort *háls* (m.), „Vorderteil eines Schiffes" und „länglicher Berg"; die Isländer nennen noch heute „stundenlang sich fortziehende Hügel, deren Rücken ein weites Plateau bildet", einen *háls* (Poestion, Island, S. 92); Grundbedeutung ist wohl: „eins der Enden eines krummgebogenen Gegenstandes".

[2] Bruun, Tværs over Kölen, S. 145.

lich an den *Kerlingarfjöll*. Die Unterlage des Plateaus besteht aus Grus mit einzelnen niedrigen und flachen Rücken und Hügeln. Um so einförmiger und öder wurden die folgenden vier Stunden, die durch lauter diluviale Ablagerungen führten. Zuerst ging es den westlichen Rand des *Litlisandur* entlang, lautlos liefen die Pferde über den schwärzlichen, dunkelbraunen Sand, aus dem nur vereinzelt dürftige Abendlichtnelken (Melandryum album), Epilobium angustifolium und Strohnelken hervorblinzelten. Auf einzelnen Strecken überwogen die helleren Töne; sie sahen aus, wie wenn die Sonne zitternd Kringeln auf den Boden malte, aber wenn die Hufe der Pferde die Oberfläche aufwühlten, kam die dunklere Unterlage zum Vorschein. Denn ach, von Sonne konnten wir nichts verspüren, mussten aber noch froh und dankbar sein, dass uns gerade hier nicht einer der auf dem *Kjölur* so sehr berüchtigten Sandstürme überfiel. Als wir von weitem den silbernen Spiegel der *Adalmannsvötn* aufblitzen sahen, zweier glazialer Seebecken, die in ihrer ovalen Form v. Komorowicz an die märkischen Seen erinnerten, passierten wir den ersten der zahlreichen Flüsse des Hochlandes, die nördliche *Svartá*. Der Übergang war leicht und ungefährlich, das Wasser hell und durchsichtig, so dass wir genau beobachten konnten, wohin wir die Pferde zu lenken hatten. „Schwarzache" nennt man in dieser Gegend einen Fluss mit klarem Wasser, im Gegensatze zu der „Weissache" *(Hvítá)* oder „Gletscherache" *(Jökulsá)*, die milchweisses Gletscherwasser führt. Im strömenden Regen wurde der Weg durch die einförmige, öde Diluviallandschaft fortgesetzt. Die *Blautakvisl*, berüchtigt durch Flugsand, wurde passiert, dann die *Strangakvisl* und zweimal die *Blanda*. Der letzte Übergang war recht unangenehm; wir hatten kaum das Ufer verlassen, da sanken wir bereits bis zu den Armen in das gurgelnde Wasser hinein, schnell machten wir wieder kehrt und versuchten die Pferde voranzutreiben, damit sie die Furt ausfindig machten; aber sie weigerten sich mit aller Entschiedenheit, obwohl wir weder die Stimme noch die Peitsche schonten; so musste *Ögmundur* vorsichtig von Sandbank zu Sandbank reiten, und ich zerrte die zusammengekoppelten Pferde am Halfterriemen mühsam hinterher. Dann passierten wir die westlichen Ausläufer der *Vekelshaugar*, liessen den See *Mannabeinavatn* östlich liegen und erreichten gegen 8 Uhr eine Schafhürde *(rjett)* an der *Seydisá*, wo sich früher die Treiber des Nord- und Südlandes im Herbste zu treffen pflegten; auf der Umfassungsmauer lag einsam ein vergessener Regenmantel; hier schlugen wir das Zelt auf, wuschen uns den Sand aus den Augen und kochten ab, der Wind flaute ab, und ich konnte endlich die heiss ersehnte erste Zigarre rauchen. Die *Seydisá*, so benannt nach einer kleinen Fischart, die in ihr häufig vorkommt (vgl. oben S. 10), ist ein breiter und reissender Nebenfluss der *Blanda* und wird von drei kleineren Flüssen gebildet, den sogenannten *Beljanda-kvíslir*, nördlich von *Hveravellir*.

Am nächsten Morgen um 7 Uhr, also für isländische Verhältnisse sehr zeitig, standen die Pferde bepackt und gesattelt da. Zwar war der Himmel trotz der kalten Nacht noch mit Regenwolken bezogen, aber die kolossalen Schneefelder des *Lang-* und *Hofsjökull* waren deutlich zu sehen, auch die schneebedeckten Zacken der *Kerlingarfjöll* wurden sichtbar, und im Südwesten prangte der Himmel in hellem Blau. Als gar die Sonne durchbrach und uns mit wohliger Wärme begnadete, war aller Missmut verschwunden. Plötzlich erblickten wir an einer mit frischem Grün bedeckten Stelle in der Nähe eines plätschernden Bächleins zwei grasende Pferde. „Da sind englische Touristen!" rief ich *Ögmundur* zu; „nein, es sind Geächtete, Nachkommen des unseligen *Grettir*!" erwiderte er. Bald darauf entdeckten wir ein kleines Zelt, und in ihm fanden wir einen schlafenden Bauern. Verwundert starrte er uns an, dann schüttelte er uns kräftig die Hände: „*Komid þjer sælir!*" Willkommen, willkommen!" wiederholte er unaufhörlich. Er war ebenso wie wir hocherfreut, in dieser Wildnis Menschen angetroffen zu haben und gab uns bereitwillig sichere Auskunft über den weiteren Weg; namentlich beruhigte uns seine Mitteilung, dass an der *Hvitá* zwei neue Böte lägen, so dass wir hoffen konnten, ungefährdet den *Geysir* zu erreichen. Er war dort acht isländischen Sportsleuten aus *Akureyri* begegnet, die den ganzen Weg bis *Reykjavik* zu Fuss zurücklegen wollten; sie führten Ölzeug und etwas Proviant in einer wasserdichten Tasche bei sich und hatten 18 Flüsse durchschwommen oder bis an die Arme im Wasser stehend durchwatet; fast alle Nächte hatten sie im Freien, ohne Zelt geschlafen. Der Bauer wies uns an, den bisher durch Warten bezeichneten Weg zu verlassen und auf den mittelsten der drei Gletscher des *Hrútafell* Richtung zu halten, die von weitem wie gewaltige versteinerte Wasserfälle aussähen.

Das etwa 250 m hohe *Hrútafell* (Widderberg) erstreckt sich als ein riesiges, steiles Vorgebirge von der Hauptmasse des *Langjökull* aus nach Osten, wird aber durch eine Einsenkung davon getrennt und bildet so ein besonderes Gletschermassiv mit mehreren kleinen Gletschern[1]). Der Berg besteht zu oberst aus Basalt oder Dolerit, darauf folgen braune Breccie und unter dieser graulicher Tuff mit einer Menge verzweigter Basaltgänge. Zwischen dem *Hvítárvatn* und dem *Hrútafell* finden sich mächtige Komplexe von doleritischer Lava; diese stammt nach Thoroddsen von Vulkanen her, die jetzt teilweise unter dem Eise liegen. Nach Nordwesten wird im Hochlande zwischen *Hrútafell* und *Langjökull* eine breite Bucht gebildet, aus der sich drei getrennte Berge aus grauen und

---

[1]) Thoroddsen, Geogr. Tidskr. X, S. 24.

braunen Breccien mit verschiedenen Basalteinlagen und einzelnen Liparitdurchbrüchen befinden, *Pjófafell* (Diebberge), mit dazwischen gelagerten Tälern, durch die die drei vom *Langjökull* kommenden Gletscherflüsse strömen, die dann die milchweise *Fúlakvísl* bilden. Hinter der nordwestlichen Ecke des *Hrútafell* zieht sich ein Tal hin, von dem der südlichste von den Zuflüssen der *Fúlakvísl* entspringt; er ist ohne jede Vegetation und auf allen Seiten von Gletschern umgeben. Trotzdem fand Thoroddsen hier 1888 die Ruinen einer Behausung, die sich Ächter gebaut hatten.

Einige Schüler der Lateinschule zu *Hólar* hatten ein altes Weib erschlagen und waren dann in die Berge geflohen; im *Surtshellir* hatten sie ihren Aufenthalt, sie raubten das Vieh auf den Bergweiden und trieben es im Herbste heim. Durch Verrat wurden sie in ihrer Höhle überfallen und zum grössten Teil erschlagen. Einer von diesen Höhlenmännern, *Eiríkr*, der sich durch besondere Stärke und Entschlossenheit auszeichnete, entrann auf den Gletscher, und der Ferner erhielt damals seinen Namen. Die übrigen, die entkamen, flohen in den *Pjófadalur* und unternahmen von diesem versteckten Winkel aus Raubzüge gegen die Schafe der Bauern. Diese rotteten sich zusammen, drangen vom *Bláfell* aus vor und hieben die Höhlenmänner bis auf den letzten nieder[1]). Hendersson erfuhr noch 1815, wie lebendig der Glaube an diese Friedlosen war (s. o. S. 14).

Da auch Thoroddsen selbst seinen Besuch dieser Gegenden nur als „flüchtig" bezeichnet, wäre hier eine lohnende Aufgabe für Spezialforschung, und ich würde vorschlagen, von *Hveravellir* aus in diese *Pjófadalir* vorzudringen.

Wir folgten der von dem Bauern angegebenen Richtung über öde, braune Wüste und sahen etwa eine Stunde vor dem Ziele die erste weisse Dampfwolke in die helle Luft aufsteigen, dann tauchten sechs oder sieben auf, und während wir die Blicke nach den ungeheuren Schnee- und Gletscherfeldern ringsum schweifen liessen, lagen hinter einem kleinen schwarzen Rücken mit einem Male in einer Höhe von 632 m ü. M. die grasreichen Ebenen der heissen Quellen vor uns (Abbildung 21). An weit mehr als 30 Stellen wogte und wirbelte der weisse Dampf empor, der sich in der sonnezitternden Luft hin und her wiegte, bei einem leisen Windstoss zusammenfiel oder über den buntfarbigen Boden kroch und dann wieder gerade in die Höhe aufstieg. Die blauschwarze Lava gibt einen wirkungsvollen Hintergrund, und gegenüber baut sich das ungeheure, erstarrte Gletschermeer auf. Je näher man kommt, desto deutlicher sieht man die milchweissen Kieselflächen, die mit dunkelblauem, kristallklarem Wasser angefüllten Marmorbassins, einige grellgelbe Schwefelsteine, bleischwarze, dumpf klucksende Solfataren und feuerrote Schwefelablagerungen nach Osten. Das warme Quellwasser lagert an der südöstlichen Kieselsinterkuppe fast durchsichtigen Kieselsinter ab, der von weitem wie eine dünne silberne Eisdecke aussieht, und

---

[1]) *Jón Arnason, Íslenzkar Pjóðsögur* II, S. 300—304; vgl. oben S. 50.

wenn es der Sonne für einen Augenblick gelingt, das wallende Meer der Wasserdämpfe zu durchdringen, so glitzt und glänzt die Kieselkuppe wie Rauhreif in heller Wintersonne.

Allerliebst ist ein kleiner Wasserfall, den das warme, tiefdunkelblaue Wasser im Osten bildet, und ringsumher hat sich gelber Schwefel auf den Steinen abgesetzt. Einen höchst drolligen Eindruck machten einige langwollige Schafe, die unbekümmert um das unterirdische Blubbern und Dampfen um sie her zwischen den einzelnen Quellen an dem saftigen Gras der Cyparaceae und Gramineae rupften.

Es sind deutlich zwei Hauptquellengebiete von 10800 qm Grösse, zwei alte Kieselsinterkuppen, die durch eine sumpfige Niederung mit

Fig. 21. Hveravellir.

einem kleinen See, der von einem kleinen nach Osten zu sich in die *Blanda* ergiessenden Bach durchrieselt wird, voneinander getrennt sind; weitere alte Sinterbildungen, deren Quellen versiegt sind, kommen in der Nähe vor und zeigen, dass die vulkanische Tätigkeit hier früher grösser gewesen sein muss. Auf dem nordwestlichen Teile geht es verhältnismässig am ruhigsten zu, die Quellen springen ein wenig in die Höhe, meist sprudeln und blubbern sie nur; südwestlich aus den Ritzen des Lavafeldes steigt auch Rauch an drei oder vier Stellen hervor. Die südöstliche Kuppe wird beständig von kochendem Wasser aus den zahlreichen Wasserbassins überschüttet, daher kommt hier auch keine Vegetation vor. Die Temperatur der Quellen an der Oberfläche ist sehr verschieden, sie schwankt von 37^0 C, 67^0 C bis 96^0 C.

Obwohl diese Gegend bereits zur Zeit der Besiedelung Islands bekannt war (s. o. S. 225), hat doch erst der isländische Naturforscher *Eggert Ólafsson* 1752 eine genauere Beschreibung gegeben[1]), dann folgte, 63 Jahre später, 1815 E. Henderson[2]), und wieder nach 73 Jahren Thoroddsen[3]); erst der letztere hat eine abschliessende Untersuchung mit einer sehr genauen Karte geliefert, und seinen Ergebnissen folgt diese Darstellung. Schon zwischen *Eggerts* und Hendersons Schilderung besteht ein Unterschied, der darauf hinweist, dass sich die Verhältnisse indessen geändert hatten, am intensivsten war die Tätigkeit der Quellen 1815; Thoroddsens Beobachtungen, die ich genauer erst nach meiner Rückkehr kennen lernte, decken sich mit meinen, es hat also in den letzten 20 Jahren keine wahrnehmbare Veränderung stattgefunden.

Eggert Ólafsson beschreibt besonders den „brüllenden Hügel" (*Öskurhóll* oder *Öskurhólshver*, „Brüllhügelquelle"): Als er etwa auf eine Viertelmeile herangekommen war, sah er den Dampf an drei verschiedenen Stellen aufsteigen und hörte ein sehr entferntes Geräusch, gleich dem Brüllen eines Löwen, das von einem sehr durchdringenden Zischen begleitet war. Was ihm zuerst in die Augen fiel, war ein weisser runder Hügel, aus dem der Dampf durch drei enge gebrochene Löcher mit solcher Kraft hervordrang, dass das erwähnte zischende Brüllen davon herrührte. Diese Löcher hatten auswendig nur 2 Fingerbreit im Durchmesser, und ihr Band war mit roten, weissen und grünen Farben besprengt . . . Als er kleine Steine hineinwarf, wurden sie wieder herausgeschleudert . . . . Unweit von diesem Hügel sieht man drei grosse *hverer* (heisse Quellen), die stark versteinern; der mittelste *hver* kocht am heftigsten und wirft das Wasser drei Ellen in die Höhe, der nördlichste kocht am wenigsten und liegt 8 Faden von dem mittelsten, der südlichste aber nur 2 Faden[4]). Alle drei stehen in einer genauen Verbindung miteinander, so dass der eine still ist, wenn der andere springt, und umgekehrt. Das Besonderste und Eigentümlichste bei diesem Wasser ist, dass eine feine harte, weiss glänzende Materie, die Porzellan gleicht und weit weg, wie feines Eis, das sich am Rande angesetzt hat, aussieht, von dem Rande aus sich über das Wasser legt, was man bei keiner anderen Quelle in Island antrifft . . . .

Auch Henderson, der eine sehr genaue, lebendige Schilderung der *Hveravellir* gibt, erwähnt die „Brüllhügelquelle": sie stösst aus einer kleinen Erhöhung aus Kieselsinter mit fürchterlichem Lärm, grosser Kraft und einem Laut, der wie zischendes Gebrüll klingt, starke Dampfwolken aus, wobei das Wasser mehrere Fuss hoch emporgeschleudert wird. Höchst überraschend ist die Regelmässigkeit, mit der die immer sich wiederholenden Ausbrüche stattfinden. Zuerst gibt der Brüllhügel das Signal; gleich darauf antwortet der grosse Springquell am anderen Ende des Platzes, und nun kommt auch die Reihe an die andern. „Die Ordnung, die sie dabei beobachten, kann bloss mit derjenigen verglichen werden, die man wahrnimmt, wenn die verschiedenen Kompagnien eines in Schlachtordnung aufgestellten Regiments, nach einander ihre Gewehre abfeuern." „Ausserdem gibt es hier eine Menge von Bassins mit kochendem Wasser — darunter eines, das doppelt so gross ist wie das des grossen *Geysir* — sowie zahlreiche, Dampfwolken aussendende Spalten in dem zunächst liegenden Teil des Lavafeldes."

Das Merkwürdige ist nun, dass der „Brüllhügel" jetzt seine Tätigkeit vollständig eingestellt hat und nicht mehr das Signal für die

---

[1]) Reise durch Island II, S. 637—39; deutsche Übersetzung II, S. 11, § 706.
[2]) Iceland II, S. 207—209, deutsche Übersetzung S. 212 ff.; Poestion, Island S. 152.
[3]) Ymer, IX, 1889, S. 49—59.
[4]) 1 Faden = etwa 2 m.

anderen Quellen zum Donnern gibt. Mit gutem Grunde vermutet Thoroddsen, dass ein etwa 35 m von einem kleinen See gelegener, 4 bis 5 Fuss hoher Kieselsinterhügel mit einem Durchmesser von 12 Fuss der alte *Öskurhöll* ist; „er hat mehrere gekrümmte Öffnungen, in die man gerade einen Finger hineinstecken kann, in den Höhlungen ist eine Temperatur von 91°, aber der Hügel ist völlig ausgetrocknet und gibt keinen Dampf von sich."

Von den übrigen heissen Quellen hebe ich nur die interessantesten hervor. Südlich von dem kleinen See, etwa 35 m vom Brüllhügel, liegt dicht am Rande des Lavafeldes der etwa 2 Fuss hoch sprudelnde, von Thoroddsen benannte *Eyvindarhver*; die Öffnung ist zum Teil mit Lavastücken zugedeckt, da die Quelle vermutlich früher von Ächtern zum Kochen ihrer Lebensmittel benutzt wurde.

Fjalla-Eyvindr, Berg-*Eyvindr*, war im 18. Jahrhundert der berühmteste Ächter, er war geschickt im Laufen, Klettern und Schwimmen; er soll 20 Jahre in der Einöde gelebt haben, dann aber freigesprochen und 1780 in *Bessastadir* begraben worden sein. Zu Beginn seiner Acht lebte er mit seiner Frau *Halla* und einem Leidensgefährten *Arnes* in den *Hveravellir* von Schafdiebstählen, und man sieht noch dürftige Reste von ihrer Hütte [1]).

Etwa 10 m vom „Brüllhügel" ist ein prachtvolles Bassin mit kochendem Wasser, dem Thoroddsen den Namen *Bláhver* gegeben hat; es hat einen Durchmesser von ca. 24 Fuss und gleicht dem bekannten *Blesi* in der Nähe des *Geysir*, ist aber grösser und schöner. Es ist sehr regelmässig und sieht wie ein tiefes Marmorbecken aus, dessen Rand mit glitzernden Kieselinkrustationen besetzt ist; „aber was dem Bassin seine feenhafte Schönheit gibt, ist das klare, prächtige, lichtblaue Wasser, das vollständig dieselbe Farbe und den gleichen Glanz hat wie das Meer in der berühmten Blauen Grotte auf Capri an einem strahlenden Sonnentage", ruft Thoroddsen bewundernd aus, der drei Jahre vorher in Italien geweilt hatte.

Auf der südöstlichen Kieselsinterkuppe, ca. 5 m vom *Bláhver*, liegen die beiden *Brædrahverir*; sie springen unter starker Dampfentwickelung 7—8 Fuss hoch und haben regelmässige Krater von derselben Form wie der *Geysir*, aber natürlich viel kleiner. Etwa 10 m unterhalb liegt eine alte, halb erstorbene Quelle (*Gamli Strokkur*), ihre Temperatur beträgt nur 37°, obwohl das kochende Wasser rings herum aus den kleinen Spalten und Löchern hervorsprudelt.

Nur schwer riss ich mich von der wundervollen Szenerie los, aber wir wollten noch den nächsten Grasplatz *Gránanes* erreichen, von wo wir einen Abstecher nach den *Kerlingarfjöll* unternehmen wollten, und unterwegs wollten wir noch heute die Lavakuppe *Strýtur*

---

[1]) Henderson II, S. 209, 218. *Espólin, Íslands Árbækur* Bd. X, 45, 75, 78, XI, 10, 11; Jón Árnason, *Isl. Þjóðs.* II, S. 243—251. Lehmann-Filhés, Isl. Volkssagen N. F. S. 182—195.

besteigen; wenn ich auch von Daniel Bruun wusste, dass ihre Besteigung noch weit leichter wäre als die der *Hekla*, so musste doch mit der noch zur Verfügung stehenden Zeit und den Anstrengungen des nächsten Tages gerechnet werden. In einer halben Stunde war der Rand des *Kjalhraun* erreicht, am Fusse des *Dúfufell* gab es bis zum Abend das letzte Trinkwasser für Ross und Reiter, etwas südlich vom *Dúfufell* liegt die *Grettishöhle*, in einer Stunde war der grosse Stromvulkan erreicht, von dem der Lavastrom *Kjalhraun* und die doleritischen Lavakuppen des *Hrútafell* wie die heissen Quellen *Hveravellir* herrühren. Der Krater hat seinen Namen *Strýtur* „Spitzen" (Plural von *strýta* Nom. sg. f.) von den 10—20 m, ja 40 m hohen, auf seiner breiten Lavakuppe aufrecht stehenden Lavaspitzen Diese sind um eine nur 10—20 m tiefe Einsenkung von ca. 950 m im Durchmesser gelagert; in dem flachen Kraterboden befinden sich vier oder fünf grosse tiefe Kessel; am Rande des Hauptkraters finden sich mehrere konzentrische Spalten; nach SW., wo auch ein 30 m hoher, steiler Lavakegel aufragt, ist die Höhe des Kraterrandes von Thoroddsen auf 808 m berechnet. Die Lavakuppe ist früher höher gewesen, die „Spitzen" scheinen Reste eines alten zusammengebrochenen Kraterrandes zu sein. v. Knebel sieht in dem ganzen Gebilde eine Einbruchscaldera, Thoroddsen und v. Komorowicz einen ehemaligen Lavasee vom Kilaueatypus, dessen Boden eingebrochen ist, und dessen Ränder grössenteils vernichtet worden sind. Die Lavakuppe, die genau auf der Wasserscheide zwischen dem Nord- und Südlande liegt, hat nur Lava ausgeworfen, keine Schlacke noch Asche, und zwar nach Süden wie nach Norden. Die Lava, die den Krater umgibt, ist basaltische Plattenlava, klingend, zuweilen glasiert, höckerig, voller Röhren und Höhlen; Hornitos sind nicht selten, sie sind durch die in der Lava explodierenden Dämpfe entstanden; die Senkungen sind hier und da mit Flugsand angefüllt, an einigen Stellen kommen Lichenen und Moose, sogar Heidekraut und Weidengebüsch fort. Die Lava des *Kjalhraun* füllt in einer Höhe von 500 bis 700 m ü. d. M. die Einsenkung zwischen dem *Lang-* und *Hofsjökull* aus und stammt sicher aus der Zeit vor Islands Besiedelung. Schlechtes Wetter und Nebel hinderten leider Thoroddsen, den Vulkan näher zu untersuchen[1]).

Auch wir hatten, obwohl der Tag so herrlich begonnen hatte, gegen Abend unter Regen und Nebel zu leiden; Aussicht hatten wir gar nicht, selbst die drei Gletscher des *Hrútafell* waren verschwunden. Wir waren froh, dass die langsam abfallende Lava mit ihren grossen verfilzten Platten den Hufen der Pferde keine Schwierigkeit bot. Sechs hohe Steinpyramiden bezeichnen die Stelle, von wo aus der Weg wieder nach Süden lenkt. Auf einem hervor-

---

[1]) Island S. 133, 321; Geogr. Tidskr. X, 28.

springenden Punkt in der Lava erheben sich zwei hohe Warten, an deren Fuss eine grosse Menge gebleichter Knochen von Schafen und Pferden aufgetürmt liegen; es ist der Ort, wo die *Reynistaðabrædur* so traurig ums Leben gekommen sind. Eine Stunde südwestlich vom *Kjalfell* liegt der Grasplatz *Gránanes* am Zusammenfluss der beiden Wasser, die die südliche *Svartá* bilden; im Rücken des Zeltes ragt ein schwarzbrauner Berg empor, von dem ein Bach mit köstlich frischem Nass in zierlichen Wasserfällen springt; gerade gegenüber erheben sich die beiden parallelen schmalen Hauptketten der *Kerlingarfjöll* mit ihren zerrissenen roten, braunen, gelben und weissen Zacken. (Abbildung 22.)

Der folgende Tag, der für den Ausflug nach den „Altweiberbergen" bestimmt war, auf den ich mich am meisten während der

Fig. 22. Die Kerlingarfjöll, von Gránanes gesehen.

ganzen Reise gefreut hatte, war der schlechteste und unfruchtbarste auf der gesamten Tour, ein absolut verlorener Tag. Undurchdringlicher Nebel lastete auf dem Tale, auf den Bergen ringsum, der Sturm heulte und trieb unendlichen Regen und erbsengrosse Eisschlossen ins Gesicht, dass ich fürchtete, die Brille würde zerschlagen werden. Ich muss mich daher für diesen Tag auf einige ganz kurze Bemerkungen meist rein touristischer Art beschränken, kann es freilich auch um so eher, als Thoroddsens schöner Aufsatz, was v. Knebel und v. Komorowicz entgangen ist, in deutscher Übersetzung vorliegt[1]). Allerdings ist eine neue Einzelforschung durchaus nötig, die mehrere Wochen in Anspruch nehmen dürfte; Thoroddsen selbst spricht nur von einer flüchtigen Rekognos-

---

[1]) Neue Solfataren und Schlammvulkane auf Island, übersetzt von Lehmann-Filhés; In: Das Ausland 1889, Nr. 9. S. 161—164.

zierung¹); das *Illahraun* östlich von den *Kerlingarfjöll* ist sogar völlig unbekannt. Eine dürftige Unterkunftshütte *(Kofi)* findet man auf der westlichen Seite der *Kerlingarfjöll*, und nach meinen Erkundigungen auch am nördlichen Ufer der *Pjörsá*, *Sóleyjarhöfdi* gegenüber.

Die Warten hören zwar bei *Gránanes* auf, doch ist der Weg weder nach Süden noch nach Osten zu verfehlen. Thoroddsen drang von Süden, Bruun, v. Knebel und v. Komorowicz von Norden her in die 1250 m hohen, mit starken Liparitgängen durchsetzten Tuffberge der *Kerlingarfjöll*²). Man lässt Zelt, Gepäck und und die überflüssigen Pferde zurück und reitet drei Stunden lang über ein schrecklich eintöniges, wellenförmiges, mit Kies und Grus bedecktes Hochplateau; man muss dabei ein Gewirr von zahllosen Wasserläufen, tiefen Rinnen und Kanälen passieren, die teils vom *Hofsjökull*, teils von den *Kerlingarfjöll* kommen und zuletzt die reissende, wegen ihrer Triebsandbänke gefährliche *Jökulkvísl* bilden. Ein kleines Tal bietet den Pferden wenigstens soviel Gras, dass sie sich in den 2—3 Stunden, in den man den hunderten von Schwefelquellen und Schlammvulkanen einen Besuch abstattet, beschäftigen können. Durch einen schneebedeckten Pass, den tief eingeschnittenen Cañon der weissgelblichen, undurchsichtigen *Ásckardsá* entlang, geht man dann zu Fuss in 1 ½ Stunden in die Berge vor; schwarze Rauchsäulen steigen schwerfällig in die Höhe, alle Schluchten sind mit schwefelsauren Dämpfen angefüllt, und die Gebirgsabhänge prangen in den schreiendsten Farben. Aus jedem Loch, aus jeder Spalte, aus jedem Riss, oft sogar unmittelbar am Rande der Schneelager, steigen unter gedämpftem Stöhnen und Pfeifen grössere und kleinere Dampfstrahlen in die Luft; hier und da sieht man hellgrüne Schwefelkleckse oder weisse Krusten von verschiedenen Salzen, und rund umher liegen Pfützen mit kochendem Ton in allen möglichen Färbungen, dunkelblau, hellblau, dunkelgrün, hellgrün, gelb, weiss, grau und rot. Obsidian und liparitischer Bimsstein finden sich in Menge überall. Bis zu dem ca. 1100 m hohen Rücken *Skygni* (= „der sich gut umsehen kann") und den nördlich davon gelegenen weitverzweigten *Hveradalir* („Täler der heissen Quellen") ist seit Thoroddsen noch kein Forscher wieder vorgedrungen.

Als ich am Abend müde und missmutig, zerschlagen, frierend und hungrig im Schlafsack lag, tröstete mich *Ögmundur* damit, dass es vor drei Jahren v. Knebel noch viel schlechter ergangen wäre: auch damals wäre ein entsetzliches Unwetter gewesen, Knebel hätte noch viel weniger gesehen als ich und sei nach der

---

[1]) Geog. Tidskr. X 20, *Lýsing Íslands* I, S. 195.

[2]) Das hat v. Knebel übersehen, sonst hätte er Thoroddsen nicht den Vorwurf gemacht, dass die Solfatoren auf seiner Karte falsch eingezeichnet seien.

Rückkehr im Zelte wie tot zusammengebrochen, vor Erschöpfung sei er ausserstande gewesen, auch nur zu essen oder zu trinken und sei sofort in bleischweren Schlaf gesunken. —

Ganz früh am nächsten Morgen weckte mich mein Führer mit den Worten der Edda:

"Mich beschneite der Schnee, mich schlug der Regen,
mich beträufelte Tau, tot war ich lang."

Zum Glück hatte das Schneetreiben nachgelassen, nur der Sturm tobte weiter mit unverminderter Kraft, und obwohl der Himmel später in wolkenlosem Blau lachte und die Sonne hell und glänzend schien, war es doch wieder entsetzlich kalt. Zitternd und bebbernd sassen wir vor 7 Uhr zu Pferde, nachdem wir, um nur einigermassen das Mark und Bein durchdringende Kältegefühl abzuwehren, Strümpfe über Hände und Stiefel angezogen und den Ölrock angelegt hatten; selbst die Ohrenklappen des Südwesters liessen wir nieder. Ein kleines Lavafeld zwischen der *Svartá* und *Jökulkvísl*, das mit fingerhohem Birkengebüsch bewachsen war, wohl der südlichste Ausläufer des *Kjalhraun*, wurde zunächst passiert, meist zu Fuss, damit wir etwas warm würden. Am *Svartárkofi* machten wir Rast, um Frühstück und Tee zu kochen. Die dort befindliche Hütte ist auf Kosten des ganzen Bezirkes aufgebaut und wird auch von ihm unterhalten, die Wände bestehen aus Gras und Steinen, das Dach sogar aus Wellblech; der schmale rechteckige, nur zwei Fuss breite Eingang erweitert sich nach der Seite, so dass 6—7 Personen Platz finden können. Etwaige Schäden, die die Hütte im Winter und Frühling erlitten hat, werden beim ersten Treiben von dem ausgebessert, der sie zuerst benutzt. Das auf dem Boden aufgeschichtete, mühsam zusammengesuchte Reisig rührten wir nicht an, obwohl wir uns gern an seiner Flamme gewärmt hätten; auf dem offenen Herde kochten wir, wie gewöhnlich, über Spiritus; da es bei geschlossener Tür dunkel war, zündeten wir eine Kerze an, die noch vom Besuche des *Surtshellir* übrig war. Der Führer wäre am liebsten, auch des immer stärker anschwellenden Sturmes wegen, hier geblieben und hätte einen Rasttag gemacht, so behaglich war es in dem engen Raume für uns, die wir durch das wilde Lagerleben wahrlich nicht verwöhnt waren. Aber ich drängte weiter, ich wollte nicht nur das *Hvítárvatn* besuchen, sondern sogar die *Hvítá* noch überschreiten, um am Fusse des *Bláfell* das Lager aufzuschlagen und am nächsten Tage noch das "Hotel *Geysir*" zu erreichen. Ach, wäre ich doch seiner besseren Einsicht gefolgt! Ein langes, schweres Leiden wäre mir erspart geblieben! Zum Dank für den gewährten Schutz liess ich einige Schachteln Streichhölzer, Lichter — wie bald sollten wir selbst sie nötig gebrauchen! —, und einige Tafeln Schokolade zurück: mögen sie nicht in die Hände barbarischer Engländer gefallen sein, sondern in die der armen Hirten, für die sie bestimmt waren, wenn sie im unwirtlichen Herbst mühsam die Schafe von den Hochweiden zusammen getrieben haben und am Abend, durchfroren und verhungert, im traulichen *Kofi* beim brodelnden Kaffeekessel kauern!

Die klare *Svartá* entlang ritten wir weiter über öde Kiesflächen oder niedrige wellenförmige Höhen. Der Sturm war so fürchterlich geworden, dass wir uns kaum auf den Pfaden halten konnten, wir fühlten ordentlich, wie unser Gesicht anschwoll; zweimal wurde ein Packpferd umgeworfen, der Sattelgurt platzte, und Instrumente und Konservenbüchsen rollten über den Boden. Untätig musste ich zusehen, wie *Ögmundur* den Riemen mit Bindfaden flickte und mit den Zähnen zusammenzog; ich selbst sass so steif auf dem Gaule, dass ich bei dem Versuch, abzusteigen, wie ein Sack herunter geplumpst wäre. Mit geschlossenen Augen stapften wir Schritt für Schritt vorwärts, durchritten zweimal die *Svartá* und bemerkten kaum, wie sich das landschaftliche Bild mit einem Schlage geändert hatte.

Wir befanden uns plötzlich inmitten lachender Wiesen, in der Nähe der kleinen *Tjarná*, unterhalb des Deltas, das die in das *Hvítárvatn* mündende *Fúlakvísl* bildet, südlich von den grauroten terrassenförmigen Tuffhügeln *Hrefnubúðir*. Wir hatten den Sturm im Rücken und konnten mit Musse das wundervolle Bild in uns aufnehmen, das sich unseren überraschten und entzückten Blicken bot. Vor uns breitete sich die weite Fläche des *Hvítárvatn* aus, eines glazialen Stausees; seine Grundfarbe ist milchweiss wie die der Gletscherbäche; nach Nordosten aber, wo die *Fróðá* einmündet, zieht sich ein breiter, blauer Streifen durch das milchweisse Wasser hindurch. Am südlichen Ende, *Hvítárnes* genannt, stürzt die *Hvítá* aus dem See mit gelben, wirbelnden Wellen, deren weisser Kamm bald hinter den das Flussbett umsäumenden Bergen in rasender Jagd auftaucht, bald wieder verschwindet. Nach Osten erheben sich drei kuppelförmige Doleritvulkane. Das Schönste aber sind auf der westlichen Seite zwei mächtige grüne Schreitgletscher, die von der ungeheueren Eis- und Schneefläche des *Langjökull* herunterkommen und mit ihrem Ende den See berühren (Abbildung 23); ein schwarzes, mit geschrammtem Dolerit bedecktes Vorgebirge, *Skriðufell*, trennt wie eine Insel die beiden Gletscherfelder voneinander. Das grössere südliche verläuft nur allmählich in den See; wie Thoroddsen festgestellt hat, hatte es am Ende des 18. Jahrh. das Wasser noch nicht erreicht, und man konnte damals zwischen dem Gletscherende und dem See hindurchgehen. Der nördliche, stark geborstene Gletscherarm fällt jäh und unmittelbar, wie in mächtigen zu Eis erstarrten Kaskaden, in den See ab und hat einen kleinen Fjord, *Karlsdráttur*, vom Hauptbecken fast abgetrennt. Beide Gletscher haben kein Gletschertor, sondern „kalben", wie die Eisberge in den

Fig. 23. Skriðjökull am Hvitárvatn.

Fjorden Grönlands, unmittelbar in den See; dann hört man einen scharfen Knall, dem ein dumpfes Dröhnen folgt, und mächtige Eisblöcke und Schollen schiessen vom Gletscher fort und treiben schwimmend auf dem See umher. Auf dem südlichen Ende, das nur ca. 10 m tief sein soll, stehen die Eismassen wie festgefroren da.

Das *Hvítárvatn* ist durch Sammlung von Schmelzwasser des östlichen *Langjökull* in einem tiefen Einschnitt entstanden und durch Gletscherzungen, die vielleicht vom *Hofsjökull* ausgingen, spät in der Eiszeit aufgestaut; es liegt 435 m ü. M. und hat ein Areal von 35 qkm[1]). In der Vorzeit aber ist es etwa 100 m tiefer und weit grösser gewesen, denn an den Bergabhängen im Nordosten sind vier alte Strandlinien übereinander bemerkbar.

Der See ist reich an Forellen; Singschwäne, Enten aller Art und Gänse, Thorshähne und Schneehühner nisten hier in zahlloser Menge; ohne sich um uns zu kümmern, watschelte eine Schwanenmutter mit ihren Jungen schwerfällig nach dem See, überall sieht man Spuren und Federn von Schwänen. Auf den üppigen Grasfeldern weiden fette Schafe, sogar einzelne Pferde springen umher, mit rollendem Dididi streichen Regenbrachvögel an uns vorüber, und mit melancholischem Dü eilt der Goldregenpfeifer zwischen den Erdhügeln hin und her. Es ist auffallend, dass diese herrliche, fruchtbare Gegend nicht mehr bewohnt ist. Auch früher scheint sie nur wenig besiedelt gewesen zu sein; an der *Tjarná*, von wo wir zuerst das wundervolle Landschaftsbild genossen hatten, ca. 325 ü. M., hat Bruun einige Ausgrabungen vorgenommen[2]), und spärliche Trümmer sind noch jetzt zu sehen. Ende des 18. Jahrhunderts begaben sich die Bewohner der *Árnes sýsla* nach *Hvítárnes*, wo diese königlichen Vögel hauptsächlich nisteten, um sich der Schwaneneier zu bemächtigen[3]). Von dem Reichtum des Sees an Fischen zeugt ein altes Sprüchwort und eine hübsche Sage. „Es ist ebenso gut", so hiess es früher, „einen Mann am *Hvítárvatn* zu haben wie den besten Fischerkutter an der Küste." Die Sage erzählt: Im 18. Jahrhundert waren einst Leute am See gewesen, um Forellen zu fischen, aber ein Mann (isländisch: *Karl*) aus *Skálholt* war zurückgeblieben. Da er keinen Menschen bei sich hatte, der ihm helfen konnte, beim Zugnetz mitanzufassen, verfiel er darauf, eine Stute mit ihrem Fohlen zu gebrauchen, die er bei sich hatte. Er liess die Stute auf der einen Seite des Fjordes oben an dem Gletscherrande gehen, und das Füllen auf dem anderen Ufer; das eine Ende des Netzes band er am Schweif der Stute fest; diese suchte natürlich zu ihrem Sprössling hinüberzuschwimmen, und zugleich wurde ein regelrechter Fischzug getan. Nach diesem alten Manne hat die Bucht ihren

---

[1]) Thoroddsen, *Andvari* XV, 88—114. *Lýsing Íslands* I, S. 364; Feddersen, *Geysirdalen og dens Vandlöb*. Geogr. Tidskr. IX, S. 2—11; dazu X, S. 52.

[2]) *Gennem Affolkede Bygder*, S. 14 ff., Tafel IX.

[3]) Thoroddsen-Gebhardt II, S. 273.

Namen erhalten; noch heute sieht man die Ruinen einer Fischerhütte *(veidiskáli)*, wo er gewohnt haben soll.

„Ich kenne keinen Platz auf ganz Island," ruft Thoroddsen begeistert aus, „der sich zu einem Sommerausflug für Sportsleute besser eignete als das nördliche *Hvítárvatn*, der liebliche *Fróðárdalur*. Die wunderschöne Natur, der See und die prächtigen Gletscher werden auch auf das verwöhnteste Auge ihren Reiz ausüben; hier hat man vorzügliche Weide für die Pferde, unzählige Quellen mit dem klarsten Wasser, Holz zur Feuerung, Forellen im See und in den Bächen, und wilde Schwäne, Gänse und Schneehühner zu Tausenden. Hier ist man so weit weg von der bewohnten Gegend, dass man vollständig auf sich allein angewiesen und so herrlich frei von Menschen ist; man ist durchaus sein eigener Herr und weit weg von dem Wirrwarr und den Verdriesslichkeiten der Zivilisation. Mit ihren zahllosen kleinen Flussarmen und Bächen, den kleinen Wasserpfützen und Teichen ist die Umgebung des *Hvítárvatn* ein richtiges Eldorado für die Singschwäne, die sich hier während der Mauserzeit in grossen Scharen aufhalten; ihre Federn liegen überall verstreut umher, so dass sie auf den grünen Rändern der Hügel von weitem wie frischgefallener Schnee aussehen; die Fusstritte der Schwäne sieht man kreuz und quer über die lehmigen Grasebenen, wie regelrechte Wege. Wenn wir durch das Weidengebüsch im *Fróðárdalur* gingen oder ritten, scheuchten wir oft grosse Trupps von Schneehühnern auf, die in ihrem braungesprenkelten Sommerkleide nicht eher gesehen wurden, als bis man dicht vor ihnen stand"[1]).

Blitzschnell durchfuhr mich der Gedanke: wozu all die Herrlichkeiten nur von weitem ahnen? auf nach dem *Fróðárdalur*! aber nicht auf dem nächsten Wege auf der Ostseite des Sees, sondern so schnell wie möglich über die *Hvítá* und dann versuchen, um den westlichen Rand des Sees nach den Gefilden der Seligen vorzudringen! Ich habe mich später oft gefragt: war dieser plötzliche Entschluss, wenn einmal mir ein Unfall am heutigen Tage vom Schicksal bestimmt war, mein Lebensretter, indem wir so den schützenden *Kofi* eher erreichten, oder ist das Unglück dadurch schneller oder gar überhaupt erst heraufbeschworen worden? Ein Dämon beeinflusste jedenfalls meinen Entschluss, und trotz aller wohlbegründeten Einwendungen meines Führers riss ich das Ross herum, verliess den leidlich windstillen Platz, hatte keine Augen mehr für die prangenden Angelica und Erica und die duftenden Weidenbüsche, sondern lenkte direkt auf das öde Steingeröll los. Im Nu umheulte uns wieder, aber ärger und eisiger als zuvor, der Nordsturm, aber es war kein Sturm mehr, der uns gerade von vorne packte, sondern ein Orkan,

---

[1] Geogr. Tidskr. X, S. 22.

ein unheimlicher, entfesselter Orkan. Die Sonne strahlte hell und grell, und doch war es kalt zum Erbarmen, die Zehenspitzen hatten alles Gefühl verloren, und wir konnten die Hände weder schliessen noch ausstrecken. Auch konnten wir weder absitzen, um uns durch einige Schritte zu erwärmen — denn wir mussten befürchten, vom Orkan auf die Steine geschleudert zu werden —, noch beim Reiten ein schnelleres Tempo anschlagen, da die armen Tiere selbst nur mit äusserster Mühe von der Stelle kamen. Klappernd vor Kälte, die schmerzenden Augen schliessend, mit Aufbietung aller Kräfte tasteten wir vorwärts; die Mähnen und schönen langen Schweife der Pferde flatterten und flogen, und mit schiefgelegtem Körper drückten wir uns mühsam Schritt für Schritt vor. So gebrauchten wir für eine Strecke, die wir sonst bequem in einer Stunde zurückgelegt hätten, mehr als drei Stunden. Der rasende Orkan liess alle Energie erfrieren und alle Gedanken erstarren. Stumpfsinnig und unempfindlich geworden gegen die Peitsche, standen die ausgepumpten Pferde nach jedem Schritt keuchend still. Dazu kam uns der lähmende Gedanke: wie wollten wir bei diesem Orkan über den hochgehenden, reissenden Fluss? denn, das sagten wir uns, ein Zelt aufzuschlagen, war absolut unmöglich, und wie und wo sollten wir die lange, bange Nacht zubringen?

Endlich hörte das gröbste Steingeröll auf. „Nur noch diese Höhe hinan, und wir sind geborgen!" brüllte mir *Ögmundur* zu. Aber ehe noch seine Worte mir zu Bewusstsein kamen, traf mich völlig unerwartet mit ungeheurer Wucht ein so furchtbarer Windstoss, dass ich im Sattel schwankte, der Gurt riss, der Sattel rutschte, das scheu gewordene Pferd stob entsetzt von dannen, und ich lag auf der Erde; die Füsse blieben im Steigbügel hängen, und mit aller Gewalt schlug mein Kopf wieder und wieder auf die Steine auf. Ich versuchte mit einer Hand nach den Bügeln zu greifen und den anderen Arm unter den Kopf zu schieben, dann „schwanden die Sinne mir, wurde ich siech." Nur den einen Gedanken hatte ich noch: nun ist alles vorbei; sonst war es ein unbeschreiblich ruhiges, fast seliges Gefühl, das über mich gekommen war.

> Und da lag ich und war's mir mit Grausen bewusst,
> Von der menschlichen Hülfe so weit.
> Unter Larven die einzig fühlende Brust,
> Allein in der grässlichen Einsamkeit. —

Als ich erwachte, war es dunkel um mich her. Wo war ich? war das nicht die Schutzhütte von der *Svartá*? aber nein, hier lugte ja an mehreren Stellen durch das lecke Dach der Himmel hindurch, auch war dieser *Kofi* nicht so gross und behaglich wie der erste. Tastend fuhren meine Hände über meinen Unterkörper — wie war ich denn in den Schlafsack gekommen? Ich griff nach meiner Stirn — was sollte der nasse Lappen darauf? Und was war das für eine klebrige laue Feuchtigkeit, die meinen Mund bedeckte? Stöhnend fasste ich nach meinem Hinterkopf, wo es pochte und klopfte und dröhnte, wie wenn er mit kleinen Hämmern bearbeitet wurde. Da sass ja auch *Ögmundur* auf der roten Packkiste, die unsere Tabaksvorräte enthielt, und starrte traurig zu Boden. Ah, rauchen, rauchen! den ganzen Tag hatte ich noch keinen Zug getan; mit einem Male war ich ganz wach und rief dem Träumer zu: „*Ögmundur*, eine Zigarette!" Wie ein Blitz durchfuhr es ihn, er sprang auf, stürzte zu mir hin und sagte schluchzend mit zitternder Stimme: „Gott sei Dank, dass Sie leben!" Wie fortgefegt war die bleierne Schwere aus meinen Gliedern, von selbst richtete ich mich auf, und während ich mit köstlichem Behagen den duftenden Rauch in die Luft stiess, erzählte mir der treue Mann die Erlebnisse der letzten sechs Stunden.

Als es ihm gelungen war, das durchgehende Pferd einzufangen, lag ich leblos am Boden und blutete aus Mund und Nase. Er hatte mich aufgerichtet, und dabei hatte ich mich fürchterlich übergeben. Wohin mit dem hilflosen Menschen? Sein scharfes Auge hatte in etwa 20 Minuten Entfernung den *Kofi* entdeckt, schnell entschlossen packte er mich auf sein Pferd, legte die Zügel in meine Hand und rief mir zu: „Denken Sie an Deutschland! Denken Sie an Ihre Frau und Ihre Kinder." Und wie wenn ich trotz meiner Bewusstlosigkeit seinen Ruf verstanden hätte, hielt ich mich fest, während er zu Fuss nebenher ging und mit der Rechten mich stützte und mit der Linken das Pferd führte. Als er die Hütte erreicht hatte, musste er sich mit beiden Händen an der Tür anklammern, um nicht von dem Orkan über den Haufen geworfen zu werden; ein Stück Holz brach unter seiner harten Faust los, aber es gelang ihm doch, die Tür aufzureissen. Dann holte er, auf allen Vieren kriechend, da es unmöglich war, sich aufrecht zu halten, meinen Schlafsack und zuletzt mich selbst. Steif und bewusstlos, die Augen fest geschlossen, hatte ich ruhig und artig die ganze Zeit im Sattel gehockt. Die Pferde lehnten zitternd an der Wand der Hütte oder warfen sich stumpfsinnig und regungslos auf die Erde; da hier aber kein Gras wuchs, trieb sie seine Peitsche erbarmungslos auseinander, nach einer Talrinne hin, wo sie Schutz vor dem Sturme und auch einige Halme fanden. Das Schwerste aber war, nach der *Hvitá* zu gelangen und alle Gefässe, die wir hatten, mit Wasser zu füllen; die paar Minuten, bis er wieder zurückkehrte, kamen ihm wie eine Ewigkeit vor. Dann hatte er mir das Blut aus dem Gesichte gewischt und Umschläge auf die Stirn gelegt; und während er regungslos Stunde auf Stunde auf mein Erwachen wartete, quälte ihn grässlich der Gedanke, wenn er an Knebels Tod im *Askjasee* dachte, dass dies der zweite Deutsche wäre, der, ohne seine Schuld, ihm stürbe. Aber als er mich vergnügt rauchen sah,

— drei Tage war der Frosch sehr krank,
jetzt raucht er wieder — Gott sei Dank —,

schüttelte er alle Angst und Furcht ab, wusch mir das letzte Blut fort und richtete trotz der frühen Morgenstunde die Abendmahlzeit an. Die Zähne waren wohl noch locker und der Hinterkopf schmerzte gehörig, aber die Stimmung war ausgelassen, und mit einem Hunger, wie wir ihn auf der ganzen Reise nicht gehabt hatten, verspeisten wir den Inhalt von vier Konservenbüchsen, Mockturtleragout und dann grüne Bohnen mit Hammelfleisch; dazu tranken wir Tee, und hinterher brauten wir uns einige sehr starke Grogks. Die letzte Kerze erleuchtete das dunkle Kämmerchen, und während wir die beste Zigarre rauchten, die sich unter den Vorräten befand, berieten wir das Programm des nächsten Tages. Da der Orkan sich nicht gelegt hatte, einigten wir uns dahin, den ganzen Tag über im *Kofi* zu bleiben, die Tour nach dem *Fródárdalur* aufzugeben und so schnell wie möglich nach *Skálholt* zu reiten; dort wohnte ein Arzt, dort konnte ich, wenn nötig, ärztliche Hilfe erhalten. „Das romantische Abenteuer, nach dem Sie immer verlangt haben," schloss *Ögmundur* halb spöttisch, halb ärgerlich, „haben Sie jetzt glücklich hinter sich; nun denken Sie auch an Ihre Gesundheit."

Dass dies überhaupt noch nötig wäre, glaubte ich allerdings nicht, als ich nach zehnstündigem, festem Schlaf um Mittag erwachte. Ich fühlte mich frisch und gesund wie immer und hätte jeden ausgelacht, der mir gesagt hätte, dass ich noch lange, lange, vielleicht für mein ganzes Leben, an den schmerzhaften und höchst bedenklichen Folgen des unseligen Sturzes leiden würde.

Der Sturm hatte nicht nur nicht nachgelassen, sondern sich womöglich noch verstärkt, *Ögmundur* wagte nicht die Hütte zu verlassen, um Wasser zu holen; wir konnten weder Tee kochen noch das Gesicht waschen, fühlten uns aber trotzdem behaglich und geborgen, wenn auch gegen Abend der Wind klatschenden Regen durch die Dachlöcher peitschte; den Regen sah *Ögmundur* übrigens als ein gutes Zeichen dafür an, dass der Sturm wenn auch nicht aufhören, so doch weniger werden würde. Mit Essen, Rauchen, Schlafen und Plaudern vertrieben wir uns die Zeit ganz angenehm, und *Ögmundur* erzählte mir eine Geschichte, die sich in demselben *Hvitárkofi* zugetragen haben sollte, in dem wir hausten; er kannte also den alten Kniff bewährter Erzähler, Anekdoten persönlich zu gestalten.

Vor langen Jahren kehrte bei heftigem Schneetreiben ein Mann in dieser Hütte ein, kratzte das Birken- und Weidenholz zusammen und machte es sich auf dem Erdboden bequem. Sein Hund aber heulte fortwährend und war nicht zu beruhigen. Da schlug der Mann Feuer und sah in einem Winkel die Leiche eines erfrorenen Menschen liegen. „Um nicht nervös zu werden," legte er den Toten neben sich und schlief dann ausgezeichnet.

Derselbe Mann war später in der gleichen Gegend beim dritten Einsammeln der Schafe beteiligt; diese „Nachlese" (*eftirleit*) findet gewöhnlich Mitte Oktober statt, zu einer Zeit also, wo der Winter bereits mit Schnee und Eis eingezogen ist. Unter den Treibern war auch der Knecht eines reichen, aber geizigen Bauern; er war von seinem Herrn allzu dürftig mit Kleidern versehen, über seinem leinenen Hemde trug er nur eine dünne Sommerjacke, Shawl und Handschuhe überhaupt nicht, trotz des strengen Frostes; halberstarrt von der schneidenden Kälte sass er wie ein Trunkener auf seinem Pferde, und die Gefährten fürchteten, er würde jeden Augenblick tot niederfallen. Der Berggang hatte sich gelohnt; man hatte nicht nur noch viele Schafe, sondern sogar einige Pferde aufgetrieben. Da nahm der Mann, der das Fürchten nicht gelernt hatte, ein Messer, stach ein Pferd des reichen Bauern nieder, nahm die Eingeweide heraus und wickelte den schon fast erfrorenen Knecht in die warme, dampfende, blutige Pferdehaut, und der Knecht kam gesund nach Hause.

Freitag, den 7. August waren wir schon um 6 Uhr auf den Beinen; der Orkan hatte merklich nachgelassen, es war nur noch der übliche Sturm; dafür goss unendlicher Regen herab, der im Laufe des Nachmittags zu einem förmlichen Wolkenbruch wurde. Über eine Stunde mussten wir suchen, bis wir die Pferde fanden, dann wurde aufgepackt und die schützende Hütte verlassen; was ich irgendwie an Proviant entbehren konnte, wurde zum Dank für die gewährte Unterkunft zurückgelassen und ein Zettel in isländischer und englischer Sprache beigelegt, dass ein dankbarer deutscher Tourist die paar Habseligkeiten für müde und hungrige Isländer gestiftet habe. In wenigen Minuten waren wir unten an der *Hvítá*, deren schmutziggelbe Wellen bedenklich hoch gingen, und die Pferde wurden abgesattelt. Früher war nicht weit vom See eine sehr beschwerliche Furt, das sog. *Skagfirðingavað*; dann hatte man zwei Boote gebaut, diese waren aber so leck und schlecht geworden, dass die Bauern meist vorzogen, den Fluss zu durchreiten oder Tage lang zu warten, bis das Wasser gefallen war. Der Bauer aber, den wir vor *Hveravellir* getroffen hatten, hatte uns recht berichtet: auf dem diesseitigen Ufer lag ein kleines, und auf dem andern ein grosses, schweres neues Boot. *Ögmundur* fuhr hinüber und holte es; es lief aber auf, und wir mussten es, bis an die Brust im Wasser stehend, ans Ufer ziehen, da wir die schweren Packkoffer und Sättel sonst nicht hätten hineinbringen können. Darauf wurden die Pferde ins Wasser gejagt, und nach einigen vergeblichen Fluchtversuchen stürzten sie sich auch in die gurgelnden Wellen und schwammen elegant hinüber; dieser Teil des Übergangs, vor dem wir am meisten Angst gehabt hatten, war am schnellsten erledigt. Viel beschwerlicher war es, wenigstens für mich, das kleine, aber klotzige Boot am Ufer etwa 200 m in die Höhe zu ziehen, damit es nicht durch Wind oder Wellen abgetrieben werden könnte; die Ruder wurden auf den Boden gelegt, und über sie weg zogen wir mit Leibeskräften den Kahn in die Höhe; dann packten wir Steine hinein und davor. Auch das grosse Boot wurde nach glücklich beendeter Überfahrt verstaut, die Pferde wurden abermals bepackt, und um 12 Uhr endlich, nach mehr als fünfstündiger harter Arbeit, konnte der Aufbruch erfolgen.

Anfangs waren noch einige schmale Reitspuren wahrzunehmen, dann aber ging es am Fusse des *Bláfell* (Abbildung 24) im immer heftiger werdenden Regen durch sumpfige Wiesen und öde Geröllfelder die donnernde und schäumende *Hvítá* entlang; zu sehen war nichts, auch gar nichts, weder das ungeheure Eisfeld des *Langjökull* noch

Fig. 24. Bláfell beim Hvítárvatn.

die Aschenvulkane der *Jarlhettur*. v. Knebel hat für diese nicht enden wollende, mit Geröll, losen Gesteinsblöcken, Sand und Schutt bedeckte, jeder Vegetation bare wellenförmige Ebene den bezeichnenden Ausdruck „Diluvialwüste" geprägt; „diluviale und alluviale Ablagerungen" nennt sie Thoroddsen, und es ist wirklich unmöglich zu unterscheiden, was Alluvium und was Diluvium ist, was Konglomerat und was Palagonitformation. Das Wasser hat das Erdreich fortgeleckt, nur zuweilen sieht man kleine Erd- und Sandknollen, weit öfter riesige Wanderblöcke und einzelne wie kolossale Tische hervorragende Kuppen aus Dolorit; v. Knebel hat sogar gelegentlich ganze Hügel anstehenden Gesteins (ältere Lava) angetroffen, die von dem darüber hinweggegangenen Gletscher zu „Rundhöckern" abgeschliffen sind[1]).

Kein Tier begegnete uns, kein Mensch. Ich war fest davon überzeugt, dass wir uns verirrt hätten und machte mich schon darauf gefasst, noch eine Nacht im Zelte zuzubringen; der Magen, der seit früh fünf Uhr ausser einigen Brocken mehliger Schokolade nichts bekommen hatte, knurrte und kullerte. Gegen 6 Uhr abends vernahm *Ögmundur* plötzlich ein gewaltiges Donnern und Brausen, es konnte nur von dem „Goldwasserfall" herrühren, dem *Gullfoss*[2]); dann waren wir auch auf dem richtigen Wege. Da tauchte auch schon auf einer kleinen Anhöhe das trigonometrische Signal des dänischen Generalstabes auf, ein Hundeklaff in der Ferne wird hörbar, die düstere Glaziallandschaft hört auf, sumpfige Wiesen mit hohem Gras erscheinen, und da ist ja auch schon ein Gehöft, und da stehen Menschen und starren auf die vom Regen triefenden, wie die wilde Jagd vorüber sausenden Reiter. Einer ruft uns zu: „Das *Tunguflyöt* ist unpassierbar! Brücke!" Wir jagen den Gletscherfluss entlang, finden die neue für den Besuch des dänischen Königs gebaute Brücke, sehen den weissen Dampf aus dem Quellengebiet im *Haukadalur* aufsteigen, dann das neue weisse Königshaus und das kleine Hotel und schwingen uns mit dem Gefühl köstlicher Erleichterung und sichern Geborgenseins aus dem Sattel. Wie herrlich ist es doch, wieder unter Menschen zu sein und an den Segnungen der Kultur teilzunehmen!

Schnell wird warmes Wasser aus den heissen Quellen bestellt, um gründlich den Staub und Dreck abzuspülen, heisser Kaffee und zum Abendbrot das Beste, womit der Bauer aufzuwarten vermag. Im „Speisesaal" sitzt ein einziger Gast; ich begrüsse ihn auf isländisch „*gott kvöld!*" (guten Abend), er erwidert: „I don't speak icelandic, I am a German". Wie kurz vor dem Beginn der Durchquerung des Hochlandes zu *Haukagil*, so treffe ich also nach glücklicher Beendigung einen Landsmann in der ultima Thule, und sogar einen Kollegen aus Bretten. Vor 4 Jahren hatte er eine Reise nach dem Wunderland am Yellowstone unternommen und wollte jetzt den *Geysir* auf Island kennen lernen und die *Hekla* besteigen[3]). Nun war ich wirklich froh, den Ausflug nach der Westseite des *Hvitárvatn* aufgegeben zu haben, und bald hatten wir uns beide so befreundet, dass wir beschlossen, die letzten Tage in *Reykjavík* zusammen zu verleben und die Heimreise gemeinschaftlich, wenigstens bis Leith, zu unternehmen.

---

[1] Vgl. die sehr gute Abbildung im Globus, Bd. 88, Nr. 22, S. 345.
[2] Mein Island II, S. 13—16.
[3] Dr. A. Kuntzemüller, „Ins Innere Islands". Deutsche Eisenbahnbeamtenzeitung (Stuttgart), 1909, Nr. 29 ff., S. 374 ff.

Die Nacht war nicht sehr angenehm gewesen, in den dünnen Bettdecken hatte es mich gefroren, trotzdem ich noch die aus dem gegenüberstehenden unbenutzten Lager mit zu Hilfe genommen hatte; *Ögmundur* hütete noch gegen Mittag mit hohem Fieber das Bett, wohl eine Folge der Anstrengungen und Aufregungen; doch beruhigte mich der Anblick einer Flasche Whisky, die ich bei ihm zwischen den Bettkissen verborgen gesehen hatte. Während ein Knecht die Pferde holte, benutzte ich das schöne Wetter zu einer Besichtigung der heissen Quellen. In den vier Jahren, seit ich sie nicht gesehen hatte, war keine Veränderung geschehen; aber sie enttäuschten mich etwas, wie ich mir heimlich gestehen musste; vielleicht war die noch zu lebendige Erinnerung an den wundervollen Tag von *Hveravellir* daran schuld, vielleicht auch ein leiser Missmut, dass auch diesmal der grosse *Geysir* gar keine Anstalten machte, zu springen; nicht einmal der kleine *Geysir (Óperrishola)* regte sich. Von dem Bauern erfuhr ich, dass der träge *Strokkur*, der seit 1896 seine Tätigkeit eingestellt hatte, gerade in dem Augenblick, als König Frederik VIII. das *Geysir*gebiet verliess, wieder erwachte und einen munteren Morgengruss empor zum Himmel sandte; die Dänen sahen das als eine gute Vorbedeutung für die neu angeknüpften Beziehungen zwischen Dänemark und Island an; widerspenstige Isländer aber spotteten: der *Strokkur* habe den Dänen nachgespieen. Auch dem launenvollen, grossen *Geysir*, der selbst Majestät ist, hatte die Gegenwart des Königs nicht imponiert; wie beim Besuche Christian IX. lag das Bassin unbewegt da. In den 33 Jahren aber hatte sich, wie jede andere menschliche Kunstfertigkeit, so auch die Technik der heissen Quellen entwickelt, wenn man es so nennen darf. Man hatte inzwischen herausgefunden, dass man guten Erfolg erwarten darf, wenn man die Bestie mit Seife und Petroleum füttert. Die 100 Pfund Seife, die man ihr in den Rachen warf, taten auch ihre Schuldigkeit; als die erste Wassermenge kaum 8 m emporgeworfen wurde, blies ein Hornbläser das Sammelsignal, der König ward geholt, die Mitglieder des dänischen Reichstages versammelten sich um das Becken wie die Granden Spaniens, wenn ein Thronerbe erwartet wird, und der *Geysir* sprang! Grösser und grösser wurden die Wassermengen, höher und höher wurden sie emporgeschleudert, zuletzt 60 bis 70 Fuss hoch. Aber nachdem er einmal in Zug gekommen war, fand er selbst Gefallen am Springen, noch zweimal wiederholte er sein Kunststück und weckte damit selbst den stumpfsinnigen *Strokkur* aus seinem elfjährigen, tiefen Schlafe[1]). Neben dem Denkstein, den man zur Erinnerung an den Besuch König Christians gesetzt hatte, ward ein neuer Königsstein errichtet, ein unbehauener Felsblock wie der erste, nur mit einem Monogramm

---

[1]) Albert Gnudtzmann in der „Nationaltidende" vom 18. August 1907.

und der Jahreszahl 1907: „dort sollen sie beide liegen fest und unverrückt, trotz Erdbeben, Feuer und Frost, ein Zeichen für die Festigkeit der Verbindung Dänemarks mit Island."

Das wirklich hübsche und behagliche, eigens für den König gebaute Haus hatte der Bauer angekauft; seine breiten Betten und gediegenen Holzstühle können mit irdischen Gütern ausgestattete Engländer benutzen, auch die Hunderte von Sektgläsern, die übrig geblieben sind, denn auf der ganzen Königsreise floss das *„Kampavín"* in Strömen.

Dreizehntes Kapitel.
Der alte Bischofssitz Skálholt.

Im schönsten Sonnenschein brachen wir nach 12 Uhr auf, an blauen Bergen und grünen Halden vorüber. Es war warm, wirklich warm, und mit lang entbehrtem Behagen liessen wir uns in der prallen Sonnenglut schmoren und braten. Stundenlang ging der Ritt durch sumpfige Wiesen, immer weicher wurde der Boden, das Wasser spritzte um uns herum, und patschend sanken die Pferde bei jedem Tritte ein. Wohin wir blickten und uns wandten, überall war Sumpf und Morast, der sich heimtückisch unter dem lang aufgeschossenen Grase verbarg; schmutzigtrübe Wassertümpel lagen zwischen den Erdhügeln, und in dem zähen, klebrigen Schlamm staken die Pferde bis zum Bauche fest. Und welch ein Unterschied zwischen dem Heu, das wir im Nordlande getroffen hatten, und das wir hier sahen! Dort oben war es gerade gemäht worden und war in langen Linien ausgebreitet, von Wind und Sonne getrocknet und köstlich duftend, oder es wurde schon auf dem Rücken der Pferde in die Schober gebracht. Im ganzen Südlande aber hatte es während all der Zeit geregnet, halb verfault und vermodert lag es in Pfützen und Lachen, und die Bauern fürchteten, dass es völlig verderben und ungeniessbar für das Vieh werden möchte.

Ein breites und tiefes Flussbett versperrt uns den Weg; als wir zufällig die Brücke erreichen, ist sie eingestürzt, und wir müssen einen Umweg von mehr als einer halben Stunde machen. Doch das tut unserer frohen Stimmung keinen Abbruch. Das frische Grün, die helle Sonne und die prachtvolle Aussicht entschädigen uns reichlich. Im Osten blitzen die hellen Silberflächen zweier Seen vor uns auf, das *Apavatn* und *Laugarvatn*, im Westen liegt, zum Greifen nahe, die Haube der *Hekla* und weiter nach Süden das Gletschermeer des *Eyjafjallajökull*, und drehen wir uns im Sattel um, so grüssen uns die Schneespitze und der Eisrücken des *Bláfell*, hinter dem sich der riesige *Langjökull* ausstreckt, und die zerrissenen Gipfel der *Kerlingarfjöll* ragen zu dem wolkenlosen, blauen Himmel empor, Stätten, die uns von der Reise vor 4 Jahren und der jetzigen Tour wohlvertraut sind. Überall aber, zu den Seiten, vor uns und hinter uns gleitet ein weicher, mystischer Dampf- und Schwefelschleier, von einem leisen Lufthauch zart getragen, über die unabsehbare, unendliche Ebene.

Diese grüne Ebene, so hat Prof. Thoroddsen in seiner Festrede vor dem dänischen König und seinem Gefolge am *Geysir* ausgeführt, diese grüne Ebene, die sich vom *Geysir* nach der Küste hinab erstreckt, ist das grösste Flachland auf Island; es umfasst 70 Quadratmeilen. Einstmals, gleich nach der Eiszeit, lag es unter dem Meere; man findet noch an vielen Stellen, zumal im Lehm an den Einschnitten der Flüsse, unter dem Erdreich arktische Muschelschalen, Walknochen u. dergl. mehr; einige einzelstehende Berge auf der Ebene (*Hestfjall* 319 m, *Búrfell* 555 m, *Vördufell*, *Mosfell* usw.) haben damals als felsige Inseln aus der Meeresbucht emporgeragt. Dieses Tiefland ist zum grössten Teil mit Gras bewachsen und da es sich gut zur Viehzucht eignet, so dicht besiedelt wie wenige Gegenden auf Island; davon sollten wir uns selbst überzeugen, da uns der Weg heute und in den nächsten Tagen durch die Bezirke *Biskupstungur*, *Skeid*, *Flói* und *Ölfus* führte. Untersucht man die Erdrinde unter diesem Flachlande, so findet man, dass dieser Teil des Landes von einer Menge Spalten durchsetzt ist; kommen die einzelnen Stücke zwischen den Rissen ab und zu in Bewegung, so werden starke Erdbeben hervorgerufen, wie zuletzt im Jahre 1896, das eine Menge Gehöfte mit Hunderten von Gebäuden zerstörte. Hier und da kann das Grundwasser, das durch die Erdschichten hinabsickert, auf Spalten treffen, die zu dem heissen, vulkanischen Innern hinuntergehen, und dadurch entstehen kochende Quellen, die sich gerade in dieser Gegend zu Hunderten finden. Wo eine grössere Wassermasse tief unten in der Erde bis weit über den Siedepunkt überhitzt wird, da muss sie zuletzt durch Risse und Höhlungen einen Abfluss gewinnen. Sobald die Dampfspannung die Schwere der kälteren, obenan liegenden Wasserschichten überwindet, so entstehen springende Quellen, die sogenannten *Geysir*.

Die ersten nennenswerten heissen Quellen liegen an der *Brúará*, dem Nebenflusse der *Hvítá* bei *Reykir í Biskupstungum*[1]), etwas südlicher als *Úthlíd*, sind also von jedem Touristen, der die übliche Strasse *Pingvellir-Geysir* reist, leicht zu erreichen. Bei *Sydri-Reykir* ist eine grosse sprudelnde Quelle mit bedeutender Wassermenge und ansehnlichem Kieselsinterbassin, das Wasser wird etwa 4—5 m hoch geschleudert, die Temperatur beträgt 97°. Die Wärme der Quelle bei *Efri-Reykir* ist 17° geringer, aber aus der grossen Menge Kiesel-

---

[1]) In der *Njálssaga* K. 137 erwähnt und wiederholt in der *Sturlunga saga*.

sinter zieht Thoroddsen den Schluss, dass hier früher mehrere heisse Quellen gewesen sein müssen, die jetzt längst ausgedorrt sind[1]).

Vier gute Stunden vom *Geysir* entfernt, südlich von dem reichen Hof *Brædratunga*, bei *Torfastadir*, liegen ebenfalls warme Quellen. Schon vorher, östlich, in der Nähe des *Tungufljót*, hatte ein dicker, dampfender Wasserstrahl, der mit einer gewissen Regelmässigkeit wieder verschwand, unsere Aufmerksamkeit erregt, die heisse Quelle *Reykholtshver*, die auf der westlichen Seite des aus Palagonitbreccie bestehenden, oben mit Spuren von Eisscheuerung zeigenden Basalt bedeckten Höhenrückens *Reykholt* hervorbricht. Als Thoroddsen diese Quelle 1889 besuchte, sprang sie nur $^1/_2$—1 m hoch und hatte eine Temperatur von 98°; früher soll sie weit höher gesprungen haben. Seit dem ungewöhnlich starken Erdbeben aber, das 1897 das südliche Tiefland erschütterte, wirft sie grosse Wassermassen bis 10 m hoch, die Temperatur an der Oberfläche ist 96°. Am 23. Juli 1897 währte jeder Ausbruch 2—5 Minuten, dann trat eine Pause von 4—5 Minuten ein, und ein neuer Ausbruch begann[2]). Merkwürdigerweise liegt hier kein Gehöft.

Abermals eine Stunde weiter durch schlammigen Morast, und die warmen Quellen am flachen, langgestreckten Tuffrücken *Laugarás* an der *Hvítá*, dicht am alten Bischofssitze *Skálholt* sind erreicht. Aus zahlreichen Löchern quillt das kochende Wasser mit einer Wärme von 94—97° hervor, aber ein Springen findet nicht statt. Diese warmen Quellen wurden früher von den Bischöfen und anderen Vornehmen der Umgegend zum Baden benutzt. Der Bischof von *Hólar* aber, *Ketill Þorsteinsson*, starb hier 1145 im Bade; er war zum Besuch bei seinem Skálholter Amtsbruder, der aus Anlass einer grossen Hochzeit eine grosse Festlichkeit gab (*Biskupasögur* II, S. 77/8). Zur Zeit des letzten katholischen Bischofs wurde der aus „Ziegelsteinen" aufgeführte Bau niedergerissen, weil ein Erdbeben das Becken verrückt hatte.

Fünfzehn Minuten später kommen schon die nächsten warmen Quellen, aber nach Osten zu. Hier lag zu *Eggert Ólafssons* Zeit das Bad von *Skálholt*. „Es ist einige Schritte von einer heissen Quelle auf einem Felsgrunde aus Rasen und Steinen erbaut. Man leitet das Wasser der Quelle mit Rinnen in das Bad, lässt es aber, nachdem das Bad gefüllt ist, vorüberfliessen, da es denn in den Fluss *Hvítá* fällt, der hier eine kleine Bucht macht, deren Grund sehr eben und nur 2 bis 3 Fuss tief ist, deswegen man sich auch in warmen Frühlings- und Sommertagen daselbst badet. Von einer

---

[1]) *Fra Islands indre Højland*, Geogr. Tidskr. X, S. 171.
[2]) Thoroddsen, Z. d. Ges. f. Erdk. Berlin. Bd. 33, 1898, S. 298; Petermanns Mitteilungen Bd. 47, 1901. S. 54; *Landskjálftar á Íslandi*, Kop. 1905. S. 82, 83, 128—130; Gebhardt, Globus, Bd. 70, 1896, Nr. 20, S. 311. — Eggert Olafsens Reise durch Island II. S. 147. § 842.

andern heissen Quelle läuft hier noch ein warmer Bach in die *Hvitá* hinein. Man braucht diese heisse Quelle, um Speisen, insbesondere Milch und Fleisch darin zu kochen, um kleine Stücke Holz und Tonnenbänder darin zu biegen, und um darin zu waschen und zu kochen" (Reise durch Island a. a. O.)

Bald wird die *Skólavarda* passiert, ein hoher, viereckiger Bau aus aufgestapelten Steinen, den Schüler der mit dem alten Bischofssitze verbundenen gelehrten Schule errichtet haben. Dann geht es einen Hohlweg hinab, der abwechselnd über Steinplatten und Stufen führt, die von den Pferdehufen im Laufe der Jahrhunderte getreten

Fig. 25. Skálholt.

worden sind, und *Skálholt*, der älteste und grössere der beiden isländischen Bischofssitze, jetzt der behagliche Sitz eines Landarztes, ist erreicht (Abbildung 25). Um auch das zu erwähnen: Verpflegung und Unterkunft war gut, das Bett sogar recht gut, so dass ich zum ersten Male seit Wochen ohne Unterzeug und Strümpfe mich in den weissen Kissen ausstreckte; aber an der Höhe der verlangten Entschädigung merkte ich fühlbar die Nähe der Touristenstrasse, *Skálholt* ist auf der ganzen grossen Reise mein teuerstes Quartier gewesen.

Von all der Pracht und Herrlichkeit, die einst die alte Bischofsresidenz zierte, ist nichts geblieben, sagt Kalund mit leiser Wehmut, wie die schöne Aussicht. Zwar hat *Skálholt* keinen *Öxarárfoss*, keine *Almannagjá*, keinen *Skaldbreidur* und kein *Pingvallavatn*, es fehlt die Grossartigkeit und Eigenart, die *Pingvellir* auszeichnet; aber es ist lieblich hier, über alle Beschreibung reizend.

Skálholt liegt inmitten grüner Weiden in einem Winkel, als hätte die *Hvítá* schützend ihren Arm um den Hof gelegt und ihm über-

Fig. 26. Blick von Skálholt nach dem Vördufell und Hestfjall.

dies noch einen Nebenfluss an die dritte Seite gesetzt; gerade gegenüber ergiesst sich die *Brúará* in die *Hvítá*. „Die Flusslandschaft um *Skálholt* ist voll intimer Stimmung in der Natur" (Jaeger, Die nordische Atlantis. Wien 1905, S. 90). Nach Osten kann man in weiter Ferne die *Hekla*, die *Tindafjöll* und den *Eyjafjallajökull* sehen, nach Norden das *Bláfell* und die *Kerlingarfjöll*, nach Westen den *Hengill*, die *Esja* und *Laugardalsfjöll*. Am schönsten aber ist der Blick nach Südwesten: über das breite weisse Bett der *Hvítá* schweift der Blick zu dem gerade gegenüber liegenden, kuppelförmigen, grünbekleideten *Vördufell*, über die weite unendliche Ebene, hinweg über einzelne rötlich schimmernde Berge bis fast an das Meer heran (Abbildung 26). Ja, schwer muss es dem streitbaren Bischof von *Hólar*, *Jón Arason*, geworden sein, hier mit seinen Söhnen das Leben zu lassen, nachdem sie ihrem Todfeinde, *Dadi Gudmundsson*, durch verräterische List in die Hände gefallen waren.

Dort auf dem Hügel, wo der Weg beginnt, der um den Friedhof führt, ist die Stelle, wo das Schafott nach tumultuarischer Verhandlung errichtet wurde; dorthin ging *Jón* am 7. November 1550, aufrecht, ein Kruzifix in der Hand, unterwegs ein Muttergottesbild grüssend. Vom Schafott aus, das noch vom Blute seiner Söhne warm war, tat er den gramvollen Ausruf, das bitterste sei, von den dänischen Hunden, dem elenden Schreiber Christian, gefällt zu werden. Noch im letzten Augenblick konnte er unter gewissen Zugeständnissen am Leben bleiben; aber er sagte: „Nein, meine Söhne sind bisher mir gefolgt, nun folge ich ihnen." Dann betete er mit fester Stimme: In manus tuas, Domine, commendo animam meam, und legte mutig sein Haupt auf den Block; fürchterlich war, dass der erste Hieb fehlging. Noch lange wurden die Blutflecken gezeigt, die der Stein aufweisen sollte, und auf dem Kirchhof eine kleine Vertiefung, wo die drei Hingerichteten verscharrt lagen, bis ihre Leichen von vermummten Nordländern nach 4 Monaten ausgegraben und nach *Hólar* gebracht wurden.

Nordwestlich in der Hauswiese liegt das *Iragerdi* (*gerdi* = eingehegter Platz), eine kleine Erhebung, 22 × 1,70 m; dort liegen die irischen Mannen des Bischofs *Jón Gerreksson (Gerechini)* begraben.

Er war einst durch Umtriebe aller Art auf den erzbischöflichen Stuhl von Upsala gelangt, aber vom Papste 1421 wegen seines unsittlichen Lebenswandels abgesetzt worden und hatte sich trotzdem des bischöflichen Stuhles von *Skálholt* zu bemächtigen gewusst. Bald zeigte er jedoch seine frühere Gewalttätigkeit und rief die Rache des Volkes gegen sich und sein irisches Gefolge wach. Am 18. Juli 1433 wurde er von seinen Feinden vor dem Altar in der Domkirche überfallen, seines bischöflichen Ornates entkleidet, an die *Bruará* geschleppt, dort in einen Sack gesteckt und, an ein gewaltiges Felsstück gebunden, in den tosenden Strom hinabgestürzt. Seine irischen Mannen wurden ebenfalls getötet, und Steine über sie an der Stelle geworfen, die seitdem *Iragerdi* heisst[1].

Ein anderer Steinhügel, *Södulhóll*, der ebenfalls einem blutigen Anlasse sein Dasein verdankt, liegt östlich von *Skálholt* im Sumpfe.

Didrich von Minden, der dänische Königsvogt in *Bessastadir*, ein Geld- und Frauenräuber, überfiel 1539 mit 8 Mann den alten blinden Bischof *Ögmundr Pálsson*. Aber das Volk rottete sich zusammen, überfiel Didrich mit seinen Leuten, tötete sie mitsamt ihren Pferden und errichtete über die Leichen der Menschen und Pferde wie über das Sattelzeug einen Steinhügel.

---

[1] *Espólin*, *Árbækur* II, S. 29—32; Thoroddsen-Gebhardt II, S. 204. Vgl. Island II, S. 89, 216.

Freundliche Erinnerungen weckt westlich vom Gehöft der *Þorláksbrunnr* und nordöstlich das *Þorlákssæti* (Sitz des heiligen *Þorlákr*.)

Bischof *Þorlákr Þórhallsson* (1176—1193) galt als der Hauptheilige Islands; seine Festtage, die beiden „*Þorláks*-Messen" am 20. Juli und 23. Dezember, waren bis nach der Reformation die gefeiertsten im Lande. Am grössten war das Gepränge und Gedränge bei der Thorlaksmesse im Sommer, wenn der Thorlaksschrein, der einen Wert von 48000 Kronen hatte, prachtvoll geschmückt war und die heiligen Gebeine des *Þorlákr* barg, heraus und in Prozession um die Kirche und den Kirchhof herumgetragen wurde mit Glockengeläut, brennenden Wachslichtern, Kerzen und anderen Gebräuchen. Jeder wetteiferte, den Schrein zu tragen; dies nannten sie „*Þorláks* Hand stützen". Wem es gelang, den Schrein zu tragen, oder darunter zu gehen, hielt sich für sehr beseligt und aller seiner Sünden ledig. Nach Beendigung der Prozession gab der Bischof von *Skálholt* allen ein glänzendes Gastmahl. Der erste lutherische Superintendent *Martin Einarsson* schaffte die Feier ab und versteckte den Schrein in einem entlegenen Winkel der Kirche[1]). *Eggert Ólafsson* hat diesen Schrein noch gesehen: er war wie ein Haus gestaltet, ca. $3^1/_2$ Ellen lang, $2^1/_2$ Ellen hoch und $1^1/_2$ Ellen breit, mit schwarzem bereitetem Leder überzogen und mit emailliertem Messing beschlagen. Inwendig fand man nichts als zwei Stücke, die von dem Schädel des Heiligen sein sollten — nach *Eggerts* pietätlosen Bemerkungen waren es die Stücke einer grossen Kokosnuss[2]). Im Jahre 1802 soll der Schrein bei einer Auktion in *Skálholt* verkauft worden sein. Nach einer Beschreibung aus der Mitte des 18. Jahrhunderts ist der *Þorláksborn* im Jahre 1193 gebaut worden; man nahm noch damals alles Wasser aus ihm, das man auf dem Bischofssitze gebrauchte. Der Brunnen war rund, mit Stein gemauert, fünf isländische Ellen tief und drei im Durchmesser.

Unsere Hauptaufmerksamkeit gilt natürlich der Kirche; über die verfallenen, aber abgemähten Grabhügel betreten wir sie, wobei wir manches eingefallene und deshalb klaffende Grab überspringen müssen. Dreimal ist die alte Kathedrale ein Raub der Flammen geworden, 1309, 1526, 1630. *Stefán Jónsson* (1491—1518) wollte eine Steinkirche errichten, aber die Reformation kam dazwischen. Man sagte sich, dass wegen der vielen Erdbeben im Südlande steinerne Kirchen überhaupt nicht angebracht wären. Der schlimmste Brand wütete 1630 am ersten Fasttage; alles war im Dom zur Fastenpredigt versammelt, ein heftiger Nordwind tobte und fachte das Feuer einer Frau, die gerade das Mitagessen kochte, zu einer entsetzlichen Feuersbrunst an, der fast alles ausser der Kirche zum Opfer fiel: 13 Häuser mit ihrer Einrichtung, die kostbaren Sammlungen, alle Manuskripte und leider auch die Vorarbeiten zu einer isländischen Kirchengeschichte[3]). Bischof *Brynjólfur Sveinsson* richtete die Kirche 1650 wieder stattlich ein, und *Eggert Ólafsson* nennt sie nicht allein schön, sondern auch kostbar verzieret, ins-

---

[1]) *Jón Árnason, Ísl. Þjóds.* II, S. 577; *Biskupasögur* I, S. 134. Island II, S. 92.

[2]) Reise durch Island II, S. 228, § 909. — Über den heiligen *Þorlákr* vgl. Baumgartner, Island und die Färöer, 1902, S. 300—301; Thoroddsen-Gebhardt I, S. 43, Anm. 5, S. 47, II. S. 273.

[3]) *Espólin, Árbækur* V, S. 45.

besondere durch zwei sehr alte Altartafeln: man verwahrt in ihr noch den Bischofsstab, der oben mit stark vergoldetem Messing beschlagen ist, und einen mit Gold gestickten Bischofshut (a. a. O.)[1]. Ich muss gestehen, die heutige dürftige turmlose Holzkirche (seit 1796) mit den üblichen 3 Fenstern an jeder Seite macht einen überaus kläglichen, ja unwürdigen Eindruck; sie ist nicht einmal mehr eine Hauptkirche, sondern nur eine Filialkirche; ja nicht einmal ein einfacher Landpfarrer wohnt in Islands altem Kulturzentrum, sondern ein Landarzt, und wenig historischen Sinn und Pietät verriet die Äusserung eines Isländers: Ärzte sind heute nötiger als Pfaffen.

Nichtssagend sind auch die Trümmer von alten Stuben und Häusern, die man zur Not noch auffinden kann, und die Ruinen einer älteren grossen Kirche, die man erraten kann; am deutlichsten ist noch der Chor wahrzunehmen und der unterirdische Gang, der einst von der Bischofswohnung zur Domkirche führte: als man hier nachgrub, stiess man noch auf die Wände.

Entnüchtert und erzürnt über die Gleichgültigkeit der heutigen Isländer treten wir in die Kirche, lassen aber für ihre Beschreibung das Wort einer dänischen Dichterin[2]) und geben nur einige Ergänzungen: „Die Kirche von *Skálholt* hat den merkwürdigsten Boden, den ich je in einer Kirche gesehen habe. Da ist nicht etwa eine vereinzelte Falltür, die in eine unterirdische Totenkammer führte wie mancherorts, z. B. in Norwegen, nein, der ganze Boden vom Eingang bis zum Altar ist nichts anderes als eine einzige grosse Falltür, die man in die Höhe heben kann, und unter welcher gewaltige, reich verzierte Steintafeln liegen mit langen, lateinischen oder isländischen Inschriften, verstorbene Bischöfe und ihre Familien betreffend[3]). Wir werden es aber bald müde, all das Latein durchzubuchstabieren und uns durch altes verschnörkeltes Isländisch durchzubeissen, und so werden uns denn die alten Kirchengefässe gezeigt und ein altes, uraltes Messgewand aus dickem geblümtem Atlasbrokat mit aufgenähtem rotem Brokatkreuz. Es sieht aus, als stammte es aus der katholischen Zeit und ist jedenfalls seiner Zeit ein Prachtstück gewesen, das eine imponierende, derbe Arason-Gestalt ganz wunderbar kleiden musste."

Nach der Tradition stammt dieses Gewand von jener *Þorgunna*, die im Jahre 1000 nach Island gekommen war und auf dem Hofe zu *Fróðá* Unterkunft gefunden hatte. Sie bestimmte, dass ihre Leiche nach *Skálholt* gebracht und ihr kostbares Bettzeug sofort

---

[1]) Abbildung und Grundriss im *Skírnir*, 1905, S. 220, 221, 228.

[2]) Thit Jensen, Mystische Novellen aus Island. Bern 1909. S. 176; vgl. auch S. 63, 64.

[3]) Z. B. der Grabstein des „isländischen Cicero" *Jón Vídalín*, 1666—1720 und der Bischöfe *Þórður Þorláksson* († 1697), *Jón Árnason* († 1743), *Finnur Jónsson* († 1789) und *Hannes Finsson* († 1789).

nach ihrem Tode verbrannt werden sollte, denn es würde ein schweres Unglück geben, wenn dies nicht geschähe. Dem ersteren Wunsche ward entsprochen; die prachtvollen Gewänder und Decken aber, die einer Frau schon längst in die Augen gestochen hatten, blieben unverbrannt, und sofort begann ein unheimlicher Spuk, der grösste Teil der Hausbewohner starb (vgl. S. 125). Wenn die Tradition recht hätte, wäre dieses Messgewand das älteste erhaltene Denkmal auf Island. — Der Ring an der Kirchentür soll aus der alten Kirche von *Helgafell* stammen. —

Hinweg von der traurigen Gegenwart und noch einmal zurück in die Vergangenheit!

> Was immer auch für Kränze die Gegenwart dir flicht,
> Mein Volk, der Vorzeit Trümmer zerstöre vollends nicht!
> Steh'n ihre Tempel öde, du walle noch dahin,
> In ihrem Sternglanz bade sich ewig jung german'scher Sinn!

So ungefähr singt Robert Hamerling. Und allgewaltig packt den, der die Geschichte Islands kennt, gerade an dieser Stelle die Erinnerung. Man müsste ein kleines Buch für sich schreiben, wollte man *Skálholts* Aufgang und Niedergang durch die Jahrhunderte verfolgen. Darum begnüge ich mich mit den wichtigsten Daten und Geschehnissen, die mir gerade zur Hand sind, soweit sie noch nicht besprochen sind.

In der ältesten Zeit war *Skálholt* vermutlich der Bauernhof *Gissurrs* des Weissen oder schon seines Vaters *Teitr*; *Gissurr* wohnte selbst auf einem etwas weiter nordöstlich gelegenen Hofe zu *Höfdi*; er war mit *Hjalti Skeggjason* für die gesetzliche Einführung des Christentums eingetreten. Sein Sohn *Ísleifr*, den er selbst nach Deutschland gebracht, und der im Jahre 1056 in Bremen zum Bischof geweiht war, richtete sein väterliches Gut in *Skálholt* zum Bischofssitze her und gründete die erste Schule, die bis 1236 blühte und erst 1491 wieder zu kurzem Leben erwachte. *Ísleifrs* Sohn *Gissurr* baute in *Skálholt* eine schöne Kirche, „dreissig Ellen lang", weihte sie dem Apostel Petrus und stattete sie reich aus; „er gab zur Kirche das weisse Gewand mit Purpur, das da seitdem lange das beste war, und viele andere Kleinode"; er stiftete sein väterliches Gehöft sowie viele andere Liegenschaften und Fahrhabe und erlangte dafür die gesetzliche Gewährleistung des Altthings (1082—1118). Dem ersten Bischofe von *Skálholt*, *Ísleifr Gissurarson*, folgten bis zur Reformation 29 Bischöfe, der letzte, *Ögmundr Pálsson*, starb 1542 zu *Sorö* in Dänemark. An den heiligen *Þorlákr* und an *Jón Arason* von *Hólar* knüpft die Tradition in *Skálholt* vor allem an, wie wir bereits gesehen haben. Doch auch andere glanzvolle Namen tauchen aus der Vergangenheit auf.

Die ersten sieben Bischöfe der Diözese *Skálholt* haben früh ihren Biographen gefunden. Darum sind wir gut über sie unterrichtet und wissen, wie sie im Sinne der Kirche auf den Gang der weltlichen Gesetzgebung einwirkten. Vor der Androhung ihres Bannes wichen selbst in Momenten der leidenschaftlichsten Aufregung die gewaltsamsten Naturen zurück, und sogar in der wilden Sturlungenzeit vermied man selbst mitten im Getümmel des Kampfes das Leben des Bischofs zu gefährden. Am 2. Januar 1242 kämpften *Gissurr Þorvaldsson*, später der erste Statthalter des norwegischen Königs, und *Úrækja Snorrason* heftig in *Skálholt* miteinander[1]. *Úrækja*

---

[1] *Sturlungasaga*, ed. Kålund I, S. 562; auf diese Stelle macht Maurer, Island S. 233 aufmerksam.

wollte den Tod seines Vaters *Snorri* rächen, der von *Gissurr* schmählich in *Reykholt* überfallen worden war (s. o. S. 224). Damals war *Sigvardr Pjettmarsson* Bischof, ein Norweger (1238—1268). *Gissurr* stand mit seinen Mannen auf dem Kirchhof, die Gegner rückten beim Morgengrauen nördlich vom Hof von den Viehhürden aus gegen ihn heran. Der Bischof forderte seine Leute auf, sich mannhaft zu wehren und erlaubte allen Geistlichen, auf *Gissurrs* Seite zu kämpfen, obwohl ein Vermittlungsversuch nur an *Gissurrs* Hartnäckigkeit gescheitert war; er selbst wollte mit den Waffen streiten, die ihm zur Verfügung stünden. Darauf ging er in die Kirche, von seinen Klerikern begleitet, und legte seine Amtstracht an. Vom Kirchhof aus schleuderten sie Steine auf die Angreifenden, dann flogen die Speere, und viele wurden verwundet; *Urækja* ging südlich von den Wohnhäusern mit dem Haupttrupp auf den gedeckten Gang vor, der zu der Kirche führte. Da trat Bischof *Sigvardr* aus der Kirche heraus und sprang über die Planken, die für die Verteidigung angebracht waren. Er war in vollem Ornat, hatte den Bischofshut auf dem Kopfe, den Stab in der einen Hand, das heilige Buch und eine gelöschte Kerze in der anderen, und begann gegen *Urækja* und sein Gefolge den Bann zu schleudern. Eine Weile schwieg der Kampf. Als dann der Bischof nach der Sattelkammer ging und auf den Dachrücken sprang, flogen die Steine von beiden Seiten und über seinen Kopf wie Schneeflocken. Aber sobald man ihn erkannte, vermieden alle ihm Schaden zuzufügen, und der Streit legte sich. Ein Vergleich kam zustande, und auf einen Splitter des heiligen Kreuzes legte *Gissurr* in der Kirche den Eid ab, Friede zu halten. *Gissurr* aber, der nur durch den Bischof gegen die rechtmässige Verfolgung seiner Missetat geschützt war, übte sofort einen neuen und schimpflichen Verrat an *Urækja*; der Bischof und ein Abt wurden gemissbraucht, diesen zum Abschluss eines neuen endgültigen Vergleiches über die *Hvítá*-Brücke zu locken, und hier wurde *Urækja* gefangen genommen, obwohl selbst viele von *Gissurrs* eigenen Leuten, über die Treulosigkeit entrüstet, sich bereit erklärten, für ihn die Waffen zu ergreifen.

Arni Porláksson, der zelotische Gregorianer auf dem Bischofsstuhle von *Skálholt*, warf das alte Kirchenrecht um, das noch zum Teil auf nationaler Grundlage fusste, und führte 1275 ein neues ein, das sich eng an das kanonische Recht anschloss; dadurch verfeindete er sich mit den Grossgrundbesitzern der Insel[1].

Im 14. Jahrhundert, als die Bischöfe meist Ausländer waren und das Recht der Isländer mit Füssen traten, hatte auch *Skálholt* unter den Übergriffen und Bereicherungsgelüsten der Geistlichkeit zu leiden. Ein Bischof schädigte während der drei Monate seiner Amtsführung die Kirche von *Skálholt* um den Wert von 30000 Kühen; ein anderer liess drei Brüder in den Stock legen, weil sie ihren Abt geprügelt und fortgejagt hatten; einmal gebrach es sogar an Wein, so dass man das Lesen der Messe einstellen musste[2].

Im 15. Jahrhundert, als die englischen Seeräuber die ganze Insel unter ihre Gewalt bekommen hatten, sass ein englischer Bischof zu *Skálholt*; im 16., kurz vor der Reformation, gab es im ganzen Bistum nur 150 Geistliche — im Anfang des 13. Jahrhunderts aber 229! —, und die Schulbildung war äusserst gering[3]; ja, ein Priester liess sich zur Zeit des Bischofs *Stefán Jónsson* (1491—1518) Nachschlüssel zur *Skálholter* Kirche anfertigen und entwendete daraus Gold und Silber; denn so reich war die Kirche, dass sie sogar in Norwegen einen Wald und einen Hof besass[4]. Bei einem Ausbruche der *Hekla* 1510 wurde ein Mann in *Skálholt*, 45 km von der Ausbruchsstelle entfernt, von einer vulkanischen Bombe erschlagen; das wurde allgemein als ein sehr böses Vorzeichen angesehen.

Gerade in der nächsten Umgebung des Bischofs von *Skálholt*, ja am Bischofssitze selbst und unter seinen tüchtigsten Priestern, befanden sich die eifrigsten Anhänger

---

[1] Mogk, Geschichte der norw.-isl. Literatur S. 795, 922.
[2] Isl. Annaler 1888, S. 489.
[3] Thoroddsen-Gebhardt I, S. 180.
[4] a. a. O. I, 159.

der Reformation, ein förmlicher Geheimbund von Lutheranern, und in einem Kuhstalle wurde heimlich das neue Testament nach Luther ins Isländische übersetzt[1]). *Gissur Einarsson* wurde der erste Superintendent von *Skálholt*.

Im Jahre 1553 wurde die Lateinschule in *Skálholt* errichtet, um den künftigen Geistlichen eine bessere Bildung zu geben und um ihnen neue Waffen für den neuen Glauben zu schmieden; Griechisch wurde dort erst seit 1600 gelehrt, am tüchtigsten waren bei den Lehrern die Kenntnisse im Deutschen[2]). Doch schwebte ein Unstern über den Magistern, der eine ertrank 1555 in der *Bruará*, der andere 1594. Das Volk glaubte, die Elben hätten ihn getötet, weil er ihre Geheimnisse ausgeplaudert hätte[3]). *Gudbrandur Þorláksson*, dessen Bibelübersetzung den Markstein für den Beginn der neuisländischen Literatur und der Renaissance des Geisteslebens auf Island bedeutet, war, bevor er Bischof zu *Hólar* wurde, Magister zu *Skálholt* (1564), er war erst 22 Jahre alt, galt aber als ein ungewöhnlich tüchtiger Lateiner; hinten in einer Scheune hatte er sich eine kleine Werkstatt eingerichtet und arbeitete da und stach in Messing. Den ersten Unterricht in der Mathematik und Astronomie erteilte Magister *Gisli Einarsson* (Mitte des 17. Jahrhunderts). Die Kathedralbibliothek war reich an Handschriften, und zwar nicht bloss an Legenden und Schriften asketischen Inhaltes, sondern auch an Sagas und Annalen. Hier erwarb *Arni Magnusson* (1663 bis 1730), der berühmte Sammler isländischer Handschriften, vom *Skálholter* Bischof *Jón Vidalin* 35 Membranen, und es gelang ihm, auch die Reste der Bibliothek des Bischofs *Brynjólfur Sveinsson* zu erwerben.

Kein Name weckt, auch bei dem Fernerstehenden, ein lebhafteres Echo als *Brynjólfur Sveinsson* (1605—1675). Auch wer weiter nichts von Island kennt als die *Hekla* und den *Geysir*, weiss doch, dass sein Name mit der „Edda" unlöslich verknüpft ist. Kurz nach seinem Amtsantritt in *Skálholt* erwarb er eine handschriftliche Liedersammlung aus der Zeit von 1240—1250, aus 45 Blättern bestehend, liess eine Abschrift auf Pergament anfertigen und versah sie mit dem Titel „*Edda Sæmundi multiscii*"; die alte Handschrift, den sogenannten *Codex Regius*, verehrte er König Friedrich III. von Dänemark, seitdem gehört sie der königlichen Bibliothek in Kopenhagen an. An der Schule zu *Skálholt* unterrichtete er selbst und übertraf auf dem Gebiete der Sprachwissenschaft und isländischen Altertumskunde die meisten seiner Zeitgenossen. Obwohl er in mancher Hinsicht noch sehr katholisch gesinnt war — er betete zum heiligen Kreuz und zur Mutter Maria, besang sie auch in lateinischen Gedichten —, dachte er doch daran, eine neue Übersetzung der Bibel zu veranstalten und in *Skálholt* drucken zu lassen; er hat als erster Isländer das Neue Testament aus dem Griechischen übersetzt, während die Übersetzung der „Ganzen heiligen Schrift" von *Gudbrandur Þorláksson* aus *Hólar* vom Jahre 1584 sich auf Luthers Verdeutschung gestützt hatte; aber der eifersüchtige Bischof von *Hólar* verhinderte ihn an der Errichtung einer Druckerei. *Brynjólfur* verfasste ferner eine Streitschrift gegen die Verschwendungs- und Trunksucht der Isländer, schrieb viel über Heilungen, — aus seinem „Heilbuch" sind noch viele Abschnitte über Frauen- und Kinderkrankheiten handschriftlich verbreitet —, und zeigte sich wiederholt als hilfsbereiter Freund und Förderer von Talenten: er beschützte den in der alten Sagenwelt bewanderten *Jón Gudmundsson*, so dass sich dieser ganz seinen wissenschaftlichen Arbeiten widmen konnte, verschaffte *Hallgrimur Pjetursson*, dem Dichter der „Passionslieder" Eintritt in die Metropolitanschule zu Kopenhagen und beschäftigte ihn mit literarischen Arbeiten, und unterstützte *Stefán Ólafsson*, den isländischen Horaz, als Schüler und auch später auf jede Weise. Er steuerte endlich nach dem grossen Brande von 1630 zur Restaurierung der alten Domkirche 50000 Kronen bei[4]).

---

[1]) Poestion, Isl. Dichter, S. 71—73.
[2]) Thoroddsen-Gebhardt I, S. 155; vgl. S. 184.
[3]) Mein Island II, S. 6.
[4]) Thoroddsen-Gebhardt II, S. 62, 141, 142; Poestion, Isl. Dichter S. 89. 90. 102. 103, 119, 210, 224.

Brynjólfurs Nachfolger *Þórdur Þorláksson* schaffte 1685 mit königlicher Erlaubnis die Druckerei von *Hólar* nach *Skálholt* und liess eifrig Erbauungsbücher und sehr viele alte historische Erzählungen drucken (z. B. *Aris Islendingabók, Landnámabók* und *Kristnisaga*). Er war, wie sein Famulus *Hjalti Þorsteinsson*, ein Freund des Gesanges und der Musik „und liess sich von ihm seine instrumenta musica stimmen und reparieren, denn er wollte sein Regal ertönen lassen in der Kirche zu *Skálholt* am Weihnachtsfest". Anderthalb Jahre hatte er in Wittenberg studiert, er verfasste die erste isländische Gesangslehre, eine sehr tüchtige „Dissertatio chorographico-historica de Islandia", in der er die Ansicht verteidigte, Island sei Thule, gab Kalender heraus, zeichnete eine Karte von Island und berechnete die Höhe *Skálholts* auf 64° 10′ n. B.[1]).

Die äusseren Verhältnisse *Skálholts* im 18. Jahrhundert waren gut. Zwar die Gestüte, die der bischöfliche Stuhl auf dem *Hestfjall* und auf *Árnes* besass, wurden 1723 aufgegeben. Aber zu derselben Zeit befanden sich in *Skálholt* Buttervorräte im Werte von vielen tausend Talern[2]). Als Ludvig Harboe 1741 auf Betreiben des *Skálholter* Rektors *Jón Þorkelsson* nach Island geschickt wurde, um Kirchen und Schulen zu visitieren, fand er die Schule in *Hólar* sehr heruntergekommen, aber den Bischofsstuhl zu *Skálholt* in blühendem Zustande. Im Herbst desselben Jahres besuchte *Eggert Ólafsson* daselbst die Lateinschule, seine Beschreibung der Domkirche beruht also auf langer, eigener Anschauung (s. o. S. 265). Auch der Dichter *Jón Þorkelsson* hatte von 1760—1763 die *Skálholter* Schule besucht[3]). Von 1753—1789 war *Finnur Jónsson* hier Bischof, der hochberühmte Verfasser der „Historia ecclesiastica Islandiae", des besten Geschichtswerkes, das die Isländer aus der neuen Zeit besitzen. Ein schwerer Schlag für *Skálholt* war die Zerstörung des neuen Schulgebäudes 1784 durch ein furchtbares Erdbeben und der Verlegung der Lateinschule 1787 nach *Reykjavik*. 1801 wurde dann auch die Domschule von *Hólar* mit der *Reykjaviker* Schule vereinigt. Die Schulkomödien, die man bereits in *Skálholt* aufgeführt hatte, lebten in *Reykjavik* weiter; so ist das isländische Drama in seinen ersten Anfängen aus *Skálholt* hervorgegangen[4]).

Hannes Finnsson, der Sohn des Bischofs *Finnur Jónsson*, ein Ahnherr des weltberühmten Erfinders der Lichttherapie *Niels Ryberg Finsen*, wirkte vor allem für die Aufklärung des Volkes, namentlich in bezug auf land- und volkswissenschaftliche Fragen und wollte die isländischen Verhältnisse nach den Grundsätzen des neuen Zeitgeistes umändern, denen die zivilisierten Länder Europas huldigten[5]). In *Skálholt* wurde endlich *Finnur Magnússon* 1781 geboren, später Professor der altnordischen Literatur und Mythologie zu Kopenhagen, einer der hervorragendsten isländischen Altertumsforscher († 1847). Im Jahre 1787 wurde der Bischofssitz und die Schule von *Skálholt* nach *Reykjavik* verlegt, und aus der an grossen geschichtlichen Erinnerungen reichen Stätte, dem Mittelpunkte des geistigen Lebens des Südlandes, ward ein Bauernhof. Einen letzten bleichen romantischen Schimmer hat jüngst Thit Jensen über *Skálholt* gegossen, indem sie die Kirche zum Schauplatz einiger „mystischen Novellen" machte[6]).

---

[1]) Thoroddsen-Gebhardt II, S. 76, 141 ff. 295.

[2]) a. a. O. 272, 247.

[3]) Vgl. Poestion, Isl. Dichter der Neuzeit S. 270—273.

[4]) Poestion, Zur Geschichte des isl. Dramas und Theaterwesens S. 8.

[5]) Poestion, Isl. Dichter S. 149, 150, 249; auf seinen Tod dichtete *Benedikt Gröndal* der Ältere ein Lied, das Poestion, Eislandblüten S. 3 übersetzt hat.

[6]) Volkssagen aus *Skálholt* bei Maurer 213; Lehmann-Filhés I, 181, II, 83 ff., 169 ff., 200 ff.

Vierzehntes Kapitel.

Von Skálholt rund um Reykjanes zurück nach Reykjavík.

Weg du Traum! so hold du bist!
Hier auch Lieb' und Leben ist.

Der 9. August, ein Sonntag, ist mit herrlichem Sonnenschein angebrochen. Feiertagsstimmung herrscht rings in der Natur, um halb zwölf werden die Pferde vorgeführt, die bei dem köstlichen Gras in der Nacht die sieben mageren Tage vergessen haben; der letzte Teil der Reise beginnt. Ich kann mich bei seiner Darstellung kürzer fassen, da die ersten Tage naturgemäss in der Nähe der üblichen Touristenstrasse zugebracht wurden, während die letzten vier Tage von Walther v. Knebel bereits deutsch beschrieben sind. Ich muss es aber auch, da der mir zur Verfügung stehende Raum knapp wird, und vor allem, weil mich mein Befinden, vermutlich eine Folge des Sturzes an der *Hvítá*, hinderte, soviel wie bisher zu leisten. Wohl konnte ich noch ohne Anstrengung den weiteren Weg zurücklegen, und solange ich im Sattel sass und in der frischen Luft war, fühlte ich mich stark und gesund wie bisher; aber des Abends im Quartier war ich auffallend schlapp, und froh, wenn ich das Lager aufsuchen konnte; Exkursionen aber nach vollbrachter Tagestour und Bergbesteigungen, grössere Märsche auf dem steilen Rücken des Hochplateaus, von dem die *Purrár*lava stammt, wären mir durchaus unmöglich gewesen. Auch liegt während dieser letzten Tage gleichsam ein Schleier auf meinem Gedächnis, und da auch mein Tagebuch nicht immer mit der nötigen Sorgfalt geführt werden konnte, ist doppelte Vorsicht und Zurückhaltung geboten. So muss ich um die Nachsicht des Lesers bitten, wenn die folgenden Zeilen etwas matt werden und kürzer ausfallen und dem Forscher weniger Neues bieten.

Von *Skálholt* führt der Weg über Morast in einer halben Stunde an die *Hvítá*. Die Drahtfähre lag am jenseitigen Ufer. Da der

Fluss viel zu breit ist, als dass die menschliche Stimme hinübergelangen könnte, ist am nördlichen Ufer ein Signalinstrument aufgestellt, das beim Drehen einen gellenden, markerschütternden Ton von sich gibt, wie etwa eine Schiffssirene. Die Landschaft südlich von der *Laxá*, an der schmalsten Stelle zwischen der *Hvítá* und *Pjórsá*, heisst *Skeid*. Lava bildet überall den Untergrund; aber da das Meer entfernt ist und die Höhe etwas grösser, so ist das Erdreich meist sandig, trocken und hart mit kräftigem Graswuchs; Halbgräser kommen nur da vor, wo kleinere Wasseransammlungen nicht in den porösen Boden durchgesickert sind. In dem kahlen, bräunlichen Sande, in dem der Wind spielt, haben die Überschwemmungen der Flüsse im Winter allerhand seltsame Schnörkel und Muster zurückgelassen, Wellentäler und Wellenberge wechseln miteinander, und krause Zickzacklinien gehen quer darüber. Im Westen fesselt das eigentümliche *Hestfjall* unseren Blick, der Berg sieht wie ein Pferd mit gesenktem Halse aus; nach Osten schimmern die duftigen Firnlinien des Gletschermassivs des Südlandes in weiter Ferne. Der Sand hört auf, über die alte grasbewachsene Lava des *Merkurhraun* poltern die Hufe der Pferde, ein Bergrücken hemmt den Weg, und wir befinden uns in der Landschaft *Flói* (Sumpf), die das ganze Flachland unterhalb der *Skeid* zwischen den Flüssen *Pjórsá* und *Ölfusá* bis zum Meere hin umfasst. „Zur Eiszeit befand sich an Stelle des Tieflandes ein grosser Fjord, in dem der glaziale Schlamm von den unzähligen Gletscherströmen sich abgelagert hat; damals wurde der Glazialschlamm des Tieflandes mit arktischen Muschelresten, „Yoldia" u. a. angefüllt. Die Gebiete zwischen *Ölfusá* und *Pjórsá* wurden nach der Überflutung sehr sumpfig und mit vielen Torfbildungen bedeckt, aber unter diesen findet man überall alte Lava, die auch an der Küste in vielen Riffen hervortritt"[1]. Während sonst die Lavafelder an Wasser Mangel leiden, bildet *Flói* eine Ausnahme, es liegt so niedrig, dass das Regenwasser wegen des Drucks des Grundwassers nicht versinken kann. Da das Wasser keinen Abfluss findet, leidet in regenreichen Zeiten diese Landschaft sehr darunter; das Erdreich ist dann wie ein mit Wasser gefüllter Schwamm, und es ist sehr schwer, durch die Sumpfgegend zu reiten.

Wir halten uns dicht an die breite *Hvítá*. Schon von weitem werden die hellen mächtigen Pfeiler der im Jahre 1895 erbauten, eisernen Hängebrücke sichtbar; langsam, Schritt für Schritt, wie die grossen Buchstaben der Brückenordnung es vorschreiben, reiten wir hinüber, ich an der Spitze der Karawane, *Ögmundur* an ihrem Ende; unten brausen die gelblichweissen Wellen des gewaltigen

---

[1] Thoroddsen, Petermanns Mitteilungen 1892, S. 25; Geogr. Tidskr. X, S. 11, 12; Island S. 18. Mit den Augen des Künstlers hat Heusler diese Landschaft betrachtet, Deutsche Rundschau Bd. 22, S. 210.

Stromes in ihrem engen Bett, und der Blick hoch vom Ross herab ist grossartig. Wir sind jetzt etwa in der Mitte des südlichen Tieflandes, von *Reykjavik* bis hierher führt eine sehr gute, etwa 76 km lange Fahrstrasse, und unser Nachtquartier, der Bauernhof *Pjórsártún*, übertrifft unsere kühnsten Erwartungen.

Das wirklich stattliche Gehöft liegt auf mässiger Höhe am östlichen Ufer der *Pjórsá*, im Winter werden hier landwirtschaftliche Vorlesungen über Viehzucht, Bodenpflege, Pflügen, Düngen usw. abgehalten, gymnastische Übungen der jungen Bauern finden statt, und der grosse Saal dient auch als Unterrichtsraum für die lernbedürftigen Kinder. Auch jetzt tagt gerade eine stark besuchte politische Versammlung hier; trotzdem erhalten wir sofort Waschwasser, starken, heissen Kaffee und ein nicht nur für Island gutes Abendessen. Die gute Stube ist hübsch möbliert, an den Wänden prangen wertvolle Bilder, wie Madame Récamier und ein römisches Gastmahl. Mein Schlafzimmer ist geradezu fürstlich eingerichtet, und mit gebührender, weihevoller Andacht höre ich, dass ich sogar in einem Königsbette schlafen soll, auf dem Lager, das König Frederik am 6. August 1907 benutzt hat. Trotzdem schlafe ich ausgezeichnet, trotzdem ist die Rechnung am nächsten Morgen sehr gering, ja, zum Abschied, nach einem herzhaften Frühstück, kommen noch einige Flaschen Bier auf den Tisch.

Der Bauer ist ein heller Kopf, praktisch und schnell zufassend. Er kam, arm wie eine Kirchenmaus, vom Heimweh gequält, mit seiner Frau aus Amerika zurück, als gerade die neue Brücke angelegt werden sollte. Da baute er eine Kantine für die norwegischen und isländischen Arbeiter, verdiente dabei, pachtete ein Grundstück, ebnete die Hauswiese, pflügte den Boden um, kaufte dann den Hof und hat ihn fast jedes Jahr durch neue Bauten erweitert: man kann ihn geradezu ein Hotel nennen, denn wie das Fremdenbuch zeigt, vergeht kaum ein Tag, wo nicht heimische und ausländische Touristen bei ihm einkehren. In seinen Mussestunden studiert er englische medizinische Schriften; ein eigenartiger Zufall wollte es, dass er gerade den Abschnitt über Diabetes traumaticus aufschlug, wovon ich bis dahin noch keine Ahnung gehabt hatte, und seltsam durchzuckte es mich, als ich las, dass es gegen dieses heimtückische Leiden keine Mittel geben, dass es unbedingt zum Tode führen sollte. Vor allem beschäftigte er sich mit dem Studium des Esperanto, und es wollte ihm nicht einleuchten, dass seine Beherrschung der englischen Sprache weit wertvoller sei als die Kenntnis einer Kunstsprache und seine wunderliche Vorliebe für Etymologien.

Vor rund einem Jahre hatte an der *Pjórsá*brücke zu Ehren des dänischen Königs eine Art Tierschau stattgefunden, die von der *Arnes-* und *Rangárvalla sýsla* gut beschickt war und ein Bild von der isländischen Viehzucht gab, natürlich waren nur Schafe, Kühe und Pferde ausgestellt. Mit Erstaunen vernahmen die Mitglieder des dänischen Reichstages, dass im Jahre 1900 für 1675375 Kronen Produkte von Schafen ausgeführt waren, während das, was auf der Insel selbst verblieb, sicher den doppelten Wert hatte; ein gutes Schaf gibt etwa 50 Liter Milch im Sommer, ca. 1 Liter am Tage, von 9 Litern Milch bekommt man 1 Pfund Butter. Die Rinderzucht ist, namentlich im Südlande, gegen das Altertum sehr zurückgegangen. Wenn aber hier ein besserer Betrieb der gewaltigen Wiesenflächen, die jetzt so gut wie brach liegen, eingeführt würde, könnten hier viele Tausende von Kühen gehalten werden. Etwa seit dem Jahre 1900 hat man über 30 Molkereien auf Anteilscheine gegründet nach dänischem Vorbilde, und jetzt senden die isländischen Meiereien jedes Jahr für etwa 400000 Kronen gute Butter nach England, und doch ist der Meiereibetrieb noch in seinen ersten schwachen Anfängen. In Verbindung mit der Tierschau war eine kleine Butterausstellung veranstaltet, und der Leiter der Molkereischule in *Hvítárvellir*, der Däne Grönfeldt, erntete uneingeschränktes Lob: die Kuhmilch wird meist mit Schafmilch gemischt, aber selbst das gibt eine vortreffliche Butter. Die isländischen Kühe liefern durchschnittlich 4—5000 Pfund im Jahre; einzelne, die ausschliesslich mit dem Heu der Hauswiese gefüttert werden, 8—9000 Pfund. Im Jahre 1900 wurden 3095 Pferde für 175000 Kronen ausgeführt; aber es könnten mit Leichtigkeit zwei- bis dreimal soviel Pferde auf Island gezogen werden, wie es bis jetzt der Fall ist. Das allgemeine Urteil über die Tierschau ging dahin, dass die Viehzucht und der Betrieb der Molkereien gerade im Südlande eine grosse Zukunft habe, und der dänische landwirtschaftliche Minister gab seiner Überzeugung dahin Ausdruck, dass die Tierschau an der *Pjórsá*brücke einen Merkstein in der Entwickelung der isländischen Landwirtschaft bedeute[1]. Lauten Beifall weckte seine Mitteilung, dass dänische Ingenieure bereits einen Plan ausgearbeitet hätten, um für etwa $^{1}/_{2}$ Million Kronen das grosse Marsch- und Wiesenland *Flói* zu entwässern und mit dem dungreichen Gletscherwasser der Ströme zu berieseln; dann würde *Flói* eine der fruchtbarsten Gegenden in ganz Island werden. Ein Konsortium dänischer und isländischer Geldleute hat *Brædratunga*, einen von Islands grössten Höfen, übernommen, dessen weite Wiesenstrecken vorzüglich zur Heugewinnung und Viehwirtschaft geeignet sind; durch Bewässerung und rationelle Bewirtschaftung hofft man den Heuertrag auf das Vierfache des bisherigen Ertrages zu bringen. Der Islandsfahrt des Jahres 1907, die der dänische Reichstag samt der Regierung und dem König unternommen haben, lagen selbstverständlich auch wirtschaftliche und kapitalistische Interessen zu-

---

[1] Durch Gesetze vom 10. November 1905 und 9. Juli 1909 ist die Einfuhr von Schafen, Rindern, Pferden, Schweinen, Ziegen und Hunden nach Island verboten.

grunde, wenn sie auch hauptsächlich dazu dienen sollte, die Insel und ihre Bewohner fester an Dänemark zu knüpfen. Dass dieser Hauptzweck nicht erreicht würde, stand bei mir nach der Stimmung, wie ich sie durchgängig angetroffen habe, durchaus fest[1]; aber die Erwartungen, die man an die Verbesserung der isländischen Landwirtschaft gesetzt hat, scheinen tatsächlich in Erfüllung zu gehen. Natürlich ist bei einigen Sanguinikern auch wieder das Projekt einer Eisenbahn aufgetaucht, und zwar von *Reykjavik* nach dem Deltatal der *Ölfusá* und *Þjórsá*, um seine landwirtschaftliche Entwickelung so noch mehr zu fördern — allein ich glaube nimmer, dass sich bei der dünnen Bevölkerung eine Bahn rentieren würde.

---

[1] Die Wahlen zum isländischen Landtag im September 1908 haben das Ergebnis gehabt, dass die Oppositionellen statt 13 jetzt 25 von den vom Volke zu wählenden 34 Althingmännern zu den ihrigen zählen, während die Zahl der Regierungsanhänger von 21 auf 9 gefallen ist. Die Tage des ersten isländischen Ministers *Hannes Hafsteinn* sind damit gezählt. Die Isländer wollen in dem neuen Verfassungsgesetz als „souveräner Staat" bezeichnet sein, der seine Souveränität einschränkte, indem er die Pflege der auswärtigen Beziehungen Islands wie die militärische Verteidigung seines Gebietes dem Königreiche Dänemark überlässt, mit dem die Insel in einem „Staatenbande" und nicht in einer „Staatenverbindung" lebt. Ferner wünschen die Isländer selber in ihren Gewässern die Polizeigewalt auszuüben; sie wollen daher selber ein Fischerei-Inspektionsschiff ausrüsten, das an die Stelle des bisherigen dänischen Kreuzers treten soll.

Am 31. März 1909 ist *Björn Jónsson* vom dänischen König zum Minister für Island ernannt worden. Er ist am 8. Oktober 1846 in der *Bardastrandur sýsla* geboren, Abiturient des Gymnasiums von *Reykjavik* 1869, studierte mehrere Jahre Jura in Kopenhagen, legte aber kein Examen ab. 1874 wurde er Redakteur der Zeitung „*Ísafold*", und erwarb 1876 die Buchdruckerei „*Ísafold*", die mit einem Papierhandel und einer Buchbinderei verbunden ist. Seine politischen Ansichten haben sehr gewechselt. In das Althing wurde er Sommer 1908 zum zweiten Male gewählt und von der Opposition, deren Leiter er in den letzten Jahren war, im Februar 1909 zum Ministerkandidaten aufgestellt. Das empfand man in Dänemark geradezu als einen Schlag ins Gesicht. Aber *Björn Jónsson* hat in Kopenhagen alle Bedenken gegen seine Person zu beseitigen gewusst: er sei absolut kein „Dänenfresser", die anrüchigsten Artikel in seiner Zeitung stammten von einem jungen Brausekopfe, dem sein Stellvertreter während seiner Abwesenheit nicht genügend auf die Finger gesehen habe; ernsthafte isländische Politiker dächten nicht an die Errichtung eines isländischen Freistaates und noch viel weniger an einen Anschluss an einen anderen Staat. Aber er hat offen zugegeben, dass die Herstellung einer reinen Personalunion zwischen Island und Dänemark das Ziel seiner Wünsche sei. Wenn Island nicht grundsätzlich als selbständiger Staat anerkannt werde, wolle man es am liebsten vorläufig bei dem gegenwärtigen Zustande der staatsrechtlichen Verbindung der beiden Länder belassen.

Islands staatsrechtliche Stellung zu Dänemark ist neuerdings Gegenstand mehrerer Einzeluntersuchungen geworden: Ragnar Lundborg, Islands staatsrechtliche Stellung, Berlin 1908; *Jón Þorkelsson og Einar Arnórsson, Ríkisrjettindi Íslands. Reykjavik* 1908; dagegen schrieb *Björn M. Ólsen: Um uppháf Konungsvalds á Íslandi*, R. 1908. Von dänischer Seite ist soeben erschienen: Dr. jur. Knud Berlin, Islands statsretlige stilling efter fristatstidens ophør. I. Islands underkastelse under Norges Krone. Kopenhagen 1909; dazu vgl. *Björn M. Ólsen, Enn um upphaf Konungsvalds á Íslandi*. R. 1909.

10. August. Nachdem ich noch von der Generalstabswarte, dicht bei dem Gehöft *Pjórsártún*, die umfassende Aussicht genossen hatte, im Süden bis zu den *Vestmannaeyjar*, im Norden bis zu den *Kerlingarfjöll*, im Osten bis zum *Tindfjallajökull*, im Westen über das *Ingólfsfjall* hinaus bis zu den Vulkanen auf *Reykjanes* und den *Súlur* am *Pingvallavatn*, verliess ich um 12 Uhr den gastlichen Hof. Auf der guten Fahrstrasse, im warmen Sonnenschein war das Reiten wirklich ein Genuss, und ein eigenartiges Schauspiel waren die Luftspiegelungen, wobei die Gehöfte gleichsam in der Luft zu schweben schienen. Schon nach drei Stunden war die im Jahre 1891 errichtete Brücke über die *Ölfusá* erreicht, wie die *Hvítá* in ihrem unteren Laufe genannt wird, nachdem sie sich mit dem *Sog* (d. h. Saug-Fluss), dem Abfluss des *Pingvallavatus*, vereinigt hat. Hier hatte Faktor Nielsen aus dem nahen *Eyrarbakki* den dänischen König begrüsst, junge Mädchen in Nationaltracht hatten Blumen gestreut. Zwei Gasthäuser liegen am östlichen Ufer der *Ölfusá*, ein sehr schlechtes Kaffeehaus, vor dem ich nicht genug warnen kann, und ein sehr gutes, *Tryggva-Skáli* mit Namen, wo man saubere Unterkunft, gute Verpflegung und selbst Bier erhält. Von hier bis *Eyrarbakki* sind knapp zwei Stunden auf leidlicher Fahrstrasse, die roten Dächer dieses Handelsplatzes und die weisse Kirche mit dem grauen Dach und niedrigem, spitzen Turm von *Stokkseyri* sind schon von weitem sichtbar.

Eyrarbakki, früher *Eyrar* genannt[1]), ist zwischen den Mündungen der *Pjórsá* und *Ölfusá* aufgebaut; längs der Küste liegt eine breite Kette teilweise blinder Klippen, ursprünglich von der Brandung aufgerissene Lava, die vor *Eyrarbakki* und vor *Stokkseyri* kleine Häfen mit schmalen Einfahrten bilden und etwas Schutz für die Handelsschiffe geben. Im *Eyrarbakki*-Hafen, der ein wenig westlich vom Handelsplatz liegt, können vier bis fünf kleine Schiffe an den dort verankerten Festmachevorrichtungen liegen und frei schwoien. Eine Stange und zwei dicht beieinander stehende Baken dienen den Schiffen als Seezeichen, die westliche Einfahrt ist die tiefere, die östliche ist weniger gut. Ohne genauere Ortskenntnis darf man nicht in den Hafen einlaufen, sondern muss einen Lotsen nehmen. Ausserdem erfordert die Einsteuerung gutes Wetter und Wind aus einer Richtung zwischen Süd über West bis Nordwest. Die den Hafen bildenden Klippen fallen erst bei halber Ebbe trocken und gewähren daher bei auflandigem Sturme nur mittelmässigen Schutz. Der Hafen kann auch nur in der guten Jahreszeit besucht werden.

In *Eyrarbakki* wurde eins der ersten Seeschiffe aus Island gebaut, im Jahre 1338. Einem englischen Kaufmann war vom dänischen König für *Eyrarbakki* im Jahre 1413 ein Freibrief ausgestellt werden;

---

[1]) Die alten Belege bei Kålund I, S. 175—177.

im Jahre 1580 scheiterte hier der bischöfliche Kutter, und damit hörten die Fahrten nach Norwegen auf[1]). Im Jahre 1602 wird der Ort als einer der 20 Häfen Islands genannt, die jedes Jahr unbedingt angelaufen werden müssen. Heute legt regelmässig nur der Küstendampfer *Ingólfur* hier an.

Eyrarbakki ist ein langgestreckter Flecken mit etwa 800 Einwohnern und besteht meist aus Fischdörrereien und Fischerhütten; die Kartoffelgärten vor den Häusern sind mit Steinmauern umgeben. Sogar eine Kegelbahn soll hier sein. Neben der Kirche, die die Kopie eines berühmten Altarbildes enthält, von einer dänischen Königin oder Prinzessin gemalt, liegen die ansehnlichen Magazine und das noch aus der Monopolzeit stammende, aber modern umgebaute Wohnhaus des Kaufmanns Nielsen. Auf dem gut gepflegten Rasen davor spielten junge Mädchen in lichten Gewändern Reifen und Ball, und wie ein Räuber kam ich mir vor, als ich in ihre harmlose Fröhlichkeit einbrach. Wohl war mir bekannt, dass Familie Nielsen als die gastfreieste auf ganz Island berühmt ist, dass Prof. Heusler aus Berlin, der Ornithologe Hantzsch aus Dresden und der Maler Bachmann aus München hier eingekehrt waren, aber eine so wahrhaft innige Aufnahme hatte ich nicht erwartet. Ich weiss nicht, wem ich den Vorzug geben soll, dem biederen Hausherrn, der grundgütigen „Mamma" oder der liebenswürdigen Tochter — sie alle waren von bezaubernder Herzlichkeit, und im Nu fühlte ich mich unter ihnen zu Hause, wie wenn ich jahrelang mit der Familie befreundet gewesen wäre. Es hätte nicht der guten Speisen und Getränke bedurft, um diese behagliche Stimmung in mir hervorzurufen, auch nicht der guten Musik, an der ich mich, seit über drei Wochen zum ersten Male wieder, erfreuen durfte — die Menschen waren es, die es mir angetan hatten.

11. August. Es fiel mir aufrichtig schwer, am nächsten Morgen die Einladung abzuweisen, noch ein paar Tage hier zu bleiben, aber die Pflicht rief, die Zeit drängte, und die Tage wurden immer kürzer, jeden Abend um 10 Uhr musste schon Licht gebrannt werden. Vor dem Abschied zeigte mir Herr P. Nielsen noch seine wertvolle Eier- und Vogelbälgesammlung. Er ist weit über Island hinaus, auch bei uns, als Ornithologe berühmt, und hat zu ornithologischen Zwecken sogar als erster Forscher die Umgebung der *Fiskivötn* aufgesucht[2]). Der Weg bis zur *Ölfusá*brücke war derselbe wie am gestrigen Tage, heute aber passierten wir die Hängebrücke, ein feines, kleines Meister-

---

[1]) Thoroddsen-Gebhardt I, S. 93, 104, 159. Eine Sage, die ebenfalls an einen Schiffbruch anknüpft, hat Kahle übersetzt, S. 64; eine moderne Ächtersage bei Maurer, S. 249; ein merkwürdiges Beispiel einer Windhose bei Eggert Olafsen II, S. 225, § 905.

[2]) Über diese Reise hat er nichts geschrieben, doch eine kurze Schilderung Thoroddsen mitgeteilt, die dieser veröffentlicht hat, Geogr. Tidskr. X, S. 168, 169.

stück aus rotangestrichenem Eisengitterwerk; bei einer Strafe von 20 Kronen ist verboten, dass mehr als eine Person zu gleicher Zeit über sie reitet. Der Bezirk *Ölfus* beginnt, und wir nähern uns dem *Ingólfsfjall*, das seinen Namen von Islands erstem Besiedler *Ingólfr* hat. Man zeigt noch auf dem Berge (547 m) den *Ingólfshaugur*, einen grossen, aus Stein und Grus aufgeschütteten Hügel, in dem er, wie schon die alte Sage erzählt, bestattet liegt[1]); er wählte sich diesen Punkt zu seiner Grabstätte, weil er von hier aus noch nach seinem Tode das von ihm zuerst eingenommene Land am besten

Fig. 27. Reykjafoss.

übersehen konnte. Ein Ort am Berge, *Valakirkja*, ist der Brocken Islands; dort sollen vormals die Hexensabbate abgehalten worden sein. Wir folgen dem Berge eine Zeitlang und passieren dann zur Linken eine eigentümlich kegel- oder pyramidenförmige Höhe, *Kögunarhóll* (117 m). Hier sieht man hübsch die alte Strandlinie, etwa von derselben Höhe wie bei *Reykjavík* (40 m), und hier hat nach der Sage *Ingólfr* sein Schiff angelegt.

Weiter geht es über flache grüne Moorgegend, dann durch ein mehr hügeliges Gelände an mehreren Höfen vorbei zur *Varmá*, d. i. Warmache, in die warme Quellen fliessen, und die deshalb

---

[1]) Lnd. I, K. 6; vgl. auch Eggert Olafsen S. 859; deutsche Ausgabe II, S. 132, § 833.

niemals zufriert; im Frühling tritt sie über die Ufer und überschwemmt die kleine Ebene, die daher ziemlich fruchtbar ist. Etwa 1 ¼ Stunde hinter der *Ölfusá*brücke ist die hölzerne Brücke erreicht, die über die *Varmá* führt. Etwas höher, am Flusse selbst, steht eine Wollfabrik, unmittelbar an einem kleinen Wasserfall, *Reykjafoss* (Abbildung 27), der die Kraft für die aus Deutschland bezogenen Maschinen gibt. Rechts von der Landstrasse, dicht bei einer Schafhürde, liegt eine Gruppe warmer Quellen. Wie die anderen Thermen, die sich am Fusse der Berge der *Ölfus*-Gegend finden, sind die warmen Quellen von *Reykir í Ölfusi* darum bemerkenswert, weil sie zeigen, wie das Tiefland durch eine Senkung der Felsen entstanden ist. Hinter ihnen erhebt sich die Hochebene *Hellisheidi*, über die die Fahrstasse nach *Reykjavík* führt; bis an ihre Wände stand einst das Meer; sie ist in geologischer Hinsicht insofern interessant, als man hier Krater findet, die nach der Eiszeit einen Ausbruch gehabt haben, wie Berge, die Reste von Vulkanen sind, die vor der letzten Vergletscherung gespieen haben. Die *Hellisheidi* ist eine Art Brücke, die zwischen zwei Senkungen im Erdboden stehen geblieben ist; die Senkungen auf ihren beiden Seiten fanden wahrscheinlich nicht zu derselben Zeit statt, jedenfalls sind sie jünger als der Beginn der Eiszeit.

In *Reykjafoss* findet man leidliche Unterkunft und Verpflegung[1]. Unmittelbar am Hause ist eine warme Quelle, die zum Waschen benutzt wird. Ein wenig nördlich vom Gehöft am Fusse eines Hügels dicht an der *Varmá* liegt der *Badstofuhver* (badstofa = Badestube); alle 2 Minuten findet ein Ausbruch statt, der etwa ebensolange dauert; das Wasser wird aus einem ca. 4 Fuss breiten Kieselbassin etwa 6 Fuss in die Höhe geworfen, unten vor dem Bassin hat es dünnen Schwefelüberzug auf den Steinen abgesetzt, seine Temperatur an der Oberfläche ist 85°. Am merkwürdigsten ist der sogenannte *Lilli Geysir* (der kleine *Geysir*), oberhalb der Hauswiese: das 97° warme Wasser kocht aus zwei Öffnungen hervor, aber nur 1 Fuss hoch. Früher warf die Therme alle 6 Stunden das Wasser etwa 20 Fuss hoch, aber jetzt haben die starken Ausbrüche aufgehört, vielleicht weil man in unverzeihlichem Leichtsinn einen Felsblock in die grösste Öffnung gewälzt hat. Bei einem Erdbeben im Jahre 1829 sprang sie fast ebenso hoch wie der grosse *Geysir*, 100 Fuss, aber das dauerte nur kurze Zeit. In der Nähe des kleinen *Geysir* ist eine kochende Schlammquelle und ein wenig weiter unten der *Túngardshver*, der alle 3 Minuten einen 5 Fuss hohen Wasserstrahl schleudert; er soll 1789 bei einem Erdbeben

---

[1] Zum Folgenden vgl.: Thoroddsen, Geogr. Tidskr. VI, S. 137, X, S. 11; *Landfrædissaga* I, S. 257; *Landskjálftir* S. 80; das frühere Aussehen der Quellen bei Thoroddsen-Gebhardt II, S. 303—305, und Kålund I, S. 74—75.

entstanden sein; früher soll der kleine *Geysir* hier getobt haben, aber bei einem Ausbruche der *Hekla* 1597 verschwand er, und eine andere heisse Quelle oberhalb der Hauswiese sprudelte hervor, wenngleich nicht so stark, wie die verschwundene. In dem südlichen Rand der Kieselfläche ist ein hübsches, tiefes, schalenförmiges Bassin gebildet, mit klarem Wasser innerhalb des schneeweissen Sinters, das aber auf dem Grunde wegen seiner Tiefe hellblau schimmert. Die Wärme aller dieser Quellen scheint jetzt im Abnehmen zu sein. Bei dem furchtbaren Erdbeben vom Herbst 1896 entstand unter ohrenbetäubendem Brüllen und Pfeifen ein neues Wasserbecken, 16 m lang und 8 m breit, das beim ersten Ausbruch Wasser, Dampf, und Steine (Tuffe und Kieselsinter) über 200 m emporschleuderte; der Auswurf dieser Quelle aber nahm schnell an Stärke ab, in den nächsten Tagen sprudelte sie nur 3—4 m hoch und stellte dann ihre Wirksamkeit gänzlich ein. Einen höllischen Anblick gewähren die Schlammquellen; die eine kocht unter grosser Blasenentwicklung bläulichen Schlamm, eine andere stösst, beständig stöhnend und ächzend, grauen, schweren Lehmteig auf, in einer dritten blubbert der blaue Schlamm tief unten wie in einem Kessel, bei einer vierten ist der rote Pfuhl so verdeckt, dass man den kochenden roten Schlamm nur durch viele kleine Löcher sehen kann. Von Knebel nimmt nicht vulkanischen Tuff wie bei *Krisuvik* und *Reykjanes* als Muttergestein der heissen Quellen an, sondern stockartig gelagertes, basaltisches Eruptivgestein[1]).

In strömendem Regen ritten wir durch trostlose Lava weiter bis *Hlídarendi*, wo wir die Nacht bleiben wollten.

> Ach, und mit dem Donnerworte
> Ward uns aufgetan:
> Hier herrscht Typhus, fort ihr Fremden!
> Sonst steckt ihr euch an!

Da der nächste Hof viel zu weit entfernt war, als dass wir ihn hätten erreichen können, und ich keine Lust hatte, bei dem Unwetter im Zelte zu hausen, die Pferde auch nirgends Gras gefunden hätten, ging es über eine Stunde zurück nach *Hjalli*. Es goss fürchterlich, und der Regen hielt auch während der folgenden Tage bis *Reykjavik* erbarmungslos an; noch ungemütlicher wurde die Lage dadurch, dass wir in all den Tagen nur über Lava reiten mussten, also vorsichtig und langsam. Die Aufnahme aber, die wir fanden, war überall, auch bei der grössten Armut, herzlich; nur das Gras für die Pferde mussten wir teuer bezahlen, da sie meist mit

---

[1]) Globus 1905, Nr. 20. S. 314. — Die warmen Quellen hier, in *Krisuvik* und bei *Reykjanes* sind auf ihre chemischen Bestandteile, besonders auf ihren Gehalt an Radium, untersucht von K. Prytz und Th. Thorkelsson, Undersögelser vedrörende isl. varme Kilder. Abh. der kgl. Dän. wiss. Ges. Kop. 1905 Nr. 4.

dem Heu der Hauswiese gefüttert werden mussten, denn anderes Gras gab es kaum; 50 Öre für das Pferd in der Nacht war der Durchschnitt. *Hjalli*, früher ein Häuptlingssitz, ist das armseligste Quartier auf meinen beiden Reisen gewesen; zu essen gab es überhaupt nichts, sodass wir von unseren Konserven leben mussten, aber Kaffee, Milch und Bett, das übrigens zugleich als Kleiderschrank diente, waren gut, und vor allem, wir waren gegen das Unwetter geborgen.

Unmittelbar hinter *Reykir i Ölfusi* beginnt die ungeheuere Lavafläche, die fast ununterbrochen die ganze Halbinsel *Reykjanes* im Westen, bis zu dem Kap, das ihr den Namen „Rauchvorgebirge" gegeben hat, und nach Norden bis *Pingvellir* und zur *Skjaldbreid* reicht, ein Areal von 36 Quadratmeilen[1]). Die Zeh des Stiefels füllen tiefliegende Lavafelder mit einigen einzeln stehenden niedrigen Berggipfeln, die östlichsten Hochebenen haben aber eine Höhe von 600 m. Die ganze Halbinsel besteht aus Palagonitbreccie und ist sehr vulkanisch (28 Vulkane): viele hundert Krater laufen in parallelen Reihen quer über sie hin; hier und im *Ódádahraun* finden sich die meisten Lavakuppen. Der Tuff und die Breccie sind von gescheuerten Doleritströmen und modernen, basaltischen Laven gedeckt; die eigentliche Basaltformation tritt nirgends zutage. Ursprünglich ist die Halbinsel ein zusammenhängendes Plateau gewesen, das durch Senkungen und Brüche in viele Streifen geteilt ist. Erdbeben sind noch heute häufig.

In der Doleritperiode hat das Meer in der Landschaft *Ölfus* zum Teil höher gestanden als jetzt, die Brandungsterrassen und Strandwälle aber sind jüngeren Ursprungs und rühren vom Schlusse der Eiszeit her, als sich die Meeresfläche wieder hob. Da *Reykjanes* aber beinahe ganz mit neuerer Lava bedeckt ist, kennt man hier sehr wenig von alten Küstenwällen und Meeresablagerungen, sie sind aber unzweifelhaft unter der Lava verborgen. Die ganze Südküste, von *Reykjanes* bis *Papós*, besitzt bekanntlich weder Einschnitte von Bedeutung noch Fjorde. Glaziale Ablagerungen haben sie ausgefüllt, darum ist das Küstenland meist flach. Von 237 Strandungen während der Jahre 1879—1903 fallen 43 auf *Reykjanes* und den südlichen Teil des *Faxaflói*, 55 auf die Südküste von *Papós* bis *Reykjanes*, wo in den letzten Jahren sich ihre Anzahl sogar noch vermehrt hat. Springt der Wind auf SW und wächst zum Sturme an, so ist zwischen dem Kap und den *Vestmannaeyjar* ein Schiff übel dran, da jede Strandung hier den sicheren Untergang bedeutet. Nur einmal, westlich von dem westlich von *Eyrar-*

---

[1]) Thoroddsen: Vulkaner og Jordskjælv S. 48—50; Geogr. Tidskr. VI. 135 ff.; XVII. 26—41, 93—109, 123—145. Island, S. 3, 80, 100, 111, 115, 129 f., 135, 137, 139, 151, 218, 227, 301, 309, 314; *Lýsing Íslands* S. 82—84, 202, 209. Über die unterseeischen Vulkane vgl. mein Island I, S. 41 f.

bakki mündenden Flusse, ist es bei einer Strandung geglückt, die Besatzung zu retten.

Obwohl die Halbinsel niedrig liegt, ein verhältnismässig mildes Klima und reichlich viel Niederschläge hat, ist sie doch eine der ödesten und unfruchtbarsten Küsten Islands. Das Wasser wird von den porösen Tuff- und Brecciemassen und den weiten doleritischen und basaltischen Lavafeldern aufgesaugt, durch die es, wie durch ein Sieb, hindurchsickert; fast kein Fluss findet sich in den Bergen oder im Flachlande. Nur selten kommen verkrüppelte Weiden und Birkenbüsche vor, Heidekraut begegnet wenig. Der berüchtigte Moorbooden (*mýri*), der sonst so grosse Strecken einnimmt, fehlt auf *Reykjanes* so gut wie völlig. Um die Gehöfte liegen kleine Hauswiesen, Kohl- und Kartoffelfelder, hier und da dürftige Weiden an der Küste. Der Abfall von den Fischen und Tang wird zum Düngen benutzt, aber die Erdschicht ist sehr dünn, und die Lavaklippen ragen überall hervor. Landwirtschaft und Viehzucht haben daher hier nur geringe Bedeutung. Während man z. B. in *Ölfus* im Jahre 1909 29033 „Pferde" Heu von den Wiesen hatte, erntete man auf *Reykjanes* nur 1716 „Pferde" *úthey*. Pferde und Kühe werden nur wenig gehalten, etwas mehr Schafe. Von der ganzen etwa 100 qkm grossen Halbinsel sind kaum 26 qkm mit Gramineen und Halbgräsern bewachsen, die Pferden und Kühen Futter bieten können. Aber eine richtige Wüste, wie das innere Hochland, ist *Reykjanes* doch nicht. Die Lavafelder sind meist mit Moosen bewachsen, die weite breite Strecken mit dicken Teppichen bedecken. Phanerogamen kommen hier und da vor, besonders in den Vertiefungen, Farrenkräuter sind in den Klüften und Höhlen allgemein. Fischfang wird ziemlich eifrig betrieben, es gibt mindestens 7 richtige Fischerdörfer, und die Holzhäuser machen keinen ärmlichen Eindruck.

Während der östliche Teil der Landschaft *Ölfus* eine tiefliegende, sumpfige Marschfläche ist, unter der überall feiner Sand liegt, bedeckt den westlichen Teil Lava, die von den Bergen der *Reykjanes*-Halbinsel herabgeflossen ist. Längs der Gebirge oberhalb der Ansiedelungen befinden sich grosse alte Strandterrassen mit gerollten Basaltblöcken, mit Tuff vermischte Tonschichten und vom Meere gebildete Konglomerate, ebenso Strandlinien im festen Dolerit mit der so charakteristisch zerfressenen Oberfläche. In den Seiten der Gebirge sind ebenfalls Brandungshöhlen vorhanden, besonders oberhalb der *Þurrá*[1]). Von diesem Hochplateau stammt aus zwei grossen Kratern die *Þurrár*lava; der etwa 2 Meilen lange Strom ergoss sich von hier im Jahre 1000 bis zum Gehöft *Hjalli*, während auf dem Althing gerade die Verhandlungen über die Einführung

---

[1]) Thoroddsen, Andvari X, S. 13, 18; Island S. 99.

des Christentums ihren Höhepunkt erreicht hatten. Der Streit zwischen Christen und Heiden schien in offene Feindseligkeiten auszuarten, da kam ein Bursche gelaufen und meldete in grosser Hast und Aufgeregtheit, ein Erdfeuer sei ausgebrochen, renne wütend herab nach dem Hofe des Goden *Pöroddr* und bedrohe dessen gesamten Besitz in *Hjalli* mit jähem Brande. Die Heiden sahen in dem vulkanischen Ausbruch eine Strafe der Götter für die Gottlosigkeit der Christen. Der Gode *Snorri* aber, der weltklügste Isländer und eigentlich der erste Geologe seiner Zeit, gab die für einen Isländer so recht charakteristische, rationalistische und schlagfertige Antwort: „Worüber waren denn die Götter dazumal zornig, als hier die Erde brannte?" (er meinte die vorgeschichtlichen Lavaströme aus der *Skjaldbreid*, F. M. S. II, S. 228). Eine Tochter des Goden von *Hjalli* war die Frau jenes *Gissurr*, der mit seinem Schwiegersohne *Hjalti Skeggjason* die Annahme des Christentums durchsetzte; ein Sohn dieser Ehe war *Ísleifr*, der spätere erste Bischof von *Skálholt*. Diesen Lavastrom hat zuerst und bisher allein Thoroddsen untersucht, im Jahre 1881, und festgestellt, dass er oben auf dem Plateau ein paar 100 m breit ist, dann durch eine Kluft mit einem Falle von 450 Fuss herab auf die davor liegende grasbewachsene Ebene gestürzt ist, aber sonst keinen Schaden angerichtet hat. Unter dem *Purrárhraun* aber befindet sich noch ältere Lava, aber nicht in zusammenhängender Masse, sondern in Klumpen und Klecksen.

12. August. Von *Hjalli* bis *Krisuvík* sind gut acht Stunden. Der Weg führt über Lava dicht am Meere entlang, das in mächtiger Brandung mit hohem weissem Gischt gegen die Küste donnert. Am Strande liegen mächtige, glattgeschliffene Steine, fein säuberlich nebeneinander gepackt, so dass mir unwillkürlich die Worte aus Goethes „Wandrer" in den Sinn kamen:

> Spuren ordnender Menschenhand! . . . .
> Diese Steine hast du nicht gefügt,
> Reichhinstreuende Natur!

Den Weg durch die folgende Lavawüste müssen wir uns selbst suchen. Anfangs besteht sie aus mächtigen Platten, dann kommen korallenförmige Verästelungen, mit weissem und gelbem Moose dicht überzogen, zuletzt ungeheure, wunderlich geformte Blöcke. Zuweilen begegnen ans Land gespülte Schiffsplanken, Masten, Tonnen und Treibhölzer, aber kein Vogel ist zu sehen, nicht einmal eine Möwe; nur die Brandung donnert zur Linken an unser Ohr. Endlich tauchen ein paar elende Fischerhütten auf, Lavamauern trennen sie von den kärglichen Grasflecken, bald darauf wird die *Strandarkirkja* sichtbar, ein alleinstehendes, graues Gebäude mit einem kleinen, spitzen Turme. Sie ist sicherlich die seltsamste unter allen Kirchen Islands, ein Gnadenkirchlein eigener Art in einem evangelischen Lande. Wenn ein Isländer in Gefahr ist oder die Erfüllung eines Wunsches ersehnt, so gelobt er eine kleine Summe Geldes an dieses Gotteshaus; wer z. B. ein Pferd sucht, verspricht im Innern: ich gelobe 1 Kr. für die *Strandarkirkja*, wenn ich es bald finde. Auf diese Weise ist sie ganz wohlhabend geworden, wenn es sich auch natürlich immer nur um geringe Summen handelt, um ein paar Kronen, nie mehr. Das ist sicherlich ein Rest aus katholischer Zeit. Ein anderer Brauch ist, dass bei drohendem Unwetter die Kirchtür geöffnet wird und offen stehen bleibt: nach der Aussage meines Führers glaubt man so den Menschen, die etwa auf See umkommen, einen leichten Zugang ins Himmelreich zu bereiten.

Als wir das *Illidarvatn* passierten, sassen unzählige Vögel in weisse Reihen geordnet auf dem Sande; sie liessen sich weder durch die Pferde noch durch uns im geringsten stören; wenn die Hufe in ihre nächste Nähe kamen, wirbelte eine Schneewolke auf, und ein misstönendes Gekreisch erscholl zu unseren Köpfen; die anderen aber blieben ruhig sitzen. Dann wurde der Weg wieder schlechter, eine neue Wirrnis von Lavaklippen umfing uns, der Regen fiel unaufhörlich, dichte Schleier senkten sich auf allen Seiten um uns nieder, so dass ich kaum noch das runde Hinterteil meines Vorderrössleins erkennen konnte. Ob wir richtig waren, ob wir uns in Nacht und Nebel verirrt hatten, wir wussten es nicht. Gleichgültig und stumpfsinnig trotteten wir Schritt für Schritt weiter, zum Plaudern und selbst zum Essen war uns jede Lust vergangen. Mit einem Male taucht ein grosser, gespenstischer Schatten vor uns auf, ein langes, schwarzes Gebäude wird sichtbar, Hunde kläffen, Menschen murmeln. „Wir sind am Ziel!" ruft der Führer und weist auf ein primitives Hüttchen, ein Kirchlein ohne Kreuz, gegenüber liegt der Friedhof. Nun noch einen schmalen Gang hindurch, wobei die Pferde jeden Augenblick tief im Schlamme stecken bleiben, und der Bauer von *Krisuvik* heisst uns willkommen.

Obwohl *Krisuvik*, auf dem direkten Wege von *Reykjavik* in einem Tage erreichbar, von Touristen viel besucht wird, herrschten hier früher doch unglaubliche Zustände, die Bezeichnung „Schweinerei" war noch ein Euphemismus, und dazu sollen die Preise unverschämt hoch gewesen sein. Über die teueren Preise habe ich auch jetzt noch Klagen gehört, namentlich von Engländern, die für das Bett allein 5 Kronen bezahlen mussten. Ich muss mit aufrichtigem Dank sagen, dass ich in jeder Beziehung zufrieden war: ich hatte ein nettes Stübchen mit sauberem Bett und grossem Waschtisch, im Wohnzimmer war der Abendbrottisch mit hübsch geblümtem Linnen gedeckt, die Lampe brannte freundlich, die Hühnereier waren frisch, es gab isländische Hammelkotelette in Büchsen, Anchovis in Tomatensauce, und vor allem Skyr, das isländische Nationalgericht und auch meine Leibspeise, so vortrefflich, wie ich es nie vorher bekommen habe.

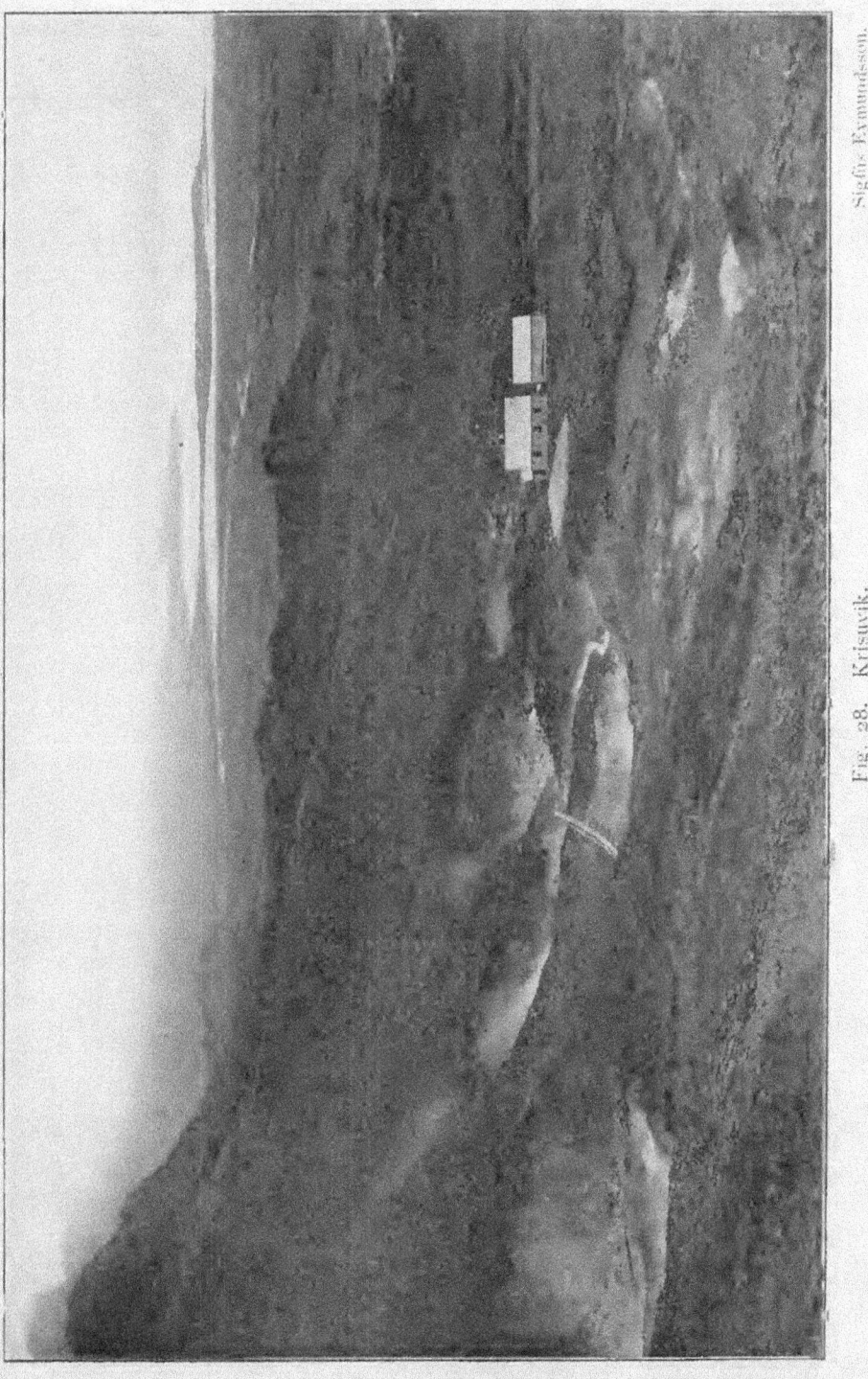

Fig. 28. Krisuvik.

In der Nacht waren alle meine Sachen getrocknet und gereinigt und die Stiefel geschmiert, Kaffee, Sahne und frischgebackener Kuchen wurden mir am Morgen ans Bett gebracht, und zum Abschied wurde ganz vortreffliche rote Grütze mit dicker, schwerer Sahne aufgetragen, so dass ich, bis oben vollgestopft und vollgepfropft, mühsam aufs Pferd kletterte. Und für alles zusammen, für den Führer und für mich und für die sieben Pferde, habe ich nur 7 Kr. bezahlt, so dass ich allen Grund hatte zufrieden zu sein. Ob ich mir die Zuneigung der Bauern durch die kurze Plauderstunde am Abend gewonnen habe, oder unbewusst dadurch, dass ich im Verlaufe der Unterhaltung und Beschreibung der bisherigen Reise aufrichtigen Dankes des braven Pfarrers von *Stadarhraun* gedachte, der, wie sich nunmehr herausstellte, der Bruder des Bauern war, das weiss ich nicht. Ich kann jedenfalls *Krísuvík* nur aufs beste empfehlen und zweifle auch nicht, dass der junge Besitzer, der erst seit kurzem hier ansässig ist, jedem Touristen saubere Unterkunft und gute Verpflegung gegen entsprechende Vergütung gewähren wird.

13. August. Der nächste Morgen galt natürlich der Besichtigung der berühmten Solfataren, die etwa eine halbe Stunde entfernt liegen (Abbildung 28). Zwar regnete es sachte weiter, so dass wir im Ölzeug abreiten mussten, doch der Nebel hatte sich verzogen. Die braun und weiss gebrannten Berge, sowie der Rauch einer warmen Quelle, die man bereits vom Hause aus sehen kann, geben durch die versumpften Wiesen die Richtung an. Zwei runde Seen, *Grænavatn* und *Gestastadavatn*, etwa 10 Minuten von den Schwefelquellen entfernt, scheinen alte Explosionskrater zu sein; in der Nähe des ersten Sees sind mehrere zusammengefallene Krater regellos auf Spalten dicht nebeneinander gruppiert. Die Solfataren liegen an der Südseite des aus vulkanischem Tuff bestehenden *Sveifluháls* in drei Stockwerke verteilt, die untersten befinden sich 217 m ü. M., die höchsten 430 m[1]). Reste erloschener Solfataren sind zahlreich im Tale selbst, am Abhang des *Sveifluháls* und an dem weiter nördlich gelegenen *Kleifavatn* wahrzunehmen. Merkwürdigerweise wollen die Bauern hier beobachtet haben, dass dieser See alle drei Jahre zunimmt und dann wieder regelmässig abnimmt; er hat von verschiedenen Bächen Zufluss, aber nicht den geringsten Abfluss; er muss wohl unterirdische Röhren haben, die in bestimmten Zeitabständen verstopft werden. Am Fusse des steilen *Sveifluháls* liegt das verlassene eiserne Haus einer englischen Gesellschaft vom Jahre 1859, die versuchen wollte, hier Schwefel zu gewinnen; aber der unermessliche Reichtum Siziliens an Schwefel, die bedeutenden Transportkosten nach dem Meere hin und der Mangel an Feuerungsmaterial, um den gewonnenen Schwefel an Ort und Stelle durch einen Sublimationsprozess zu reinigen, liessen das Unternehmen schon nach einem Jahre eingehen. Bei dem Hause beginnen die Solfataren; die grösste hat einen Durchmesser von etwa 1½ m, die

---

[1]) Eine Spezialkarte bei Olaus Olavius, Ökonom. Reise 1787, Tafel XIV.

kleinsten sind so niedlich, dass man gerade einen Finger hineinstecken kann; dann durchwatet man einen kleinen warmen Bach und gelangt zu einem kreisförmigen Becken, in dem graublaues trübes Wasser beständig grosse Blasen wirft und zuweilen mehrere Fuss hoch emporsprudelt. Auf allen Seiten brodelt und zischt es, und man muss vorsichtig weiter tasten, um nicht in dem heissen durchkochten Boden zu versinken, denn der ganze Bergstock ist unterminiert. Am bedenklichsten ist der Aufstieg zu der auf halber Höhe befindlichen Quelle, man muss jeden Augenblick fürchten, an dem Rande in die Tiefe hinabzurutschen: durch eine Spalte dringt mit heftigem Brausen ein schräger, siedender Wasserstrahl hervor, in dichten Dampf gehüllt. Da ich vor vier Jahren die ungleich grossartigeren Schwefelquellen von *Reykjahlíd* am *Mývatn* und kaum vor 14 Tagen die grössten isländischen Solfataren in den *Kerlingarfjöll* gesehen hatte, war ich mit recht geringen Erwartungen zu den *Krísuvíkur-Námur* gekommen, um so angenehmer aber war ich von dem durchaus eigenartigen Bilde überrascht. Wenn ich gleichwohl auf eine ausführliche Beschreibung verzichte, so tue ich es, weil wir bereits gute Schilderungen aus deutschen Federn haben[1]), und weil ich fürchte, dass mir die Farben auf meiner Palette ausgehen: gelbbraun, hellgelb, rosenrot, blaugrün, fleischfarbig, grau, weiss usw. habe ich bereits reichlich in den *Kerlingarfjöll* und bei *Reykir í Ölfusi* aufgetragen, und ein wenig Farbe muss ich doch noch für *Reykjanes* aufheben. Ich will dafür lieber ein paar geschichtliche Daten zusammenstellen, die nicht jedermann bequem zur Hand sind.

Krísuvík wird bereits in dem Buch von der Besiedelung Islands erwähnt (Lnd. V, K. 14). Nach der mündlichen Überlieferung, nicht nach der Geschichte, hat der Ort seinen Namen von der Frau *Krísa* des ersten Besiedlers. Früher lag der Hof auch näher am Meere, bei einem Ausbruche um 1340 aber wurde er halb von Lava bedeckt: leider hat man noch keine Ausgrabungen vorgenommen. Die erste Beschreibung verdanken wir *Þorkell Arngrímsson Vídalín* (1629—1677): „Bei *Krísuvík* ist ein hoher Berg, an seinem Fusse an der Ostseite findet sich lebender Schwefel, der durch das unterirdische Feuer verdampft ist. Wenn aber der Dampf in Berührung mit der kalten Luft kommt, so schlägt sich der Schwefel daraus nieder. Beim Tiefer graben stösst man überall auf eine blaue Tonschicht, und das weiche Gestein schwitzt unter den Sonnenstrahlen Vitriol aus. Westlich davon fliesst ein kalter Bach, dessen Wasser Schwefel und Vitriol enthält und blauen Ton mit sich führt. Hart daneben befindet sich ein Quellbecken, in dessen Dämpfen man das Wasser des Baches ohne Unkosten verdampfen und so die Mineralien aus demselben gewinnen könnte. Am östlichen Ufer ist eine Quelle, die sich in starkem Kochen befindet, und deren die gleichen Mineralien enthaltendes Wasser ebenfalls in den Bach abläuft. Am östlichen Ende des Berges liegt am Fusse steiler Felsen ein See im Umfange von 5000 Schritt (wahrscheinlich das *Kleifavatn*); er reichte früher 300 Fuss hoch an die Felswände hinauf, bis das Wasser bei einem Erdbeben im Jahre 1663, durch das viele Ansiede-

---

[1]) Z. B. Preyer-Zirkel, S. 70—72; Vetter, Sonntagsblatt des Berner Bund, 1887, Nr. 43; Keilhack, S. 16; Jaeger, S. 105—109.

lungen, nicht nur in der Nähe, sondern auch weit weg, zerstört wurden, in unterirdische Spalten abfloss, sodass jetzt ein Weg unter den Felsen den See entlang führt"[1]. *Jón Þorkelsson* (1697—1759) lobt in einem Gedichte die Güte des Bauernhofes *Krisuvik* und seine vielen Rechte, Strandrecht, Fischereigerechtigkeit, Seehundefang und Eierherd. Niels Horrebow sagt, dass man in *Krisuvik* die Hitze aus den warmen Quellen zum Biegen von Fassreifen benutzt; er erwähnt aber nicht, was man sicherlich schon damals ebensogut wie heute tat, dass man den heissen Erdboden als Backofen benutzte.

Als algierische Piraten im Jahre 1627 auf Island raubten, brannten und mordeten und 400 Sklaven in Algier verkauften, kamen die „Türken" auch an den Fuss des *Krisuvikur*berges und gingen ans Land an einer Stelle, die *Rœningjastigur* heisst (Räubersteig). Pfarrer *Eirikur* war gerade auf der Kanzel in der Kirche, als ein Hirt hereingestürzt kam und die Schreckensbotschaft verkündete. Der Pfarrer bat seine Hörer um die Erlaubnis, eine Weile seine Predigt unterbrechen und vor die Türe gehen zu dürfen. Da sah er, wie die Türken gerade auf die Hauswiese zukamen. Er rief ihnen zu: „Halt, nicht weiter! schlagt einander dort draussen tot; wäre heute nicht gerade ein Sonntag und hätte ich meinen Talar an, so müsstet ihr einander auffressen!" Da begannen die Türken sich zu schlagen und einer den andern umzubringen, und der Ort, wo sie begraben sind, heisst davon der Kampf- oder der Raubhügel. *Eirikur* aber liess eine Warte errichten, mit der Beschwörung, dass, solange sie stünde, die Türken niemals wieder *Krisuvik* überfallen würden. Diese Warte steht noch heute[2].

Naturgemäss haben die Schwefelquellen im Laufe der Zeiten manche Veränderung erlitten. Leider haben wir so gut wie keine Beobachtungen darüber. Nur *Eggert Olafsson* erwähnt, dass eine bei dem Erdbeben 1754/55 entstanden sei; sie sprang etwa 55 m von einer anderen entfernt in einem harten Boden auf, und war im folgenden Jahre 10 m breit und $5^{1}/_{2}$ m tief[3]. Die Erdbeben treten bei *Krisuvik* überhaupt sehr heftig auf, noch am 30. Mai 1879 und besonders am 13. Oktober 1889. Ob mit einem Erdbeben auch die Umwandlung einer Solfatare in einen *Geysir* in Verbindung steht, der im Frühjahr 1906 entstanden ist, weiss ich nicht; er wirft zur Zeit der Flut in regelmässigen Zwischenräumen Salzwasser aus, ruht aber zur Ebbezeit; er ist also kein richtiger *Geysir*, sondern ein „*gufuhver*", d. h. eine heisse Quelle, die Dampf, und nur bei Flut auch Wasser, aber Salzwasser, auswirft[4].

Die Besichtigung des ganzen Solfatarengebietes hatte viel länger gedauert, als ich angenommen hatte; es war fast 1 Uhr, als wir von *Krisuvik* aufbrachen, und bis Kap *Reykjanes* sollten mindestens 8 Stunden sein, zum Glück hatten wir wenigstens in den ersten Stunden keinen Regen. Das *Ögmundarhraun*, das fast unmittelbar hinter *Krisuvik* am südlichsten Ende des *Sveifluháls* beginnt, stammt

---

[1] Thoroddsen, *Landfrœðissaga* II, S. 154, 312, 362; Übersetzung von Gebhardt II, S. 162—163, 321, 376.

[2] *Jón Arnason* I, 577 (= Lehmann-Filhès I, S. 247).

[3] Eggert Olafsens Reise durch Island II, S. 154, § 849.

[4] Mein Island I, S. 134 Anm.; gegen Poestion, Allg. Lit. Blatt 1908, Nr. 7; vgl. unten S. 293; vgl. v. Knebel, Studien in den Thermengebieten Islands. Naturw. Rundschau 1906, Bd. 21, Nr. 12.

wahrscheinlich aus dem 14. Jahrhundert und ist von Thoroddsen beschrieben und kartographisch dargestellt worden[1]. Die Lava ist mit einer Schlackenkruste bedeckt, aber im Innern ist sie dicht und schwarz, mit bräunlichem Schimmer und in dicken Säulen abgesondert; die Unterlage besteht meist aus Dolerit. Mitten im Lavastrom, mehr der Küste zu, liegt *Húshólmi*, ein kleiner, lavafreier Fleck, westlich davon soll früher der Hof und die Kirche *Krisuvik* gestanden haben, die Hauswände ragen noch über die Lava empor; die grösste Ruine hat eine Länge von 15 1/3 m. Mein Führer erklärte, wenn er Geld hätte, würde er hier Ausgrabungen vornehmen, da er fest überzeugt sei, dass hier noch wertvolle Aufschlüsse, namentlich über die alten Häuserbauten, zu holen seien.

Die Kraterreihen der *Fagradalsfjöll* beherrschen zur Rechten den Weg, von hier sind grosse Lavaströme *(Strandahraun)* zur Küste hinabgeflossen, doch sind sie bis jetzt noch nicht genau untersucht worden. Östlich von diesen Kraterreihen ragt der auffallende *Stórihrútur* (grosser Widder) auf, der die Form eines Kegels hat, und den ich anfangs mit dem *Keilir* verwechselte. Der weithin sichtbare und sehr charakteristische *Keilir* aber, jedem Besucher *Reykjaviks* wohlbekannt, ist ein einzelstehender, regelmässig kegelförmiger Tuffberg (389 m); seine oberste Spitze zeigt sich hier und da über dem Gebirge.

Der Distrikt *Grindavik*, 1 1/2 Stunden vom Kap *Reykjanes* entfernt, liegt unmittelbar am Meere, die Lava hat hier einen schmalen Strich freigelassen, schliesst ihn im Norden völlig ein. Gras fehlt so gut wie ganz, auch Mangel an Trinkwasser ist nicht selten, so dass zuweilen das Gesinde entlassen werden muss. Das Vieh wird weit entfernt von den Gehöften gehalten, selbst die Reitpferde müssen von weit her erst herbeigeholt werden. Früher scheint das Land fruchtbar gewesen zu sein, wie eine Sage erzählt (Lnd. IV, K. 12):

Molda-Gnúpr war mit seinen Söhnen vor einem vulkanischen Ausbruch aus der *Skaptafellssýsla* geflohen und siedelte sich in *Grindavík* an, sie hatten nur wenig Vieh. Da träumte *Björn*, dass ein im Berge hausender Geist ihm erschien und ihm anbot, mit ihm gemeinschaftliche Sache zu machen. Dem stimmte er zu, und bald darauf kam ein Bock *(hafr)* zu seinen Ziegen, und sein Viehstand vermehrte sich so schnell, dass er bald ein wohlhabender Mann wurde; seitdem wurde er *Hafrabjörn* (Bock-*Björn*) genannt. Da sahen geistersehende Leute, dass alle Landgeister dem *Björn* zum Thinge folgten, seinen Brüdern aber zur Jagd und zum Fischfange.

Der Fischfang ist seit altersher eine wichtige Einnahmequelle. Östlich von dem Pfarrhof *Stadur* war früher ein Handelsplatz und ein dürftiger Hafen, die Schiffe mussten an Eisenketten an den in die Felsen eingelassenen Ringen vertäut werden. Auf der Landzunge

---

[1] Island S. 111—113; Sapper, N. Jahrbuch f. Mineralogie. Beilageband 26, S. 2—4.

Búðatangi, die heute von der See fast ganz vernichtet ist, standen die Handelshäuser. Der Ankergrund in der Bucht gilt als sehr schlecht, sie zu befahren erfordert Ortskenntnis; der *Höp*-Hafen in der Nordostecke der Bucht kann nur von Booten benutzt werden.

Die Bischöfe von *Skálholt* hatten in der *Grindavik* einen ihrer wichtigsten Fischplätze, und man zeigt noch einige Zäune und Steinschichten, die die Leute von *Skálholt* zum Dörren der Stockfische errichtet hatten. Im Jahre 1532 kämpften hier Engländer und Deutsche mit einander. Die Deutschen drangen in einer Nacht unbemerkt in die englischen Verschanzungen bei *Járngerdarstadir* ein, erschlugen die Kaufleute und nahmen ihre Schiffe in Besitz. Aber die Hamburger brauchten keinen Schadenersatz zu leisten, da erwiesen wurde, dass die Engländer durch Raub getrockneter Fische den Streit begonnen hatten[1]. Hier wächst auch eine Art Distel (Cirsium arvense), die sonst nur auf den *Vestmanna eyjar* begegnen soll; nach der Saga kommt sie nur da vor, wo Türken und Christen Blut gemischt haben. Denn von den algierischen Seeräubern wurde *Grindavik* im Jahre 1627 überfallen. Nur ein gewisser *Hjalmar* wagte ihnen entgegen zu treten; mit einer Hellebarde bewaffnet und mit seinen Schäferhunden verjagte er sie. Die anderen Bewohner waren in das unwirtliche Innere geflohen, in das *Eldvarpahraun* oberhalb von *Grindavik*.

Hier fanden Hirten 1872 zufällig drei 5—6 m lange Hütten, die aus Lavablöcken aufgebaut und mit Lavaplatten zugedeckt waren, und eine tiefe Höhle, die als Vorratskammer gedient zu haben schien; die Steinbauten waren sicherlich alt und schon ganz mit Moos bewachsen. Da kein Gras in der Nähe vorkommt und die Hütten augenscheinlich nur vorübergehend benutzt worden sind, ist es möglich, dass sie zur Zeit der Türken den entflohenen *Grindavikern* als Zufluchtsstätte dienten. *Jón Porkelsson* (1697 bis 1759) berichtet freilich, die Bewohner hätten einmal Ächter unvermutet angegriffen und getötet, die die Landschaft viele Jahre verwüstet hätten, und Thoroddsen neigt zu der Annahme, dass die erwähnten Ruinen mit diesen Ächtern im Zusammenhange stehen[2]. — Im Jahre 1640 hörte der Handel in *Grindavik* auf, das Treibeis hatte die Handelshäuser zu sehr beschädigt, und mehrere Schiffe waren untergegangen. Heute scheint trotz der, wegen der starken Brandung sehr beschwerlichen, Landung die Fischerei ziemlich lebhaft betrieben zu werden; drei richtige Fischerdörfer mit grossen ansehnlichen Häusern liegen am Strande, und der Pfarrhof *Stadur* macht einen gefälligen Eindruck.

In diesem Pfarrhofe, in den ich frech eindrang, um mich zu einer Tasse Kaffee einzuladen, erfuhr ich, dass alle Bewohner von *Grindavik* zwei Geschlechtern angehören, die durch Heirat miteinander verbunden sind, und dass trotzdem die Leute gesund und kräftig seien. Sehr sympathisch berührte mich die Mitteilung, dass die Pfarrersleute, deren Kinder bereits längst erwachsen sind, mehrere ganz arme Kinder ihres Sprengels in ihr Haus aufgenommen haben

---

[1] *Björn á Skardsá, Annálar* S. 54—55; *Espólin, Árbækur* III. S. 105—106.
[2] *Andvari* X, S. 46.

und wie ihre eigenen erziehen; und wenn sie das vierzehnte Jahr
erreicht haben, dann werden wieder drei neue angenommen. Das
heisst doch wirklich, die Lehre von der Liebe in die Wirklichkeit
umsetzen!

Von *Stadur* bis *Reykjanes* sind nur 1½ Stunden, aber sie
führen durch ein wahres Labyrinth von Lavablöcken; da geht kein
Weg und kein Steg, man muss sich allein vorwärts arbeiten, so gut
man kann. Um die Pferde besser zusammenzuhalten, wurden sie
aneinander gekoppelt, der Führer nahm das vorderste am Halfterriemen, und ich passte am Ende auf. Zum Glück holte uns der
kleine Sohn des Leuchtturmwärters von *Reykjanes* ein und geleitete
uns durch das vollständig unübersichtliche Gewirr. Höchst auffallend
sind die Unmengen von Treibholz, die sich mitten in der Lava befinden, manche sind soweit von der Küste entfernt, dass sie unmöglich erst jetzt durch das Meer, nicht einmal durch eine Springflut,
angeschwemmt sein können. Leider liegen die Stämme, an denen
man noch deutlich den Wurzelansatz sehen kann, hier völlig nutzlos;
sie gehören zwar der Kirche in *Grindavik*, können aber nicht von
der Stelle geschafft werden. Ganz gewiss sind sie, wie an anderen
Orten von der Brandung bearbeitete Dünen hoch über dem Meeres-
niveau, oder wie Strandlinien und Höhlen in den Felsen, Beweise
dafür, dass die See früher hier höher im Lande hinaufgereicht hat;
als in der Eiszeit die ganze Tiefebene des Südlandes unter Wasser
stand, hat auch die Oberfläche des Meeres etwa 100 m höher gestanden.

Es goss in Strömen, als wir endlich das berühmte Solfataren-
gebiet von *Reykjanes* erreichten, und es war so dunkel, dass wir
kaum den Dampf wahrnahmen; nur der widerliche Geruch nach
Schwefelverbindungen zeigte uns ihre Nähe an. Etwa 10 Minuten
davon entfernt liegt auf dem Hügel *Vatnsfell* der Leuchtturm und
an seinem Fusse die Wohnung des Wärters, der natürlich zugleich
Bauer ist. Unter vielen Entschuldigungen, dass wir zwar eine Kammer
mit zwei Betten, aber nichts zu essen bekommen könnten, da das
heute fällige Boot mit Nahrungsmitteln ausgeblieben sei, wurden wir
aufgenommen. Der neue Leuchtturm brennt erst seit dem 1. April
1908; der alte, auf einem 50 m hohen Tuffberge *Valahnúkur* errichtet, der nur 30 Jahre im Gebrauch war, der erste und lange Zeit
der einzige Leuchtturm auf Island, hatte bei einem Erdbeben
im Jahre 1887 so arge Risse bekommen, dass man einen Einsturz
befürchten musste; da aber zwei Türme der Schiffahrt gefährlich
werden können, hat man ihn gesprengt und weiter landeinwärts
einen neuen errichtet. Zu der aus dem Erdinnern hervorbrechenden
unheimlichen Gewalt scheint noch der gerade hier besonders unge-
stüme Wogenprall des atlantischen Ozeans gekommen zu sein; die
gewaltige Brandung hat den Felsen unterwaschen, Jahr um Jahr

grosse Stücke niedergerissen und immer drohender die Steilküste dem alten Leuchtturmhügel genähert. v. Knebel macht darauf aufmerksam, mit wie beispielloser Gewalt hier die See arbeitet: sie hat südlich vom ehemaligen Turm einen Strandwall aufgeworfen, der aus völlig abgerundeten Blöcken besteht, deren Durchmesser gelegentlich die enorme Grösse von 2 m erreicht: es ist ein erhabenes Schauspiel zu sehen, wie die tobende See mit jenen 100, ja 200 Zentnern schweren Gesteinsblöcken gleichsam wie mit Sand spielt[1]). Trotz Nebel, Regen und Sturm tappte ich in stockfinsterer Nacht mit dem Wärter die steilen Stufen des 21,6 m hohen, weissen steinernen Turmes empor und wagte mich sogar auf die mit einem eisernen Geländer versehene Plattform hinaus; hier packte mich der Sturm aber mit solcher Wucht, dass ich fast niedergeworfen wurde, und die kräftige Faust des Wärters riss mich schleunigst wieder hinein. Das *Reykjanes*-Leuchtfeuer ist ein weisses Blitzfeuer mit Gruppen von zwei Blitzen von je etwa 1 sek. Dauer, Folge 7 sek., Wiederkehr 30 sek., es brennt 73 m über Hochwasser, seine Lichtweite beträgt 22, die Tragweite 23 Seemeilen; dicht unter Land wird das Feuer von dem Felsen verdeckt, auf dem der alte Leuchtturm stand; die aus Paris bezogenen Linsen haben 80000 Kronen gekostet. Als wir durchnässt und durchfroren uns bei Lampenschein zu Tisch setzten, wartete meiner eine freundliche Aufmerksamkeit: die Bäuerin hatte unsere letzte Konservenbüchse gewärmt, Teltower Rübchen mit Schweinefleisch, und vor meinem Teller prangte eine Flasche Bier, die allerletzte, wie sie seufzend sagte, die sich in irgend einer verschwiegenen Ecke versteckt hatte. Dafür gab ich nun auch den letzten Kognak aus unseren Vorräten heraus, und bei einem steifen Grogk kehrte die entflohene Wärme und die alte fröhliche Stimmung wieder.

14. August. „Und der Regen, er regnet jeglichen Tag." Der neue Morgen begann mit solchem Wolkenbruch, dass der Führer nicht die geringste Lust zum Weitermarsch hatte, sondern hier bleiben wollte. Erst als er sah, dass ich mich durch das Unwetter nicht von der Besichtigung der Solfataren abhalten liess, gab er brummend und knurrend nach. Der Wächter war weit draussen an der Küste, um zu sehen, ob der sehnsüchtig erwartete Dampfer landen könnte; so war ich auf mich allein angewiesen.

Obwohl *Reykjanes* von der Hauptstadt aus bequem in 2 Tagen erreicht werden kann, ist das Kap nur selten von Fremden besucht und geologisch nur von Thoroddsen und v. Knebel durchforscht worden. „Ein mehrere Hektar grosses Stück Land ist in Dampf gehüllt, sagt letzterer; aus Hunderten von kleinen Öffnungen schiessen Strahlen heissen Dampfes gelegentlich unter heftig zischendem

---

[1]) Globus 88, Nr. 20, S. 310.

Geräusch hervor. Der ganze Boden besteht aus zusammengekochtem Gestein, dessen leuchtend rote Farbe von der umgebenden schwarzen Lava lebhaft absticht. Zwischen der roten Solfatarenerde befinden sich gelbe Flecke aus sublimiertem Schwefel und solche aus Gips und Blasen bestehend. Das Erdreich ist überall heiss und der Boden völlig durchweicht, so dass man jeden Augenblick Gefahr läuft, beim Passieren des Solfatarenfeldes in die siedend heissen, unter nur dünner Tonerde ständig brodelnden Schlammmassen einzubrechen."

Am schwersten von all den Kratern, Fumarolen, Schwefelquellen und kochenden Schlammpfuhlen ist die grosse kochende Lehmpfütze *Gunna* oder *Gunnuhver* zu erreichen. Sie hat ihren Namen nach einem weiblichen Gespenst, *Gunna*, das der bekannte zauberkundige Pastor *Eirikur* (gestorben 1716, s. o. S. 288) hier hineingebannt haben soll[1]). Südlich von der *Gunna* liegt ein kleiner Hügel von sehr feinem, schneeweissem Kieselsinter, der, solange er noch warm ist, unter den Fingern zerbröckelt, aber durch den Einfluss der Luft hart wird und dünne Platten bildet. Das Grasfeld ist naturgemäss überall zerstört, nur Ophioglossum vulgatum wächst an den Schwefelquellen. Die Temperatur der Fumarolen beträgt 70—77°. Auf der Karte Islands vom Niederländer Ortelius aus dem Jahre 1585 ist bei Kap *Reykjanes* eine Quelle angegeben, „in welcher schwarze Wolle weiss wird" — genau an der Stelle, wo der *Gunnuhver* liegt — und eine andere, „in welcher weisse Wolle schwarz wird:" da in der Tat die sauren Dämpfe von Lehm- und Schwefelbassins mancherlei Farbenveränderungen hervorrufen, ist es nicht unwahrscheinlich, dass diesen Erzählungen wirkliche Beobachtungen zugrunde liegen[2]). Auffallend dürftig ist die Beschreibung, die *Eggert Ólafsson* von diesen Solfataren gibt[3]), die Knebel die „ausgedehntesten" Islands nennt; wahrscheinlich war damals ein Rückgang in ihrer Tätigkeit eingetreten, während heute die aus der Erde aufsteigenden Dämpfe sich neue Austrittspunkte zu suchen scheinen. Im Jahre 1898 ist unter anhaltendem Brüllen, das unten aus der Erde hervordrang, eine neue Solfatare nordöstlich vom *Gunnuhver* entstanden, und im Frühjahr 1906 ein neuer *Geysir* (an ihrer Stelle? oder liegt eine Verwechslung mit *Krisuvik* vor? vergl. o. S. 288). Prof. Sapper beschreibt ihn folgendermassen[4]): nach 20 Minuten Ruhe vernimmt man Gurgeln und starkes Blasen 5 Minuten lang, wobei sich H_2S-Geruch bemerkbar macht, dann tritt eine kurze Pause ein, plötzlich wird dann ein Wasserstrahl 10—12 m hoch

---

[1]) *Jón Árnason, Isl. Þjóðs.* I, S. 577.
[2]) Thoroddsen-Gebhardt II, S. 235—236.
[3]) Bd. II, S. 153, § 847.
[4]) K. Sapper, Über einige isländische Vulkanspalten. N. Jahrbuch f. Mineralogie. Beilageband 26, S. 2, Anm.; Petermanns Mitteilungen 1909, Heft 5, S. 111.

herausgeschleudert und zwar Salzwasser. Sapper nimmt an, was auch schon v. Knebel für die Solfataren vermutet hatte, dass während der Flut vom nahen Meere her Meerwasser zu der aus grösserer Tiefe aufsteigenden Dampfquelle hinzudringt; wenn der Meeresandrang zu stark wird, tritt die Pause ein; wird der Dampfdruck stark genug, um das Wasser zu heben, so erfolgt das Ausschleudern des Wassers. Knebel scheint also recht zu haben, dass zwischen heissen Quellen und Solfataren nur insofern ein Unterschied besteht, als bei Thermen Grundwasser in grosser Menge zu den relativ geringen Exhalationen juvenilen Wassers hinzutrete, in Solfataren aber das Grundwasser fehle und demgemäss nur juveniles Wasser ausgehaucht werde.

Als wir um 12 Uhr aufbrachen, nachdem ich 3 Kr. für die Pferde und 2 Kronen für uns bezahlt hatte, kam ein Bote eilends vom Dampfer, der inzwischen angelegt hatte, und brachte uns vier Flaschen Bier vom Wärter zum Abschiedstrunke; Bezahlung dafür wollte die Bäuerin durchaus nicht annehmen, und ich konnte mich leider in keiner Weise erkenntlich zeigen, da bis auf einige Schnitte Pumpernickel, die wir für den Nachmittag selbst brauchten, unsere Vorräte erschöpft waren. Aber geradezu bange wurde mir, als der Führer es so einzurichten verstand, dass sich einige Pferde in die Nähe des Landungsplatzes verliefen; als er sie zurückbrachte, schwenkte er triumphierend zwei neue Flaschen Bier in der Hand; nun, sie haben uns nicht umgeworfen, wenn wir auch sehr alkoholentwöhnt waren, und haben uns unser schwarzes Brot und die Konservenbutter gegen Abend hinuntergespült.

Von dem heutigen Tage ist nicht viel zu erzählen. Das Wetter blieb bis gegen Abend regnerisch, windig und kalt, neun lange Stunden ging es unaufhörlich durch holperige Lava und grosse Regenpfützen. Zuerst ritten wir die niedrige Küste entlang über alte Lava, in der die Löcher mit schwarzem Flugsand und vulkanischer Asche ausgefüllt waren, bis zu dem von Häusern umgebenen Pfarrhof *Kirkjuvogur*; wo der Fjord *Ósar* tief einschneidet, bogen wir nach NO. hinüber bis zum Fischerdorf *Njardvík* und hielten uns dann an den Nordrand der Halbinsel bis *Kálfatjörn*. Bei dem Fjord *Ósar* fand ich kleine Strecken rötlich gelben Flugsand, der aus pulverisierten Muschelschalen bestand. Aber, Ende gut, alles gut. *Sira Árni Thorsteinsson* in *Kálfatjörn* nahm uns sehr freundlich auf, und mein Führer sah es als einen würdigen Abschluss der ganzen Reise an, dass wir noch einmal und zum letzten Male unverfälschte isländische Gastfreundschaft genossen.

15. August. So ungeduldig wie heute hatte *Ögmundur* während der ganzen Reise nicht zum Aufbruche gedrängt. Kaum hatten wir das Frühstück genossen, da stiegen wir auch schon zu Pferde. Nur die erste halbe Stunde hatten wir schlechten Weg, dann sahen

wir verstreute Telegraphenstangen liegen, dann trafen wir Arbeiter, die andere Stangen in den Boden einrammten, weisse Zelte breiteten sich aus, von Zeit zu Zeit rollten Schüsse, die das harte Gestein sprengten, und die neue Fahrstrasse war erreicht, die von *Reykjavík* aus rund um *Reykjanes* führen soll. Der weite *Faxafjördur* schimmerte zu unserer Linken, deutlich konnten wir *Borgarnes* erkennen, und wie im Beginn der Reise, lag die *Snæfells*-Halbinsel in goldenen Sonnenschein gebadet da. Der hochgelegene Fahrweg, der durch wilde, reich mit Moos bewachsene Lava führt, ist wirklich ein Kunstwerk, und während man früher von der Hauptstadt bis *Kálfatjörn* 6 Stunden gebrauchte, kann man heute in 3 Stunden dahin gelangen. Wir gebrauchten freilich länger, da *Ögmundur* natürlich in seiner Heimat *Hafnarfjördur* erst seine Frau und seine Kinder begrüssen wollte. Nicht ohne Neid wurde ich Zeuge des herzlichen Jubels, mit dem der Gatte und Vater begrüsst wurde. Die Ausstattung seiner Hütte, wie er sein Häuschen nannte, hatte sich in den 4 Jahren, seit ich sie nicht gesehen hatte, sehr vervollkommnet, elektrisches Licht und Telephon war angebracht, schöne Bilder schmückten die Wände, darunter ein Aquarell von K n e b e l, die *Hekla* darstellend, und das Titelbild des ersten Bandes von meinem Islandwerke. Ja, das Führen von Touristen muss doch ein erträgliches Geschäft sein, und zwar nicht nur in materieller Beziehung. *Ögmundur* fand seine Ernennung vom einfachen Lehrer zum Rektor der Schule in *Hafnarfjördur* vor. Jetzt kann er natürlich keine Fremden mehr führen, jetzt ist er ja selbst eine Standes- und Respektperson, und ich war wirklich froh, dass ich als letzter noch einmal seine unschätzbaren Dienste hatte gebrauchen können; doch versicherte er, wenn ich wiederum nach Island käme, bei mir würde er eine Ausnahme machen. Die ihm gehörigen Pferde und sein Gepäck wurden zurückgelassen, in flottem Trabe ging es an den in die Lavablöcke eingekeilten Fischerhäuschen vorüber, und um fünf Uhr schwang ich mich in *Reykjavík* vor meiner Pension aus dem Sattel.

Fünf Tage später lichtete der schmucke, schlanke „Sterling" die Anker, heim ging es nach Süden. Und als wollte mir das Geschick noch einmal den wundersamen Zauber Islands in seiner ganzen Schönheit zeigen, erglänzten die Berge von *Snæfellsnes* bis *Reykjanes* im prächtigsten Abendglühen, während die Gipfel in dem dazwischen liegenden Halbkreise in geisterhaftem Schatten lagen. Die helle, klare Luft wob um Flut und Felsen ein feines farbiges Lichtgewand; hier funkelte ein Berg in hellem feurigem Golde, und ein matter Bronze-Schimmer legte sich auf die leisbewegten Wellen, dort prangte ein anderer in dunklem Purpur, und hoch über die traumversunkene Landschaft ragte der majestätische *Snæfellsjökull* empor. Immer mehr verschwand sein weisser Königsmantel im Meere, der ihm über die rechte Schulter bis zum Meere hinabwallt, bald war er gänzlich meinen Blicken entzogen, und nur die beiden Juwelen von seiner Stirn blitzten noch in weiter Ferne auf. Träumend stand ich hinten am Steuer und nahm trauernd von ihm Abschied.

> Wehmut überkam mich da,
> Als ich vom hohen Schiffsverdeck
> Zum letzten Mal dich sah.
>
> Auf den blauen Fluten
> Flog dahin das Boot;
> Du standest von den Gluten
> Des Alpenglühens rot.
> Ich wusst' nicht, als dich mein Blick verlor,
> Ob dich das Meer dem Aug' verbarg,
> Ob meiner Tränen Flor (s. o. S. 117).

Gegen Mitternacht flammte der Himmel in einem ungeheuren, grünen Flammenmeere auf; wie Raketen schossen weisse, rosafarbene und gelbe Strahlenbündel zuckend und zitternd vom Himmel hernieder, wogten wellenförmig hin und her, verblassten und loderten von neuem herab. Es war das erste Mal, dass mir das unvergleichliche Schauspiel eines Nordlichtes beschieden war, und dankbar fasste ich die zu so früher Zeit — es war der 21. August — ungewöhnliche Lichterscheinung als den Abschiedsgruss Islands auf.

Noch einmal betrat ich isländischen Boden, als wir in der Frühe des folgenden Tages vor *Heimaey* hielten, der grössten und schönsten der *Vestmanna eyjar*, auf der sich der 140 m hohe Vulkankegel *Helgafell* erhebt (Abbildung 29), von dem seit ungefähr 1000 Jahren kein Ausbruch stattgefunden hat. Von einem Fischer erfuhr ich, dass bis vor kurzem zwei Deutsche 14 Tage auf *Heimaey* geweilt hätten, um ornithologische Studien zu machen[1]).

Es war wirklich, als sollte mir in den Abschiedsstunden noch einmal die ganze Herrlichkeit des „trotzigen Endes des Welt" offenbart werden,

> „wo der Feuerberg loht, Glutasche fällt,
> Sturmwogen die Ufer umschäumen."

Was mir auf der Hinreise vor 4 Jahren versagt geblieben war, der Anblick der Berge der Südküste weit draussen vom Meere aus,

---

[1]) E. Sonnemann, Eine Reise nach Island und den Westmännerinseln. Berlin 1909.

das ward mir jetzt, wo es auf Nimmer-Wiedersehen heimwärts ging, zuteil: die Eis- und Schneemassen des *Eyjafjallajökull* und des *Mýrdalsjökull*, dahinter der dreigezackte *Þríhyrningur* und die zweikuppige *Hekla* sandten mir ihre letzten Grüsse zu. Rechts und links aber vom strahlenden Tagesgestirn stand am wolkenlosen Himmel eine runde Nebensonne, die anfangs wie ein grosser weisser Kreis erschien, dann in den Farben des Regenbogens

Fig. 29. Helgafell.

schillerte und schliesslich in eine helle gelbe Scheibe überging. Dann verhüllte ein zarter Duft die Mutter mit ihren holden Töchtern, immer dichtere Nebelschleier senkten sich über die verschwindende Küste, und nichts blieb zurück als die Erinnerung. „Erinnerung an Island" hat *Jónas Hallgrímsson* ein kleines reizendes, in der Ursprache ungemein wohllautendes Gedicht genannt; sein Lob- und Dank- und Bittgebet kam mir in den Sinn, als das Land meiner Liebe meinen Augen entzogen ward, und ich versuchte sein Lied nachzubilden, obwohl ich wusste, dass es unmöglich sein würde, den musikalischen Klang seiner Verse auch nur annähernd wieder zu geben:

> Im fernen Norden liegt ein Land
> Voll eigenart'ger Schöne:
> Forellenbäche zieh'n zum Strand,
> Der Schwan singt Glockentöne,
> Es blüht das Tal, der Berge Wand,
> Vom Gletscher wehen Föhne: —
> Herr, öffne deine milde Hand
> Und segne Islands Söhne!

Verzeichnis der Abbildungen.

Seite

Titelbild in Farbendruck, Borg.

Bild	1.	Seydisfjördur	11
„	2.	Raudagnúpur	15
„	3.	Kap Horn	24
„	4.	Ísafjördur	27
„	5.	Skúlaskeid	45
„	6.	Eingang in den Surtshellir	49
„	7.	Eiriksjökull und Hallmundarhraun	55
„	8.	Barnafoss	56
„	9.	Breidavík	107
„	10.	Gatklettur bei Stapi	110
„	11.	Snæfellsjökull	118
„	12.	Dritsker	133
„	13.	Stykkishólmur	137
„	14.	Helgafell	140
„	15.	Wo Kjartan erschlagen wurde	159
„	16.	Bordeyri	181
„	17.	Borgarvirki	189
„	18.	Vatnsdalshólar	195
„	19.	Drangey	208
„	20.	Hólar i Hjaltadal	212
„	21.	Hveravellir	240
„	22.	Die Kerlingarfjöll, von Gránanes gesehen	244
„	23.	Skridjökull am Hvitárvatn	248
„	24.	Bláfell beim Hvitárvatn	255
„	25.	Skálholt	262
„	26.	Blick von Skálholt nach dem Vördufell und Hestfjall	263
„	27.	Reykjafoss	278
„	28.	Krísuvík	285
„	29.	Helgafell	297

Abbildung 3, 13, 29 verdanke ich Herrn Baron Dr. jur. von Burgsdorff in Markendorf, 6, 18, 27 Herrn Dr. med. Dierbach in Berlin: beiden Herren sei für ihre Liebenswürdigkeit auch an dieser Stelle mein herzlichster Dank ausgesprochen.

Verzeichnis der Proben aus der isländischen Literatur.

I. Besprochene Stellen aus den Sagas.

Bárdarsaga Snæfellsáss. Allgemeines: 112, 113. K. 4—119; K. 5—106; K. 10
—111; K. 13—51, 81; K. 15 81.

Bjarnarsaga Hitdælakappa. Allgemeines: 79, 80. K. 2—65; K. 11—84; K. 27
—84; K. 33—84.

Egilssaga Skallagrimssonar. Allgemeines: 66—70, 79. K. 28—65, 71, 87;
K. 30—69, 76; K. 33—72; K. 40—72; K. 56—76; K. 78—164; K. 87—67.

Eirikssaga rauda: 144.

Eyrbyggjasaga. Allgemeines: 96, 97, 128, 139, 140, 141. K. 4—134; K. 5—131;
K. 9—134; K. 10—134; K. 11—139; K. 15 126, 139; K. 16—126; K. 20—
126; K. 125—130; K. 128—130; K. 46—151; K. 50 55; K. 57 62 = 177.

Finnbogasaga: 193.

Fóstbrædrasaga: 16, 28. K. 11—31.

Gislasaga Surssonar: 32.

Grettissaga. Allgemeines: 70, 210. K. 12—172; K. 13 188; K. 14 184; K. 26
—154; K. 32, 33, 35—203; K. 50 169; K. 54—226; K. 39—83, 84, 87;
K. 72—213.

Gunnarspáttr Pidrandabana: 13.

Hallfredarsaga: 202.

Hardar Saga og Hólmverja: 50.

Hávardarsaga Isfirdings: 50.

Heidarvigasaga: 56, 58, 190, 191.

Hænsnapórissaga: 59, 60, 61. — K. 17—72.

Kristnisaga: K. 2—153; K. 4—213.

Njálssaga: K. 14 23; K. 77—227.

Landnámabók: I, 6—278; I, 18—71; I, 19—71; I, 20—50; II, 1 48, 50; II, 5—59,
87; II, 6—104; II, 7—106; II, 8—124; II, 9—162; II, 11—132; II, 12—33,
134, 135; II, 15—154; II, 16—153, 154; II, 21—124, 160, 162, 163, 165; II,
22—165; II, 26—32; II, 29—26, 31, 32; II, 30—36; II, 32 174, 175, 177, 178;
III, 4—188; III, 5—205; III, 6—225; III, 7—225; III, 8—226; III, 10—50,
214; III, 15—226; IV, 12—289; V, 14—287.

Laxdælasaga. Allgemeines: 96, 97, 141, 146 160. K. 1—4 = 131; K. 6—147;
K. 12—65, 148, 149; K. 13—149; K. 17—72; K. 24—150; K. 31—147;
K. 33—141; K. 34—165; K. 48, 49—158, 159, 160; K. 56, 57—141; K. 75
150, 151.

Sturlungasaga. Allgemeines: 221, 222. Zitiert: 51, 103, 153, 167, 222, 223, 224, 227, 267, 268.
Vápnfirðingasaga; 13.
Vatnsdælasaga. Allgemeines: 197. K. 8—15 = 197—199; K. 15—191; K. 31—35 = 199; K. 34—179; K. 37, 38—202, 203; K. 42—47 = 199; K. 46—188; K. 58—199.
Víga-Styrssaga: 130, 190, 191.
Þorsteinssaga hvíta: 13.
Þorsteinsþáttr stangarhöggs 13.
Þorvaldsþáttr víðförla: 188.

2. Gedichte.

1. *Jónas Hallgrímsson,* „Lied vom Tale" S. 57, 58.
2.   „   „   „Erinnerung an Island" 298.
3. *Jón Th. Thóroddsen,* „Frühlingslied" 18.
4.   „   „   „   „Barmahlíð" (Halde, du holde) 166.
5. *Skállagrímr* „Lied des Schmiedes" 70.
6. Ein Schnaderhüpferl 186, 187.
7. Ein Spottvers 43.
8. *Steingrímur Thorsteinsson,* „Snæfellsjökull" (vgl. S. 296) 115—117.

   (Nr. 1 und 8 übersetzt von Poestion.)

3. Komposition.

Ein Schnaderhüpferl S. 186, 187.

Zum Nachschlagen.

A.

Aberglaube 33, 44, 284.
Ackerbau 167.
Adalmannsvötn 233, 237.
Ædey 31.
Akrafjall 36.
Akur 153 ff.
Akureyri 3, 19—21, 170.
Alca torda 35.
Almannagjá 39, 40.
Alptá 77.
Alptafjördur 96, 139, 143.
Alptanes 71.
Alptavik 9.
Andakil 71.
Apalhraun 88, 109.
Arfar 196.
Ari 141.
Arnarfjördur 3, 26, 31, 33.
Arnarstapi 114.
Arnarvatnsheidi 201, 203.
Arnastapi 77.
Arngrimur Jónsson 185, 188, 217, 223, 224.
Arni Magnusson 154.
Arni Thorsteinsson 57.
Ásgardur 152 ff.
Ásgeir Ásgeirsson 287.
Áskardsá 245.
Askja 88, 89—91.
Audarnaust 155.
Audarsteinn 152.
Audartóptir 155.

Audr 97, 152—156.
Austfirdir 2, 14.
Austur Skaptafells sýsla 2.
Axarfjördur 15, 16.
Axlar-Björn 104, 105.

B.

Badstofa 109.
Badstofuhver 279.
Bæjarfell 80, 81, 85, 86.
Baldhólmr 179.
Bálkastadanes 179.
Balljökull 43.
Bard 35, 164.
Bárdarkista 108.
Bárdarlaug 112, 117.
Bardastranda sýsla 33, 163, 164 ff.
Bardaströnd 31, 34.
Bardi Gudmundarson 191.
Bárdr 81, 108, 111, 112, 113, 116, 117, 119, 179.
Bardsnes 9.
Barmahlid 165, 166.
Barnafoss 55, 56.
Baula 59, 61.
Baulit 61, 74.
Baumschule 19.
Beinahellir 52.
Beinakerling 43.
Bekassine 46, 58.
Beljandakvíslir 238.
Berserkjadys 131.
Berserkjahraun 129—131, 139.

Berufjördur 3.
Berufjördur (W.) 165, 170.
Beruvík 121.
Beruvíkurhraun 119.
Bettler 114.
Bibelübersetzung 217, 269.
Bihólsfjall 11.
Bjarg 184.
Bjargtangar 35.
Bjarnarhafnarfjall 131.
Bjarnarhellir 86.
Bjarnarhöfn 124, 130—132.
Bjarnartódur 72.
Bjarni Pálsson 230.
Bjarni Thórarensen 119, 142.
Bjarni Þorsteinsson 57.
Bjölfur 12.
Björn Jónsson 275.
Björn Hítdælakappi 79 ff., 83, 84.
Björn Magnússon Ólsen 6, 7, 33, 40, 69, 205.
Björnson 67.
Björn Þorleifsson 122.
Bildudalur 30, 32, 33.
Bisiker 232.
Bitra 141.
Bitrufjördur 21, 163, 173, 176, 177.
Bláfell 233, 239, 255, 259, 264.
Bláfeldarhraun 102, 103.
Bláfellsjökull 43.
Bláhver 242.
Blanda 205, 206, 237, 240.
Blandakvísl 237.
Blöndudalur 185.
Blönduós 21, 205.
Blund-Ketill 59—61.
Bolli 97, 140, 152, 158.
Bolungarvík 30.
Bordeyri 21, 149, 163, 172, 179—182.
borg 70.
Borg 33, 62, 65—76, 151.
Borgarfjardar sýsla 53.
Borgarfjördur (O.) 13.
Borgarfjördur (W.) 36, 55, 56, 59, 62, 71.
Borgarholt 131.
Borgarhraun 84, 87.
Borgarlœkur 71, 72.
Borgarnes 71, 73, 132; 165.
Borgarsandur 206.

Borgarvirki 188—192.
Borgarvogur 71, 72.
Brachvogel 46, 116.
Brædrahverir 242.
Brædratunga 226, 261, 274.
Brákarsund 73.
Breidabólstadur 192.
Breidasund 144.
Breidavík 106, 107.
Breidifjördur 21, 34, 36, 95, 96, 122, 128, 131, 132, 134, 136, 138, 163, 194.
Bremen 97, 103.
Brokey 144.
Brúará 260, 263, 264.
Brúarfoss 83.
Bruun 21, 231.
Brynjólfur Sveinsson 265, 269.
Buchdruckerei 138, 192, 217, 269, 270.
Bude 40, 72, 135, 170, 213.
Búdahraun 102, 105, 106.
Búdaklettur 106.
Búdareyri 11, 12.
Búdir 92, 97, 100, 103, 104, 132.
Búlandshöfdi 125, 126, 127.
Búlandstindur 3.

C.

Das chinesische Lusthaus 13.

D.

Dadi Gudmundsson 147, 264.
Dalafjöll 12.
Dala sýsla 145 ff.
Dalatangi 9, 12.
Digranes 14.
Digranes (Mýra s) 72, 73.
Dímunarklakkar 138.
Djúpalón 119.
Djúpivogur 2, 3, 7.
Dögurdará 154.
Doppelspat 8.
Drangajökull 23, 164, 171.
Drangey 208—210, 213.
Drápuhlídarfjall 143.
Dreizehenmöve 35, 111.
Dritsker 119, 132—135.
Dritvík 119.
Dufandsdalr 32, 181.
Dúfufell 243.
Dúfunefsskeid 225, 226.

Dynjandi 35.
Dýrafjördur 3, 31, 32, 121.
dys 16, 72, 130, 131, 176, 203.

E.

Edda 269.
Eggert Hannesson 36.
Eggert Ólafsson 36, 121, 230.
Egill Skallagrimsson 66, 67—70, 73, 149, 163, 164, 191.
Eiderenten 14, 30, 138, 144.
Einar Hafludason 192.
Eiriksjökull 45, 47, 54, 56, 191, 239.
Eiriksstadir 148.
Eiriksvogur 138.
Eldborg 71, 87, 88.
Ellidaey 137, 138.
eng 53.
England 97, 121, 122, 216, 268, 290.
Enni 121, 123, 162.
Erich der Rote 113, 144, 145, 148.
Erkes 210.
Esja 36.
Eskifjördur 3, 8, 9.
Eyjafjallajökull 259, 264, 297.
Eyjafjördur 16, 20, 21.
Eyrarbakki 163, 276, 277, 281.
Eyrarsveit 127—129.
Eyrr 96, 139.
Eystrahorn 2.
Eystrigja 109.
Eyvindarhver 242.

F.

Færinger 8, 10, 12, 138.
Fagradalsfjöll 289.
Fagraskögarfjall 80, 82, 83, 87.
Fantöfell 42.
Fáskrudsfjördur 7, 8.
Faxaflói 95, 96, 281, 295.
Finnur Jónsson 21, 201.
Finnur Magnusson 270.
Finnus Johannæus 85, 266, 270.
Fischerei 7, 12, 15, 20, 22, 23, 28, 29, 30, 31, 99, 114.
Fiske 17.
Fiskivötn 277.
Fjardaralda 10, 11, 13.
Fjárhellir 86.

Fjordbildung 2.
Fjóslaug 168.
Flateyri 32.
Flói 260, 272.
Flugumýri 221—223.
Fönn 10.
Föxufell 84.
Det Forenede Dampskibsselskab 4—6.
Forsæludalur 202.
König Frederik VIII 7, 28, 63, 114, 257, 258, 273, 274, 275.
Friedhof 13, 73, 85, 142, 223.
Fróda 124, 125, 140, 162, 266, 267.
Fróda (Kjölur) 247, 250, 253.
Fulakvisl 239, 247.

G.

Gabbro 2.
Galtarholt 63, 64.
Garpsdalir 165.
Gásir 21.
Gatklettur 109—111.
Geistlichkeit 56 Anm. 3, 65, 77, 78, 100, 101, 132, 136, 173, 176, 177, 223, 290.
Geitá 47.
Geitlandsjökull 43, 44, 47.
Gerpir 9.
Gestastadavatn 286.
Gestr 112, 113, 141.
Geysir 241, 256—258, 260, 279, 293.
Giljá 188, 204.
Gilsbakki 53, 56—58.
Gilsfjördur 21, 138, 146, 157, 160, 163, 177.
Gisli 32.
Gissurr Þorvaldsson 222, 223, 267, 268.
Glámujökull 31, 32, 160, 164, 171.
Glerárskógar 139, 151, 152.
Gljufrá 145, 146.
Glufurá 65, 71.
Goldregenpfeifer 46.
Gránanes 229, 233, 244, 245.
Grænahlid 26.
Grænavatn 286.
Grettir 43, 70, 82—84, 168, 169, 182, 183, 184, 203, 209, 210, 213, 226, 227.
Grettisbæli 80, 82, 83.
Grettishaf 84.
Grettishellir 226, 228, 246.

Zum Nachschlagen.

Grettislaug 168, 169.
Grettisoddi 83.
Grettissléttr 83.
Grettistak 168, 226.
Grimsey 17.
Grimsey 174.
Grimstungnaheidi 200, 203.
Grimstungur 202, 203.
Grindavik 289, 290.
Grönland 2, 26, 36, 113, 136, 144, 145, 148.
Ina von Grumbkow 37, 38, 91.
Grundarfjördur 96, 127, 128.
Gudbrandur Porláksson 192, 217, 219, 269.
Gudlaugshöfdi 177—179.
Bischof *Gudmundur* der Gute 23, 196, 209, 215.
Gudrún Ósvifrsdóttir 97, 140, 141, 142, 155, 157, 158, 165.
Gufá 65, 71.
Gufárós 65.
Gullbrá 153 ff.
Gullbrárfoss 156.
Gullbrárgil 156.
Gullbrárhjalli 153, 156.
Gullfoss 256.
Gullhver 169.
Gunnar Pálsson 151.
Gunnarstadir 145, 146.
Gunnbjörn 36, 148.
Gunnlaugr 56, 66, 79.
Gunnólfsvíkurfjall 14.
Gunnuhver 293.

H.

Háey 16.
Haffjardará 84, 87, 88, 93.
Haflidi Másson 192.
Hafnarfjall 36, 70.
Hafnarfjöll 71, 87.
Hafnarfjördur 38, 295.
Hafrafell 56.
Hafragil 158, 159.
Hafratindur 146.
Hallbjarnareyri 96, 128.
Hallfredr 202.
Hallgrímur Pjetursson 217, 269.
Hallmundarhraun 48, 54.

Hallr Gizurarson 141.
Halur Hranason 74.
Hamarsfjördur 3.
Hamburg 97, 290.
Hánefsstadaeyri 10.
Hannes Hafstein 57, 63, 64, 66, 275.
Harrastadir 147.
Haugsnes 134, 135.
Haugsnes (Sk.) 223.
Haukadalur (D. s.) 148.
Haukadalur 256 ff.
Haukadalur (N. W.) 32.
Haukagil 188, 199—201, 203, 204, 256.
Hegranes 188, 206, 211—213.
Heidenberg 25, 35, 210.
Heimaey 296.
Hekla 40, 256, 259, 264, 268, 280, 297.
Helgafell 99, 130, 136, 138—143, 155, 267.
Helgafell (Vestm.) 296, 297.
Helgafellssveit 129, 144.
Helgi Pjetursson 99.
Heljarvik 25.
Hellisfitjar 49 f.
Hellisfjördur 9.
Hellisheidi 279.
Hellishólar 169.
Hellismenn 50, 51, 239.
Hellnanes 114.
Hellnar 108, 109, 111, 114.
Hestahnúkur 131.
Hestfjall 259, 263, 270, 272.
Hettusteinn 123.
Heu 151, 209, 221, 259, 274, 282.
Heusler 111, 181, 272.
Hinrichtung 196.
Hít 51, 81, 113, 179.
Hita 76, 81, 83, 84, 86.
Hitardalur 76—86.
Hitargróf 81.
Hitarnes 79.
Hitarvatn 83.
Hjalli 227, 280, 282, 283.
Hjaltadalur 213, 214, 221.
Hjardarholt 148 ff.
Hjeradsflói 9, 13.
Hjeradsvötn 206, 211, 221.
Hjörtsey 71, 77.
Hnappadals sýsla 87—94.

Hnappasker 179.
Hnausar 195, 196, 204.
Hnifsdalur 30.
Höfdi 137.
Hördudalur 145 f.
Hörgá 21.
Höskuldarstofa 149.
Höskuldr 97, 148 f.
Höskuldsey 139.
Höskuldsstadir 147 ff.
Hofmannaflötur 42, 45.
Hofsjökull 211, 224, 243, 245.
Hofsstadir 132, 134, 135.
Hofsvogur 132, 134.
Hólar 20, 50, 192, 211—221, 228, 264, 270.
Hólmafjall 8.
Hólmarifsvig 34.
Hólmavík 21, 174, 175.
Hólmr 80, 84, 86.
Holtavörduheidi 182, 191.
Höp 185, 191.
Kap Horn 23—25. 51, 173.
Hornbjarg 25.
Hornstrandir 173.
Hrappsey 138.
Hraundalur 76.
Hraunhafnará 103.
Hraunhafnartangi 16.
Hraunhöfn 16.
Hraunsfjördur 129, 131.
Hraunsmúli 102.
Hrefnubúdir 247.
Hröfberg 170—174.
Hrúturkarlar 43.
Hrutafell 238, 239, 243.
Hrutafjardará 182.
Hrutafjördur 164, 173, 179, 182.
Hühner-Þórir 59—61, 113.
Húnafjördur 173, 191.
Húnaflói 21, 22, 173, 191.
Húnavatn 191.
Húnavatns sýsla 182 ff.
Hundahellir 81, 113, 179.
Húsavík 3, 16, 17, 18.
Húsgaflar 11.
Húshólmi 289.
Hvalafjördur 128.
Hvalfjördur 36, 48.

Hvalshaushólmr 169.
Hvammsá 153, 155.
Hvammsfjördur 138, 143, 145 ff., 181.
Hvammur 152 ff.
Hvammstangi 21.
Hveradalir 245.
Hveravellir 50, 225, 228, 230, 233, 239 —242.
Hvinverjadalr 225, 226, 227.
Hvítá (Borg.) 45, 47, 53, 54, 55, 56.
Hvítá 233, 247, 254, 255, 261, 263, 271, 272, 276.
Hvítárnes 247.
Hvítársída 58.
Hvítárvatn 233, 248—250.
Hvítárvellir 53, 274.
Hvítserkur 177.

I.

Ibsen 67, 153.
Illahraun 245.
Indridi Einarsson 42, 51, 57, 223, 229.
Ingimundr 179, 185, 191, 197—199, 202.
Ingjaldshöll 121—123.
Ingólfsfjall 278.
Íragerdi 264.
Iren 2, 33, 144, 150, 264.
Irsku búdir 144.
Írskaleid 144.
Ísafjardardjup 26, 28, 30, 31.
Ísafjördur 3, 26—30, 151, 172.
Isblink 2.

J.

Jarlhettur 255.
Jökulfirdir 26.
Jökulkvisl 245, 246.
Jökulsá 211, 233, 237.
Jón Arason 147, 192, 216, 217, 264.
Jón Jónsson Espólín 222.
Jón Laxdal 29, 57.
Jón Ögmundarson 214, 218.
Jón Th. Thóroddsen 18, 142, 165, 166.
Jónas Hallgrimsson 57.
Jónas Jónasson 19.
Jóra 51.

K.

Kålund 56, 58, 231.
Kahle 181.
Kaldá 81, 87, 88.

Zum Nachschlagen

Kaldbakkur 23.
Kaldidalur 42, 43, 44, 45.
Kálfatjörn 294.
Kalmanstunga 44 ff., 199, 203.
Karl 46, 86, 209, 249.
Karldyrr 72.
Karlsdráttur 247.
Keilir 289.
Kerling 42, 43, 86, 209.
Kerlingarfjöll 231, 233, 244, 245, 260, 264, 287.
Kerlingarskard 131, 139, 142.
Kinderreichtum 78, 79, 100, 101, 173.
Kirkjufell 127, 128.
Kirkjuvogur 294.
Kjalfell 244.
Kjalhraun 229, 231, 243, 246.
Kjalvegur 224, 225 ff.
Kjarrá 59.
Kjartan Ólafsson 67, 73—75, 97, 150, 157—160.
Kjölur 10, 224—251.
Klaksvig 3, 4.
Kleifavatn 286, 287.
Klifssandur 81, 84, 85.
Klofningur 146.
Knarrarnes 71.
Walther von Knebel 39, 40, 47, 88—91, 223, 232, 233, 235, 245, 255, 292, 295.
Kötlulaug 168.
Kofi 233, 245, 246, 247, 250—253.
Kohle 181, 183.
Kolgrafafjördur 96, 128, 129.
Kollabudaheidi 170—172.
Kollafjardarnes 175, 176.
Kollafjördur 173, 175.
Kollamúli 13.
Kolvidarnes 88.
Kornsá 196, 197, 199.
Kraflandi 168, 169.
Krísuvík 284—288, 293.
Króksfjördur 165.
Krossanes 9.
Krossgil 156.
Krosshólar 152, 155.
Küchler 99, 213.
Kveldúlfr 66, 69, 71, 73.

L.

Lækjamót 184—189, 191, 201, 204, 213.
Lágafell 93, 94.
Lágey 16.
Landwirtschaftliche Schule 151, 161, 162, 213 ff.
Langanes 14, 22, 51.
Langárfoss 76.
Langihryggur 44.
Langjökull 43, 49, 56, 224, 238, 243, 247, 249, 253, 259.
Larus marinus 35, 138.
Larus tridactylus 35, 111.
Látrabjarg 31, 34, 35, 119, 138, 164.
Látraröst 35.
Laxá 148 f.
Laxárdalur 96, 146 ff., 164.
Laxárvatn 191.
Laugaland 170.
Laugarbrekka 117.
Laurentius Kálfsson 192, 215.
Leith 4.
Leiti 143.
Likaböng 216.
Ligkiste 128.
Litli Geysir 279, 280.
Litlisandur 225, 237.
Lodmundarfjördur 9.
Lögberg 40, 41.
Lón 119.
Lóndrangar 115, 117.
Lónfjördur 2.
Löngufjörur 93.
Ljsuhöll 102, 103.
Ljsulaug 103.

M.

Mælifellsdalur 225, 231, 234.
Máfahlíd 125, 126.
Malarrif 114.
Málmey 209, 213.
Mánareyjar 16.
Mannabeinavatn 237.
Mantelmöve 35.
Matthías Jochumsson 170.
Melkorka 149.
Melrakkasljetta 15, 22.
Merkurhraun 272.

20*

Meyjasæti 42.
Midá 146, 147.
Midfjardará 184.
Midfjördur 21, 173, 179.
Midgjá 109.
Midhraun 102.
Miklavatn 207.
Miklibær 223, 224, 228, 232, 233.
Minister 63, 64, 184, 275.
Mineralquelle 100, 103.
Mitternachtssonne 18, 19.
Mjóeyri 8.
Mjófifjördur 9, 10.
Mjósyndi 158.
Mödruvellir 199.
Mohella 54.
Mókollsdalur 176, 177.
Molkerei 274.
Monopolhandel 28.
Mörder 196.
Mormon fratercula 35.
Moschusochse 20.
Motorboot 12, 20, 28, 32, 55, 211.
Mungát 78.
Munkaskard 142.
Músará 170.
Musargjá 109.
Musik 57, 185—187.
Mýramenn 66 ff.
Mýrar 62.
Mýra sýsla 52, 66—87.
Mýrdalsjökull 297.
Mývatn 90, 132, 139, 287.

N.

Nafnaklettur 86.
Narfeyri 139, 143.
Naustanes 72.
Nebensonne 297.
Neshreppur 121.
P. Nielsen 277.
Njardvík 13.
Njardvík (S. W.) 294.
Nordaugardur 175, 176.
Nordfjördur 9.
Nordlingafljót 48, 53.
Nordtunga 59—62.
Nordur Pingeyjar sýsla 16.

Nordurá 62, 63.
Nordkap (s. a. Horn) 22, 23—25.
Nordlicht 296.

O.

Ódádahraun 281.
Oddeyri 19.
Oddný 79 f.
Ófeigsfjördur 173.
Ögmundarhraun 288, 289.
Ogmundr Pálsson 264, 267.
Ögmundur Sigurdsson 37, 38, 88—91, 94, 114, 176, 192, 199, 200, 232, 251—253, 295.
Ók 42, 43, 44, 47, 56.
Ólafr pái 97, 149, 150.
Ólafsdalur 151, 161—163.
Ólafsvík 99, 111, 124, 132.
Ölduhryggir 100.
Ölduhryggjarskard 129.
Ölfus 260, 278 ff.
Ölfusá 272, 276.
Ölkelda 78, 91, 93, 100.
Ólöf Loptsdóttir 122.
Ólufarbýli 122.
Öndverdarnes 114, 121.
Önundarfjördur 3, 31, 32.
Örkin 23.
Örlygsstadir 139, 143.
Örlygstadir 223, 224.
Örnólfsdalur 59 ff.
Orridaá 153.
Ósakot 103.
Ósar 294.
Óshlid 30.
Öskurhóll 241, 242.
Óspakr 141, 177.
Öxará 40.
Öxl 104, 105, 118.
Öxney 144, 148.

P.

Páll Jónsson Vídalín 185, 191.
Papafjördur 2.
Papageitaucher 111.
Papaver radicatum 176.
Papey 2.
Papi 148.

Papós 281.
Paradis 86.
Patrekr 33.
Patreksfjördur 3, 31, 33, 34.
Polarkreis 16, 17.
Politische Lage 63, 64, 184, 185, 257, 258, 275.
Pollur 27.
Porzellanerde 176, 177.
Prestbakki 179.
Pumpa 109.

R.

Rafuseyri 33.
Raudagnúpur 15, 16.
Raudamelur 91—93, 143.
Raudisandur 35, 36, 138.
Reck 37.
Rekavik 25.
Reydarfjördur 8.
Reykhólar 165—170, 200.
Reykholt 51, 56, 224, 268.
Reykholtshver 261.
Reykir 183 Anm.
Reykir i Biskupstungum 260.
Reykir i Hrútafirdi 182, 183.
Reykir i Ölfusi 279, 280.
Reykir (Tungusveit) 229, 234.
Reykjafoss 278, 279.
Reykjanes (Kap) 37, 291—294.
Reykjanes (Halbinsel) 51, 281—295.
Reykjanes (N. W.) 165 f.
Reykjarfjardarkambur 23.
Reykjarfjördur 3, 21, 23, 173.
Reykjavellir 225.
Reykjavik 3, 4, 36, 37, 38, 39, 218, 256, 270, 295.
Reynistadr 229, 230, 244.
Riesentopf 26, 35.
Rif 97, 121, 125.
Rifhuk 121, 124.
Rifstangi 16.
Rinderzucht 274.
Ringellumme 35.
Ritur 25, 26.
rjett 144.
Röst 143, 144.
Rudloff 37.
Runenstein 48, 56, 61, 74, 151, 234.

S.

Saline 167.
Sandalækur 114.
Sandfell 8.
Sandklettavatn 42.
Sandur 121.
Saudafell 147.
Saudanes 32.
Saudárkrókur 3, 21, 206—208.
Saurbær 157, 160.
Schafhürde 144, 237.
Schafstall 151, 152.
Schafzucht 274.
Schulen s. *Hólar, Reykjavik, Skálholt.*
Schmarotzerraubmöve 13.
Schneeammer 46, 57.
Schwan 101, 152, 163, 249.
Sælingsdalstunga 140, 141, 152.
Sælingsdalur 152.
Seehund 167.
Seepapagei 35, 138.
Selalón 71, 87.
Seydisá 10, 237.
Seydisfjördur 3, 10—13.
Siglufjördur 3, 20, 21.
Sigurdur Eiriksson 115, 136.
Sigurdur Sigurdsson 20, 213.
Sigurdur Vigfússon 60.
Skælingur 13.
Skagafjördur 173, 182, 205, 206, 207, 221.
Skagaströnd 3, 22.
Skagatá 182.
Skagfirdingavad 252.
Skagi 173, 206.
Skálholt 85, 216, 218, 228, 253, 261—271, 283, 290.
Skallagrímr 65, 66, 67, 69, 71, 72, 73, 87.
Skardsheidi 36, 62, 70.
Skeggaöxl 154.
Skeggi 153 ff.
Skeggjadalur 153, 157.
Skeggjasteinn 154, 157.
Skeid 260, 272.
Skjaldbreid 42, 43, 89, 281, 283.
Skjálfandi 16.
Skógar 170.
Skógarstrandarhreppur 144.
Skor 34, 35, 36, 138.

Skrauma 147, 154.
Skriðufell 247.
Skrúdur 8.
Skúlaskeið 45.
Skutilsfjördur 26, 27.
Skyrtunna 143.
Snæfellsjökull 34, 77, 81, 94, 95, 99,
   111, 112, 115—118, 119, 120, 167, 179,
   295, 296.
Snæfellsnes 38, 62, 95—145, 295.
Snæfellsnes sýsla 94—145.
Snæfugl 9.
Snoksdalur 147.
Snorri Goði 40, 96, 130, 139—141, 152,
   169, 191, 222.
Snorri Sturluson 68, 69, 122, 141, 154,
   222, 224, 268.
Sog 276.
Södulhöll 264.
Söl 163, 164.
Sönghellir 86, 108, 112.
Sölvahamar 106, 114.
Sparkasse 157.
Spethmann 88—91, 232, 233.
Spjótsmýri 183.
Stadarfell 145.
Stadarhraun 51, 77—79, 87, 143, 286.
Stadarstadur 93, 100—102.
Stadrá 172.
Stadur 289, 290.
Stafá 132, 134.
Stálfjall 34, 36.
Stakksey 137.
Stapafell 108.
Stapi 97, 99, 106—117, 132.
Steingrimsfjördur 21, 23, 33, 34, 165,
   170, 172, 173, 174, 175.
Steingrimur Thorsteinsson 115.
Stigahlid 26, 30, 31.
Stikaháls 177.
Stöd 127, 128.
Stokkseyri 276.
Stóra Borg 192, 193.
Strandahraun 289.
Strandarkirkja 283, 284.
Stranda sýsla 164, 174, 182.
Strandatindur 11.
Strandir 22, 193.
Straumfjardarós 93.

Straumnes 25, 26, 33, 34.
Strokkur 257.
Strútur 47, 48, 53.
Strjtur 231, 243.
Sturla Sighvatsson 51, 147, 222, 224.
Sturlungar 141, 221, 222, 223, 224.
Sturmflut 93.
Stykki 137.
Stykkishólmur 3, 36, 94, 99, 127, 132,
   135—139, 147, 151.
Sudurfirdir 33, 181.
Sudur Mula sýsla 8.
Sugandafjördur 31, 32.
Sugandisey 137, 138.
Sukkertoppen 9, 128.
Surtarbrandur 26, 50, 144, 157, 163,
   174, 181.
Surtr 49, 50.
Surtshellir 48—53, 239.
Svalpufa 117.
Svanr 23.
Svartá 233, 237, 244, 246, 247.
Sveifluháls 286—288.
Svinadalur 152, 157—160.
Svinavatn 191.
Svörtu loft 115, 119.
Sýslamadur 10.

T.

Tálknafjördur 31, 33.
Tálmi 81, 87.
Telegraph 12, 13, 59, 71, 172, 180, 182,
   185.
Tempel 61, 153, 197, 201.
Temperenzbewegung 124, 207, 208.
Thor 134, 156.
Thoroddsen 14, 15, 34, 86, 89, 94, 95,
   96, 97, 98, 114, 115, 144, 145, 147,
   168, 174, 176, 231, 239, 241, 243, 244,
   247, 260, 289, 290, 292.
Thorshavn 4, 6.
Thorvaldsen 224.
Tierschau 274.
Titlingastadir 185, 194.
Tjarná 247, 249.
Tjarnarborg 179.
Tömas Snorrason 201.
Tordalk 35.
Torfastadir 261.

Torfi Bjarnason 161, 162.
Trangisvaag 4.
Treibholz 15.
Trékyllisvík 173, 193.
Tristan 33.
Trostansfjördur 33.
Tröllabekkur 86.
Tröllaháls 42, 45, 129.
Tröllakirkja 86, 112, 113, 119.
Tröllatunga 174.
Tröllkonuvadur 35.
Tulinius 4.
Túnbrekka 149.
Tungardshver 279.
Tungufell 53.
Tungufljót 256, 261.
Tvídægraheidi 191, 194.

U.

Úlfarsfell 143.
Úrækja 51, 224, 267, 268.
Uria Troile 35, 111.
Uxahver 167, 228.

V.

Valahnúkur 291.
Valakirkja 278.
Valasnös 109.
Varmá 278, 279.
Vatnajökull 2, 91.
Vatneyri 33.
Vatnsdalsá 196, 204.
Vatnsdalshólar 194—196, 204.
Vatnsdalur 185, 191, 194—204.
Vatnsnes 177, 188.
Vekelshaugar 225, 233, 237.
Vellir 82, 84.
Vermundr 130.
Versuchsgärtnerei 19.
Vestdalseyri 11, 12.
Vestfirdir 21, 22, 26, 177.
Vestrahorn 2.
Vestmanna eyjar 276, 290, 296.
Vesturhópsvatn 191, 192.
Vídalín 185.

Vidfjördur 9.
Vididalur 185.
Viga-Styrr 130, 190.
Vigi 52.
Vigrafjördur 134, 139.
Vigur 30.
Víkurdrangur 179.
Virkishóll 222.
Víti 86.
Vogelberg 8, 24, 25, 35, 209.
Volkssage 3, 19, 25, 33, 35, 42, 45, 49, 50, 51, 74, 75, 85, 86, 87, 104, 105, 108, 122, 123, 132, 142, 152, 155—157, 162, 168, 169, 170, 179, 183, 192, 196, 209, 216, 217, 229, 230, 239, 242, 249, 250, 253, 254, 278, 288, 290, 293.
Vopnafjördur 3, 13, 14.
Völundarhús 33, 34.
Vördufell 260, 263, 264.

W.

Wal 7, 33.
Warme Quelle 88, 91, 103, 167, 168, 169, 170, 183, 234, 239 f., 256, 257, 260, 261, 279, 280, 286—288.
Wathne 11.
Wiesenpieper 46.
Wollexport 12.

Þ.

Þingeyri 32, 33.
Þingvallavatn 36, 41, 262, 276.
Þingvellir 39—42, 78, 228, 262, 281.
Þingvellir (Sn. s.) 135.
Þistilfjördur 15.
Þjófadalir 239.
Þjófafell 239.
Þjófahver 168, 169.
Þjörsá 272, 273, 274.
Þjörsártún 273—276.
Þórdr Kolbeinsson 79 f.
Þórdr Sturluson 101, 222.
Þorgeirr Hávarsson 16.
Þorgerdarhóll 149.
Þorgils gjallandi 210.
Þórhallsstadir 203.
Þórisdalur 43, 83.

Þorlákur, Bischof 35, 265.
Þormódr Kolbrúnarskald 16.
Þóroddsstadir 182, 183.
Þórólfr Mostrarskegg 96, 434, 139, 155.
Þorskafjördur 165, 170.
Þórsnes 134.

Þórs steinn 134.
Þorsteinn Egilsson 66, 67.
Þorsteinn Erlingsson 46, 57.
Þrihyrningur 297.
Þufubjarg 117.
Þurrá 271, 282, 283.
Þverá (Gehöft) 88, 91—93.

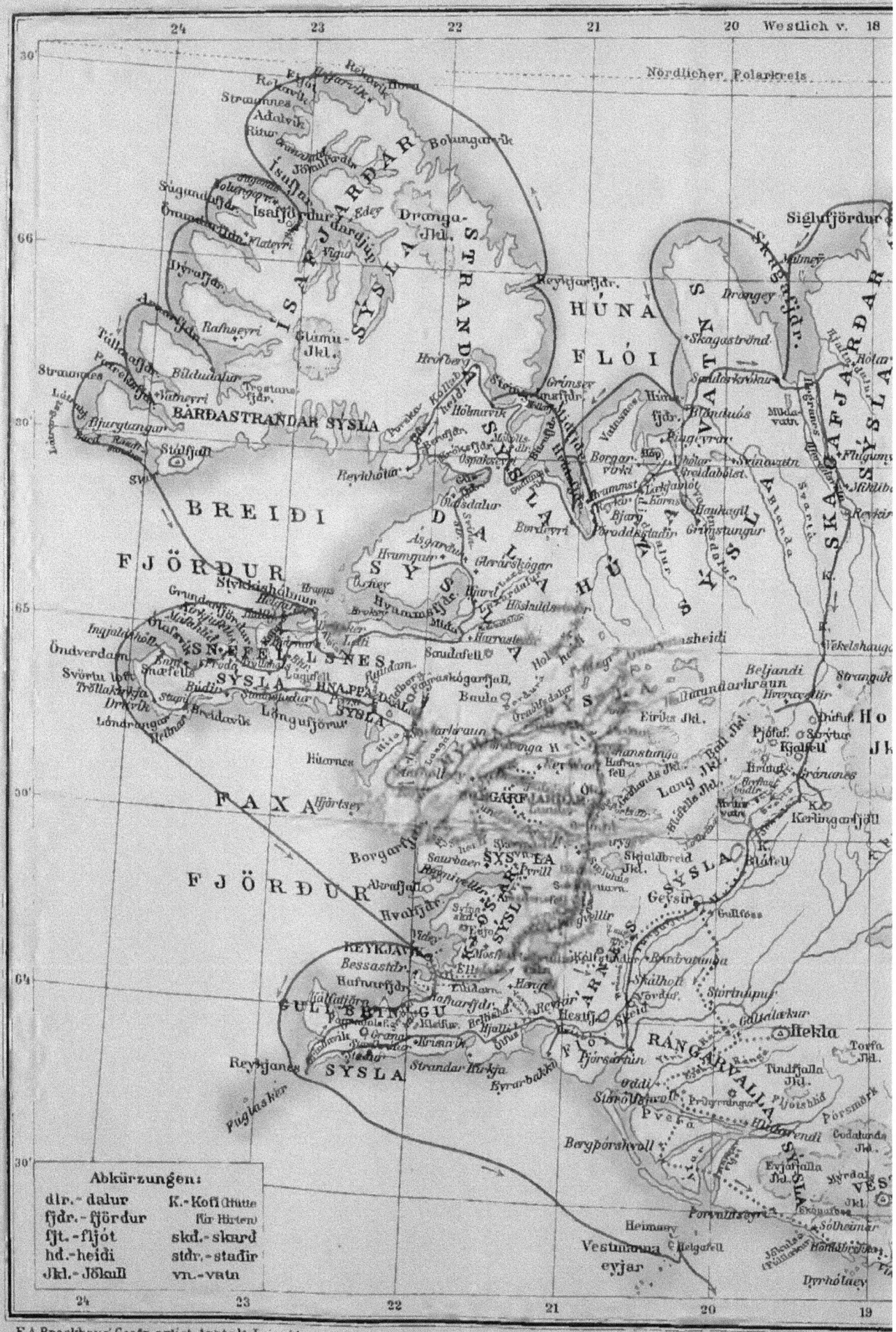

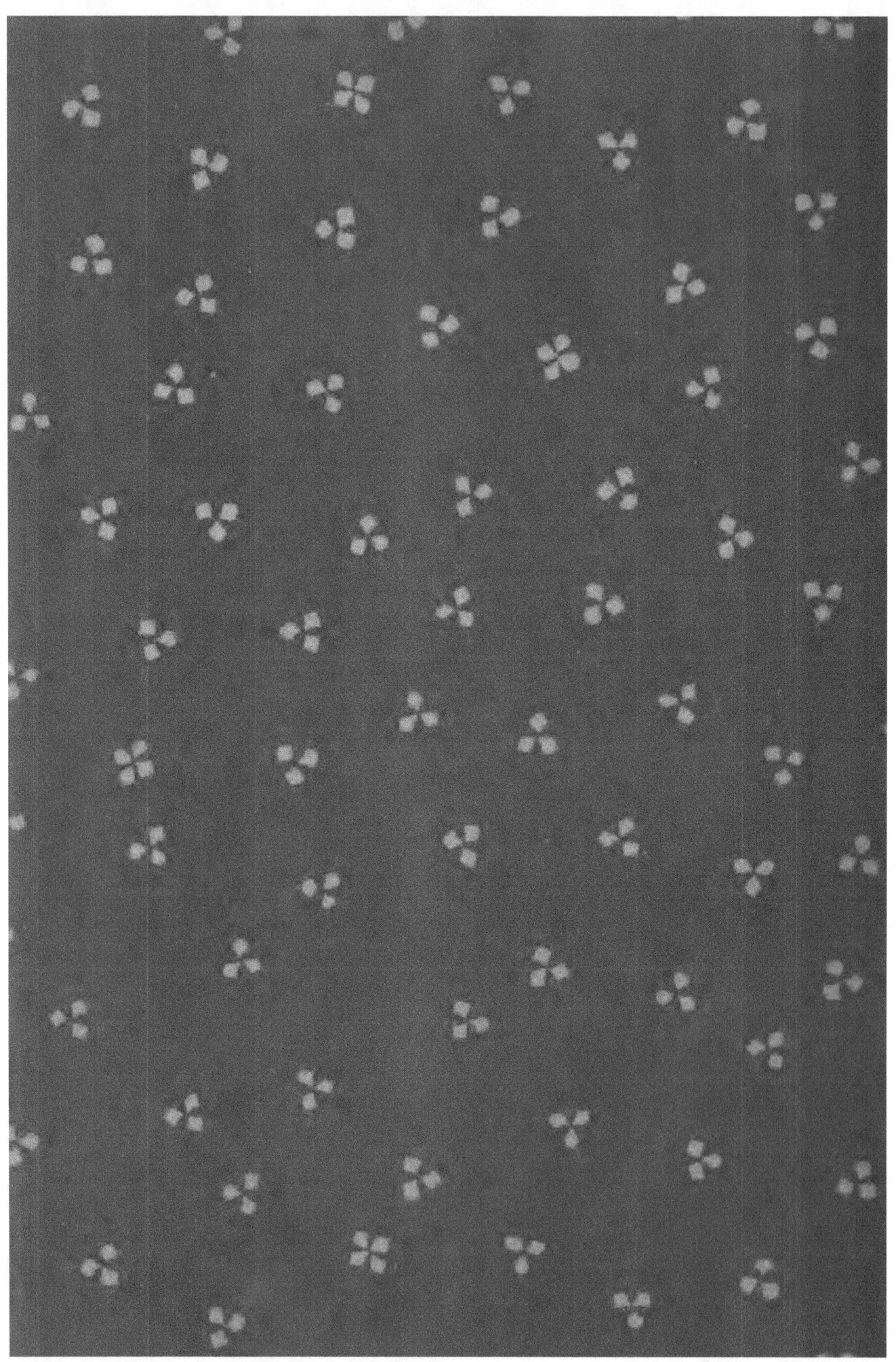

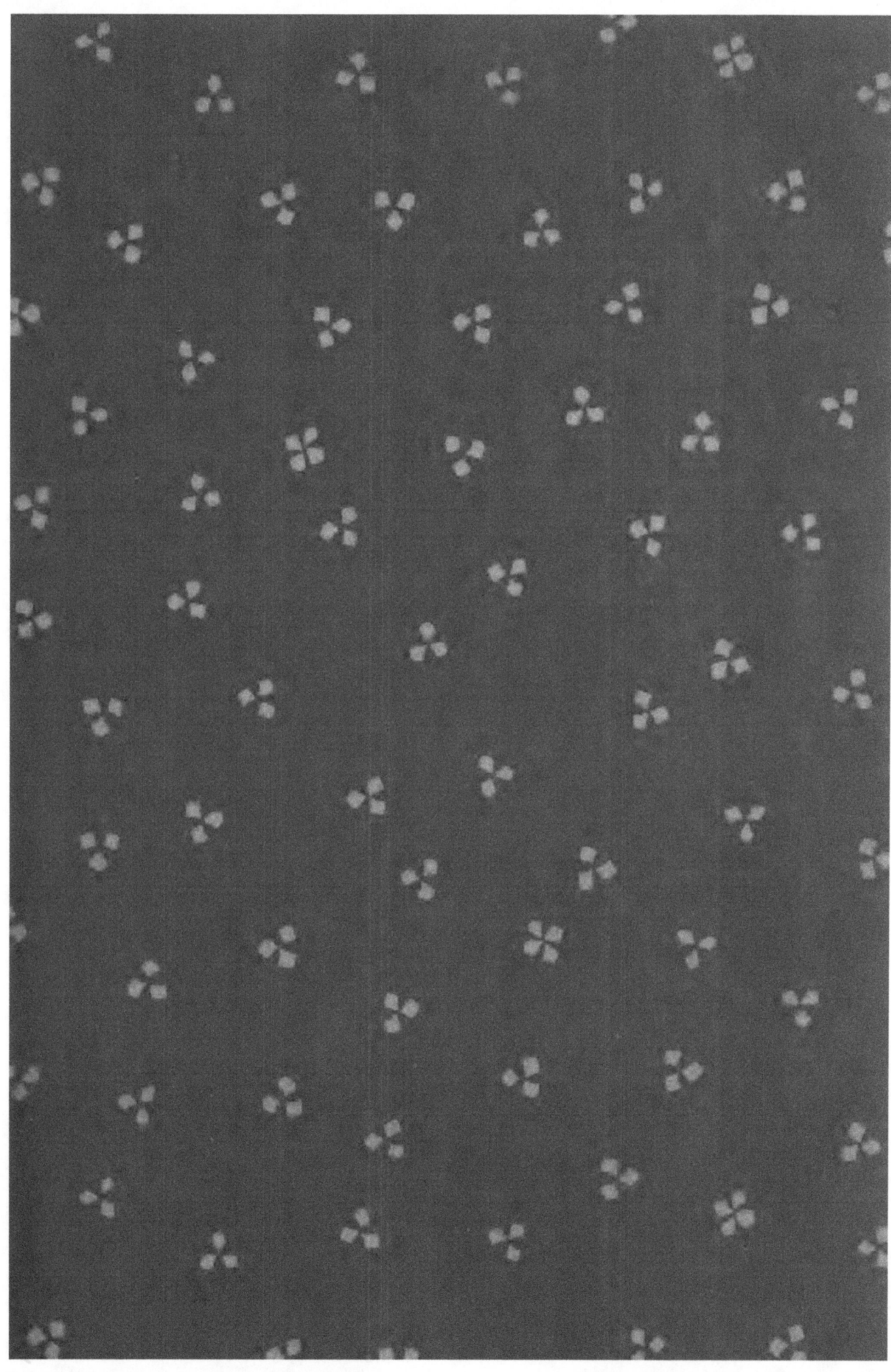

Reprint Publishing

Für Menschen, Die Auf Originale Stehen.

Bei diesem Buch handelt es sich um einen Faksimile-Nachdruck der Originalausgabe. Unter einem Faksimile versteht man die mit einem Original in Größe und Ausführung genau übereinstimmende Nachbildung als fotografische oder gescannte Reproduktion.

Faksimile-Ausgaben eröffnen uns die Möglichkeit, in die Bibliothek der geschichtlichen, kulturellen und wissenschaftlichen Vergangenheit der Menschheit einzutreten und neu zu entdecken.

Die Bücher der Faksimile-Edition können Gebrauchsspuren, Anmerkungen, Marginalien und andere Randbemerkungen aufweisen sowie fehlerhafte Seiten, die im Originalband enthalten sind. Diese Spuren der Vergangenheit verweisen auf die historische Reise, die das Buch zurückgelegt hat.

ISBN 978-3-95940-022-0

Faksimile-Nachdruck der Originalausgabe
Copyright © 2015 Reprint Publishing
Alle Rechte vorbehalten.

www.reprintpublishing.com

www.ingramcontent.com/pod-product-compliance
Lightning Source LLC
Chambersburg PA
CBHW080531170426
43195CB00016B/2523